Contraste insuffisant

NF Z 43-120-14

9
Conv — dan

par. 1895.

RÉPERTOIRE

DE LA

LITTÉRATURE

ANCIENNE ET MODERNE.

IMPRIMERIE DE E. POCHARD,
RUE DU POT-DE-FER, N° 14, A PARIS.

RÉPERTOIRE

DE LA

LITTÉRATURE

ANCIENNE ET MODERNE,

CONTENANT :

1° LE LYCÉE DE LA HARPE, LES ÉLÉMENTS DE LITTÉRATURE DE MARMONTEL, UN CHOIX D'ARTICLES LITTÉRAIRES DE ROLLIN, VOLTAIRE, BATTEUX, etc ;

2° DES NOTICES BIOGRAPHIQUES SUR LES PRINCIPAUX AUTEURS ANCIENS ET MODERNES, AVEC DES JUGEMENTS PAR NOS MEILLEURS CRITIQUES, TELS QUE :

D'Alembert, Batteux, Bernardin de Saint-Pierre, Blair, Boileau, Chénier, Delille, Diderot, Dussault, Fénelon, Fontanes, Ginguené, La Bruyère, La Fontaine, Marmontel, Maury, Montaigne, Montesquieu, Palissot, Rollin, J.-B. Rousseau, J.-J. Rousseau, Thomas, Vauvenargues, Voltaire, etc.,

Et MM. Amar, Andrieux, Anger, Burnouf, Buttura, Chateaubriand, Duviquet, Feletz, Gaillard, Le Clerc, Lemercier, Patin, Villemain, etc.;

3° DES MORCEAUX CHOISIS AVEC DES NOTES

TOME NEUVIÈME.

A PARIS,

CHEZ CASTEL DE COURVAL, LIBRAIRE-ÉDITEUR,
RUE DE RICHELIEU, N° 87;

ET BOULLAND ET Cie, PALAIS ROYAL, GALERIE DE BOIS, N° 254.

M DCCC XXV.

RÉPERTOIRE

DE LA

LITTÉRATURE

ANCIENNE ET MODERNE.

CONVENANCE. C'est peu de se demander en écrivant : Quels sont les effets que je veux produire ? il faut se demander encore : Quelle est la trempe des âmes sur lesquelles j'ai dessein d'agir ? Il y a, dans les objets de la poésie et de l'éloquence, des beautés locales et des beautés universelles : les beautés locales tiennent aux opinions, aux mœurs, aux usages des différents peuples; les beautés universelles répondent aux lois, au dessein, aux procédés de la nature, et sont indépendantes de toute institution. *Voyez* BEAU.

Les peintures physiques d'Homère sont belles aujourd'hui comme elles l'étaient il y a trois mille ans; le dessin même de ses caractères, l'art, le génie avec lequel il les varie et les oppose, enlèvent encore notre admiration ; rien de tout cela n'a vieilli ni changé : il en est de même des péroraisons de Cicéron et des grands traits de Démosthène. Mais les détails qui sont relatifs à l'opinion et aux bienséances, les beautés de mode et de convention ont dû paraître bien ou mal, selon les temps et les lieux ; car il n'est point de siècle, point de pays, qui ne donne ses mœurs pour règle : c'est une prévention ridicule, qu'il faut cependant ménager. L'exemple d'Homère n'eût pas justifié Racine, si, dans Iphigénie, Achille et Agamemnon avaient parlé comme dans l'Iliade : l'exemple de Cicéron ne justifierait pas l'orateur français qui, en reprochant l'ivrognerie à son adversaire, en présenterait à nos yeux les effets les plus dégoûtants : l'exemple de Démosthène ne justifierait pas celui qui dirait à son auditoire : « Si « vous avez la cervelle dans la tête, et si vous ne l'avez « pas aux talons. »

Celui qui n'a étudié que les anciens blessera infailliblement le goût de son siècle dans bien des choses ; celui qui n'a consulté que le goût de son siècle s'attachera aux beautés passagères et négligera les beautés durables. C'est de ces deux études réunies que résulte le goût solide et la sûreté des procédés de l'art.

Toutes les convenances pour l'orateur se réduisent à conformer le caractère de son langage et le ton de son éloquence au sujet qu'il choisit ou qui lui est donné, et aux circonstances actuelles du temps, du lieu, des personnes.

Cicéron nous indique tous ces rapports de convenance. « Perspicuum est non omni causæ, nec audi-« tori, neque personæ, neque tempori congruere « orationis unum genus. Nam et causæ capitis alium

CONVENANCE.

« quemdam verborum sonum requirunt, alium re
« rum privatarum atque parvarum ; et aliud dicendi
« genus diliberationes, aliud laudationes, aliud ju-
« dicia, aliud sermones, aliud consolatio, aliud ob-
« jurgatio, aliud disputatio, aliud historia desiderat.
« Refert etiam qui audiant, senatus, an populus, an
« judices, frequentes, an pauci, an singuli; et quales
« ipsi oratores, quâ sint ætate, honore, autoritate,
« debet videri; tempus pacis an belli, festinationis an
« otii... omnique in re posse quod deceat facere, artis
« et naturæ est; scire quid quandoque deceat, pru-
« dentiæ *. (*De Orat.* III. 55.)

On louait, en présence d'Agésilas, un rhétoricien de ce qu'il savait par son éloquence amplifier et agrandir les petites choses, et au contraire rapetisser les grandes. « Je ne trouverais pas bon, dit-il, un
« cordonnier qui chausserait un grand soulier à un petit pied. C'est ce que font communément les déclamateurs emphatiques et les poètes ampoulés.

---

* Il est évident que le même genre d'éloquence ne convient pas à toutes sortes d'affaires, d'auditeurs, ni de personnages, non plus qu'à tous les temps. Car le langage que demandent les causes capitales n'est pas celui des causes minces et légères ; et l'un est propre aux délibérations, l'autre aux éloges, l'autre aux plaidoyers, l'autre aux harangues : la consolation, le reproche la dispute, la narration, ont leur style particulier : il importe aussi de savoir quel est l'auditoire; si c'est le sénat, ou le peuple, ou des juges ; si l'on parle à une multitude, à un petit nombre, ou à un seul; et quel est l'orateur lui-même, quel est son âge, sa dignité, son autorité; si l'on est en paix ou en guerre, et dans un temps de calme et de loisir, ou dans quelque danger pressant. En tout état de cause, pouvoir faire ce qui convient, est de l'art et de la nature; le savoir, est de la prudence [a].

[a] *Prudence* n'est point le sens. Il faut entendre comme M. Gaillard (Cic. de M' J. V Le Clerc) « Le savoir, c'est l'effet du discernement et du goût. Il P

Mais une attention que doit avoir le poète, et qui lui est particulière, c'est de se mettre, autant qu'il est possible, par la nature de son sujet, au-dessus de la mode et de l'opinion, en faisant dépendre l'effet qu'il veut produire des beautés universelles, et jamais des beautés locales. Si on examine bien les sujets qui se soutiennent dans tous les siècles, on verra que l'étendue et la durée de leur gloire est due à cette méthode. Accordez quelque détail au goût présent et national ; mais donnez au goût universel le fond, les masses, et l'ensemble.

Orosmane, dans la tragédie de *Zaïre*, a plus de délicatesse et de galanterie qu'il n'appartient à un soudan ; et l'on voit bien que le poète, qui a voulu le rendre aimable et intéressant aux yeux des Français, a eu pour eux quelque complaisance. Mais voyez comme la violence de la passion le rapproche de ses mœurs natales, comme il devient jaloux, altier, impérieux, barbare ! Racine n'a pas été aussi heureux dans le caractère de *Bajazet ;* et en général il a trop mêlé de nos mœurs dans celles des peuples qu'il a mis sur la scène : des fils de Thésée et de Mithridate il a fait de jeunes Français.

Le poème dramatique, pour faire son illusion, a besoin de plus de ménagements que l'épopée. Celle-ci peut raconter tout ce qu'il y a de plus étrange, et les bienséances du langage sont les seules qu'elle ait à garder. Mais pour un poème qui veut produire l'effet de la vérité même, ce n'est pas assez d'obtenir une croyance raisonnée ; il faut que par le prestige de l'imitation il rende son action présente, que l'intervalle des lieux et des temps disparaisse, et que les spectateurs ne fassent plus qu'un même peuple avec les acteurs. C'est là ce qui distingue essentiellement le poème en action du poème en récit. Les Français au spectacle d'*Athalie* doivent devenir Israélites, ou l'intérêt de Joas n'est plus rien. Mais s'il y avait trop loin des mœurs des Israélites à celles des Français, l'imagination des spectateurs refuserait de franchir l'intervalle : c'est donc aux Israélites à s'approcher assez de nous pour nous rendre le déplacement insensible.

Il n'y a point de déplacement à opérer pour les choses que la nature a rendues communes à tous les peuples ; et on peut voir aisément, par l'étude de l'homme, quelles sont celles de ses affections qui ne dépendent ni des temps ni des lieux : l'intérêt puisé dans ces sources est intarissable comme elles. Les sujets d'*OEdipe* et de *Mérope* réussiraient dans vingt mille ans et aux deux extrémités du monde : il ne faut être, pour s'y intéresser, ni de Thèbes, ni de Mycène ; la nature est de tous les pays.

C'est dans les choses où les nations diffèrent qu'il faut que l'acteur d'un côté, les spectateurs de l'autre, s'approchent pour se réunir. Cela dépend de l'art avec lequel le poète sait adoucir, dans la peinture des mœurs, les couleurs dures et tranchantes : c'est ce qu'a fait souvent Corneille en homme de génie, quoi qu'en dise Louis Racine.

Jamais personne n'a été blessé de l'âpreté des mœurs des deux Horaces ; et il serait à souhaiter que l'auteur de *Bajazet* et de *Mithridate* eût osé donner à la peinture des mœurs étrangères cette vérité dont il a fait si noblement lui-même l'éloge le plus éloquent. Tout ce qu'on doit aux mœurs de son siècle, c'est de ne pas les offenser; et nos opinions sur le courage et sur le mépris de la mort ne vont pas jusqu'à exiger, par exemple, d'une jeune princesse, qu'elle dise à son père :

D'un œil aussi content, d'un cœur aussi soumis
Que j'acceptais l'époux que vous m'aviez promis,
Je saurai, s'il le faut, victime obéissante,
Tendre au fer de Calchas une tête innocente.
(RACINE, *Iphigénie*, act. IV, sc. 4.)

Je suis même persuadé qu'Iphigénie allant à la mort d'un pas chancelant, avec la répugnance naturelle à son sexe et à son âge, comme dans Euripide, eût fait verser encore plus de larmes.

Il est vrai que, si le fond des mœurs étrangères est indécent ou révoltant pour nous, il faut renoncer à les peindre. Ainsi, quoique certains peuples regardent comme un devoir pieux d'abréger les jours des vieillards souffrants; que d'autres soient dans l'usage d'exposer les enfants malsains; rien de tout cela ne peut être admis sur la scène.

Mais si le fond des mœurs est compatible avec nos opinions, nos usages, et que la forme seule y répugne, elles n'exigent dans l'imitation qu'un changement superficiel; et il est facile d'y concilier la vérité avec la bienséance. Un cartel, dans les termes de celui de François Ier à Charles-Quint : « Vous « en avez menti par la gorge », ne serait pas reçu au théâtre; mais qu'un roi y dît à son égal : « Au « lieu de répandre le sang de nos sujets, prenons « pour juges nos épées », le cartel serait dans la vérité des mœurs du vieux temps, et dans la décence des nôtres.

Il y a peu de traits dans l'histoire qu'on ne puisse adoucir de même sans les effacer : le théâtre en offre mille exemples. Ce n'est donc pas au goût de la nation que l'on doit s'en prendre, si les mœurs, sur la scène française, ne sont pas assez prononcées, mais à la faiblesse ou à la négligence des poètes, à la délicatesse timide de leur goût particulier, et, s'il faut le dire, au manque de couleurs pour tout exprimer avec la vérité locale.

MARMONTEL, *Éléments de Litté*

CORNEILLE (PIERRE) naquit à Rouen en 1606 de Pierre Corneille, avocat du roi à la table de marbre, et de Marthe le Pesant. Il fit ses études aux jésuites de Rouen, et il en a toujours conservé une extrême reconnaissance pour la société [*]. Il se mit d'abord au barreau, sans goût et sans succès : mais comme il avait pour le théâtre un génie prodigieux, ce génie, jusque-là caché, éclata bientôt.

Sa première pièce fut *Mélite*. La demoiselle qui

---

[*] La bibliothèque de l'académie de Paris, récemment établie dans les bâtiments de l'ancienne Sorbonne, possède un exemplaire des œuvres de Corneille, adressé par lui à la *Société*, avec un hommage en quelques vers latins, écrits de sa main. H. P.

en avait fait naître le sujet, porta long-temps dans Rouen le nom de Mélite, nom glorieux pour elle, et qui l'associait à toutes les louanges que reçut son amant.

Mélite fut jouée en 1625 avec un grand succès. On la trouva d'un caractère nouveau; on y découvrit un esprit original : on conçut que la comédie allait se perfectionner; et sur la confiance que l'on eut au nouvel auteur qui paraissait, il se forma une nouvelle troupe de comédiens.

Je ne doute pas que ceci ne surprenne. La plupart des gens trouvent les six ou sept premières pièces de Corneille si indignes de lui, qu'ils les voudraient retrancher de son recueil, et les faire oublier à jamais. Il est certain que ces pièces ne sont pas belles, mais outre qu'elles servent à l'histoire du théâtre, elles servent beaucoup aussi à la gloire de Corneille.

Tout autre qu'un génie extraordinaire ne les eût pas faites. *Mélite* est divine, si vous la lisez après les pièces de Hardy. Le théâtre y est sans comparaison mieux entendu, le dialogue mieux tourné, les mouvements mieux conduits, les scènes plus agréables; sur-tout (et c'est ce que Hardy n'avait jamais attrapé) il y règne un air assez noble, et la conversation des honnêtes gens n'y est pas mal représentée. Jusque-là on n'avait guère connu que le comique le plus bas, ou un tragique assez plat : on fut étonné d'entendre une nouvelle langue. Mais Hardy, qui avait ses raisons pour vouloir confondre cette nouvelle espèce de comique avec l'ancienne, disait que *Mélite était une assez jolie farce.*

On trouva que cette pièce était trop simple, et avait trop peu d'évènements. Corneille, piqué de cette critique, fit *Clitandre*, et y sema les incidents et les aventures avec une très vicieuse profusion, plus pour censurer le goût du public que pour s'y accommoder. Il paraît qu'après cela il lui fut permis de revenir à son naturel. *La Galerie du Palais, la Veuve, la Suivante, la Place Royale* sont plus raisonnables.

Le ministère du cardinal de Richelieu enfanta en même temps les Corneille, les Rotrou, les Mairet, les Tristan, les Scudery, les du Ryer, outre quelques vingt ou trente autres, dont les noms sont présentement si enfoncés dans l'oubli, que, quand je les en tirerais un moment pour les rapporter ici, ils y retomberaient tout aussitôt.

On recommençait alors à étudier le théâtre des anciens, et à soupçonner qu'il pouvait y avoir des règles. Celle des vingt-quatre heures fut une des premières dont on s'avisa ; mais on n'en faisait pas encore trop grand cas, témoin la manière dont Corneille lui-même en parle dans sa préface de *Clitandre*, imprimée en 1632. « Que si j'ai renfermé « cette pièce (*Clitandre*) dans la règle d'un jour, « ce n'est pas que je me repente de n'y avoir point « mis *Mélite*, ou que je me sois résolu à m'y atta- « cher dorénavant. Aujourd'hui quelques-uns ado- « rent cette règle, beaucoup la méprisent ; pour « moi, j'ai voulu seulement montrer que si je m'en « éloigne, ce n'est pas faute de la connaître. »

Dans la préface de *la Veuve*, imprimée en 1634,

il dit encore qu'il ne se veut pas trop assujettir à la sévérité des règles, ni aussi user de toute la liberté ordinaire sur le théâtre français. « Cela sent un peu « trop son abandon, messéant à toutes sortes de « poèmes, et particulièrement aux dramatiques qui « ont toujours été les plus réglés. »

Dès *la Veuve*, qui n'est que la quatrième pièce de Corneille, il paraît qu'il avait déjà pris le dessus de tous ses rivaux. Ils parlent tous de *la Veuve* comme d'une merveille dans des vers de leur façon imprimés au-devant de cette pièce. Sur-tout ce que dit Rotrou est remarquable.

> Pour te rendre justice, autant que pour te plaire,
> Je veux parler, Corneille, et ne puis plus me taire;
> Juge de ton mérite, à qui rien n'est égal,
> Par la confession de ton propre rival.
> Pour un même sujet, même désir nous presse;
> Nous poursuivons tous deux une même maîtresse,
> La gloire . . . .
> Mon espoir toutefois est décru chaque jour,
> Depuis que je t'ai vu prétendre à son amour.
> . . . .
> Que tes inventions ont de charmes étranges,
> Que par toute la France on parle de ton nom,
> Et qu'il n'est plus d'estime égale à ton renom.
> Depuis, ma muse tremble, et n'est plus si hardie:
> Une jalouse peur l'a long-temps refroidie;
> Et depuis, cher rival, je serais rebuté
> De ce bruit spécieux dont Paris m'a flatté,
> Si ce grand cardinal . . . .
> La gloire où je prétends est l'honneur de lui plaire;
> Et lui seul réveillant mon génie endormi,

Est cause qu'il te reste un si faible ennemi.
Mais la gloire n'est pas de ces chastes maîtresses
Qui n'osent en deux lieux répandre leurs caresses.
Cet objet de nos vœux nous peut obliger tous,
Et faire mille amants sans en faire un jaloux.

La coutume de rendre justice au mérite et de louer ce qu'on n'avait pas fait, n'était point jusque-là bannie d'entre les auteurs; et les plus grands poètes étaient encore des hommes raisonnables.

Dans ce temps-là la tragi-comédie était assez à la mode, genre mêlé, où l'on mettait un assez mauvais tragique avec du comique qui ne valait guères mieux. Souvent cependant on donnait ce nom à de certaines pièces toutes sérieuses, à cause que le dénouement en était heureux. La plupart des sujets étaient d'invention, et avaient un air fort romanesque. Aussi la coutume était de mettre au-devant de ces pièces de longs arguments qui les expliquaient.

Le théâtre était encore assez licencieux. Grande familiarité entre les personnes qui s'aimaient. Dans le *Clitandre* de Corneille, Caliste vient trouver Rosidor au lit : il est vrai qu'ils doivent être bientôt mariés ; mais un honnête spectateur n'a que faire des préludes de leur mariage. Aussi cette scène ne se trouve que dans les premières éditions de la pièce. Rotrou, en dédiant au roi *la Bague de l'Oubli*, sa seconde pièce, se vante d'avoir rendu sa muse « si « modeste, que si elle n'est belle, au moins elle « est sage, et que d'une profane il en a fait une « religieuse; » et dans la *Céliane*, qui est faite deux ans après, on voit une Nise dans le lit, dont l'amant la vient trouver, et n'est embarrassé que dans le choix des faveurs qui lui sont permises : car il y en a quelques-unes réservées pour le temps du mariage. A la fin l'amant se détermine ; et comme il a délibéré long-temps, il jouit long-temps aussi de ce qu'il a préféré. Nise a le loisir de dire vingt vers, au bout desquels seulement (car cela est marqué en prose à la marge) Pamphile tourne le visage du côté des spectateurs. Il semble que cette muse, qui s'était faite religieuse, se dispensait un peu de ses vœux; ou, pour mieux dire, on ne trouvait pas alors que cela y fût contraire. Peut-être Rotrou croyait-il avoir tout raccommodé par la sagesse des vingt vers que dit Nise dans le temps qu'elle n'est pas trop sage. Elle débite une très sublime morale au mépris de la matière et à la louange de l'esprit. « C'est l'esprit qu'il faut aimer, dit-elle ; il « n'y a que lui digne de nos flammes : si vous baisez « mes cheveux, mes cornettes en font autant. » Et Pamphile, qui n'a pas paru trop profiter d'un si beau discours, dit pourtant à la fin, que sans *ce louable entretien*, il serait mort de plaisir : tant la morale bien placée a de pouvoir !

Rien n'est plus ordinaire dans les pièces de ce temps-là, que de pareilles libertés. Les sujets les plus sérieux ne s'en sauvent pas. Dans la célèbre *Sophonisbe* de Mairet, lorsque Massinisse et Sophonisbe arrêtent leur mariage, ils ne manquent pas de se donner des arrhes. Syphax avait auparavant reproché à Sophonisbe l'*adultère* et l'*impudicité*, grosses paroles qui aujourd'hui feraient fuir tout le monde.

CORNEILLE (Pierre).

Une des plus grandes obligations que l'on ait à Corneille, est d'avoir purifié le théâtre. Il fut d'abord entraîné par l'usage établi : mais il y résista aussitôt après ; et depuis *Clitandre*, sa seconde pièce, on ne trouve plus rien de licencieux dans ses ouvrages. Tout ce qui y reste de l'ancien excès de familiarité dont les amants étaient ensemble sur le théâtre, c'est le tutoiement. Le tutoiement ne choque pas les bonnes mœurs ; il ne choque que la politesse et la vraie galanterie. il faut que la familiarité qu'on a avec ce qu'on aime soit toujours respectueuse ; mais aussi il est quelquefois permis au respect d'être un peu familier. On se tutoyait dans le tragique même aussi bien que dans le comique ; et cet usage ne finit que dans l'*Horace* de Corneille, où Curiace et Camille le pratiquent encore. Naturellement le comique a dû pousser cela un peu plus loin, et à son égard le tutoiement n'expire que dans *le Menteur*.

Corneille, après avoir fait un essai de ses forces dans ses six premières pièces, où il ne s'éleva pas beaucoup au-dessus de son siècle, prit tout-à-coup l'essor dans *Médée*, et monta jusqu'au tragique le plus sublime. A la vérité, il fut secouru par Sénèque ; mais il ne laissa pas de faire voir ce qu'il pouvait par lui-même. Ensuite il retomba dans la comédie ; et, si j'ose dire ce que je pense, la chûte fut grande. *L'Illusion comique* dont je parle ici est une pièce irrégulière et bizarre, et qui n'excuse pas par ses agréments sa bizarrerie et son irrégularité. Il y domine un personnage de capitan qui abat d'un souffle le grand sophi de Perse et le grand mogol, et qui une fois en sa vie avait empêché le soleil de se lever à son heure prescrite, parce qu'on ne trouvait point l'aurore, qui était couchée avec ce merveilleux brave. Les caractères outrés ont été autrefois fort à la mode : mais qui représentaient-ils? et à qui en voulait-on ? est-ce qu'il faut outrer nos folies jusqu'à ce point-là pour les rendre plaisantes ? en vérité ce serait nous faire trop d'honneur.

Après *l'Illusion comique*, Corneille se releva plus grand et plus fort qu'il n'avait encore été, et fit *le Cid*. Jamais pièce de théâtre n'eut si grand succès. Je me souviens d'avoir vu en ma vie un homme de guerre et un mathématicien, qui de toutes les comédies du monde ne connaissaient que *le Cid;* l'horrible barbarie où ils vivaient n'avait pu empêcher le nom du *Cid* d'aller jusqu'à eux. Corneille avait dans son cabinet cette pièce traduite en toutes les langues de l'Europe, hormis l'esclavonne et la turque. Elle était en allemand, en anglais, en flamand, et par une exactitude flamande on l'avait rendue vers pour vers. Elle était en italien, et, ce qui est plus étonnant, en espagnol : les Espagnols avaient bien voulu copier eux-mêmes une copie dont l'original leur appartenait. M. Pelisson, dans sa belle Histoire de l'académie française, dit qu'en plusieurs provinces de France, il était passé en proverbe de dire : *Cela est beau comme le Cid*. Si ce proverbe a péri, il faut s'en prendre aux auteurs qui ne le goûtaient pas, et à la cour, où c'eût été très mal parler que de s'en servir sous le ministère du cardinal de Richelieu.

CORNEILLE (Pierre). 15

Ce grand homme avait la plus vaste ambition qui ait jamais été. La gloire de gouverner la France presque absolument, d'abaisser la redoutable maison d'Autriche, de remuer toute l'Europe à son gré, ne lui suffisait point; il y voulait joindre encore celle de faire des comédies. Et que l'on ne croie pas qu'il s'en tint là : en même temps qu'il faisait des comédies, il se piquait de faire de beaux livres de dévotion. Les livres de dévotion ne l'empêchaient pas de songer à plaire aux dames par les agréments de sa personne. Malgré sa galanterie, il prétendait passer pour savant en hébreu, en syriaque et en arabe, jusque-là qu'il voulut acheter cent mille écus la *Polyglotte* de M. le Jay pour la mettre sous son nom. Enfin, en fait de gloire, il embrassait tout ce qui paraît le plus se contredire : génie infiniment élevé, dont les défauts mêmes ont de la noblesse, et s'attiraient presque du respect aussi bien que ses grandes qualités.

Une de celles qu'il prétendait réunir en lui, c'est-à-dire celle de poète, le rendit jaloux du *Cid*. Il avait eu part à quelques pièces qui avaient paru sous le nom de Desmarets son confident, et, pour ainsi dire, son premier commis dans le département des affaires poétiques. On prétend que le cardinal travailla beaucoup à *Mirame*, tragédie assez médiocre, et qui emprunte son nom d'une princesse assez mal morigénée. « Il témoigna, dit Pelisson, des ten-
« dresses de père pour cette pièce, dont la repré-
« sentation lui coûta deux ou trois cent mille écus,
« et pour laquelle il fit bâtir cette grande salle de
« son palais, qui sert encore aujourd'hui à ce spec-

« tacle. » Aussi est-elle intitulée : *Ouverture du Palais-Cardinal*. J'ai ouï dire que les applaudissements que l'on donnait à cette pièce, ou plutôt à celui que l'on savait qui y prenait beaucoup d'intérêt, transportaient le cardinal hors de lui-même; que tantôt il se levait, et se tirait à moitié du corps hors de sa loge pour se montrer à l'assemblée; tantôt il imposait silence pour faire entendre des endroits encore plus beaux. On peut voir dans l'*Histoire de l'Académie* un autre exemple très remarquable de ses faiblesses d'auteur, et en même temps de sa grandeur d'âme à l'occasion de la *grande Pastorale* dont il avait fourni le sujet, et fait beaucoup de vers. Il avait donné le plan de *l'Intrigue des Tuileries* et de *l'Aveugle de Smyrne*, pièce dont il fit faire les cinq actes à cinq auteurs différents, qui furent messieurs de Boisrobert, Corneille, Colletet, de l'Estoile et Rotrou. Le plus grand mérite de ces comédies consiste dans le nom de l'inventeur et la singularité de l'exécution.

Quand *le Cid* parut, le cardinal en fut aussi alarmé que s'il avait vu les Espagnols devant Paris. Il souleva les auteurs contre cet ouvrage, ce qui ne dut pas être fort difficile, et se mit à leur tête. Scudery publia ses observations sur *le Cid*, adressées à l'Académie française qu'il en faisait juge, et que le cardinal, son fondateur, sollicitait puissamment contre la pièce accusée : mais afin que l'Académie pût juger, ses statuts voulaient que l'autre partie, c'est-à-dire Corneille, y consentît. On tira de lui une espèce de consentement qu'il ne donna qu'à la crainte de déplaire au cardinal, et qu'il donna pourtant avec assez de fierté. Le moyen de ne pas ménager un pareil ministre qui était son bienfaiteur? car il récompensait, comme ministre, ce même mérite dont il était jaloux comme poète; et il semble que cette grande ame ne pouvait pas avoir de faiblesses qu'elle ne réparât en même temps par quelque chose de noble.

L'académie française donna ses sentiments sur *le Cid*, et cet ouvrage fut digne de la grande réputation de cette compagnie naissante. Elle sut conserver tous les égards qu'elle devait, et à la passion du cardinal, et à l'estime prodigieuse que le public avait conçue de cet ouvrage. Elle satisfit le cardinal en reprenant exactement tous les défauts du *Cid*, et le public en les reprenant avec modération, et même souvent avec des louanges. Corneille ne répondit point à la critique. « La même raison, disait-il, « qu'on a eue pour la faire, m'empêche d'y ré- « pondre. » Cependant *le Cid* a survécu à cette critique. Toute belle qu'elle est, on ne la connaît presque plus; et il a encore son premier éclat.

Nous voici dans le bel âge de la comédie, et dans toute la force du génie de Corneille. Après avoir, pour ainsi dire, atteint jusqu'au *Cid*, il s'éleva encore dans *Horace*; enfin, il alla jusqu'à *Cinna* et à *Polyeucte*, au-dessus desquels il n'y a rien.

Ces pièces-là étaient d'une espèce inconnue, et l'on vit un nouveau théâtre. Alors Corneille, par l'étude d'Aristote et d'Horace, par son expérience, par ses réflexions, et plus encore par son génie, trouva les véritables règles du poème dramatique, et découvrit les sources du beau, qu'il a depuis ouvertes à tout le monde dans les excellents discours qui sont à la tête de ses comédies. De là vient qu'il est regardé comme le père du théâtre français. Il lui a donné le premier une forme raisonnable; il l'a porté à son plus haut point de perfection, et a laissé son secret à qui s'en pourra servir.

Avant que l'on jouât *Polyeucte*, Corneille le lut à l'hôtel de Rambouillet, souverain tribunal des affaires d'esprit en ce temps-là. La pièce y fut applaudie autant que le demandait la bienséance et la grande réputation que l'auteur avait déjà; mais quelques jours après, Voiture vint trouver Corneille, et prit des tours fort délicats pour lui dire que *Polyeucte* n'avait pas réussi comme il pensait; que surtout le christianisme avait extrêmement déplu. Corneille alarmé voulut retirer la pièce d'entre les mains des comédiens qui l'apprenaient; mais enfin il la leur laissa, sur la parole d'un d'entre eux qui n'y jouait point, parce qu'il était trop mauvais acteur. Était-ce à ce comédien à juger mieux que tout l'hôtel de Rambouillet?

Pompée suivit *Polyeucte;* ensuite vint *le Menteur*, pièce comique, et presque entièrement prise de l'espagnol, selon la coutume de ce temps-là.

Quoique *le Menteur* soit très agréable, et qu'on l'applaudisse encore aujourd'hui sur le théâtre, j'avoue que la comédie n'était point encore arrivée à sa perfection. Ce qui dominait dans les pièces, c'était l'intrigue et les incidents, erreurs de nom, déguisements, lettres interceptées, aventures nocturnes;

et c'est pourquoi on prenait presque tous les sujets chez les Espagnols, qui triomphent sur ces matières. Ces pièces ne laissaient pas d'être fort plaisantes et pleines d'esprit ; témoin *le Menteur* dont nous parlons, *Dom Bertrand de Cigaral*, *le Géolier de soi-même* : mais enfin la plus grande beauté de la comédie était inconnue; on ne songeait point aux mœurs et aux caractères ; on allait chercher bien loin les sujets de rire dans des évènements imaginés avec beaucoup de peine, et on ne s'avisait point de les aller prendre dans le cœur humain qui en fourmille.

Molière est le premier parmi nous qui les ait été chercher là, et qui les ait bien mis en œuvre; homme inimitable, à qui la comédie doit autant que la tragédie à Corneille. Comme *le Menteur* eut beaucoup de succès, Corneille lui donna une *suite* qui ne réussit guères. Il en découvre lui-même la raison dans les examens qu'il a faits de ses pièces. Là, il s'établit juge de ses propres ouvrages, et en parle avec un noble désintéressement, dont il tire en même temps le double fruit, et de prévenir l'envie sur le mal qu'elle en pourrait dire, et de se rendre lui-même croyable sur le bien qu'il en dit.

A *la suite du Menteur* succéda *Rodogune*. Il écrit quelque part, que pour trouver la plus belle de ses pièces, il fallait choisir entre *Rodogune* et *Cinna* ; et ceux à qui il en a parlé ont démêlé sans beaucoup de peine, qu'il était pour *Rodogune*. Il ne m'appartient nullement de prononcer sur cela, mais peut-être préférait-il *Rodogune*, parce qu'elle lui avait extrêmement coûté; car il fut plus d'un an à disposer le sujet : peut-être voulait-il, en mettant son affection de ce côté-là, balancer celle du public qui paraît être de l'autre. Pour moi, si j'ose le dire, je ne mettrais point le différent entre *Rodogune* et *Cinna*; il me paraît aisé de choisir entre elles, et je connais une pièce de Corneille que je ferais passer encore avant la plus belle des deux.

On apprendra dans les examens de Corneille, mieux que l'on ne ferait ici, l'histoire de *Théodore*, d'*Héraclius*, de *Dom Sanche d'Aragon*, d'*Andromède*, de *Nicomède* et de *Pertharite*. On y verra pourquoi *Théodore* et *Dom Sanche d'Aragon* réussirent fort peu, et pourquoi *Pertharite* tomba absolument. On ne put souffrir dans *Théodore* la seule idée du péril de la prostitution; et si le public était devenu si délicat, à qui Corneille devait-il s'en prendre, qu'à lui-même? Avant lui le viol réussissoit. Il manqua à *Dom Sanche d'Aragon* un *suffrage illustre* qui lui fit manquer tous ceux de la cour, exemple assez commun de la soumission des Français à de certaines autorités. Enfin, un mari qui veut racheter sa femme en cédant un royaume, fut encore plus insupportable dans *Pertharite*, que la prostitution ne l'avait été dans *Théodore*. Ce bon mari n'osa se montrer au public que deux fois. Cette chute du grand Corneille peut être mise parmi les exemples les plus remarquables des vicissitudes du monde, et Bélisaire demandant l'aumône n'est pas plus étonnant.

Il se dégoûta du théâtre, et déclara qu'il y renonçait, dans une petite préface assez chagrine qu'il mit au-devant de *Pertharite*. Il dit pour raison, qu'il commence à vieillir; et cette raison n'est que trop bonne, sur-tout quand il s'agit de poésie et des autres talents de l'imagination. L'espèce d'esprit qui dépend de l'imagination (et ce qu'on appelle communément *esprit* dans le monde) ressemble à la beauté, et ne subsiste qu'avec la jeunesse. Il est vrai que la vieillesse vient plus tard pour l'esprit; mais elle vient. Les plus dangereuses qualités qu'elle lui apporte, sont la sécheresse et la dureté; et il y a des esprits qui en sont naturellement plus susceptibles que d'autres, et qui donnent par là plus de prise aux ravages du temps : ce sont ceux qui avaient de la noblesse, de la grandeur, quelque chose de fier et d'austère. Cette sorte de caractère contracte aisément par les années je ne sais quoi de dur et de sec. C'est à peu près ce qui arriva à Corneille. Il ne perdit pas en vieillissant l'inimitable noblesse de son génie, mais il y mêla quelquefois de la dureté. Il avait poussé les grands sentiments aussi loin que la nature pouvait souffrir qu'ils allassent; il commença de temps en temps à les pousser un peu plus loin. Ainsi dans *Pertharite* une reine consent à épouser un tyran qu'elle déteste, pourvu qu'il égorge un fils unique qu'elle a, et que par cette action il se rende aussi odieux qu'elle souhaite qu'il le soit. Il est aisé de voir que ce sentiment, au lieu d'être noble, n'est que dur; et il ne faut pas trouver mauvais que le public ne l'ait pas goûté.

Après *Pertharite*, Corneille, rebuté du théâtre,

entreprit la traduction en vers de *l'Imitation de J. C.* Il y fut porté par des pères jésuites de ses amis, par des sentiments de piété qu'il eut toute sa vie, et sans doute aussi par l'activité de son génie, qui ne pouvait demeurer oisif. Cet ouvrage eut un succès prodigieux, et le dédommagea en toutes manières d'avoir quitté le théâtre. Cependant, si j'ose en parler avec une liberté que je ne devrais peut-être pas me permettre, je n'y trouve point le plus grand charme de *l'Imitation de J. C.*, je veux dire sa simplicité et sa naïveté. Elle se perd dans la pompe des vers qui était naturelle à Corneille, et je crois même qu'absolument la forme des vers lui est contraire. Ce livre, le plus beau qui soit parti de la main d'un homme, puisque l'Évangile n'en vient pas, n'irait pas droit au cœur comme il fait, et ne s'en saisirait pas avec tant de force, s'il n'avait un air naturel et tendre, à quoi la négligence même du style aide beaucoup.

Il se passa douze ans, pendant lesquels il ne parut de Corneille que l'*Imitation* en vers : mais enfin, sollicité par Fouquet, qui négocia en surintendant des finances, et peut-être encore plus poussé par son penchant naturel, il se rengagea au théâtre. M. le surintendant, pour lui faciliter ce retour, et lui ôter toutes les excuses que lui aurait pu fournir la difficulté de trouver des sujets, lui en proposa trois. Celui qu'il prit fut *OEdipe*. Corneille son frère prit *Camma*, qui était le second, et le traita avec beaucoup de succès. Je ne sais quel fut le troisième.

La réconciliation de Corneille et du théâtre fut

sincère ; *OEdipe* réussit fort bien. *La Toison d'Or* fut faite ensuite à l'occasion du mariage du roi ; et c'est la plus belle pièce en machines que nous ayons. Les machines, qui sont ordinairement étrangères à la pièce, deviennent par l'art du poète nécessaires à celle-là ; tout le merveilleux que la fable peut fournir y est dans toute sa pompe ; sur-tout le prologue doit servir de modèle à tous les prologues à la moderne qui sont faits pour exposer, non pas le sujet de la pièce comme les anciens, mais l'occasion pour laquelle elle a été faite.

Ensuite parurent *Sertorius* et *Sophonisbe*. Dans cette première pièce, la grandeur romaine éclate avec toute sa dignité ; et l'idée qu'on pourrait se former de la conversation de deux grands hommes qui ont de grands intérêts à démêler, est encore surpassée par la scène de Pompée et de Sertorius. Il semble que Corneille ait eu des mémoires particuliers sur les Romains. Pour *Sophonisbe*, il crut être fort hardi de l'entreprendre après Mairet : voilà l'effet des réputations. La *Sophonisbe* de Mairet ne devait point lui faire tant de peur. Son bel endroit est la contestation de Scipion et de Lélius avec Massinisse. Mais que dirait-on, si on voyait aujourd'hui une reine mariée écrire un billet galant à un homme qui ne songe point à elle ? Que dirait-on, si on voyait ses deux confidentes observer l'effet des coquetteries qu'elle fait à Massinisse pour l'engager, et se dire l'une à l'autre :

Ma compagne, il se prend. . . . . .
La victoire est à nous, ou je n'y connais rien.

Il faut croire qu'*Agésilas* est de Corneille, puisque son nom y est, et qu'il y a une scène d'Agésilas et de Lysander qui ne pourrait pas facilement être d'un autre. Après *Agésilas* vint *Othon*, ouvrage où Tacite est mis en œuvre par le grand Corneille, et où se sont unis deux génies si sublimes. Corneille y a peint la corruption de la cour des empereurs, du même pinceau dont il avait peint les vertus de la république.

Depuis son retour au théâtre, il y paraissait avec éclat des pièces d'un genre fort différent des siennes. Ce n'était point une vertu courageuse, ni l'élévation des sentiments portés jusques dans l'amour qui y dominait : c'était un amour plus tendre, plus simple et plus vif, des sentiments dont le modèle se trouvait plus aisément dans tous les cœurs. On admirait moins, mais on était plus ému. Une infinité de traits de passion bien touchés, et presque sans aucun mélange de choses plus nobles qui les eussent refroidis, une versification très agréable, et dont l'élégance ne se démentait jamais, un jeune auteur dont le style était plus jeune aussi : voilà ce qu'il fallait principalement aux femmes dont les jugements ont tant d'autorité au théâtre français. Aussi furent-elles charmées, et Corneille ne fut plus pour elles que le vieux Corneille. J'en excepte quelques femmes qui valaient des hommes.

Il y en eut un dont la voix devait être d'autant plus comptée, que ce n'était pas seulement un écrivain très célèbre, mais un homme du grand monde. On peut ajouter que sa voix était parfaitement libre, puisqu'il vivait en Angleterre, privé de sa patrie. Saint-Evremond publia une dissertation sur *l'Alexandre* de Racine; et là il s'élève vivement contre notre nation, qui ne goûte que ce qui lui ressemble, et qui n'avait refusé ses applaudissements à Corneille dans sa *Sophonisbe*, que parce qu'il avait trop bien rendu le vrai caractère de la fille d'Asdrubal, au lieu que Mairet en avait fait avec beaucoup de succès une coquette ordinaire. « Corneille, ajoutait Saint-Evremond, est presque le « seul qui ait le bon goût de l'antiquité; il a surpassé « nos auteurs, et s'est peut-être ici surpassé lui-même. »

Corneille vit le goût du siècle se tourner entièrement du côté de l'amour le plus passionné et le moins mêlé d'héroïsme; mais il dédaigna fièrement d'avoir de la complaisance pour ce nouveau goût. Peut-être croira-t-on que son âge ne lui permettait pas d'en avoir. Ce soupçon serait très légitime, si l'on ne voyait ce qu'il a fait dans la *Psyché* de Molière, où étant à l'ombre du nom d'autrui, il s'est abandonné à un excès de tendresse dont il n'aurait pas voulu déshonorer son nom.

Il ne pouvait mieux braver son siècle, qu'en lui donnant *Attila*, digne roi des Huns. Il règne dans cette pièce une férocité noble que lui seul pouvait attraper. La scène où Attila délibère s'il se doit allier à l'empire qui tombe, ou à la France qui s'élève, est une des belles choses qu'il ait faites.

Bérénice fut un duel dont tout le monde sait l'histoire. Feue Madame*, princesse fort touchée des

---

* Henriette-Anne d'Angleterre.

choses d'esprit, et qui eût pu les mettre à la mode dans un pays barbare, eut besoin de beaucoup d'adresse pour faire trouver les deux combattants sur le champ de bataille, sans qu'ils sussent où on les menait. Mais à qui demeura la victoire ? au plus jeune.

Il ne reste plus que *Pulchérie* et *Suréna*, tous deux, sans comparaison, meilleurs que *Bérénice*, tous deux dignes de la vieillesse d'un grand homme. Le caractère de Pulchérie est de ceux que lui seul savait faire ; et il s'est dépeint lui-même avec bien de la force dans Martian, qui est un vieillard amoureux. Le cinquième acte de cette pièce est tout-à-fait beau. On voit dans *Suréna* une belle peinture d'un homme que son trop de mérite et de trop grands services rendent criminel auprès de son maître; et ce fut par ce dernier effort que Corneille termina sa carrière.

La suite de ses pièces représente ce qui doit naturellement arriver à un grand homme qui pousse le travail jusqu'à la fin de sa vie. Ses commencements sont faibles et imparfaits, mais déjà dignes d'admiration par rapport à son siècle; ensuite il va aussi haut que son art peut atteindre ; à la fin il s'affaiblit, s'éteint peu à peu, n'est plus semblable à lui-même que par intervalles.

Après *Suréna*, qui fut joué en 1675, Corneille renonça tout de bon au théâtre, mais non pas à l'amour de ses ouvrages; et quand il vit en 1676 que le roi avait fait représenter de suite devant lui, à Versailles, *Cinna*, *Pompée*, *Horace*, *Sertorius*,

OEdipe, *Rodogune*, son feu poétique se réveilla, et s'écria :

> Est-il vrai, grand monarque, et puis-je me vanter
> Que tu prennes plaisir à me ressusciter?
> Qu'au bout de quarante ans, *Cinna*, *Pompée*, *Horace*,
> Reviennent à la mode, et retrouvent leur place?
> Et que l'heureux brillant de mes jeunes rivaux
> N'ôte point leur vieux lustre à mes premiers travaux?
> Achève; les derniers n'ont rien qui dégénère,
> Rien qui les fasse croire enfants d'un autre père.
> Ce sont des malheureux étouffés au berceau,
> Qu'un seul de tes regards tirerait du tombeau.
> On voit *Sertorius*, *OEdipe* et *Rodogune*,
> Rétablis par ton choix dans toute leur fortune ;
> Et ce choix montrerait qu'*Othon* et *Suréna*
> Ne sont pas des cadets indignes de *Cinna*.
> *Sophonisbe* à son tour, *Attila*, *Pulchérie*,
> Reprendraient pour te plaire une seconde vie :
> *Agésilas* en foule aurait des spectateurs,
> Et *Bérénice* enfin trouverait des acteurs.
> Le peuple, je l'avoue, et la cour les dégradent :
> Je faiblis, ou du moins ils se le persuadent.
> Pour bien écrire encor, j'ai trop long-temps écrit,
> Et les rides du front passent jusqu'à l'esprit.
> Mais contre cet abus, que j'aurais de suffrages,
> Si tu donnais les tiens à mes derniers ouvrages !

Cependant il est certain que ces derniers ouvrages, toujours bons pour la lecture paisible du cabinet, où la raison jouit de tous ses droits, ne pourraient plus aujourd'hui reparaître sur le théâtre, où l'on veut plus que jamais de grandes émotions, fussent-elles mal fondées et mal amenées. Nous pouvons faire ici en passant un petit commentaire sur ce qu'il dit que *Bérénice enfin trouverait des acteurs.* C'est qu'en effet sa *Bérénice* ne fut jouée que par de mauvais comédiens, parce que sa rivale avait eu le bonheur ou l'art de lui enlever les bons.

Débarrassé du théâtre, sa principale occupation fut de se préparer à la mort. Ses forces diminuèrent toujours de plus en plus, et la dernière année de sa vie, son esprit se ressentit beaucoup d'avoir tant produit, et si long-temps. Il mourut le premier octobre 1684.

Il était doyen de l'académie française, où il avait été reçu l'an 1647.

Je n'ai pas cru devoir interrompre la suite de ses grands ouvrages, pour parler de quelques autres beaucoup moins considérables qu'il a donnés de temps en temps. Il a fait, étant jeune, quelques pièces de galanterie, qui sont répandues dans des recueils. On a encore de lui quelques petites pièces de cent ou de deux cents vers au roi, soit pour le féliciter de ses victoires, soit pour lui demander des graces, soit pour le remercier de celles qu'il en avait reçues. Il a traduit deux ouvrages latins du père Delarue, jésuite, sur les campagnes de 1667 et de 1672, tous deux d'assez longue haleine, et plusieurs petites pièces de Santeuil. Il estimait extrêmement ces deux poètes. Lui-même faisait fort bien les vers latins; il en fit sur la campagne de Flandre en 1667, qui parurent si beaux, que non-seulement plusieurs personnes les mirent en français, mais que les meilleurs poètes latins en prirent l'idée, et les mirent encore en latin. Il avait traduit sa première scène de *Pompée* en vers du style de Sénèque le tragique, pour lequel il n'avait pas d'aversion, non plus que pour Lucain. Il fallait aussi qu'il n'en eût pas pour Stace, fort inférieur à Lucain, puisqu'il en a traduit en vers et publié les deux premiers livres de *la Thébaïde*. Ils ont échappé à toutes les recherches qu'on a faites depuis un temps pour en trouver quelque exemplaire.

Corneille était assez grand et assez plein, l'air fort simple et fort commun, toujours négligé, et peu curieux de son extérieur. Il avait le visage assez agréable, un grand nez, la bouche belle, les yeux pleins de feu, la physionomie vive, des traits fort marqués et propres à être transmis à la postérité dans une médaille ou dans un buste. Sa prononciation n'était pas tout-à-fait nette. Il lisait ses vers avec force, mais sans grace.

Il savait les belles-lettres, l'histoire, la politique, mais il les prenait principalement du côté qu'elles ont rapport au théâtre. Il n'avait pour toutes les autres connaissances, ni loisir, ni curiosité, ni beaucoup d'estime. Il parlait peu, même sur la matière qu'il entendait si parfaitement. Il n'ornait pas ce qu'il disait; et, pour trouver le grand Corneille, il le fallait lire.

Il était mélancolique. Il lui fallait des sujets plus solides pour espérer ou pour se réjouir, que pour se chagriner ou pour craindre. Il avait l'humeur brusque, et quelquefois rude en apparence; au fond, il était très aisé à vivre, bon père, bon mari, bon parent, tendre et plein d'amitié. Il avait l'âme fière et indépendante, nulle souplesse, nul manège ; ce qui l'a rendu très propre à peindre la vertu romaine, et très peu propre à faire sa fortune. Il n'aimait pas la cour ; il y apportait un visage presque inconnu, un grand nom qui ne s'attirait que des louanges, et un mérite qui n'était point le mérite de ce pays-là. Rien n'était égal à son incapacité pour les affaires, que son aversion. Les plus légères lui causaient de l'effroi et de la terreur. Il avait plus d'amour pour l'argent, que d'habileté ou d'application pour en amasser. Il ne s'était point trop endurci aux louanges, à force d'en recevoir ; mais quoique sensible à la gloire, il était fort éloigné de la vanité. Quelquefois il s'assurait trop peu sur son rare mérite, et croyait trop facilement qu'il pût avoir des rivaux.

A beaucoup de probité et de droiture naturelle, il a joint dans tous les temps de sa vie beaucoup de religion, et plus de piété que son genre d'occupation n'en permet par lui-même. Il a eu souvent besoin d'être rassuré par des casuistes sur ses pièces de théâtre ; et ils lui ont toujours fait grace en faveur de la pureté qu'il avait établie sur la scène, des nobles sentiments qui règnent dans ses ouvrages, et de la vertu qu'il a mise jusque dans l'amour*.

FONTENELLE.

* La première édition correcte que l'on ait eue des *Œuvres dramatiques* de Pierre Corneille et de son frère, est celle que Joly publia en 1738, 10 vol. in-12. On trouve dans cette édition les *Poésies diverses*. Il y en a eu depuis ce temps un grand nombre d'autres. Les *Commentaires* de Voltaire ont été réunis à plusieurs éditions. Ils se trouvent aussi dans les *Œuvres*

CORNEILLE (PIERRE).

JUGEMENTS.

I.

Vous, Monsieur, qui non-seulement étiez son frère, mais qui avez couru long-temps une même carrière avec lui, vous savez les obligations que lui a notre poésie, vous savez en quel état se trouvait la scène française lorsqu'il commença à travailler. Quel désordre! quelle irrégularité! nul goût, nulle connaissance des véritables beautés du théâtre. Les auteurs aussi ignorants que les spectateurs; la plupart des sujets extravagants et dénués de vraisemblance ; point de mœurs, point de caractères ; la diction encore plus vicieuse que l'action, et dont les pointes, et de misérables jeux de mots faisaient le principal ornement. En un mot, toutes les règles de l'art, celles même de l'honnêteté et de la bienséance partout violées.

Dans cette enfance, ou, pour mieux dire, dans ce chaos du poème dramatique parmi nous, votre illustre frère, après avoir quelque temps cherché le bon chemin et lutté, si j'ose ainsi le dire, contre le mauvais goût de son siècle, enfin, inspiré d'un génie extraordinaire, et aidé de la lecture des anciens, fit

---

complètes de Corneille, publiées avec des *Observations critiques* par Palissot, Paris, Didot l'aîné, 1802, 10 vol. gr. in-8°, L'édition que donne actuellement M. Lefèvre, dans la collection des *Classiques français*, sera sans contredit la plus complète: outre plusieurs lettres et morceaux de poésie inédits, elle contiendra l'éloge de Corneille par M. Gaillard, le commentaire de Voltaire, les remarques de Palissot, La Harpe, Marmontel, etc. Elle sort des presses de M. Jules Didot, et formera 12 vol. grand in-8°. On a plusieurs éditions des *Chefs-d'œuvre* de Corneille.   F.

voir sur la scène la raison, mais la raison accompagnée de toute la pompe, de tous les ornements dont notre langue est capable, accorda heureusement la vraisemblance et le merveilleux, et laissa bien loin derrière lui tout ce qu'il avait de rivaux, dont la plupart, désespérant de l'atteindre, et n'osant plus entreprendre de lui disputer le prix, se bornèrent à combattre la voix publique déclarée pour lui, et essayèrent en vain, par leurs discours et par leurs frivoles critiques, de rabaisser un mérite qu'ils ne pouvaient égaler.

La scène retentit encore des acclamations qu'excitèrent à leur naissance *le Cid*, *Horace*, *Cinna*, *Pompée*, tous ces chefs-d'œuvre représentés depuis sur tant de théâtres, traduits en tant de langues, et qui vivront à jamais dans la bouche des hommes. A dire vrai, où trouvera-t-on un poëte qui ait possédé à la fois tant de grands talents, tant d'excellentes parties ? l'art, la force, le jugement, l'esprit. Quelle noblesse, quelle économie dans les sujets ! quelle véhémence dans les passions ! quelle gravité dans les sentiments ! quelle dignité, et en même temps quelle prodigieuse variété dans les caractères ! Combien de rois, de princes, de héros de toutes nations nous a-t-il représentés, toujours tels qu'ils doivent être, toujours uniformes avec eux-mêmes, et jamais ne se ressemblant les uns aux autres ! parmi tout cela, une magnificence d'expression proportionnée aux maîtres du monde qu'il fait souvent parler; capable néanmoins de s'abaisser quand il veut, et de descendre jusqu'aux plus simples naïvetés du comique, où il est encore inimitable; enfin, ce qui lui est sur-tout particulier, une certaine force, une certaine élévation qui surprend, qui enlève, et qui rend jusqu'à ses défauts, si on lui en peut reprocher quelques-uns, plus estimables que les vertus des autres. Personnage véritablement né pour la gloire de son pays, comparable, je ne dis pas à tout ce que l'ancienne Rome a eu d'excellents tragiques, puisqu'elle confesse elle-même qu'en ce genre elle n'a pas été fort heureuse, mais aux Eschyle, aux Sophocle, aux Euripide, dont la fameuse Athènes ne s'honore pas moins que des Thémistocle, des Périclès, des Alcibiade, qui vivaient en même temps qu'eux.

Réponse de Racine au Discours de réception de Thomas Corneille à l'Académie française.

II. Parallèle de Corneille et de Racine.

Corneille n'a eu devant les yeux aucun auteur qui ait pu le guider; Racine a eu Corneille.

Corneille a trouvé le théâtre français très grossier, l'a porté à un haut point de perfection; Racine ne l'a pas soutenu dans la perfection où il l'a trouvé.

Les caractères de Corneille sont vrais, quoiqu'ils ne soient pas communs; les caractères de Racine ne sont vrais que parce qu'ils sont communs.

Quelquefois les caractères de Corneille ont quelque chose de faux, à force d'être nobles et singuliers; souvent ceux de Racine ont quelque chose de bas, à force d'être naturels.

Quand on a le cœur noble, on voudrait ressembler aux héros de Corneille; et, quand on a le cœur petit, on est bien aise que les héros de Racine nous ressemblent.

On rapporte des pièces de l'un, le désir d'être vertueux; et des pièces de l'autre, le plaisir d'avoir des semblables dans ses faiblesses.

Le tendre et le gracieux de Racine se trouvent quelquefois dans Corneille; le grand de Corneille ne se trouve jamais dans Racine.

Racine n'a presque jamais peint que des Français, et que le siècle présent, même quand il a voulu peindre un autre siècle et d'autres nations; on voit dans Corneille toutes les nations, et tous les siècles qu'il a voulu peindre.

Le nombre des pièces de Corneille est beaucoup plus grand que celui des pièces de Racine; et cependant Corneille s'est beaucoup moins répété lui-même que Racine n'a fait.

Dans les endroits où la versification de Corneille est belle, elle est plus hardie, plus noble, plus forte, et en même temps aussi nette que celle de Racine; mais elle ne se soutient pas dans ce degré de beauté, et celle de Racine se soutient toujours dans le sien.

Des auteurs inférieurs à Racine ont réussi après lui dans son genre; aucun auteur, même Racine, n'a osé toucher, après Corneille, au genre qui lui était particulier.

FONTENELLE, (neveu de Corneille).

III. Même sujet.

Corneille ne peut être égalé dans les endroits où il excelle; il a pour lors un caractère original et inimitable; mais il est inégal. Ses premières comédies sont sèches, languissantes, et ne laissaient pas espérer qu'il dût ensuite aller si loin, comme ses dernières font qu'on s'étonne qu'il ait pu tomber de si haut. Dans quelques-unes de ses meilleures pièces, il y a des fautes inexcusables contre les mœurs, un style de déclamateur qui arrête l'action et la fait languir, des négligences dans les vers et dans l'expression, qu'on ne peut comprendre dans un si grand homme. Ce qu'il y a eu en lui de plus éminent, c'est l'esprit, qu'il avait sublime, auquel il a été redevable de certains vers les plus heureux qu'on ait jamais lus ailleurs, de la conduite de son théâtre, qu'il a quelquefois hasardée contre les règles des anciens, et enfin de ses dénouements : car il ne s'est pas toujours assujetti au goût des Grecs et à leur grande simplicité; il a aimé, au contraire, à charger la scène d'évènements dont il est presque toujours sorti avec succès; admirable sur-tout par l'extrême variété et le peu de rapport qui se trouve pour le dessein entre un si grand nombre de poèmes qu'il a composés.

Il semble qu'il y ait plus de ressemblance dans ceux de Racine, et qu'ils tendent un peu plus à une même chose; mais il est égal, soutenu, toujours le même partout, soit pour le dessein et la conduite de ses pièces, qui sont justes, régulières, prises dans le bon sens et dans la nature; soit pour la versification, qui est correcte, riche dans ses rimes, élégante, nombreuse, harmonieuse; exact imitateur des anciens, dont il a suivi scrupuleusement la netteté et la simplicité de l'action, à qui le grand et le merveilleux n'ont pas même manqué, ainsi qu'à Corneille, ni le touchant, ni le pathétique. Quelle plus grande tendresse que celle qui est répandue dans tout *le Cid*, dans *Polyeucte* et *les Horaces*! Quelle grandeur ne se remarque point en Mithridate, en Porus et en Burrhus! Ces passions encore favorites des anciens, que les tragiques aimaient à exciter sur les théâtres, et qu'on nomme la terreur et la pitié, ont été connues de ces deux poètes : Oreste dans l'*Andromaque* de Racine, et *Phèdre* du même auteur, comme l'*OEdipe* et *les Horaces* de Corneille en sont la preuve.

Si cependant il est permis de faire entre eux quelque comparaison, et de les marquer l'un et l'autre par ce qu'ils ont de plus propre, et par ce qui éclate le plus ordinairement dans leurs ouvrages, peut-être qu'on pourrait parler ainsi : Corneille nous assujettit à ses caractères et à ses idées; Racine se conforme aux nôtres. Celui-là peint les hommes comme ils devraient être; celui-ci les peint tels qu'ils sont. Il y a plus dans le premier de ce que l'on admire, et de ce que l'on doit même imiter; il y a plus dans le second de ce que l'on reconnaît dans les autres, ou de ce que l'on éprouve dans soi-même.

L'un élève, étonne, maîtrise, instruit; l'autre plaît, remue, touche, pénètre. Ce qu'il y a de plus beau, de plus noble et de plus impérieux dans la raison, est manié par le premier; et par l'autre, ce qu'il y a de plus flatteur et de plus délicat dans la passion. Ce sont, dans celui-là, des maximes, des règles et des préceptes ; dans celui-ci, du goût et des sentiments. L'on est plus occupé aux pièces de Corneille ; l'on est plus ébranlé et plus attendri à celles de Racine. Corneille est plus moral, Racine plus naturel. Il semble que l'un imite Sophocle, et que l'autre doit plus à Euripide.

La Bruyère, *Caractères*.

IV. Même sujet.

Les héros de Corneille disent souvent de grandes choses sans les inspirer : ceux de Racine les inspirent sans les dire. Les uns parlent, et toujours trop, afin de se faire connaître ; les autres se font connaître parce qu'ils parlent. Sur-tout Corneille paraît ignorer que les grands hommes se caractérisent souvent davantage par les choses qu'ils ne disent pas que par celles qu'ils disent.

Corneille est tombé trop souvent dans ce défaut de prendre l'ostentation pour la hauteur, et la déclamation pour l'éloquence ; et ceux qui se sont aperçus qu'il était peu naturel à beaucoup d'égards, ont dit, pour le justifier, qu'il s'était attaché à peindre les hommes tels qu'ils devaient être. Il est donc vrai du moins qu'il ne les a pas peints tels qu'ils étaient. C'est un grand aveu que cela. Corneille a cru donner sans doute à ses héros un caractère supérieur à celui de la nature.

Me permettra-t-on de le dire ? il me semble que l'idée des caractères de Corneille est presque toujours assez grande ; mais l'exécution en est quelquefois bien faible, le coloris et faux ou peu agréable. Quelques-uns des caractères de Racine peuvent bien manquer de grandeur dans le dessin, mais les expressions sont toujours de main de maître, et puisées dans la vérité et la nature. J'ai cru remarquer encore qu'on ne trouvait guère dans les personnages de Corneille de ces traits simples qui annoncent une grande étendue d'esprit. Ces traits se rencontrent en foule dans *Roxane*, dans *Agrippine*, *Joad*, *Acomat*, *Athalie*.

Racine n'est pas sans défauts. Il a mis quelquefois dans ses ouvrages un amour faible qui fait languir son action. Il n'a pas conçu assez fortement la tragédie. Il n'a point assez fait agir ses personnages. On ne remarque pas dans ses écrits autant d'énergie que d'élévation, ni autant de hardiesse que d'égalité. Plus savant encore à faire naître la pitié que la terreur, et l'admiration que l'étonnement, il n'a pu atteindre au tragique de quelques poètes. Nul homme n'a eu en partage tous les dons. Si d'ailleurs on veut être juste, on avouera que personne ne donna jamais au théâtre plus de pompe, n'éleva plus haut la parole, et n'y versa plus de douceur. Qu'on examine ses ouvrages sans prévention, qu'elle facilité! quelle abondance! quelle poésie! quelle imagination dans l'expression! qui créa jamais une langue plus magnifique, ou plus simple, ou plus variée, ou plus noble, ou plus harmonieuse et plus touchante? Qui mit jamais autant de vérité dans ses dialogues, dans ses images, dans ses caractères, dans l'expression des passions? Serait-il trop hardi de dire que c'est le plus beau génie que la France ait eu, et le plus éloquent de ses poètes?

Je reviens encore à Corneille, afin de finir ce discours. Je crois qu'il a connu mieux que Racine le pouvoir des situations et des contrastes. Ses meilleures tragédies, toujours fort au-dessous par l'expression de celles de son rival, sont moins agréables à lire, mais plus intéressantes quelquefois dans la représentation, soit par le choc des caractères, soit par l'art des situations, soit par la grandeur des intérêts. Moins intelligent que Racine, il concevait peut-être moins profondément, mais plus fortement ses sujets. Il n'était ni si grand poète, ni si éloquent; mais il s'exprimait quelquefois avec une grande énergie. Personne n'a des traits plus élevés et plus hardis; personne n'a laissé l'idée d'un dialogue si serré et si véhément; personne n'a peint avec le même bonheur l'inflexibilité et la force d'esprit qui naissent de la vertu. De ces disputes même que je lui reproche, sortent quelquefois des éclairs qui laissent l'esprit étonné, et des combats qui véritablement élèvent l'âme; et enfin, quoiqu'il lui arrive continuellement de s'écarter de la nature, on est obligé d'avouer qu'il la peint naïvement et bien fortement dans quelques endroits; et c'est uniquement dans ces morceaux naturels qu'il est admirable. Voilà ce qu'il me semble qu'on peut dire sans partialité de ses talents*. Mais lorsqu'on a rendu justice à son génie, qui a surmonté si souvent le goût barbare de son siècle, on ne peut s'empêcher de rejeter dans

---

* C'est une chose digne d'être remarquée, que ce fut Voltaire qui força en quelque sorte Vauvenargues à admirer Corneille, dont il n'avait pas d'abord senti les beautés.   H. P.

ses ouvrages, ce qu'ils retiennent de ce mauvais goût, et ce qui servirait à le perpétuer dans les admirateurs trop passionnés de ce grand maître.

Vauvenargues, *Réflexions critiques sur quelques poètes.*

V.

Voyez à l'art. racine, le parallèle de Corneille et de Racine, par La Harpe.

VI.

Mon dessein n'est pas de faire l'histoire de ce qu'on appelle les premiers âges du théâtre français; on ne doit pas même donner ce nom aux tréteaux des *Confrères de la Passion, des Enfants sans souci, et des Clercs de la Bazoche.* Une partie de ces farces intitulées *Mystères* publiées dans les premiers temps où l'imprimerie fut connue, se conserve encore dans les bibliothèques des curieux, qui mettent un grand prix aux livres qu'on ne lit point. On en trouve des extraits multipliés dans cette foule de compilateurs qui se copient les uns les autres, et dont les recherches historiques sur notre théâtre se reproduisent tous les jours dans ces recueils où l'on a tout mis, excepté de l'esprit et du goût. La seule nomenclature des auteurs de *Mystères* et de *Moralités* (ce sont les titres de nos anciennes pièces) est presque aussi nombreuse que celle de nos poètes dramatiques depuis Corneille. Je remarquerai seulement qu'il n'est pas étonnant que nos livres saints aient fourni la matière de toutes ces productions informes : c'étaient les objets les plus familiers au peuple, qui ne lisait point; et, dans un temps où les connaissances étaient aussi rares que les livres, la multitude aimait à retrouver au spectacle les mêmes sujets qui l'édifiaient à l'église. Les croisades, qui avaient transporté l'Europe en Asie, ajoutaient encore à cet esprit religieux, échauffé par la vue des lieux saints qui avaient été le théâtre des souffrances d'un Dieu sauveur, ou par les récits qu'en faisaient ceux que le zèle y avait conduits; et cette espèce de ferveur subsistait encore long-temps après ces expéditions lointaines, dans des siècles où la religion, bien ou mal appliquée, était le ressort le plus universel qui pût mouvoir les peuples.

Le diable jouait ordinairement un grand rôle dans ces représentations grotesquement mystiques, tel qu'il le joue encore dans les *autos sacramentales* ou *actes sacramentaux* du théâtre espagnol. Il n'est que trop facile de s'égayer sur ces productions des temps d'ignorance et de grossièreté; mais il ne faut en ce genre employer le ridicule qu'au profit de l'instruction, et nous n'avons rien à gagner ici à nous moquer de nos pères. Les auteurs pouvaient-ils en savoir davantage, quand les spectateurs ne savaient pas lire?

Si nous leur reprochons de n'avoir pas deviné ce qu'ils ne pouvaient pas savoir, ne seraient-ils pas plus fondés à nous reprocher de corrompre tous les jours ce qu'on nous a si bien appris?

Je ne vous arrêterai pas plus long-temps sur cette première enfance de l'art, bien différente de celle de l'homme ; autant celle-ci est aimable et intéressante dans sa faiblesse, autant l'autre est dégoûtante.

C'est vers le commencement du XVI° siècle, que nous avons essayé de marcher avec des lisières. Les premiers pas ont été bien faibles : ils se sont un peu affermis depuis Jodelle. Je ne les suivrai qu'un moment, et autant qu'il le faudra pour mieux faire sentir la force de celui qui le premier alla si loin dans une carrière que ses devanciers n'avaient guère fait qu'entrevoir, à peu près comme ces deux conducteurs d'Israël qui decouvrirent de loin la terre promise, sans qu'il leur fût permis d'y entrer.

Avant Jodelle, on avait imprimé des traductions en vers de quelques tragédies grecques, et ces essais montraient du moins que les modèles commençaient à être connus. Lazare Baïf avait traduit l'*Électre* de Sophocle et l'*Hécube* d'Euripide; un auteur qui n'est connu que des bibliographes, Sybilet, avait traduit l'*Iphigénie en Aulide* : aucune de ces pièces ne fut représentée. Jodelle, sans prendre ses sujets chez les Grecs, voulut du moins traiter à leur manière ceux de *Cléopâtre* et de *Didon* ; il imita leurs prologues et leurs chœurs; mais il n'avait aucune étincelle de leur génie, aucune idée de la contexture dramatique : tout se passe en déclamations et en récits. Le style est un mélange de la barbarie de Ronsard et des froids jeux de mots que les Italiens avaient mis à la mode en France. Cependant sa *Cléopâtre* eut une grande réputation : la difficulté était de la représenter. Les confrères de la Passion et les bazochiens, alors en possession des spectacles privilégiés, étaient bien éloignés de se prêter à établir un genre de pièces qu'ils regardaient comme étranger et qui pouvait nuire à leurs tréteaux. Dans ces circonstances, Jodelle reçut des gens de lettres, ses confrères et ses rivaux, une marque de zèle aussi honorable pour eux que pour lui, et qui prouve qu'au moment de la naissance des arts l'amour qu'ils inspirent est moins altéré par la jalousie qu'au temps où les inquiétudes de l'envie et les prétentions de l'amour-propre se multiplient en proportion du nombre des concurrents. Jean de la Péruse, Remi Belleau, et quelques autres poètes, se réunirent avec l'auteur de *Cléopâtre* pour jouer sa pièce au collège de Reims, devant Henri II et toute sa cour. Jodelle, qui était jeune et d'une figure agréable, se chargea du rôle de la reine d'Égypte. Cette représentation eut beaucoup de succès, et ce fut un évènement assez considérable pour que Pasquier en fît depuis mention dans ses *Recherches historiques*. C'est lui qui nous apprend ces détails, et que le roi gratifia l'auteur d'une somme de cinq cents écus de son épargne : *d'autant*, dit Pasquier, *que c'était chose nouvelle et très belle et très rare.* Jodelle, encouragé par ce premier succès, fit une comédie en cinq actes et en vers, intitulée *Eugène :* c'était encore une nouveauté, et par conséquent *une belle chose*, du moins pour ceux qui ne connaissaient rien de mieux. Mais comment Ronsard, qui avait lu les anciens, pouvait-il dire :

> Jodelle le premier, d'une plainte hardie,
> Françaisement chanta la grecque tragédie,
> Puis, en changeant de ton, chanta devant nos rois
> La jeune comédie en langage français ;

Et si bien les sonna, que Sophocle et Ménandre,
Tant fussent-ils savants, y eussent pu apprendre.

C'est une preuve que Ronsard n'avait pas plus de goût dans ses jugements que dans ses vers. Assurément Sophocle et Ménandre n'auraient rien appris à l'école de Jodelle, si ce n'est que celui-ci n'avait pas assez étudié dans la leur.

Cependant les confrères de la Passion, à qui le parlement avait défendu de jouer davantage les mystères de notre religion, et qui avaient pris le nom de comédiens de l'hôtel de Bourgogne, voyant le succès qu'avaient eu les pièces de Jodelle, consentirent à les jouer, et y attirèrent la foule; en sorte que, du moins sous ce rapport, il peut être regardé comme le fondateur du théâtre. Son ami, Jean de La Péruse, fit représenter une *Médée*, traduite de Sénèque, qui fut imprimée depuis, et retouchée par Scévole de Sainte-Marthe. Saint-Gelais traduisit la *Sophonisbe* du Trissin. Grevin fit jouer au collège de Beauvais une *Mort de César*, dont la versification est moins mauvaise que celle de Jodelle; il y a même des morceaux de force : tel est celui-ci, dont il ne faut juger que le fond, sans faire attention au langage :

Alors qu'on parlera de César et de Rome,
Qu'on se souvienne aussi qu'il a été un homme,
Un Brute, le vengeur de toute cruauté,
Qui aurait d'un seul coup gagné la liberté.
Quand on dira : César fut maître de l'empire,
Qu'on sache quand et quand Brute le sut occire.

Quand on dira : César fut premier empereur,
Qu'on dise quand et quand Brute en fut le vengeur.

Qu'on mette ces idées en vers tels qu'on en peut faire aujourd'hui, on verra qu'elles sont grandes et fortes, et du ton de la tragédie ; il n'y a pas dans Jodelle un seul morceau de ce mérite.

Jean de La Taille imita dans sa tragédie des *Gabaonites* quelques situations des *Troyennes* d'Euripide. Un autre transporta dans celle de *Jephté* quelques scènes de l'*Iphigénie en Aulide*. Mais on empruntait sans devenir plus riche, et toutes ces imitations étaient défigurées par le plus mauvais goût. Le style ne cessait d'être plat que pour être ridiculement affecté.

L'amour mange mon sang, l'amour mon sang demande.
. . . .
Votre enfer, dieu d'enfer, pour mon bien je désire,
Sachant l'enfer d'amour de tous enfers le pire.

Voilà le style de Jodelle et de ses contemporains.

Garnier s'éleva au-dessus d'eux, sans avoir encore ni pureté, ni élégance : sa diction se rapproche davantage de la noblesse tragique, mais de manière à tomber trop souvent dans l'enflure. Il connaissait les anciens, et presque toutes ses pièces sont tirées du théâtre des Grecs ou imitées de Sénèque ; mais il est beaucoup plus voisin des déclamations diffuses et emphatiques du poëte latin que du naturel et du pathétique des tragiques d'Athènes. Il offre pourtant quelques scènes touchantes par les sentiments qu'ils lui ont fournis, quoiqu'il ne sache pas les revêtir d'une expression convenable. La langue chez lui tient encore beaucoup de la rudesse de Ronsard, qui servait de modèle à la plupart de ses contemporains. Il prodigue comme lui les épithètes néologiques et les adjectifs latinisés. Un autre défaut remarquable dans ses pièces, c'est le mélange des styles; on y trouve les comparaisons de Virgile, les odes d'Horace et le ton de l'églogue : c'est le caractère des imitateurs novices, qui ne savent pas encore bien employer ni bien placer ce qu'ils empruntent. En adoptant les chœurs, et quelquefois les prologues du théâtre des Grecs, Garnier méconnaissait la nature du nôtre; et, affectant la même simplicité de plan, sans avoir la même éloquence, il fait trop sentir le vide d'action et le défaut d'intrigue. Il s'en faut de beaucoup aussi qu'il connaisse les convenances de mœurs et de caractères. Il prend la jactance pour la grandeur, et fait parler ses héros en rhéteurs de collège. Un seul morceau cité donnera l'idée de tout ce qui manquait à Garnier, et en même temps de ce qu'il peut y avoir de louable dans sa composition : c'est un monologue de César qui rentre victorieux dans Rome.

> O *sourcilleuses* tours ! ô coteaux *décorés* !
> O palais *orgueilleux* ! ô temples *honorés* [*] !
> O vous ! murs que les dieux ont *maçonnés* eux-mêmes,
> Eux-mêmes *étoffés* de mille diadèmes [**],
> Ne ressentez-vous point le plaisir de vos *cœurs* [***],
> De voir votre César, le *vainqueur des vainqueurs* [****],

[*] Monotone amas d'exclamations et d'épithètes.
[**] Termes prosaïques, au-dessous de la tragédie.
[***] Les cœurs des tours et des palais !
[****] Fanfaronnade.

Par tant de gloire *acquise aux nations étranges* *,
Accroître son empire ainsi que vos louanges?
Et toi, fleuve orgueilleux, ne vas-tu par tes flots
Aux tritons *mariniers* ** faire bruire mon *lós*,
Et au père Océan te vanter que le *Tibre*
Roulera plus fameux que l'Euphrate et le *Tigre* *** ?
Jà, presque tout le monde obéit aux Romains;
Ils ont presque la mer et la terre en leurs mains;
Et soit où le soleil de sa *torche* **** voisine
Les *Indiens perleux* ***** du matin illumine,
Soit où son char, lassé de la course du jour,
Le ciel quitte ****** à la nuit qui commence son tour,
Soit où la mer glacée en *cristal se resserre* *******,
Soit où l'ardent soleil sèche et brûle la terre ********,
Les Romains on redoute *********, et *n'y a* si grand roi
Qui au ********** cœur ne frémisse, oyant parler de moi.
César est de la terre et la gloire et la crainte,
César des dieux guerriers a *la louange éteinte* ***********.

C'est là sans doute une amplification de rhéto-

* On disait alors *étrange* pour étranger.
** *Mariniers*, terme de prose.
*** Mauvaise rime.
**** Mauvaises expressions, en parlant du soleil.
***** Épithète à la Ronsard.
****** Inversion vicieuse. Au reste, on disait alors: *Je vous quitte quelque chose*, pour *Je vous cède*.
******* Mauvaise figure.
******** Tous ces vers sont du style épique.
********* Inversion vicieuse. *On redoute les Romains* serait tout aussi noble et plus clair. Quand l'inversion n'ajoute pas à l'effet, elle gâte la phrase.
********** Hiatus encore en usage alors: ils reviennent à tout moment.
*********** On ne dit pas *éteindre la louange*, Mais cette construction italienne, *a la louange éteinte*, (*ha estinta*), peut convenir à la poésie et nos grands écrivains ne l'ont pas rejetée.

rique, et l'on sent qu'il est ridicule que César, parlant tout seul, fasse son panégyrique avec tant d'emphase. C'est la caricature du style héroïque ; mais c'était déjà quelque chose, après les *Mystères*, que de ressembler à l'héroïque, même avec cette charge grossière; et c'est à peu près tout ce que firent Jodelle et Garnier.

Dans sa *Thébaïde*, ce dernier fait dire à Polynice :

Pour garder un royaume ou pour le conquérir,
Je ferais volontiers femme et enfants mourir.

Un ambitieux peut le penser; mais il ne le dit pas si crument, et un poète ne doit pas le dire si platement : c'est de toute manière un manque de mesure qui appartient à l'enfance de l'art.

Mairet eut plus de naturel dans les sentiments et dans le style. Sa diction, plus correcte, fait apercevoir les progrès de la langue. La meilleure de ses pièces, *Sophonisbe*, imitée de celle du Trissin, eut long-temps du succès au théâtre, même après Corneille. C'est la première de nos tragédies qui offre un plan régulier et assujetti aux trois unités. Mais le sujet a de si grands inconvénients, que la pièce n'a pu se soutenir lorsque l'art a été mieux connu. Voltaire, qui l'a remanié de nos jours avec tout l'avantage que lui donnaient son expérience et son génie, n'a pu vaincre les difficultés du sujet, parce qu'il y en a d'irrémédiables. La plus grande de toutes, c'est que le héros de la pièce, Massinisse, y est nécessairement avili sous l'ascendant de la puissance romaine. Nous verrons ailleurs les efforts étonnants d'un grand homme presque octogénaire pour venir à bout d'un sujet qu'il avait lui-même condamné, tout l'art qu'il y a mis, toutes les beautés qu'il y a répandues : c'est le titre le plus glorieux de sa vieillesse. Un objet bien différent doit nous occuper : c'est la multitude des fautes grossières qui nous choquent dans l'ouvrage de Mairet, qui ne précéda le *Cid* que de sept ans. Rien n'est plus propre à faire comprendre tout le chemin que fit Corneille, ou plutôt par quel rapide élan cet homme prodigieux laissa, dès sa seconde tragédie, tous ses rivaux si loin derrière lui.

La scène ouvre par une querelle entre la fille d'Asdrubal, Sophonisbe, et son vieux mari Syphax, qui a surpris une lettre qu'elle écrit à Massinisse. Ce prince, allié des Romains, et à qui Sophonisbe a été fiancée autrefois sans l'avoir jamais vu, est alors devant les murs de Cyrthe, capitale des états de Syphax, avec une armée romaine commandée par Scipion. Sophonisbe en est devenue amoureuse un jour qu'elle l'a vu du haut des remparts s'avancer en combattant jusqu'aux bords des fossés de la ville. Ces sortes de passions, qui font le nœud de beaucoup de pièces du siècle dernier, et même de celui-ci, sont des aventures de roman, et non pas des ressorts de tragédie. La lettre de Sophonisbe est du même genre :

« Voyez à quel malheur mon destin est soumis.
« Le bruit de vos vertus et de votre vaillance

« Me contraint aujourd'hui d'aimer mes ennemis
« D'un sentiment plus fort que n'est la bienveillance. »

On conçoit que Syphax ne doit pas être content de cette tendre déclaration ; et aujourd'hui le spectateur ne le serait pas davantage. Des avances si formelles, plus faites pour une coquette de comédie que pour un personnage héroïque, pour une reine qui finira par se dévouer à la mort plutôt que d'être menée en triomphe, suffiraient pour faire tomber une pièce sur un théâtre perfectionné. Si le fond est vicieux, le style n'est pas meilleur. Syphax dit à sa femme :

Tu fais d'un ennemi l'objet de tes désirs !
Ne pouvais-tu trouver *où prendre tes plaisirs*
Qu'en cherchant l'amitié de ce prince numide,
Qui te rend tout ensemble *impudique* et perfide ?
. . . .
Que me pourrais-tu dire, *impudente, effrontée ?*

On croit entendre Arnolphe dire à la jeune Agnès :

Pourquoi ne pas m'aimer, madame l'impudente ?

Mais c'est précisément parce que ce ton est excellent dans un vieillard ridicule, qu'il est détestable dans une tragédie.

La conduite de Sophonisbe dans le reste de la pièce n'est pas plus décente, ni son langage plus modeste. Son mari est tué dans un combat : on le lui annonce. Elle reçoit cette nouvelle assez froidement, et s'écrie qu'il est trop heureux d'être mort. Elle demande si quelqu'un de sa suite veut la tuer ; mais d'un ton à faire en sorte que personne n'en ait envie. Aussi sa confidente, Phénice, lui représente fort sensément qu'on est toujours à temps de se tuer.

> . . . . . Un mal désespéré
> A toujours dans la mort un remède assuré ;
> Cependant c'est aussi le dernier qu'on essaie,
> Et qu'on doit appliquer à la dernière plaie.
> Pour moi, je suis d'avis qu'oubliant le trépas,
> Vous tiriez du secours de vos *propres* appas.
> Vous n'auriez pas besoin de beaucoup d'artifice,
> Pour vous rendre agréable aux yeux de Massinisse.
> Essayez de gagner son inclination.

SOPHONISBE.

> Plût aux dieux !

La réponse est naïve. Cependant elle ajoute un moment après :

> Je n'attends rien du tout *du côté* de mes charmes.
> Ce remède, Phénice, est *ridicule* et vain ;
> Il vaut mieux se servir de *celui de la main*.

Mais Phénice la rassure en fidèle suivante :

> Donnez-vous, s'il vous plaît, un peu de patience
> Et de votre beauté faites expérience.
> Sachez ce qu'elle vaut et ce que vous pouvez.
> Mais comment le savoir si vous ne l'éprouvez ?

Une autre suivante, Corisbé, vient à l'appui :

> De fait, la défiance où la reine se *treuve*,
> Ne peut venir *d'ailleurs* que d'un *manque d'épreuve*.

SOPHONISBE.

> Corisbé, prenez garde à l'état où je suis,
> Et par là, comme moi, voyez ce que je puis.

4.

> Quand hier j'aurais été la vivante peinture
> Des plus rares beautés qu'on *voit* en la nature,
> Le moyen que mes yeux conservent aujourd'hui
> Une extrême beauté sous un extrême ennui?
> Et n'ayant plus en moi que des attraits vulgaires,
> Ils ne toucheraient point, ou ne toucheraient guères.
> De sorte qu'après tout je conclus qu'il vaut mieux
> Essayer le secours *de la main que des yeux.*

Voilà encore l'agréable alternative des *yeux* et de *la main.* Mais on a quelque peine à concevoir pourquoi cette veuve si résignée craint tant que le chagrin n'ait altéré ses appas. Ce n'est pas du moins celui qu'a pu lui causer la mort de son époux; car elle ne lui a pas donné la plus petite larme. Aussi n'est-on pas étonné que la sage conseillère, Phénice, la félicite sur sa fraîcheur.

> Au reste, la douleur ne vous a pas éteint
> Ni la clarté des yeux, ni la beauté du teint:
> Vos *pleurs** vous ont *lavée*, et vous êtes de celles
> Qu'un air triste et dolent rend encore plus belles.
> . . . .
> Croyez que Massinisse est un *vivant rocher*,
> Si vos *perfections* ne le peuvent toucher;
> Et qu'il est plus cruel qu'un tigre d'Hircanie,
> S'il exerce envers vous la moindre tyrannie.

Assurément Massinisse n'est point ce *rocher* et n'est point ce *tigre;* car à peine Sophonisbe a-t-elle répondu à son premier compliment, qu'il s'écrie:

> O dieux! que de merveilles
> Enchantent à la fois mes yeux et mes oreilles!

---

* Quels pleurs? Ce sont apparemment ceux qu'elle a répandus quand son mari l'a querellée.

Et Phénice dit tout bas à Corisbé :

Ma compagne, il se prend.

Il est vrai que Sophonisbe lui donne beau jeu, et commence par l'assurer qu'elle est ravie de sa victoire, et qu'il n'aura jamais tant de bonheur qu'elle lui en souhaite. C'est là le cas de ne pas perdre de temps : aussi le prince numide avoue qu'elle vient de *lui ravir son cœur.* Sophonisbe répond que c'est là *un langage moqueur* qui ne sied pas *à un généreux vainqueur.* Mais Massinisse, pour lui prouver qu'il ne se moque point, déclare qu'il est prêt à l'épouser. La reine ne se fait point prier, et s'écrie pour toute réponse :

O merveilleux excès de grace et de bonheur,
Qui met une captive au lit de son seigneur !

MASSINISSE.

Puisque vous me rendez le plus heureux des hommes,
Ma violente ardeur *et le temps où nous sommes*,
Ne me permettent pas de beaucoup différer.
. . . .
Cependant permettez que je prenne *à mon aise*
Un honnête baiser pour gage de la foi
Que le *dieu conjugal* veut de vous et de moi.

Et il prend en effet *ce baiser tout à son aise.* Cela va bien jusque-là ; mais il ajoute tout de suite :

Madame, s'il vous plaît, j'irai voir mes soldats,
Et, les ordres donnés, je reviens sur mes pas.

Aux termes où ils en sont, ce brusque départ est peu civil et peu galant, et dans le plan donné de

la scène, c'est la seule disconvenance qui s'y trouve.
Ce qui n'empêche pas la reine de s'écrier :

O miracle d'amour !

Scipion a-t-il tort de dire dans l'acte suivant :

Massinisse, en un jour, voit, aime et se marie ?

Mais voici qui est plus curieux. Après que la veuve de Syphax et le prince numide sont mariés, celui-ci, tout en causant avec elle dans la première scène du quatrième acte, lui fait une question qu'on ne peut s'empêcher de trouver très raisonnable :

A propos, où naquit, en quel temps, et pourquoi,
La bonne volonté que vous avez pour moi ?
De grace, accordez-moi le plaisir de l'entendre.
Vous plaît-il ?

SOPHONISBE.

Volontiers : je m'en vais vous l'apprendre.

Il a bien fallu exposer toutes ces platitudes pour faire voir d'où nous sommes partis, et ce qu'étaient nos chefs-d'œuvre avant Corneille. Il faut encore joindre à toutes ces fautes les pointes et le *Phébus* des sonnets italiens. Massinisse, dans cette même scène, s'exprime ainsi :

Il est vrai que d'abord j'ai senti la pitié :
Mais, comme le soleil suit les pas de l'aurore,
L'amour qui l'a suivie et qui la suit encore,
A fait en un instant dans mon cœur embrasé,
Le plus grand changement qu'il ait jamais causé.

Ce jargon domine d'un bout à l'autre dans *Sylvie*, tragi-comédie de Mairet, jouée en 1621, quinze ans avant *le Cid*, et qui fit courir tout Paris pendant quatre ans. Il est vrai que cet insupportable abus d'esprit tomba entièrement lorsqu'on eut entendu *le Cid**, qui en offre fort peu de traces, et qui fit connaître un genre de beauté bien différent. Mairet lui-même appela depuis cette *Sylvie*, *les péchés de sa jeunesse* : tant un seul homme peut influer sur ses contemporains ! Mais il n'est pas moins vrai que Mairet ne put pardonner à Corneille d'avoir éclairé

---

* Transportons-nous à cette époque mémorable que déjà près de deux siècles séparent de nous ; ne connaissons de notre littérature que les ouvrages connus alors, et prenons place dans ce parterre qui jugea *la naissante merveille du Cid*.

La scène s'ouvre : quelle surprise ! quel ravissement ! Nous voyons pour la première fois, une intrigue noble et touchante, dont les ressorts balancés avec art, serrent le nœud de scène en scène, et préparent sans effort un adroit dénouement : nous admirons cet équilibre des moyens dramatiques qui, réglant la marche toujours croissante de l'action, tient le spectateur incertain entre la crainte et l'espérance, en variant et en augmentant sans cesse un intérêt unique et toujours nouveau ; cette opposition si théâtrale des sentiments les plus chers et des devoirs les plus sacrés, ces combats où d'un côté luttent le préjugé, l'honneur, les saintes lois de la nature ; de l'autre, l'amour, le brûlant amour, que la nature respectée ne peut vaincre, et que le devoir surmonte sans l'affaiblir. Subjugué par la force de cette situation, je vois tout le parterre en silence, étonné du charme qu'il éprouve, et de ces émotions délicieuses que le théâtre n'avait point encore su réveiller au fond des cœurs. Mais dans ces scènes passionnées où devient plus vive et plus pressante cette lutte si douloureuse de l'héroïsme de l'honneur et de l'héroïsme de l'amour ; lorsque, dans les développements de l'intrigue, redoublent de violence ces combats, ces orages des sentiments opposés, par lesquels l'action théâtrale se passe dans l'âme des personnages, et se reproduit dans l'âme des spectateurs ; alors au sein de ce profond silence, je vois naître un soudain frémissement ; les cœurs se serrent, les larmes coulent ; et parmi les larmes et les sanglots, s'élève un cri unanime d'admiration, un cri qui révèle à la France que la tragédie est trouvée.

VICTORIN FABRE, *Éloge de Pierre Corneille*,
Couronné par l'institut en 1808.

son siècle, et qu'il fut, à sa honte, un des plus ardents détracteurs du *Cid*.

Que *Sophonisbe* ait réussi lorsque l'on ne connaissait rien de mieux, ou plutôt lorsqu'elle était meilleure que tout ce que l'on connaissait, rien n'est plus simple ; mais on demandera comment ce succès a pu durer encore cinquante ans après la lumière apportée par Corneille. C'est ici qu'il faut rendre à Mairet le tribut d'éloges qui lui est dû. Il convenait d'abord de faire voir les vices grossiers qui dominaient dans les ouvrages les plus estimés; mais je dois dire à présent que, dans les deux derniers actes de cette pièce, il y a des beautés. A la vérité, le style en est trop faible et trop défectueux pour en citer des morceaux quand nous sommes si près de Corneille ; mais il y a, dans les sentiments, du pathétique et de l'élévation. La douleur de Massinisse, quand il faut sacrifier Sophonisbe, est touchante, quoiqu'elle ne soit pas toujours assez noble, et qu'il s'abaisse aux supplications beaucoup plus qu'il ne sied au caractère d'un monarque et d'un héros. Son désespoir, tour à tour impétueux et tranquille, produit de l'effet; et ce qui dut en faire encore plus, c'est le moment où il montre à Scipion son épouse mourante du poison qu'il lui a donné, étendue sur le lit nuptial. Ce spectacle, qui n'est point une vaine pompe, mais qui fait partie d'une action tragique, ce dénouement théâtral était fort au-dessus de ce qu'on avait vu jusqu'alors. C'est là sans doute ce qui a fait vivre la pièce jusqu'au temps où le grand nombre des modèles rendit les spectateurs plus difficiles; et c'est aussi ce qui engagea Voltaire à tenter un dernier effort sur ce sujet, déjà traité sept fois sur la scène française. Il y a plus : quand le grand Corneille, dans toute sa gloire, voulut faire une *Sophonisbe* trente ans après celle de Mairet, il ne put la déposséder du théâtre, et resta au-dessous de ce qu'il voulait effacer. Ce n'est pas qu'il fût tombé dans des fautes pareilles à celles qu'on vient de voir : il avait enseigné aux autres à les éviter; mais son intrigue est froide; sa pièce est bien moins tragique que les deux derniers actes de Mairet; en un mot, elle a le plus grand de tous les défauts, celui d'être absolument sans intérêt. J'y reviendrai dans l'examen de son théâtre; mais avant d'y entrer, il convient de parler d'une autre tragédie qui eut autant de succès que *Sophonisbe*, et qui vaut encore moins : ce qui est d'autant plus remarquable, qu'elle fut jouée immédiatement avant *le Cid*. C'est la *Mariamne* de Tristan, pièce long-temps célèbre, même après Corneille, et vantée après ses chefs-d'œuvre : tant le bon goût a de peine à s'établir! Le sujet est connu : c'est le même qu'a traité Voltaire, et à plusieurs reprises, sans pouvoir jamais en faire un bon ouvrage; ce qui prouve qu'en lui-même le sujet n'est pas heureux. Il est tiré de l'historien Josèphe, qui raconte avec beaucoup d'intérêt les infortunes de Mariamne, conduite à l'échafaud par les fureurs jalouses d'un époux barbare, de cet Hérode, signalé dans l'histoire par ses talents et ses cruautés. Mais un événement tragique n'est pas toujours une tragédie; il s'en faut de beaucoup.

CORNEILLE (Pierre).

Il faut une action, une intrigue : celle de Tristan ne suppose pas beaucoup d'invention. Salome, la sœur d'Hérode et l'ennemie de Mariamne, sans qu'on dise même pourquoi, corrompt un échanson du roi son frère, et l'engage à déposer que Mariamne lui a fait l'horrible proposition d'empoisonner Hérode. Sur cette accusation, destituée d'ailleurs de toute espèce de preuves, il prononce la sentence de mort contre une femme qu'il idolâtre; et quand on vient lui apprendre que la sentence est exécutée, il tombe dans un désespoir qui remplit tout le cinquième acte, sans que l'auteur ait eu même le soin de faire reconnaître l'innocence de Mariamne et la perfidie de Salome. Toute la pièce n'est donc qu'une déclamation dialoguée; elle est absolument sans art, mais non pas cependant sans quelque intérêt, puisqu'une femme innocente et mise à mort inspire toujours quelque pitié. Mondory, le premier acteur de ce temps-là, devint fameux par le succès qu'il eut dans le rôle d'Hérode, que sans doute il jouait avec autant d'emphase et d'exagération qu'il y en a dans les sentiments et les idées. Sa déclamation ne pouvait pas être moins outrée que tout le reste; elle l'était au point, que Mondory pensa périr des efforts qu'il faisait dans les fureurs d'Hérode, et fut emporté presque mourant hors de la scène, où il ne put jamais reparaître.

Mais quel était le style et le dialogue de cette tragédie, jouée en même temps que *le Cid*, et avec de si grands applaudissements ? C'est ce qu'il est curieux de voir, non pas tant pour juger Tristan que pour apprécier Corneille.

Hérode, à l'ouverture de la pièce, est réveillé par un songe effrayant. Il appelle son capitaine des gardes, Phérore, et lui parle de ce songe dont il est encore troublé. Phérore l'assure que les songes ne signifient rien du tout.

> Et, selon qu'un rabbin me fit un jour entendre,
> C'est le prendre fort bien que de n'en rien attendre.
> HÉRODE.
> Quelles fortes raisons apportait ce docteur,
> Qui soutient que le songe est toujours un menteur?
> PHÉRORE.
> Il disait que l'humeur qui dans nos cœurs domine,
> A voir certains objets en dormant nous incline.
> Le flegme humide et froid, s'élevant au cerveau,
> Y vient représenter des brouillards et de l'eau.
> La bile ardente et jaune, aux qualités subtiles,
> N'y dépeint que combats, qu'embrasements de villes.
> Le sang qui tient de l'air et répond au printemps,
> Rend les moins fortunés dans leurs songes contents, etc.

Après cette dissertation sur les rêves, qui occupe toute la scène, Hérode veut enfin conter le sien; et Salome sa sœur se présente à la porte en disant:

> Vous plaît-il que j'entende aussi cette aventure?

Hérode conte son *aventure*, c'est-à-dire son rêve; ensuite il se plaint à Phérore et à Salome des chagrins que lui donne Mariamne, qui ne répond nullement à l'amour qu'il a pour elle. Les deux confidents s'efforcent de l'aigrir de plus en plus contre son épouse.

CORNEILLE (Pierre).

SALOME.

Quel plaisir prenez-vous de chérir une roche
Dont les sources de pleurs coulent incessamment,
Et qui pour votre amour n'a point de sentiment?

HÉRODE.

Si le divin objet dont je suis idolâtre
Passe pour un rocher, c'est un rocher d'albâtre ;
Un écueil agréable, où l'on voit éclater
Tout ce que la nature a fait pour me tenter.
Il n'est point de rubis vermeil comme sa bouche,
Qui mêle un esprit d'ambre à tout ce qu'elle touche ;
Et l'éclat de ses yeux veut que mes sentiments
Les mettent pour le moins au rang des diamants.

Une roche dont il coule des sources de pleurs, un écueil agréable, un rocher d'albâtre, des yeux que les sentiments mettent pour le moins au rang des diamants, etc.; c'est cette profusion de figures bizarrement recherchées et d'idées puérilement alambiquées, qui, se mêlant aux plus triviales platitudes, formait un ensemble vraiment grotesque, et tel était pourtant le style qui, chez les auteurs les plus renommés, dominait dans la tragédie, dans l'épopée, dans l'éloquence, à l'époque où Corneille donna *le Cid*.

Hérode finit par envoyer un message amoureux à Mariamne :

Observe bien sur-tout, en faisant ce message,
Et le son de sa voix, et l'air de son visage,
Si son teint devient pâle ou s'il devient vermeil :
J'en saurai la réponse en sortant du conseil.

C'est la fin du premier acte de *Mariamne*. Tout le

monde sait par cœur cette autre fin de premier acte :

Je vais donner une heure aux soins de mon empire,
Et le reste du jour sera tout à Zaïre.

Ce rapprochement, qui semble ici se présenter de lui-même, offre les deux extrêmes du style. Mariamne, au second acte, se plaint de la mort de son jeune frère, qu'Hérode avait fait noyer :

Ce clair soleil levant, adoré de la cour,
Se plongea dans les eaux comme l'astre du jour,
Et n'en ressortit pas en sa beauté première ;
Car il en fut tiré sans force et sans lumière.

Voilà les *concetti* que l'Italie avait mis à la mode, et que l'on admirait au théâtre, comme dans la société le jargon des *Précieuses ridicules*. En voici d'autres exemples :

Votre teint, composé des plus aimables fleurs,
Sert trop long-temps de lit à des ruisseaux de pleurs.
. . . .
Mariamne a des morts accru le triste nombre ;
Ce qui fut mon soleil n'est donc plus rien qu'une ombre !
Quoi ! dans son orient cette astre de beauté,
En éclairant mon âme, a perdu la clarté !

C'est Hérode qui parle ainsi en déplorant la mort de Mariamne. Il s'adresse au soleil :

Astre sans connaissance et sans ressentiment,
Tu portes la lumière avec aveuglement.
Si l'immortelle main qui te forma de flamme,
En te donnant un corps l'avait pourvu d'une âme,
Tu serais plus sensible au sujet de mon deuil ;
De ton lit aujourd'hui tu ferais ton cercueil, etc.

Il continue sur le même ton :

Aurait-on dissipé ce recueil de miracles ?
Aurait-on fait cesser mes célestes oracles ?
Aurait-on de la sorte enlevé tout mon bien ?
Et ce qui fut mon tout ne serait-il plus rien ?
. . . .
Tu dis qu'on a détruit cet ouvrage des cieux ?

NARBAL.

Sire, *avecque* regret, je l'ai vu de mes yeux.

HÉRODE.

Viens m'en conter au long la pitoyable histoire.

La belle chute ! rien ne ressemble plus à cet amant de comédie, qui *dans son désespoir est allé se jeter... par la fenêtre?.... non, sur son lit*. Cette tranquille interrogation d'Hérode après toutes ses lamentations, est absolument du même genre ; mais il n'y a pas de quoi s'en étonner : ces lamentations sont si froides ! et voilà le plus grand mal, c'est qu'avec tant de figures et d'antithèses, il n'y a pas un mot de sentiment ;

Et ce n'est pas ainsi que parle la nature ;

c'est toujours là qu'il faut en revenir.

Ah ! voici le plus court : il faut que cette lame
D'un coup blesse mon cœur et guérisse mon âme.
. . . .
Ou bien, meurs du regret de ne pouvoir mourir.

Est-ce là le langage de la douleur ? Cherche-t-elle jamais des pointes et des subtilités ? ce n'était point la peine de se tuer à réciter de pareils vers. Nous venons de voir le style de Marini, voici celui de D. Japhet :

Ah! Cerbère têtu, fatal à ma maison,
Tu sais bien contre moi produire du poison ;
Mais inutilement ta bouche envenimée
Jette son aconit contre ma renommée.
Elle est d'une candeur que rien ne peut tacher, etc.

Quelque chose de bien pis encore, c'est le rôle que l'auteur fait jouer à la mère de Mariamne, Alexandra : elle prononce dans un monologue de justes imprécations contre le bourreau de sa fille, contre le tyran qui vient de condamner l'innocence; mais dans la crainte qu'on ne la soupçonne elle-même de complicité dans la prétendue trahison de Mariamne, elle attend au passage cette infortunée que l'on mène au supplice, et l'arrête pour l'accabler des plus atroces invectives, pour applaudir à sa condamnation, insulter à son infortune, lui reprocher un crime qu'elle sait trop bien être supposé. On n'a jamais donné à la nature un démenti plus outrageant, et c'est une nouvelle preuve qu'avant Corneille on ne la connaissait guère plus dans la fable et dans les caractères que dans la diction.

Il n'y a dans toute cette pièce qu'un seul beau vers : Hérode s'indigne contre les Juifs de ce qu'ils ne viennent pas venger sur lui la mort d'une reine qu'ils adoraient; il s'adresse aux cieux, et s'écrie :

Punissez ces ingrats qui ne m'ont point puni.

Ce n'est point là une antithèse de mots : c'est un sentiment vrai et profond, rendu avec énergie.

D'après ce que nous avons vu de la *Sophonisbe* et de la *Mariamne*, jugeons maintenant ce que Corneille avait à faire, et ce qu'il fit. Rappelons-nous ce qui a dû nous frapper davantage dans ces étranges scènes de deux pièces, les meilleures, ou les moins mauvaises qu'on eût encore faites. Il en résulte que l'on ignorait presque entièrement le ton qui convenait à la tragédie; et, sans ce point si important, tout ce qu'on avait fait était peu de chose. On avait lu les Grecs; on avait étudié la *Poétique* d'Aristote; on y avait appris les règles essentielles de la construction du drame; le simple bon sens suffisait pour les adapter; c'était là le premier pas. Mais il s'agissait de saisir l'ensemble de toutes les convenances et de tous les rapports dont la réunion produit ce qu'on appelle un art. En effet, à quoi tient cette agréable illusion que l'art produit sur nous quand il est à sa perfection, et que nous avons appris à le juger? N'est-ce pas à ce tout artificiel dont les parties, bien liées, bien assorties, nous présentent non pas la nature réelle (elle est toujours près de nous, et nous n'avons pas besoin des arts pour la trouver), mais une nature assez vraisemblable pour ne contredire en rien la réalité, et assez embellie pour être fort au-dessus de la nature ordinaire? Quand ce but est atteint, qu'arrive-t-il? C'est que nous jouissons non-seulement des efforts de l'art, mais encore du talent de l'artiste qui en a vaincu les difficultés; et il suffit de connaître un peu l'esprit humain pour sentir que cette admiration qu'on nous fait éprouver est encore un plaisir de plus; car nous aimons naturellement tout ce qui nous rappelle l'idée du beau; il semble que le modèle original en soit gravé dans notre imagination, et que, chaque fois que nous apercevons les images, nous ne fassions que le reconnaître dans sa ressemblance. D'ailleurs cette surprise agréable, qui naît des efforts du génie, ce souvenir qui nous avertit, au milieu du spectacle, que ce n'est qu'une illusion bien préparée, est nécessaire pour adoucir en nous les impressions de la tragédie, qui sans cela seraient trop fortes, et ressembleraient trop à la douleur réelle; c'est ce que l'on a tenté d'exprimer dans ces vers :

A tous les mouvements dont mon âme est saisie
Se mêle un charme heureux, né de la poésie.
En me faisant frémir, en me faisant pleurer,
Elle me donne encor le plaisir d'admirer;
Et ce doux sentiment que son art me procure,
Est un nectar divin versé sur ma blessure.
(*Molière à la nouvelle salle.*)

Personne ne va au théâtre pour s'affliger de bonne foi; mais chacun est bien aise de voir comment on s'y prendra pour le faire pleurer, comme si en effet il s'affligeait. En un mot nous y allons pour être trompés, et tout ce que nous demandons, c'est qu'on nous trompe bien. Je citerai à ce propos le mot d'un Anglais qui était venu voir les tours d'adresse d'un fameux joueur de gobelets. A côté de lui se trouvait un de ces hommes toujours prêts à faire ce qu'on ne leur demande pas, et qui s'offrit, pour l'empêcher d'être dupe, de lui montrer d'avance le secret des tours d'escamotage qu'il allait voir. « Je « vous en dispense, Monsieur, dit froidement l'An- « glais; je paie ici pour être trompé. »

Mais, pour tromper avec le secours de l'art, il faut observer toutes les convenances sur lesquelles il est fondé. Or, une des premières est que chaque personnage agisse et parle selon le caractère qu'on lui connaît. Un héros, un roi ne s'exprime pas comme un homme du peuple; ni un reine, une princesse comme une soubrette. C'est ce qu'enseignait Horace lorsqu'il a dit : « Que chaque personnage « parle le langage qui lui est propre. Un héros ne « doit pas s'exprimer comme Dave. » Ce précepte paraît bien simple; cependant, jusqu'à Corneille, on avait été presque toujours, sur la scène, ou plat jusqu'à la trivialité, ou boursouflé de figures de rhétorique. Ce dernier défaut était sur-tout celui de Garnier; l'autre fut celui de Mairet. La tragédie me montre des rois et des héros; elle me les montre, non pas dans les actions indifférentes de la vie, où tous les hommes peuvent se ressembler, à un certain point, mais dans des moments choisis, dans des situations intéressantes. Je m'attends naturellement à entendre un langage digne de leur rang, conforme à leur caractère, adapté à leurs intérêts, à leur passions, à leurs dangers; et, si je ne suis pas frustré dans mon attente, l'illusion s'établit et mon plaisir commence. Mais, si je les vois agir et parler comme mon voisin et mes voisines que j'ai laissés à la maison, je vois sur-le-champ que celui qui a voulu m'en imposer n'y entend rien; et, sous les habits de Massinisse et de Sophonisbe, je reconnais les bourgeois de mon quartier. C'est cette disconvenance qui choque dans ce que nous avons vu de la pièce de Mairet. Est-ce bien la fille d'Asdrubal, l'épouse de Syphax, cette reine que l'histoire nous représente si fière et si sensible, et qui accepta du poison de la main de Massinisse plutôt que d'être traînée en triomphe au Capitole? est-ce elle qui se conduit et qui s'énonce comme une veuve coquette, pressée de se marier, et qui se jette à la tête d'un jeune homme qu'elle a trouvé beau? Et Massinisse, qui ne l'a vue que dans le seul moment où ces avances indécentes devraient le prévenir contre elle, peut-il convenablement lui offrir sur-le-champ de l'épouser? Voilà pour le fond des choses. Et le dialogue n'est-il pas entièrement de la comédie? Il est vrai que cette séparation si essentielle et si indispensable entre le langage familier et celui de la tragédie ne peut s'établir qu'à mesure que l'idiome s'épure et s'ennoblit. Il fallait faire à la fois ce double travail. Mais heureusement l'un tient à l'autre, et c'est l'habitude de penser noblement qui donne de la noblesse au langage. Voilà le premier service que Corneille rendit à la langue et au théâtre. C'est lui qui le premier marqua des limites entre la diction tragique et le discours ordinaire. En faisant de suite un grand nombre de beaux vers, il apprit aux Français que la dignité du style achève de caractériser les personnages de la tragédie, comme le costume et les attitudes caractérisent les figures sur la toile et sur le marbre. Que serait-ce en effet si un peintre nous représentait Achille vêtu comme Sosie, et mettant le poing sous le nez d'Agamemnon! C'est précisément ce que faisaient les poètes tragiques avant Corneille. Des expressions ignobles dans la bouche d'un grand personnage sont des haillons qui couvrent un roi. Corneille écarta ces lambeaux qui rendaient Melpomène méconnaissable, et la revêtit d'une robe majestueuse; il y laissa encore quelques taches; et, après lui, Racine la couvrit d'or et de diamants.

Mais, dit-on, comment, avec cette noblesse continue d'expression et cette harmonie nécessaire au vers, conserver un air de vérité qui ressemble à la nature ? A cette question, il faut répondre comme Zénon à ceux qui niaient le mouvement : il marcha. Lisez nos bons écrivains dramatiques, et voyez si leur élégance ôte rien au naturel. C'est ici le moment de citer Corneille, puisqu'il a donné parmi nous le premier modèle de ce grand art du style tragique. Écoutez don Diègue défendant son fils accusé par Chimène :

> Qu'on est digne d'envie
> Lorsqu'en perdant la force on perd aussi la vie,
> Sire, et que l'âge apporte aux hommes généreux,
> Au bout de leur carrière, un destin rigoureux !
> Moi, dont les longs travaux ont acquis tant de gloire,
> Moi, que jadis partout a suivi la victoire,
> Je me vois aujourd'hui, pour avoir trop vécu,
> Recevoir un affront et demeurer vaincu.
> Ce que n'a pu jamais combat, siège, embuscade;
> Ce que n'a pu jamais Aragon, ni Grenade,
> Ni tous vos ennemis, ni tous mes envieux,
> Le comte en votre cour l'a fait presque à vos yeux,
> Jaloux de votre choix, et fier de l'avantage
> Que lui donnait sur moi la faiblesse de l'âge.

Sire, ainsi ces cheveux blanchis sous le harnois,
Ce sang pour vous servir prodigué tant de fois,
Ce bras jadis l'effroi d'une armée ennemie,
Descendaient au tombeau tout chargés d'infamie,
Si je n'eusse produit un fils digne de moi,
Digne de son pays, et digne de son roi.
Il m'a prêté sa main, il a tué le comte;
Il m'a rendu l'honneur, il a lavé ma honte.
Si montrer du courage est du ressentiment,
Si venger un soufflet mérite un châtiment;
. . . .
Si Chimène se plaint qu'il a tué son père,
Il ne l'eût jamais fait, si j'avais pu le faire.
Immolez donc ce *chef* que les ans vont ravir,
Et conservez pour vous le bras qui peut servir.
Aux dépens de mon sang satisfaites Chimène;
Je n'y résiste point, je consens à ma *peine*,
Et, loin de murmurer contre un injuste arrêt,
Mourant sans déshonneur, je mourrai sans regret.

Eh bien! (excepté le mot de *chef* qui a vieilli dans le sens de *tête*, probablement parce qu'il est sujet à l'équivoque) y a-t-il dans tout ce morceau si vigoureux, si animé, si pathétique, un seul mot au-dessous du style noble? et en même temps y en a-t-il un seul qui ne soit dans la nature et dans la vérité? On entend un beau langage, des vers nombreux; et en même temps que l'oreille et l'imagination sont flattées, l'âme est toujours satisfaite, et jamais trompée : elle avoue, elle reconnaît tout ce qu'elle entend. C'était là l'heureux secret qu'il fallait découvrir, le problème qu'il fallait résoudre; et peut-on s'étonner de l'effet prodigieux qu'éprouva toute la France, des transports de l'admiration universelle, la première fois qu'on entendit un langage si nouveau, si supérieur à tout ce qui existait auparavant? Quelle distance des pièces de Scudery, de Benserade, de Duryer, de Mairet, de Tristan, de Rotrou, à cette merveille du *Cid!* Rotrou s'en rapprocha depuis dans *Venceslas;* mais, quoique Corneille eût la déférence de l'appeler *son père*, parce qu'il n'était entré qu'après lui dans la carrière du théâtre, cependant, comme Rotrou n'avait rien produit jusque là qui ne fût au-dessous du médiocre, et que le seul ouvrage qui lui ait survécu n'a paru que six ans après *le Cid*, la justice veut qu'on le range parmi ceux qui profitèrent à l'école du grand Corneille; et c'est à ce rang que j'en parlerai.

Pour développer d'abord le grand changement que l'auteur du *Cid* introduisit dans le style tragique, j'ai un peu anticipé sur ce que j'avais à dire de cette mémorable époque de notre théâtre; et avant de m'y arrêter, je dois dire un mot de *Médée* qui la précéda; car on me dispensera sans doute de parler des premières comédies de Corneille. On se souvient seulement qu'il les a faites, et que, sans rien valoir, elles valent mieux que toutes celles de son temps. C'est quand il donna *le Menteur*, qu'il eut encore la gloire de précéder Molière dans les pièces de caractère. Maintenant je ne considère en lui que le père de la tragédie.

Son coup d'essai fut *Médée* : le sujet n'était pas très heureux : elle n'eut qu'un succès médiocre. Il n'est pas surprenant que Longepierre, qui travailla sur le même sujet environ soixante ans après, l'ait manié avec plus d'art, et soit parvenu à y répandre assez d'intérêt pour faire voir sa pièce de temps en temps avec quelque plaisir, malgré ses défauts, quand il se trouve une actrice propre à faire valoir le rôle de Médée. Soixante ans de lumières et de modèles sont d'un grand secours, même pour un talent médiocre. Mais le talent sublime de Corneille s'annonçait déjà dans sa *Médée* (quoique mal conçue et mal écrite), par quelques morceaux d'une force et d'une élévation de style inconnues avant lui. Tel est ce monologue de Médée, imité de Sénèque : ailleurs ce pourrait être une déclamation ; mais il faut songer que c'est une magicienne qui parle :

Souverains protecteurs des lois de l'hyménée,
Dieux, garants de la foi que Jason m'a donnée,
Vous qu'il prit à témoin d'une immortelle ardeur,
Quand par un faux serment il vainquit ma *pudeur*,
Voyez *de* quel mépris vous traite son parjure,
Et m'aidez à venger cette commune injure.
S'il me peut aujourd'hui chasser impunément,
Vous êtes sans pouvoir ou sans ressentiment.
Et vous, troupe savante en noires barbaries,
Filles de l'Achéron, Spectres, Larves, Furies,
Fières sœurs, si jamais notre commerce étroit
Sur vous et vos serpents me donna quelque droit,
Sortez de vos cachots avec les mêmes flammes
Et les mêmes tourments dont vous *gênez* les âmes ;
Laissez-les quelque temps reposer dans les fers ;
Pour mieux agir *pour* moi, *faites trève aux enfers.*

CORNEILLE (Pierre).

Apportez-moi du fond des antres de Cerbère
La mort de ma rivale et celle de son père,
Et, si vous ne voulez mal servir mon courroux,
Quelque chose de pis pour mon perfide époux.
Qu'il coure vagabond de province en province !
Qu'il fasse lâchement la cour à chaque prince !
Banni de tous côtés, sans bien et sans appui,
Accablé de malheur, de misère et d'ennui,
Qu'à ses plus grands malheurs aucun ne compatisse !
Qu'il ait regret à moi pour son dernier supplice,
Et que mon souvenir, jusque dans le tombeau,
Attache *à son esprit* un éternel bourreau !
Jason me répudie, et qui l'aurait pu croire !
S'il a manqué d'amour, manque-t-il de mémoire ?
Me peut-il bien quitter après tant de bienfaits ?
M'ose-t-il bien quitter après tant de forfaits ?
Sachant ce que je puis, ayant vu ce que j'ose,
Croit-il que m'offenser ce soit si peu de chose ?
Quoi ! mon père trahi, les éléments forcés,
D'un *frère dans la mer* les membres dispersés,
Lui font-il présumer mon audace épuisée ?
Lui font-ils présumer qu'à mon tour méprisée,
Ma rage contre lui n'ait *par où* s'assouvir ;
Et que tout mon pouvoir se borne à le servir !

On peut relever quelques fautes de langage ; mais en total ce morceau est d'un style infiniment élevé au-dessus de tout ce qu'on écrivait dans le même temps. Ces deux vers surtout :

Me peut-il bien quitter après tant de bienfaits ?
M'ose-t-il bien quitter après tant de forfaits ?

offrent un rapprochement d'idées de la plus grande

énergie : il est impossible de dire plus en peu de mots : c'est le vrai sublime.

La littérature espagnole était alors en vogue parmi nous. Nous avions emprunté beaucoup de pièces du théâtre de cette nation, mais nous n'en avions guère imité que les défauts. Corneille, en s'appropriant le sujet du *Cid*, traité d'abord en Espagne par Diamante, et ensuite par Guilain de Castro[*], ne fit pas un larcin, comme l'envie le lui reprocha très injustement, mais une de ces conquêtes qui n'appartiennent qu'au génie. Il embellit beaucoup ce qu'il prenait, en ôta beaucoup de défauts, et réduisit le tout aux règles principales du théâtre. Il ne les observa pas toutes : qui peut tout faire en commençant ?

On connaît depuis long-temps ce qu'il y a de défectueux dans *le Cid*; mais ce qui est très remarquable, et ce qu'il importe de démontrer, c'est que, dans la nouveauté de l'ouvrage, ce qui lui fut reproché comme le plus répréhensible est véritablement ce qu'il y a de plus beau. Cet exemple prouve ce que j'ai établi au commencement de ce *Cours*, que le génie précède nécessairement le goût, et qu'il devine par instinct avant que nous sachions juger par principes. Je ne parle pas de Scudery, qui était aveuglé par la haine; mais l'Académie en corps condamna *le sujet du Cid*, et déclara qu'*il n'était pas bon*. Je sais de quelle estime jouit la critique qui parut alors sous le titre de *Sentiment de l'Académie sur le Cid* : cette estime est méritée à

[*] Voyez la note à la fin du volume

beaucoup d'égards; mais je crois pouvoir dire, sans blesser le respect que je dois à nos prédécesseurs, que cette critique est fautive en bien des points; qu'on a été trop loin quand on l'a qualifiée de *chef-d'œuvre*, et qu'elle est plutôt un modèle d'impartialité et de modération, que de justesse et de bon goût. Ce fut Chapelain qui la rédigea, et cet ouvrage fait honneur à ses connaissances et à son esprit. Malgré quelques expressions, quelques tournures qui ont vieilli; malgré quelques traits qui sentent l'affectation et la recherche, alors trop à la mode, en général les pensées et le style ont de la dignité, et les motifs et les principes de l'Académie sont noblement développés. On y rend un légitime hommage au talent de Corneille : le cardinal de Richelieu en fut très mécontent, et c'était en faire l'éloge. Quant aux erreurs qui s'y trouvent, et dont Voltaire, qu'on accuse d'être le détracteur de Corneille, a déjà relevé une partie, elles sont très excusables, parce que l'art ne faisait que de naître. Il y a peu de mérite à les rectifier aujourd'hui, après cent cinquante ans d'expérience; mais il n'est pas indifférent à la gloire de Corneille de faire voir qu'il lui arriva ce qui arrive toujours aux esprits créateurs; c'est que non-seulement il faisait mieux que tous ses rivaux, mais qu'il en savait plus que tous ses juges.

Les reproches incontestables que l'on peut faire au *Cid* sont : 1° le rôle de l'infante, qui a le double inconvénient d'être absolument inutile, et de venir se mêler mal à propos aux situations les plus intéressantes. (Ce rôle fut retranché lorsque Rousseau le lyrique arrangea le *Cid* de la manière dont on le joue maintenant; mais j'examine l'ouvrage tel qu'il fut composé.)

2° L'imprudence du roi de Castille, qui ne prend aucune mesure pour prévenir la descente des Maures, quoiqu'il en soit instruit à temps, et qui par conséquent joue un rôle peu digne de la royauté.

3° L'invraisemblance de la scène où don Sanche apporte son épée à Chimène qui se persuade que Rodrigue est mort, et persiste dans une méprise beaucoup trop prolongée, et dont un seul mot pouvait la tirer. On voit que l'auteur s'est servi de ce moyen forcé pour amener le désespoir de Chimène jusqu'à l'aveu public de son amour pour Rodrigue, et affaiblir ainsi la résistance qu'elle oppose au roi qui veut l'unir à son amant. Mais il ne paraît pas que ce ressort fût nécessaire, et la passion de Chimène était suffisamment connue.

4° La violation fréquente de cette règle essentielle qui défend de laisser jamais la scène vide, et que les acteurs entrent et sortent sans se parler ou sans se voir.

5° La monotonie qui se fait sentir dans toutes les scènes entre Chimène et Rodrigue, où ce dernier offre continuellement de mourir. J'ignore si, dans le plan de l'ouvrage, il était possible de faire autrement : j'avouerai aussi que Corneille a mis beaucoup d'esprit et d'adresse à varier autant qu'il le pouvait, par les détails, cette conformité de fond; mais enfin elle se fait sentir, et Voltaire ajoute avec raison que Rodrigue, offrant toujours sa vie à sa maîtresse, a une tournure un peu trop romanesque.

Voilà, ce me semble, les vrais défauts qu'on peut blâmer dans la conduite du *Cid* : ils sont assez graves. Remarquons pourtant qu'il n'y en a pas un qui soit capital, c'est-à-dire qui fasse crouler l'ouvrage par les fondements, ou qui détruise l'intérêt ; car un rôle inutile peut être retranché, et nous en avons plus d'un exemple. Il est possible à toute force que le roi de Castille manque de prudence et de précaution, et que don Sanche, étourdi de l'emportement de Chimène, n'ose point l'interrompre pour la détromper : ce sont des invraisemblances, mais non pas des absurdités. Cette distinction est très importante, et nous aurons lieu de l'appliquer quand il sera question de *Rodogune*.

Il résulte de cet exposé que *le Cid* n'est pas une pièce régulièrement bonne. Mais est-il vrai, comme le prétendait l'Académie, que *le sujet n'en soit pas bon ?* Un siècle et demi de succès a répondu d'avance à cette question ; mais il peut être utile de la discuter, pour l'intérêt de l'art et l'instruction des amateurs.

Pour condamner le sujet du *Cid*, l'Académie se fonde sur ce qu'il est *moralement invraisemblable* que Chimène consente à épouser le meurtrier de son père, le même jour où il l'a tué. Il y a, si j'ose le dire, une double erreur dans ce jugement. D'abord il n'est pas vrai que Chimène consente expressément à épouser Rodrigue. Le spectateur voit bien qu'elle y consentira un jour, et il le faut pour qu'il emporte cette espérance, qui est la suite et le complément de l'intérêt qu'il a pris à leur amour. Mais écoutons la dernière réponse de Chimène au roi de Castille, qui n'a consenti au combat de Rodrigue contre don Sanche que sous la condition qu'elle épouserait le vainqeur.

> Il faut l'avouer, sire :
> Mon amour a paru, je ne puis m'en dédire.
> Rodrigue a des vertus que je ne puis haïr,
> Et vous êtes mon roi, je vous dois obéir.
> Mais à quoi que déjà vous m'ayez condamnée,
> Sire, quelle apparence à ce triste hyménée ?
> Qu'un même jour commence et finisse mon deuil,
> Mette en mon lit Rodrigue et mon père au cercueil ?
> C'est trop d'intelligence avec son homicide ;
> *Vers* ses mânes sacrés c'est me rendre perfide,
> Et souiller mon honneur d'un reproche éternel,
> D'avoir trempé mes mains dans le sang paternel.

Je ne puis mieux faire que de joindre à ce passage la note de Voltaire :

« Il me semble que ces beaux vers que dit Chi-
« mène la justifient entièrement. Elle n'épouse point
« Rodrigue : elle fait même des remontrances au roi.
« J'avoue que je ne conçois pas comment on a pu
« l'accuser d'indécence, au lieu de la plaindre et de
« l'admirer. Elle dit à la vérité au roi : *Je dois obéir ;*
« mais elle ne dit point : *J'obéirai.* Le spectateur
« sent bien pourtant qu'elle obéira ; et c'est en cela,
« ce me semble, que consiste la beauté du dénoue-
« ment. »

C'est ainsi que le grand *ennemi* de Corneille le défend contre l'Académie. S'il est permis d'ajouter quelque chose à l'opinion d'un si grand maître, j'observerai que celui qui rédigea le jugement de l'Académie se méprend dans les idées et dans les termes, quand il dit que le sujet du *Cid* est son mariage avec Chimène. Ce mariage, dans le cas où il aurait lieu, serait le dénouement, et non pas le sujet. Puisqu'il faut revenir à la rigueur des termes techniques, le sujet de la pièce de Corneille est l'amour que Rodrigue et Chimène ont l'un pour l'autre, traversé par la querelle de don Diègue et du comte, et par la mort de ce dernier, tué par le Cid. La situation violente de Chimène entre son amour et son devoir forme le nœud qui doit se trouver dans toute action dramatique; et ce nœud est en lui-même un des plus beaux qu'on ait imaginés, indépendamment de la péripétie qui peut terminer la pièce. Cette péripétie ou changement d'état est la double victoire de Rodrigue : l'une sur les Maures, qui sauve l'état et met son libérateur à l'abri de la punition; l'autre sur don Sanche, laquelle, dans les règles de la chevalerie, doit satisfaire la vengeance de Chimène. Jusque-là le sujet est irréprochable dans tous les principes de l'art, puisqu'il est conforme à la nature et aux mœurs. Il est de plus très intéressant, puisqu'il excite à la fois l'admiration et la pitié ; l'admiration pour Rodrigue, qui ne balance pas à combattre le comte, dont il adore la fille; l'admiration pour Chimène, qui poursuit la vengeance de son père en adorant celui qui l'a tué, et la pitié pour

les deux amants, qui sacrifient l'intérêt de leur passion aux lois de l'honneur. Je dis l'intérêt de leur passion, et non pas leur passion même; car, si Chimène cessait d'aimer Rodrigue parce qu'il a fait le devoir d'un fils en vengeant son père, comme le veut cet ignorant de Scudery qui n'y entend rien, la pièce ne ferait pas le moindre effet. Laissons ce pauvre homme traiter Chimène de *dénaturée*, de *parricide*, de *monstre*, de *furie*, de *Danaïde*, et s'étonner que *la foudre ne tombe pas sur elle*. Ces plates déclamations font pitié : on s'attend bien que ce n'est pas là le style de l'Académie ; il est aussi honnête que celui de Scudery est indécent. Elle avoue que l'amour de Chimène n'est point condamnable. « Nous n'en-
« tendons pas, dit-elle, condamner Chimène de ce
« qu'elle aime le meurtrier de son père, puisque
« son engagement avec Rodrigue avait précédé la
« mort du comte, et qu'il n'est pas en la puissance
« d'une personne de cesser d'aimer quand il lui
« plaît. » Voilà donc l'Académie qui approuve ce qui est vraiment le sujet de la pièce, l'amour combattu par le devoir. Le dénouement, qui n'est que la dernière partie de ce sujet, était délicat et difficile. On peut affirmer aujourd'hui avec Voltaire, avec toute la France qui applaudit *le Cid* depuis tant d'années, que Corneille s'en est tiré très heureusement, et qu'il a su accorder ce qui était dû à la décence avec l'intérêt qu'on prend aux deux amants.

Si l'on eut été alors plus avancé dans la connaissance du théâtre, l'Académie aurait été plus loin.

Elle aurait dit que ce qu'il y a de plus admirable dans *le Cid*, est précisément cette passion de Chimène pour celui qu'elle poursuit et qu'elle doit poursuivre. Elle aurait reconnu ces combats, qui sont l'âme de la tragédie, dans ces vers de Chimène :

>Ah! Rodrigue, il est vrai, quoique ton ennemie,
>Je ne puis te blâmer d'avoir fui l'infamie ;
>Et, *de quelque façon* qu'éclatent mes douleurs,
>Je ne t'accuse point, je pleure mes malheurs.
>Je sais ce que *l'honneur*, après un tel outrage,
>Demandait à *l'ardeur* d'un généreux courage.
>Tu n'as fait le devoir que d'un homme de bien *;
>Mais aussi, *le faisant*, tu m'as appris le mien.
>Ta funeste valeur m'instruit par ta victoire ;
>Elle a vengé ton père et soutenu ta gloire ;
>Même soin me regarde, et j'ai, *pour m'affliger*,
>Ma gloire à soutenir et mon père a venger.
>Hélas ! *ton intérêt* ici me désespère.
>Si quelque autre malheur m'avait ravi mon père,
>Mon âme aurait trouvé dans le bien de te voir
>L'unique allègement qu'elle eût pu recevoir,
>Et *contre* ma douleur j'aurais senti *des charmes*
>Quand une main si chère eût essuyé mes larmes.
>Mais il me faut te perdre après l'avoir perdu :
>Et, *pour mieux tourmenter mon esprit éperdu*,
>Avec tant de rigueur mon astre me domine,
>Qu'il me faut travailler moi-même à ta ruine ;
>Car enfin n'attends pas de mon affection
>De lâches sentiments pour ta punition.
>De quoi qu'en ta faveur mon amour m'entretienne,
>Ma générosité doit répondre à la tienne.

---

* Il fallait : *Tu n'as fait que le devoir d'un homme de bien.*

Tu t'es en m'offensant montré digne de moi :
Je me dois par ta mort montrer digne de toi.

La versification laisse ici beaucoup à désirer ; mais les sentiments sont vrais, et c'est toujours le ton de la tragédie.

L'Académie tombe ici dans une sorte de contradiction, lorsque, après avoir approuvé l'amour de Chimène, elle dit : « Nous la blâmons seulement « de ce que son amour l'emporte sur son devoir, et « qu'en même temps qu'elle poursuit Rodrigue, elle « fait des vœux en sa faveur. » Non, l'amour ne l'emporte point sur le devoir : voyez si, dans la scène où elle demande justice au roi, elle épargne rien pour en obtenir vengeance. Il est vrai que, dans la scène où Rodrigue est à ses pieds, plein d'amour et de désespoir, et lui demandant la mort, l'attendrissement la conduit jusqu'à dire :

Je ferai mon possible à bien venger mon père ;
Mais, malgré la rigueur d'un si cruel devoir,
Mon unique souhait est de ne rien pouvoir.

Quoi donc ! voudrait-on qu'elle lui dît qu'elle désire en effet sa mort ? Ce sentiment serait injuste et atroce, puisque, de son aveu, il n'a rien fait que de légitime. Ce vœu serait l'expression de la haine, et Chimène n'en doit point avoir. Si elle allait jusquelà, c'est alors que l'amour serait éteint par l'offense involontaire de Rodrigue ; et si les passions combattues sont intéressantes, les passions entièrement sacrifiées sont froides. Et où serait donc le mérite de Chimène, si elle le poursuivait en désirant véritablement sa mort ? C'est parce qu'elle la demande en craignant de l'obtenir qu'elle nous paraît si intéressante; et quand nous l'avons entendue, devant le roi de Castille, crier *justice* et faire parler le sang de son père; lorsqu'ensuite, en présence de ce qu'elle aime, touchée de l'infortune d'un amant aussi malheureux qu'innocent, elle avoue qu'elle ne peut souhaiter sa mort, notre cœur reconnaît également dans ces deux scènes le cri de la nature; et, il faut bien le dire, Corneille la connaissait mieux que l'Académie.

Elle donne raison à Scudery, sur ce qu'on appelle en poésie dramatique, *les mœurs* : « elle avoue que « Chimène est, contre la bienséance de son sexe, « amante trop sensible et fille trop dénaturée, et « qu'elle est au moins scandaleuse, si elle n'est pas « dépravée. »

J'en demande encore pardon à l'Académie : mais il m'est bien démontré qu'une *fille dénaturée* ne serait pas supportée au théâtre, bien loin d'y produire l'effet qu'y produit Chimène. Ce sont là de ces fautes qu'on ne pardonne jamais, parce qu'elles sont jugées par le cœur, et que les hommes rassemblés ne peuvent pas recevoir une impression opposée à la nature. L'exemple de l'Académie nous prouve au contraire combien l'esprit peut s'égarer en jugeant les effets du théâtre par des principes généraux et abstraits.

Chapelain, qui avait étudié la poétique plus en savant qu'en homme de goût, induisit probablement l'Académie en erreur sur ce mot de *mœurs*, qui est ici mal entendu. Les mœurs faisant partie de l'imitation théâtrale, il n'est pas nécessaire qu'elles soient rigoureusement bonnes; notre premier législateur, Aristote l'avait très bien senti et le dit expressément. Les mœurs dramatiques sont donc subordonnées, non-seulement aux circonstances, mais encore au temps et au pays où se passe la scène; et c'est ce que l'Académie, qui n'en dit pas un mot dans sa critique, paraît avoir entièrement oublié. L'action du *Cid* est du XVe siècle, et se passe en Espagne dans le temps du règne de la chevalerie. A cette époque et dans les mœurs alors établies, un gentilhomme qui n'aurait pas vengé l'affront fait à son père aurait été regardé avec autant d'exécration que s'il eût commis les plus grands crimes : il n'eût pas été seulement méprisé; il eût été abhorré. Ce devoir étant si sacré, il n'est donc pas *scandaleux* que Chimène ne prenne pas le parti de renoncer entièrement à Rodrigue, comme le voudrait l'Académie, qui prétend que c'est ainsi que devait finir « le combat de l'honneur contre « l'amour; que cette victoire eût été d'autant plus « grande, qu'elle eût été plus raisonnable; que ce « n'est pas ce combat qu'elle désapprouve, mais la « manière dont il se termine, et que celui des deux « à qui le dessus demeure, devait raisonnablement « succomber. »

Je ne sais pas si cette victoire eût été bien *raisonnable*; mais je suis sûr qu'elle n'était point du tout théâtrale, et que si Corneille eût pris ce parti, l'Académie ne lui aurait jamais fait l'honneur de le critiquer. N'oublions pas qu'il y a dans le cœur de tous les hommes un fond de justice naturelle, et que c'est elle qui dirige secrètement toutes les impressions qu'ils reçoivent au spectacle : c'est sur ce premier fondement que repose la morale du théâtre; c'est en conséquence de ce principe qu'on s'y intéresse même aux coupables, quand ils ont de grandes passions ou de grands remords, qui sont à la fois et leur excuse et leur punition : leur excuse, car tous nous sentons au fond du cœur de quoi les passions peuvent rendre l'homme capable; leur punition, et c'est ce qui répond à ceux qui craignent que ces exemples ne soient dangereux. Personne n'est tenté d'imiter Phèdre et Sémiramis, malgré l'ivresse entraînante de l'une et la grandeur imposante de l'autre. Le poète, au contraire, semble vous dire à chaque vers : Voyez comme Phèdre est tourmentée par un amour adultère! Voyez comme Sémiramis, au milieu de sa puissance, est poursuivie par le repentir de son crime!

Des critiques de mauvaise foi ont dit de ces pièces et de quelques-unes du même genre : Mais comment s'intéresser à des personnages si criminels? Et fort souvent on les a crus, faute d'apercevoir l'espèce de sophisme qui est dans ce mot *s'intéresser*. Il y a deux manières de s'intéresser au théâtre : l'une consiste à désirer le bonheur des personnages qu'on aime, comme dans *Zaïre* et dans *le Cid*; l'autre à plaindre l'infortune de ceux qu'on excuse, comme dans *Phèdre* et *Sémiramis*: et ces deux sources d'intérêt sont également fécondes, quoique la première soit la plus heureuse.

Appliquons maintenant au *Cid* ces principes de justice universelle, et avouons qu'au fond les spectateurs ne font pas le moindre reproche à Rodrigue, et conséquemment désirent son bonheur. Or, le poète a toujours raison quand il se conforme aux dispositions secrètes des spectateurs, et il ne leur déplaît jamais tant que quand il les trompe. Le Cid a tué le père de Chimène, il est vrai; mais il le devait, mais elle-même en convient; mais il a sauvé l'état; mais il a vaincu et désarmé le champion qui avait pris querelle pour Chimène; mais le roi n'a permis ce combat qu'à condition qu'elle recevrait la main du vainqueur: combien de contre-poids qui balancent le devoir de fille! Cependant la décence ne permet pas qu'elle accepte la main d'un homme qui, dans le même jour, a tué son père : elle la refuse donc, mais elle ne dit pas qu'elle la refusera toujours. La bienséance est satisfaite; le spectateur, à qui l'on permet d'espérer le bonheur du Cid, s'en va content, et le poète a raison.

Je ne me serais pas permis d'insister sur l'apologie d'un ouvrage que, dans sa naissance, le public défendit contre l'Académie, et dont le temps a consacré les beautés, si ce n'avait été une occasion de développer une théorie qui peut être de quelque utilité, et faire connaître sous quel point de vue il faut considérer l'art dramatique. C'est à quoi peut servir principalement l'analyse des ouvrages célèbres depuis long-temps appréciés. Concluons que, dans *le Cid*, le choix du sujet, que l'on a blâmé, est un des grands mérites du poète. C'est, à mon gré, le plus beau, le plus intéressant que Corneille ait traité. Qu'il l'ait pris à Guilain de Castro, peu importe : on ne saurait trop répéter que prendre ainsi aux étrangers et aux anciens pour enrichir sa nation sera toujours un sujet de gloire, et non pas de reproche. Mais ce mérite du sujet est-il le seul? J'ai parlé de la beauté des situations ; il faut y joindre celle des caractères. Le sentiment de l'honneur et l'héroisme de la chevalerie respirent dans le vieux don Diègue et dans son fils, et ont dans chacun d'eux le caractère déterminé par la différence d'âge. Le rôle de Chimène, en général noble et pathétique, tombe de temps en temps dans la déclamation et le faux esprit, dont la contagion s'étendait encore jusqu'à Corneille, qui commençait le premier à en purger le théâtre ; mais il offre les plus beaux traits de passion qu'ait fournis à l'auteur la peinture de l'amour, à laquelle il semble que son génie se pliait difficilement. Ils sont d'ailleurs trop connus pour les rappeler ici. Je ne m'arrêterai point non plus à discuter quelques autres observations de l'Académie, que je ne crois pas plus fondées que celles qu'on vient de voir, et qui partent du même principe d'erreur. Celles qui portent sur la partie dont ce tribunal devait le mieux juger, la diction, ne sont pas non plus à l'abri de tout reproche, et marquent une application trop rigoureuse de la grammaire à la poésie. Je me bornerai à deux exemples :

Et ce fer, que mon bras ne peut plus soutenir,
Je le remets au tien pour venger et punir.

Ces deux vers sont admirables. En voici la critique : « *Venger et punir* est trop vague; car on ne
« sait qui doit être vengé, ou qui doit être puni. »

J'ose croire cette critique mal fondée, et je louerai ces deux vers précisément par ce qu'on y censure. D'abord le sens est clair : qui peut se méprendre sur ce qu'on doit *venger* et sur ce qu'on doit *punir?* Mais ce qui me paraît digne de louange, c'est cette précision rapide qui est avare des mots, parce que la vengeance est avare du temps. *Venger et punir : meurs ou tue :* voilà les mots qui se précipitent dans la bouche d'un homme furieux ; il voudrait n'en pas dire d'autres.

Les moments sont trop chers pour les perdre en paroles,

dit don Diègue en ce même moment; et c'est pour cela qu'il les ménage.

..... Cette ardeur que dans les yeux je porte,
Sais-tu que que c'est son sang? le sais-tu ?...

« Une *ardeur* ne peut être appelée *sang* par mé-
« taphore ni autrement. »

J'en doute; l'on dirait fort bien : Cette ardeur que j'ai dans les yeux, mon père me l'a transmise avec son sang; et par une figure très connue, en mettant la cause pour l'effet, je dirais : Cette ardeur que vous me voyez, c'est le sang de mon père; et tout le monde m'entendrait. Cette critique est trop vétilleuse.

Au reste, rien ne fait plus d'honneur à l'Académie, et ne rachète mieux ses erreurs, alors très pardonnables, que la manière dont elle s'exprime en finissant un travail dont elle ne s'était chargée qu'avec la plus grande répugnance : « La véhémence « des passions, la force et la délicatesse des pensées, « et cet agrément inexplicable qui se mêle dans tous « les défauts du *Cid*, lui ont acquis un rang consi- « dérable entre les poèmes français de ce genre. « Si son auteur ne doit pas toute sa réputation à son « mérite, il ne la doit pas toute à son bonheur; et « la nature lui a été assez libérale pour excuser la « fortune si elle lui a été prodigue. »

C'est beaucoup qu'un pareil témoignage, si l'on songe au cardinal de Richelieu; c'est trop peu si l'on considère la disproportion immense entre Corneille et tout ce qu'on lui opposait. Mais quel est l'artiste à qui l'on donne d'abord le rang qui lui est dû? Non-seulement le caractère de l'esprit humain s'y oppose : on pourrait même dire que cette justice tardive est en quelque sorte fondée en raison. Nos jugements sont si incertains, si sujets à l'erreur, qu'ils ont besoin de la sanction du temps; et ce seul motif, sans parler de tous les autres, suffit pour rappeler sans cesse à l'homme d'un talent supérieur cette sentence de Voltaire : « L'or et la boue sont confon- « dus pendant la vie des artistes, et la mort les sé- « pare.»

Le sujet des *Horaces*, qu'entreprit Corneille après celui du *Cid*, était bien moins heureux et bien plus difficile à manier. Il ne s'agit que d'un combat, d'un évènement très simple, qu'à la vérité le nom de Rome a rendu fameux, mais dont il semble impossible de tirer une fable dramatique. C'est aussi de tous les ouvrages de Corneille celui où il a dû le plus à son génie. Ni les anciens ni les modernes ne lui ont rien fourni : tout est de création. Les trois premiers actes, pris séparément, sont peut-être, malgré les défauts qui s'y mêlent, ce qu'il a fait de plus sublime; et en même temps, c'est là qu'il a mis le plus d'art. Fontenelle, dans ses *Réflexions sur l'Art poétique*, dont le principal objet est l'éloge de Corneille et la critique de Racine, a très bien développé cet art employé par l'auteur des *Horaces*, pour produire de la variété et des suspensions dans une situation qui est en elle-même si simple, et qui tient à un seul évènement, à l'issue d'un combat. Il faut l'entendre; car, malgré sa partialité ordinaire, tout ce qu'il dit en cet endroit est très vrai.

« Les trois Horaces combattent pour Rome, les
« trois Curiaces pour Albe : deux Horaces sont
« tués; et le troisième, quoique resté seul, trouve
« le moyen de vaincre les trois Curiaces : voilà ce que
« l'histoire fournit. Que l'on examine quels orne-
« ments, et combien d'ornements différents le poète
« y a ajoutés : plus on l'examinera, plus on en sera
« surpris. Il fait les Horaces et les Curiaces alliés et
« prêts à s'allier encore. L'un des Horaces a épousé
« Sabine, sœur des Curiaces; et l'un des Curiaces
« aime Camille, sœur des Horaces. Lorsque le théâ-
« tre s'ouvre, Albe et Rome sont en guerre, et ce
« jour-là même, il se doit donner une bataille déci-

« sive. Sabine se plaint d'avoir ses frères dans une
« armée et son mari dans l'autre, et de n'être en
« état de se réjouir des succès de l'un ni de l'autre
« parti. Camille espérait la paix ce jour-là même, et
« croyait devoir épouser Curiace, sur la foi d'un
« oracle qui lui avait été rendu; mais un songe a
« renouvelé ses craintes. Cependant Curiace lui
« vient annoncer que les chefs d'Albe et de Rome,
« sur le point de donner bataille, ont eu horreur de
« tout le sang qui s'allait répandre, et ont résolu de
« finir cette guerre par un combat de trois contre
« trois, et qu'en attendant ils ont fait une trêve.
« Camille reçoit avec transport une si heureuse
« nouvelle, et Sabine ne doit pas être moins con-
« tente. Ensuite les trois Horaces sont choisis pour
« être les combattans de Rome, et Curiace les féli-
« cite de cet honneur, et se plaint en même temps
« de ce qu'il faut que ses beaux-frères périssent, ou
« qu'Albe sa patrie soit sujette de Rome. Mais quel re-
« doublement de douleur pour lui, quand il apprend
« que ses deux frères et lui sont choisis pour être les
« combattants d'Albe! Quel trouble recommence
« entre tous les personnages! La guerre n'était pas
« si terrible pour eux. Sabine et Camille sont plus
« alarmées que jamais. Il faut que l'une perde ou
« son mari ou ses frères, l'autre ses frères ou son
« amant, et cela par les mains les uns des autres.
« Les combattants eux-mêmes sont émus et atten-
« dris; cependant il faut partir, et ils vont sur le
« champ de bataille. Quand les deux armées les
« voient, elles ne veulent pas souffrir que des person-

« nes si proches combattent ensemble, et l'on fait un
« sacrifice pour savoir la volonté des dieux. L'espé-
« rance renaît dans le cœur de Sabine; mais Camille
« n'augure rien de bon. On leur vient dire qu'il n'y
« a plus rien à espérer, que les dieux approuvent le
« combat, et que les combattants sont aux mains.
« Nouveau désespoir; trouble plus grand que ja-
« mais. Ensuite vient la nouvelle que deux Horaces
« sont tués, le troisième en fuite, et les trois Cu-
« riaces maîtres du champ de bataille. Camille re-
« grette ses deux frères, et a une joie secrète de ce
« que son amant est vivant et vainqueur; Sabine,
« qui ne perd ni ses frères ni son mari, est contente;
« mais le père des Horaces, uniquement touché des
« intérêts de Rome qui va être sujette d'Albe, et de
« la honte qui rejaillit sur lui par la fuite de son
« fils, jure qu'il le punira de sa lâcheté et lui ôtera
« la vie de ses propres mains; ce qui redonne une
« nouvelle inquiétude à Sabine. Mais on apporte en-
« fin au vieil Horace une nouvelle toute contraire.
« La fuite de son fils n'était qu'un stratagème dont
« il s'est servi pour vaincre les trois Curiaces, qui
« sont demeurés morts sur le champ de bataille.
« Rien n'est plus admirable que la manière dont
« cette action est menée : on n'en trouvera ni l'ori-
« ginal chez les anciens, ni la copie chez les mo-
« dernes ».

Rien n'est plus juste : toutes ces alternatives de
douleur et de joie, d'espérance et de crainte, sont
l'âme de la tragédie, et sont ici de l'invention de
Corneille. Sur cet exposé, l'on croirait que la pièce

est parfaite : il s'en faut pourtant de beaucoup, et l'auteur lui-même en convient avec cette noble candeur qui ajoute à la gloire du talent en contribuant au progrès de l'art et à l'instruction des artistes. Fontenelle, qui n'est pas tout-à-fait de si bonne foi, a ici un petit tort assez commun, soit qu'on veuille louer, soit qu'on veuille blâmer, c'est de ne montrer qu'un côté des objets. En effet, d'où vient que Voltaire, dont les observations s'accordent jusqu'ici avec celles de Fontenelle, et qui de plus parle des beautés de détail avec cet enthousiasme d'admiration et de sentiment profond qui n'appartient qu'à un grand artiste, finit cependant par conclure en termes exprès que le sujet des Horaces *n'était pas fait pour le théâtre?* C'est qu'il considère l'ensemble dont Fontenelle n'avait considéré que quelques parties. Et d'abord, tout ce que nous venons de voir ne forme que trois actes, et finit au commencement du quatrième. La pièce est donc terminée. Le sujet est rempli. Il s'agissait de savoir qui l'emporterait de Rome ou d'Albe : les Curiaces sont morts; Horace est vainqueur; tout est consommé. Ce qui suit forme non-seulement deux autres pièces, ce qui est un vice capital, mais encore, par un effet malheureusement rétroactif, nuit beaucoup à la première en ternissant le caractère qu'on vient d'admirer, et en rendant odieux gratuitement le personnage d'Horace, qui avait excité de l'intérêt. L'une de ces deux actions, ajoutées à l'action principale, est le meurtre de Camille, qui est atroce et inexcusable; l'autre est le péril d'Horace mis en jugement, et accusé par un Valère qu'on n'a pas encore vu dans la pièce : et cette dernière action est infiniment moins attachante que la première, parce qu'on sent trop bien qu'Horace, qui vient de rendre un si grand service à sa patrie, ne peut pas être condamné. Ces trois actions bien distinctes, qui, ne pouvant se lier, ne peuvent que se nuire, composent un tout extrêmement vicieux; et il est bien sûr que, sans le juste respect que l'on a pour le nom du père du théâtre, on n'entendrait pas ces deux derniers actes, aussi inférieurs aux trois premiers qu'ils en sont indépendants. Mais du moins l'auteur, en se réduisant à ces trois actes, pouvait-il faire un tout régulier? Je ne le crois pas; car il n'y avait pas de dénouement possible, et c'est ici qu'il faut examiner le côté des objets que n'a pas présenté Fontenelle. Nous y verrons que les ressources si ingénieuses qu'a trouvées Corneille pour relever la simplicité de son sujet, ont un grand inconvénient : c'est de mettre des personnages principaux dans une situation dont il ne peut les tirer heureusement; car je suppose qu'il voulût finir à la victoire d'Horace, comme la nature du sujet le lui prescrivait, que deviendra cette Camille qui vient de perdre son amant? C'est un principe convenu, que le dénouement doit décider de l'état de tous les personnages d'une manière satisfaisante. Que faire de Camille? La laisser résignée à son malheur était bien froid, et, de plus, contraire à l'histoire qui est si connue. La tuer, flétrit le caractère d'Horace, et, de plus, commence nécessairement une seconde action; car on ne peut pas finir la pièce par un meurtre si révoltant. Et Sabine? Elle n'est pas si importante que Camille; mais il faut donc la laisser aussi pleurant ses trois frères? Rien de tout cela ne comporte un dénouement convenable; et quoiqu'il y ait de l'art à mettre les personnages dans des situations difficiles, cet art ne suffit pas : l'essentiel est de savoir les en faire sortir. Corneille, n'en trouvant pas le moyen, a pris le parti de suivre jusqu'au bout toute l'histoire d'Horace, sans se mettre en peine de la multiplicité d'actions. Ce ne fut pas ignorance des règles, elles lui étaient connues, et il avait conservé l'unité d'objet dans *le Cid*, et même à peu près celle de temps et de lieu : ce fut impossibilité de faire autrement; et c'est pour cela sans doute que son illustre commentateur pense que ce sujet ne pouvait pas fournir une tragédie. Ce n'est pas tout, et voici ce que Fontenelle, en louant l'invention des personnages de Sabine et de Camille, n'a pas vu ou n'a pas voulu voir. Ces deux rôles, que l'auteur a imaginés pour remplir le vide du sujet, ne laissent pas de le faire sentir quelquefois, même dans ces trois premiers actes, si admirables d'ailleurs. Ils occupent la scène; mais plus d'une fois ils la font languir; enfin, ils n'excitent guère qu'un intérêt de curiosité. Cette langueur se fait sentir dès les premières scènes; par exemple, lorsque Sabine, après avoir ouvert la pièce avec sa confidente Julie, la quitte sans aucune raison apparente, en voyant paraître Camille, et dit à celle-ci :

..... Ma sœur, entretenez Julie;

et lorsque Camille dit à cette confidente :

Qu'elle a tort de vouloir que je vous entretienne !

Il est reconnu que des personnages dramatiques ne doivent pas venir uniquement sur le théâtre pour *s'entretenir*, et que chaque scène doit avoir un motif. Ce défaut est encore plus sensible au troisième acte, que Sabine commence par un monologue inutile, et dans la quatrième scène de ce même acte, où Sabine et Camille disputent à qui des deux est la plus malheureuse.

Quand il faut que l'un meure et par les mains de l'autre,
C'est un *raisonnement* bien mauvais que le vôtre.

Il est clair que ces raisonnements sont nécessairement froids, et qu'une sœur et une amante, pendant que le frère et l'amant sont aux mains, doivent faire autre chose que *raisonner*. On sent ici le côté faible du sujet. Sabine, quoique plus liée à l'action que l'Infante du *Cid*, quoique dans la première scène elle dise de très belles choses, est pourtant un rôle purement passif et qui ne sert essentiellement à rien. Elle ne peut que s'affliger de la guerre qui sépare les deux familles, et l'on est trop sûr qu'elle n'empêchera pas son époux, Horace, d'aller au combat, et que Camille n'aura pas plus de pouvoir sur Curiace son amant. Le caractère de ces deux guerriers est trop prononcé pour qu'on puisse en douter. Les voilà donc réduits à attendre l'évènement sans pouvoir y influer en rien ; et toutes les fois que l'on établit sur la scène un combat d'intérêts opposés, c'est un principe de l'art que l'issue en doit être douteuse, et que les contre-poids réciproques doivent se balancer de manière qu'on ne sache qui des deux l'emportera. Quand Sabine vient proposer à son frère et à son mari de lui donner la mort, et qu'elle leur dit :

> Que l'un de vous me tue, et que l'autre me venge ;

on sait trop qu'il ne feront ni l'un ni l'autre. Ce n'est donc qu'une vaine déclamation ; car Sabine ne doit pas plus le demander qu'ils ne doivent le faire : c'est un remplissage amené par des sentiments peu naturels.

D'un autre côté, l'amour de Camille, dans ces trois premiers actes, ne saurait produire un grand effet. Pourquoi ? D'abord, c'est qu'il est exprimé assez faiblement ; ensuite, c'est que les deux Horaces, et sur-tout le père, du moment qu'ils paraissent, ont une grandeur qui efface tout, et s'emparent de tout l'intérêt. Tel est le cœur humain : quand il est fortement rempli d'un objet, il n'y a plus de place pour tout le reste ; et c'est sur cette grande vérité démontrée par l'expérience qu'est fondé ce principe d'unité qu'on a si ridiculement combattu, comme si c'eût été une convention arbitraire, et non pas le vœu de la nature. Transportons-nous au théâtre ; mettons-nous au moment où Horace et Curiace, près d'aller combattre, sont avec Sabine et Camille, qui font de vains efforts pour les retenir : voyons arriver le vieil Horace.

> Qu'est ceci, mes enfants ; Écoutez-vous vos flammes,
> Et perdez-vous encor le temps avec des femmes ?

CORNEILLE (Pierre). 97

Prêts à verser du sang, regardez-vous des pleurs?
Fuyez, et laissez-les déplorer leurs malheurs.

Dès cet instant Sabine et Camille, ne sont plus rien. On ne voit plus que Rome, on n'entend plus que le vieil Horace. Les deux femmes sortent sans qu'on y fasse attention, et lorsque le vieux Romain interrompt les adieux des deux jeunes guerriers par ces vers :

Ah! n'attendrissez point ici mes sentiments.
Pour vous encourager, ma voix manque de termes;
Mon cœur ne forme point de pensers assez fermes;
Moi-même en cet adieu j'ai les larmes aux yeux.
Faites votre devoir, et laissez faire aux dieux.

Cette larme paternelle, qui tombe des yeux de l'inflexible vieillard, touche cent fois plus que les plaintes superflues des deux femmes. On reconnaît la vérité de ce qu'a dit Voltaire, que l'amour n'est pas fait pour la seconde place. On est enchanté qu'un critique tel que lui, aussi grand juge que grand modèle, rende à Corneille ce témoignage :

« J'ai cherché dans tous les anciens et dans tous
« les théâtres étrangers une situation pareille, un
« pareil mélange de grandeur d'âme, de douleur et
« de bienséance, et je ne l'ai point trouvé. »

C'est ce rôle étonnant et original du vieil Horace, c'est le beau contraste de ceux d'Horace le fils et de Curiace, qui produit tout l'effet de ces trois premiers actes; ce sont ces belles créations du génie de Corneille qui couvrent de leur éclat les défauts mêlés à tant de beautés, et qui, malgré le hors-

7

d'œuvre absolu des deux derniers actes et la froideur inévitable qui en résulte, malgré le meurtre de Camille, si peu tolérable et si peu fait pour la scène, y conserveront toujours cette pièce, moins comme une belle tragédie que comme un ouvrage qui, dans plusieurs parties, fait honneur à l'esprit humain, en montrant jusqu'où il peut s'élever sans aucun modèle et par l'élan de sa propre force. Un sentiment intérieur et irrésistible, plus fort que toutes les critiques, nous dit qu'il serait trop injuste de ne pas pardonner, même les plus grandes fautes, à un homme qui montait si haut en créant à la fois la langue et le théâtre. On peut bien l'excuser, lorsque, emporté par un vol si hardi, il ne songe pas même comment il pourra s'y soutenir. Il tombe, il est vrai, mais ce n'est pas comme ceux qui n'ont fait que des efforts inutiles pour s'élever; il tombe après qu'on l'a perdu de vue, après qu'il est resté long-temps à une hauteur où personne n'avait atteint. Des juges sévères, en trouvant tout simple que l'admiration qu'il inspirait ait entraîné les esprits, dans la nouveauté de ses ouvrages et dans les premiers beaux jours qu'il fit luire sur la France, s'étonnent que long-temps après, lorsque l'art fut perfectionné, et que le théâtre français eut des ouvrages infiniment plus achevés que les siens, le nombre et la nature de ses fautes n'aient pas nui à l'impression de ses beautés. Ils attribuent cette indulgence à la seule vénération qui est due à son nom : je crois qu'il y en a une autre raison plus puissante. Dans un siècle où le goût est formé, on voit toujours avec une curiosité mêlée d'intérêt ces monuments anciens, sublimes dans quelques parties, et imparfaits dans l'ensemble, qui appartiennent à la naissance des arts. La représentation des pièces de Corneille nous met à la fois sous les yeux, et son génie et son siècle. C'est pour nous un double plaisir de les voir en présence et de juger ensemble l'un et l'autre. Ses beautés marquent le premier, ses défauts rappellent le second. Celles-là nous disent : Voilà ce qu'était Corneille ; celles-ci : Voilà ce qu'étaient tous les autres.

Qu'on ne craigne donc point, par un intérêt mal entendu pour sa gloire, de voir relever des défauts qui ne la ternissent point. Elle est protégée par le sentiment légitime de l'orgueil national, qui revendiquera dans tous les temps le nom de cet homme extraordinaire, comme un de ses plus beaux titres d'illustration.

Nous n'en sommes encore qu'à son troisième ouvrage ; et quoique *les Horaces* forment un tout infiniment plus défectueux et plus irrégulier que *le Cid*, quoique l'auteur n'y remplisse pas à beaucoup près la carrière de cinq actes, il y a pourtant, si l'on considère la nature des beautés, un progrès dans son talent. Celles du *Cid* ne sont pas d'un ordre si relevé que celles des *Horaces* : c'est ici qu'il atteignit au plus haut degré du sublime ; et depuis il n'a pas été au-delà, pas même dans *Cinna*. J'ai parlé du *qu'il mourût* en expliquant le *Traité de Longin* ; et comment ne l'aurais-je pas cité, puisqu'il s'agissait de sublime ! Je n'y ajouterai rien aujourd'hui que la note qu'on trouve à cet endroit dans le commentaire de Voltaire. « Voilà ce fameux « *qu'il mourût*, ce trait du plus grand sublime, « ce mot auquel il n'en est aucun de comparable « dans toute l'antiquité. Tout l'auditoire fut si trans-« porté, qu'on n'entendit jamais le vers faible qui « suit; et le morceau,

« N'eût-il que d'un moment retardé sa défaite, etc.,

« étant plein de chaleur, augmenta encore la force « du *qu'il mourût*. Que de beautés! et d'où naissent-« elles? D'une simple méprise très naturelle, sans « complication d'évènements, sans aucune intrigue « recherchée, sans aucun effort. Il y a d'autres « beautés tragiques; mais celle-là est du premier « rang. »

J'oserai, à l'occasion de cette note, proposer un avis contraire à celui de Voltaire, qui trouve faible ce vers :

Ou qu'un beau désespoir alors le secourût.

Je sais que c'est l'opinion commune; mais est-elle bien fondée? Je n'appelle faible que ce qui est au-dessous de ce qu'on doit sentir ou exprimer. Or, je demande si, après ce cri de patriotisme romain, *qu'il mourût*, on pouvait dire autre chose que ce que dit le vieil Horace. Sans doute, en jugeant par comparaison, tout paraîtra faible après le mot qui vient de lui échapper. Mais en ce cas, dès qu'on a été sublime, il faudrait se taire; car on ne peut pas l'être toujours, et nous avons vu dernièrement dans Cicéron qu'il est insensé d'y prétendre. La nature, que l'on doit consulter en tout, exige seulement que l'on suive l'ordre des idées qu'elle prescrit. Horace devait-il s'arrêter sur le mot *qu'il mourût?* Il est beau pour un Romain, mais il est dur pour un père; et Horace est à la fois l'un et l'autre : on vient de le voir dans l'adieu paternel qu'il faisait tout à l'heure à son fils. Quelle est donc l'idée qui doit suivre naturellement cet arrêt terrible d'un vieux républicain, *qu'il mourût?* C'est assurément la possibilité consolante que, même en combattant contre trois, en se résolvant à la mort, il y échappe cependant; et après tout, est-il sans exemple qu'un seul homme en ait vaincu trois? Pourquoi donc Horace n'embrasserait-il pas cette idée au moins un instant? C'est Rome qui a prononcé *qu'il mourût;* c'est la nature, qui, ne renonçant jamais à l'espérance, ajoute tout de suite :

Ou qu'un beau désespoir alors le secourût.

Je veux bien que Rome soit ici plus sublime que la nature : cela doit être. Mais la nature n'est pas *faible* quand elle dit ce qu'elle doit dire. Telles sont les raisons qui m'autorisent à penser que non-seulement ce vers n'est pas répréhensible, mais même qu'il est assez heureux de l'avoir trouvé.

Mais en admirant dans le vieil Horace cette énergie entraînante, cette grandeur de sentiments qui laisse pourtant à la sensibilité paternelle ce qu'elle doit lui laisser, oublierons-nous ce que nous devons d'éloges aux rôles de Curiace et du jeune Horace si habilement contrastés? Le dernier montre partout cette espèce de rigidité féroce qui dans les premiers temps de la république endurcissait toutes les vertus romaines, et qui convenait d'ailleurs à un guerrier farouche, qu'on voit dans la suite répandre le sang de sa sœur, pour avoir fait entendre dans le bruit de sa victoire les emportements d'une amante malheureuse. Curiace, au contraire, fait voir une fermeté mesurée et même douce, qui n'exclut point les sentiments de l'amour et de l'amitié. C'est avec cette opposition si belle et si dramatique que Corneille a fait un chef-d'œuvre de la scène entre ces deux guerriers ; et si l'on oublie quelques fautes de diction, quels vers! quel style!

HORACE.

Le sort, qui de l'honneur nous ouvre la barrière,
Offre à notre constance une illustre matière.
Il épuise sa force à former un malheur,
Pour mieux se mesurer avec notre valeur;
Et comme il voit en nous des âmes peu communes,
Hors de l'ordre commun il nous fait des fortunes.
Combattre un ennemi pour le salut de tous,
Et contre un ennemi s'exposer seul aux coups,
D'une simple vertu c'est l'effet ordinaire;
Mille déjà l'ont fait, mille pourraient le faire [*].
Mourir pour son pays est un si digne sort,
Qu'on briguerait en foule une si noble mort.
Mais vouloir *au public* immoler ce qu'on aime,
S'attacher au combat contre un autre soi-même,
Attaquer un parti qui prend pour défenseur

---

[*] Voltaire blâme ce deuxième hémistiche, comme fait uniquement pour la rime. J'avoue que cette espèce de répétition ne me choque point ; elle me semble naturelle, amenée par le sens et par le ton de la phrase.

Le frère d'une femme et l'amant d'une sœur,
Et rompant tous ces nœuds s'armer pour la patrie
Contre un sang qu'on voudrait racheter de sa vie !
Une telle vertu n'appartenait qu'à nous.
L'éclat de son grand nom lui fait peu de jaloux,
Et peu d'hommes au cœur l'ont assez imprimée
Pour oser aspirer à tant de renommée.

CURIACE.

. . . .
Pour moi, je l'ose dire, et vous l'avez pu voir,
Je n'ai point consulté pour suivre mon devoir.
Notre longue amitié, l'amour et l'alliance
N'ont pu mettre un moment mon esprit en balance ;
Et puisque par ce choix Albe montre en effet
Qu'elle m'estime autant que *Rome vous a fait,*
Je crois faire pour elle autant que vous pour Rome.
J'ai le cœur aussi bon ; mais enfin je suis homme.
Je vois que votre honneur demande tout mon sang ;
Que tout le mien consiste à vous percer le flanc ;
Près d'épouser la sœur, qu'il faut tuer le frère,
Et que pour mon pays, *j'ai le sort si contraire ;*
Encor qu'à mon devoir je coure sans terreur,
Mon cœur s'en effarouche, et j'en frémis d'horreur :
J'ai pitié de moi-même, et jette un œil d'envie
Sur ceux dont notre guerre a consumé la vie ;
Sans souhait toutefois de pouvoir reculer,
Ce triste et fier honneur m'émeut sans m'ébranler.
J'aime ce qu'il me donne et je plains ce qu'il m'ôte ;
Et si Rome demande une vertu plus haute,
Je rends graces aux dieux de n'être pas Romain
Pour conserver encor quelque chose d'humain.

HORACE.

Si vous n'êtes Romain, soyez digne de l'être ;

Et si vous m'égalez, faites le mieux paraître.
La *solide* vertu *dont je fais vanité* *
N'admet point de faiblesse avec sa fermeté ;
Et c'est mal de l'honneur entrer dans la carrière,
Que dès le premier pas regarder en arrière.
Notre malheur est grand : il est au plus haut point ;
Je l'envisage entier, mais je n'en frémis point.
Contre qui que ce soit que mon pays m'emploie,
J'accepte aveuglément cette gloire avec joie.
Celle de recevoir un tel commandement
Doit étouffer en nous tout autre sentiment.
Qui prêt à le servir considère autre chose,
A faire ce qu'il doit lâchement se dispose,
Ce droit saint et sacré rompt tout autre lien :
Rome a choisi mon bras, je n'examine rien.
Avec une allégresse aussi pleine et sincère
Que j'épousai la sœur, je combattrai le frère ;
Et pour trancher enfin des discours superflus,
Albe vous a nommé, je ne vous connais plus.

CURIACE.

Je vous connais encore, et c'est ce qui me tue.
Mais cette âpre vertu ne m'était pas connue :
Comme notre malheur elle est au plus haut point ;
Souffrez que je l'admire et ne l'imite point.

Écoutons encore Voltaire sur cette imposante et superbe scène : c'est au génie qu'il appartient de sentir et de louer le génie.

« A ces mots, *je ne vous connais plus......Je vous*
« *connais encore*, on se récria d'admiration. On n'avait

---

* Il y a ici une sorte de contradiction dans les termes. On ne peut faire vanité de ce qui est *solide*. Il fallait *dont je me fais un devoir*, ou *dont je fais gloire*.

« jamais rien vu de si sublime. Il n'y a pas dans Lon-
« gin un seul exemple d'une pareille grandeur. Ce
« sont ces traits qui ont mérité à Corneille le nom
« de *grand*, non-seulement pour le distinguer de son
« frère, mais du reste des hommes. Une telle scène
« fait pardonner mille défauts. » C'est ainsi que s'explique *le grand détracteur* de Corneille.

Il relève avec le même plaisir les beautés d'un ordre inférieur, mais encore étonnantes par rapport au temps où l'auteur écrivait; par exemple, le récit du combat des Horaces et des Curiaces, imité de Tite-Live et comparable à l'original. Ce n'est pas un petit mérite d'avoir su exprimer alors avec élégance et précision des détails que la nature de notre langue et de notre versification rendait très difficiles. C'est une observation que je ne dois pas omettre dans un article où je me suis proposé de marquer tous les genres d'efforts et de succès, qui sont autant d'obligations que nous avons à Corneille.

Resté seul contre trois, mais *en cette aventure* *
Tous trois étant blessés et lui seul sans blessure,
Trop faible pour eux tous, trop fort pour chacun d'eux,
Il sait bien se tirer d'un pas si hasardeux.
Il fuit pour mieux combattre, et cette prompte ruse
Divise adroitement trois frères qu'elle abuse.
Chacun le suit d'un pas ou plus ou moins pressé,
Selon qu'il se rencontre ou plus ou moins blessé.
Leur ardeur est égale à *poursuivre sa fuite;*
Mais leurs *coups* ** inégaux séparent leur poursuite.
Horace les voyant l'un de l'autre écartés,

* Hémistiche fait pour la rime.
** Le mot propre était *leur force inégale.*

Se retourne, et déjà les croit demi-domptés.
Il attend le premier, et c'était votre gendre.
L'autre, tout indigné qu'il ait osé l'attendre,
En vain, en l'attaquant, fait paraître un grand cœur :
Le sang qu'il a perdu ralentit sa vigueur.
Albe à son tour commence à craindre un sort contraire.
Elle crie au second qu'il secoure son frère ;
Il se hâte et s'épuise en efforts superflus ;
Il trouve en arrivant que son frère n'est plus.
..... Tout hors d'haleine, il prend pourtant sa place,
Et *redouble* * bientôt *la victoire* d'Horace.
Son courage sans force est d'un débile appui ;
Voulant venger son frère, il tombe auprès de lui.
L'air résonne des cris qu'au ciel chacun envoie.
. . . .
Comme * notre héros se voit près d'achever,
C'est peu pour lui de vaincre, il veut encore braver.
« J'en viens d'immoler deux aux mânes de mes frères ;
« Rome aura le dernier de mes trois adversaires.
« C'est à ses intérêts que je veux l'immoler, »
Dit-il, et tout d'un temps on le voit y voler.
La victoire entre eux deux n'était pas incertaine ;
L'Albain percé de coups ne se traînait qu'à peine,
Et, comme une victime aux marches de l'autel,
Il semblait présenter sa gorge au coup mortel.
Aussi le reçoit-il, peu s'en faut, sans défense,
Et son trépas de Rome établit la puissance.

 Ceux qui connaissent les entraves de notre poésie sentiront tout ce qu'il y avait ici de difficultés à surmonter, sur-tout dans un temps où la langue

---

 * Redouble la victoire, *geminata victoria*, expression plus latine que française.
 ** *Comme*, etc., construction peu faite pour la vivacité d'un récit.

n'était pas à beaucoup près ce qu'elle est devenue depuis, et avoueront que Corneille ne fut pas étranger à cet art d'exprimer et d'ennoblir les petits détails, que Racine porta depuis au plus haut degré de perfection. C'est ce que fait remarquer le commentateur, à propos d'un autre morceau qui n'est aussi qu'une traduction de Tite-Live, je veux dire le discours du général des Albains, qui a pour objet d'empêcher le combat entre les deux nations, en remettant leur querelle entre les mains des trois guerriers choisis dans chacun des deux partis. « J'ose dire que le discours de l'auteur français est au-dessus du romain, plus nerveux, plus touchant; et quand on songe qu'il était gêné par la rime et par un langage embarrassé d'articles, et qui souffre peu d'inversions, qu'il a surmonté toutes les difficultés, qu'il n'a employé le secours d'aucune épithète, que rien n'arrête l'éloquente rapidité de son discours, c'est là qu'on reconnaît le grand Corneille. »

Finissons ce qui regarde *les Horaces* par cette intéressante apostrophe de Sabine, d'abord à la ville d'Albe, où elle était née, ensuite à celle de Rome, où elle avait pris un époux. Ce morceau, d'un pathétique doux, se fait remarquer d'autant plus, qu'il contraste avec le ton de grandeur qui domine dans le reste de la pièce.

> Albe, où j'ai commencé de respirer le jour;
> Albe, mon cher pays et mon premier amour,
> Lorsque entre nous et toi je vois la guerre ouverte,
> Je crains notre victoire autant que notre perte.
> Rome, si tu te plains que c'est là te trahir,

Fais-toi des ennemis que je puisse haïr.
Quand je vois de tes murs leur armée et la nôtre,
Mes trois frères dans l'une et mon époux dans l'autre,
Puis-je former des vœux, et sans impiété
Importuner le Ciel pour ta félicité?
Je sais que ton état encore en sa naissance
Ne saurait sans la guerre établir sa puissance;
Je sais qu'il doit s'accroître, et que tes grands destins
Ne se borneront pas chez les peuples latins;
Que les dieux t'ont promis l'empire de la terre,
Et que tu n'en peux voir l'effet que par la guerre.
Bien loin de m'opposer à cette noble ardeur
Qui suit l'arrêt des dieux et court à ta grandeur,
Je voudrais déjà voir tes troupes couronnées
D'un pas victorieux franchir les Pyrénées.
Va jusqu'en Orient pousser tes bataillons;
Va sur les bords du Rhin planter tes pavillons;
Fais trembler sous tes pas les colonnes d'Hercule,
Mais respecte une ville à qui tu dois Romule.
Ingrate, souviens-toi que du sang de ses rois
Tu tiens ton nom, tes murs et tes premières lois.
Albe est ton origine; arrête et considère
Que tu portes le fer dans le sein de ta mère.
Tourne ailleurs les efforts de tes bras triomphants :
Sa joie éclatera dans l'heur de ses enfants;
Et, se laissant *ravir* à l'amour maternelle,
Ses vœux seront pour toi, si tu n'es plus contre elle.

Cinna qui suivit les *Horaces*, est un drame beaucoup plus régulier. L'unité d'action, de temps et de lieu y est observée : les scènes sont liées entre elles, hors en un seul endroit où le théâtre reste vide; et l'action ne finit qu'avec la pièce.

Le pardon généreux d'Auguste, les vers qu'il prononce, qui sont le sublime de la grandeur d'âme, ces vers que l'admiration a gravés dans la mémoire de tous ceux qui les ont entendus; et cet avantage attaché à la beauté du dénouement, de laisser au spectateur une dernière impression qui est la plus heureuse et la plus vive de toutes celles qu'il a reçues, ont fait regarder assez généralement cette tragédie comme le chef-d'œuvre de Corneille : et si l'on ajoute à ce grand mérite du cinquième acte le discours éloquent de *Cinna*, dans la scène où il fait le tableau des proscriptions d'Octave; cette autre scène si théâtrale, où Auguste délibère avec ceux qui ont résolu de l'assassiner; les idées profondes et l'énergie de style qu'on remarque dans ce dialogue aussi frappant à la lecture qu'au théâtre; le monologue d'Auguste au quatrième acte; la fierté du caractère d'Émilie, et les traits heureux dont il est semé, cette préférence paraîtra suffisamment justifiée. Avant de détailler les raisons peut-être non moins puissantes qu'on peut y opposer, j'ai cru devoir traduire le récit de Sénèque, d'où l'auteur de *Cinna* a tiré son sujet. Il l'avait imprimé avec la pièce, mais en latin; et comme tout le monde sait à peu près par cœur la scène du pardon, on sera plus aisément à portée, en écoutant la traduction de Sénèque, de se rappeler ce que le poète a emprunté au philosophe. Ce morceau se trouve dans le *Traité de la Clémence*.

« Auguste fut un prince doux et modéré, si l'on n'examine que son règne. Il est vrai que, n'étant que simple citoyen, à l'âge de vingt et un ans, il avait déjà plongé le poignard dans le sein de ses amis, et cherché à faire périr le consul Marc-Antoine; il avait partagé le crime des proscriptions. Mais dans la suite, et lorsqu'il avait passé l'âge de quarante ans, pendant un séjour qu'il fit dans la Gaule, on vint lui rapporter que L. Cinna, homme d'un esprit ferme, conspirait contre lui. Il sut en quel lieu, en quel moment et de quelle façon l'on se proposait de l'attaquer : c'était un complice qui était le dénonciateur. Il résolut de se venger, et fit venir ses amis pour les consulter.

« Dans cet intervalle il passa une nuit fort agitée, en réfléchissant qu'il allait condamner à la mort un jeune homme d'une naissance illustre, d'ailleurs irréprochable, et petit-fils du grand Pompée.

« Quel changement! On l'avait vu, triumvir avec Marc-Antoine, donner à table des édits de proscription; et maintenant il lui en coûtait pour faire périr un seul homme. Il s'entretenait avec lui-même en gémissant, et prononçait de temps à autre des paroles qui se contredisaient : « Quoi donc! laisse-
« rai-je vivre mon assassin! Sera-t-il en repos tandis
« que je sreai dans les alarmes! Il ne serait pas puni,
« lui qui dans un temps où j'ai rétabli la paix dans
« le monde entier, veut, je ne dis pas seulement
« frapper, mais immoler au pied des autels une tête
« échappée à tant de combats sur terre et sur mer,
« et que tant de guerres civiles ont vainement atta-
« quée? » Ensuite après quelques instants de silence, et s'emportant contre lui-même plus que contre

Cinna : « Pourquoi vivre, si tant de gens ont inté-
« rêt que tu meures? Quel sera le terme des suppli-
« ces? Combien de sang faut-il encore verser? Ma
« tête est donc en butte aux coups de toute la jeune
« noblesse de Rome! C'est contre moi qu'ils aigui-
« sent leurs poignards! Ma vie n'est pas d'un si grand
« prix, qu'il faille que tant d'autres périssent pour
« la conserver! » Son épouse Livie l'interrompit enfin : « Voulez-vous recevoir, dit-elle, le conseil d'une
« femme? imitez les médecins : quand les remèdes
« usités ne réussissent pas, ils essaient les contraires.
« Jusqu'ici la sévérité ne vous a servi de rien. Lépide
« a pris la place de Salvidiénus, Muréna celle de
« Lépide, Cæpion celle de Muréna, Égnatius celle de
« Cæpion, pour ne pas parler d'ennemis plus obs-
« curs, que j'aurais honte de citer après de pareils
« noms. Essayez aujourd'hui si la clémence vous
« réussira. Pardonnez à Cinna. Il est découvert : il
« ne peut vous nuire. Il peut vous servir en vous
« faisant une réputation de bonté. » Charmé de ce
conseil, Auguste en rendit graces à Livie, fit con-
tremander ses amis, et ordonna que Cinna se rendît chez lui. Alors ayant fait sortir tout le monde de
sa chambre, et approcher un siège pour Cinna : « Je
« te prie avant tout, lui dit-il, de me laisser parler
« sans m'interrompre, de ne pas même troubler mes
« discours par le moindre cri : tu auras après toute
« liberté de parler. Tu as été mon ennemi en nais-
« sant; je t'ai trouvé dans le camp de mes ennemis,
« et je t'ai laissé vivre. Je t'ai laissé tous tes biens.
« Aujourd'hui ta richesse et ton bonheur sont au

« point que les vainqueurs sont jaloux des vaincus.
« Tu as désiré la dignité de grand pontife : tu l'as
« obtenue au préjudice de ceux dont les parents
« ont combattu sous mes enseignes. Voilà les obliga-
« tions que tu m'as : et tu veux m'assassiner ! » A
ce mot, Cinna se récria que cette fureur insensée
était loin de son esprit. « Nous étions convenus que
« tu ne m'interromprais pas. Tu veux m'assassiner; »
et tout de suite il lui détailla les circonstances du
complot, le nom des conjurés, le lieu, l'heure, les
mesures prises, celui qui devait tenir le glaive : et
voyant Cinna muet, moins par obéissance que par
confusion : « Quel est ton dessein? poursuivit-il.
« Est-ce de régner? Je plains la république s'il faut
« qu'excepté moi, il n'y ait rien qui t'empêche d'y
« tenir le premier rang. Ce n'est pas ta considéra-
« tion qui impose. Tu n'as pas même assez de crédit
« pour tes affaires domestiques, et en dernier lieu
« tu as perdu un procès contre un affranchi. Crois-
« tu qu'il te soit plus facile de te porter pour con-
« current de César ? Je le veux bien, si je suis le
« seul obstacle à tes prétentions. Mais t'imagines-tu
« que les Paul-Émile, les Cossus, les Servilius, les
« Fabius, tant d'autres citoyens illustres qui n'ont
« pas seulement de grands noms, mais qui les sou-
« tiennent et les honorent; t'imagines-tu qu'ils con-
« sentiront à t'avoir pour maître ? » Il serait trop
long de répéter tout son discours; car on dit qu'il
parla deux heures, comme s'il eût voulu prolonger
ce seul châtiment qu'il lui imposait. Il finit ainsi :
« Je te donne la vie, Cinna, une seconde fois. Je te

CORNEILLE (PIERRE).

« l'avais donnée comme à mon ennemi; je te la
« donne comme à mon assassin. Commençons dès
« ce moment à être amis, et voyons lequel de nous
« deux sera de meilleure foi avec l'autre, ou moi qui
« te laisse la vie, ou toi qui me la devras. » Bientôt
après il lui déféra le consulat, se plaignant que
Cinna ne l'eût pas osé demander. Il le compta depuis
au nombre de ses plus fidèles amis, et fut institué
son unique héritier. Depuis cette époque, il n'y eut
plus aucune conspiration contre lui. »

Quoiqu'on ait dû reconnaître dans ce morceau
toutes les idées principales, et souvent même les
expressions dont Corneille s'est servi dans le monologue d'Auguste et dans la fameuse scène du
cinquième acte, je ne crois pas qu'on me soupçonne d'avoir voulu diminuer en rien le mérite de
l'ouvrage ni celui de l'auteur. Je me suis au contraire assez souvent expliqué sur l'honneur attaché
à ces heureux emprunts, qui ne profitent que dans
des mains habiles. Il y a loin d'une conversation à
une tragédie. J'ai voulu faire connaître bien précisément le fond que Corneille a fait valoir, ce qui
est à autrui et ce qui n'est qu'à lui. Cette connaissance est nécessaire pour apprécier le degré d'invention qu'il a mis dans chacun de ses ouvrages;
et cet exemple peut servir en même temps à repousser les reproches injustes tant répétés par les
détracteurs de Racine et de Voltaire, qui, pour
leur refuser le génie, rappellent sans cesse ce qu'ils
nomment leurs larcins, comme s'il n'y avait qu'eux
qui s'en fussent permis de semblables, comme s'il

eût existé depuis la renaissance des lettres un esprit qui ne dût rien à l'esprit des autres ; enfin, comme si cette importation des richesses anciennes ou étrangères n'était pas, à proprement parler, le commerce du talent, espèce de commerce qui ne peut, comme beaucoup d'autres, se faire avec succès que par des hommes déjà fort riches de leur propre fond, et capables d'améliorer celui d'autrui. N'oublions pas sur-tout de remarquer combien l'auteur de *Cinna* a embelli les détails qu'il a puisés dans Séneque. Tel est l'avantage inappréciable des beaux vers, telle est la supériorité qu'ils ont sur la meilleure prose, que la mesure et l'harmonie ont gravé dans tous les esprits et mis dans toutes les bouches ce qui demeurait comme enseveli dans les écrits d'un philosophe, et n'existait que pour un petit nombre de lecteurs. Cette précision, commandée par le rhythme poétique, a tellement consacré les paroles que Corneille prête à Auguste, qu'on croirait qu'il n'a pu s'exprimer autrement ; et la conversation d'Auguste et de Cinna ne sera jamais autre chose que les vers qu'on a retenus de Corneille.

Après avoir exposé ce qui a fait la réputation et le succès de *Cinna*, il faut voir ce que Voltaire et avec lui tous les bons juges ont trouvé d'essentiellement vicieux dans l'intrigue et les caractères.

Le premier acte présente une conspiration contre Auguste, formée par Cinna, petit-fils du grand Pompée ; par Maxime, ami de Cinna ; par Émilie, fille de Toranius, qui était le tuteur d'Octave et qui fut proscrit par son pupille. Émilie aime Cinna et en est aimée; mais elle ne veut consentir à l'épouser qu'après qu'il l'aura vengée du meurtrier de son père, et sa main est à ce prix. Cinna paraît animé contre Auguste, et par l'horreur qu'un Romain a naturellement pour la tyrannie, et par l'indignation que doit inspirer le souvenir des cruautés d'Octave. C'est la peinture énergique de ces sanglantes proscriptions et des crimes du triumvirat qui lui a servi, plus que tout le reste, à exciter la fureur des conjurés qu'il vient de rassembler pour prendre les dernières mesures et déterminer le moment de l'exécution. Cet effrayant tableau, tracé par Cinna, dans la troisième scène du premier acte, met dans son parti les spectateurs, qui ne voient dans son entreprise qu'une vengeance légitime, et le dessein toujours imposant de rendre la liberté à Rome et de punir un tyran qui a été barbare. Il importe de se rendre un compte fidèle de ces premières impressions qui s'établissent dans l'exposition du sujet : elles sont les fondements nécessaires de l'intérêt que la pièce doit produire ; elles dépendent absolument du poète, et le spectateur les reçoit telles qu'on veut les lui donner, pour peu qu'elles aient un degré suffisant de probabilité morale, et sans doute elles l'ont ici. C'est un principe de l'art, fondé sur la nature du cœur humain, que tout le reste du drame ne doit être que le développement successif de ces premières dispositions que l'art du poète a fait naître dès le commencement ; c'est ce qui constitue l'unité d'intérêt. Voyons comment cette règle si essentielle est observée dans *Cinna*.

L'ouverture du second acte nous fait voir Auguste entre les deux chefs de la conspiration, qui sont en même temps ses deux confidents les plus intimes, délibérant avec eux sur le dessein qu'il a d'abdiquer. Il s'en rapporte entièrement à leur avis sur le parti qu'il prendra de déposer ou de garder la souveraine puissance. Cette idée est grande et dramatique; elle est d'un homme de génie, et il n'y a personne qui n'en ait été frappé. Voltaire voudrait que ce projet d'abdication ne fût pas si subit, parce que rien ne doit l'être au théâtre : il voudrait que cette délibération fût amenée par quelque motif particulier, et qu'Auguste rappelât à ses confidents qu'il a eu plusieurs fois la même pensée; et en effet, dans l'histoire, lorsque Auguste traite cette question avec Agrippa et Mécène, c'est à propos d'une nouvelle conspiration qu'il vient de découvrir, et des périls dont sa vie est continuellement menacée. La remarque du commentateur est juste; mais il est le premier a reconnaître que ce défaut n'affaiblit point le grand intérêt de curiosité que produit cette belle scène; et l'on peut ajouter que c'est Racine qui a connu le premier cette observation exacte de toutes les convenances, qui ne laisse lieu à aucune objection : c'est le complément de la théorie dramatique, et il appartient naturellement au génie qui perfectionne ce que le génie a créé.

Voilà donc Cinna et Maxime, deux républicains décidés, maîtres du sort de Rome et de celui d'Auguste. Que vont-ils faire? Maxime ne balance pas à conseiller à l'empereur de renoncer à un pouvoir toujours odieux aux Romains, et toujours dangereux pour lui. Cinna prend le parti contraire, et le soutient par les meilleures raisons possibles; et ce qui est très remarquable, c'est qu'il ne les appuie pas sur l'intérêt particulier d'Auguste, mais sur celui de Rome, qui a besoin de lui. Il démontre que, dans l'état où sont les choses, l'empire ne peut se passer d'un maître, et qu'il ne peut en avoir un meilleur qu'Auguste. Il soutient que l'autorité de l'empereur est légitimement acquise, qu'il ne la doit qu'à ses *vertus*; il affirme que le gouvernement démocratique est le plus mauvais de tous; enfin il le conjure à genoux, comme le génie tutélaire de Rome, de veiller à sa conservation, et de ne pas l'abandonner aux guerres civiles et à l'anarchie. Il va jusqu'à dire que les dieux mêmes *ont voulu que Rome perdit sa liberté*; et sa politique est si bien raisonnée, si persuasive, qu'elle entraîne Octave, qui finit par lui dire :

> Cinna, par vos conseils je retiendrai l'empire;
> Mais je le retiendrai pour vous en faire part.

Il lui donne pour épouse Émilie, à laquelle il tient lieu de père depuis qu'il lui a ôté le sien.

On est déjà un peu étonné du parti que prend Cinna et des discours qu'il tient; de voir le même homme que tout à l'heure il a peint comme un monstre exécrable, comme un tigre enivré de sang, devenu tout-à-coup pour lui un souverain légitime, le bienfaiteur des Romains, et leur appui nécessaire. Mais ce n'est pas encore le moment d'examiner s'il a dit ce qu'il devait dire, si ses paroles s'accordent avec le caractère de son rôle. Je n'en suis pas à l'examen des caractères : je ne considère que les ressorts de l'action et la marche de la pièce. On peut être surpris que Cinna ait changé de langage jusqu'à ce point. Mais lorsque Maxime, dans la scène suivante, lui dit :

Quel est votre dessein après ces beaux discours ?

et qu'il répond :

Le même que j'avais et que j'aurai toujours ;

on voit que du moins il n'a pas changé de sentiments. Il ne veut pas qu'Auguste *en soit quitte pour l'effet d'un remords, que la tyrannie soit impunie* : il ne veut épouser Émilie que sur la cendre d'Octave : ce serait un supplice pour lui de la tenir d'un tyran. Il n'a donc dissimulé que par un excès de haine et de rage ; il est altéré du sang d'Auguste ; il ne lui suffit plus que Rome soit libre, il faut que l'oppresseur périsse. Cette fureur peut paraître atroce, si l'on considère qu'il a montré dans le premier acte beaucoup moins de ressentiment personnel contre Auguste, qui d'ailleurs le comblait de bienfaits, que d'ardeur pour la liberté, pour l'honneur de la rendre à sa patrie, et enfin pour l'hymen d'Émilie, qu'il ne peut obtenir qu'à ce prix. On pourrait donc croire que, puisque l'abdication d'Octave et l'offre de la main d'Émilie lui donnaient ce qu'il désirait le plus, il ne pouvait s'acharner à vouloir la mort d'un homme qui ne lui a fait aucun mal, et qui même ne lui a fait que du bien. Mais on peut encore le justifier en ne voyant en lui qu'un inflexible républicain, qui veut, à quelque prix que ce soit, venger sa patrie et le sang de ses concitoyens. Le spectateur, accoutumé à la férocité des maximes romaines, peut encore se prêter à cette disposition de Cinna. D'ailleurs il persiste dans ses résolutions ; et le danger reste le même, puisque l'empereur n'est instruit de rien. L'intrigue est donc soutenue jusque-là, sans que la vraisemblance morale soit absolument blessée. Mais l'intérêt a déjà souffert, parce qu'au premier acte on s'intéressait à la conspiration du petit-fils de Pompée et de l'amant d'Émilie contre un usurpateur représenté comme le bourreau des Romains, et qu'après le second acte on commence à s'intéresser davantage à Auguste, dont on a entendu Cinna lui-même légitimer l'usurpation, excuser les cruautés comme nécessaires, et exalter les vertus comme la sauvegarde de l'empire. Ce nouvel intérêt s'augmente encore par la confiance intime qu'Auguste vient de montrer pour Cinna et pour Maxime, par les témoignages d'amitié dont il les a comblés, par les graces qu'il leur a prodiguées : de plus, il n'est guère possible de voir encore dans leur conspiration l'intérêt de la liberté publique, puisqu'il n'a tenu qu'à eux qu'elle fût rétablie sans effusion de sang. L'intrigue, sans être arrêtée, est donc au moins affaiblie, parce que l'intérêt a changé d'objet. Le troisième acte va nous offrir bien d'autres fautes, d'une nature plus grave, et qu'il est difficile de justifier. Dans la première scène, Maxime nous apprend qu'il est amoureux d'Émilie : il sait que Cinna en est aimé, et que c'est pour elle qu'il conspire. Il est balancé entre la répugnance qu'il sent à servir son rival, et la honte de trahir ses amis en révélant leur complot à l'empereur. Il ne peut d'ailleurs se cacher à lui-même que c'est un très mauvais moyen pour obtenir Émilie que de perdre son amant. L'esclave Euphorbe, son confident, avoue que la conjoncture est embarrassante. Cependant il espère qu'*à force d'y rêver*... La scène finit à cette suspension, par l'arrivée de Cinna. Avouons, avant d'aller plus loin, que cet incident, qui va produire une révolution, est froid et mal imaginé.

D'abord ces sortes d'amour qu'on vient annoncer au troisième acte comme une nouvelle indifférente, et sans qu'on ait dit jusque-là un mot qui pût nous y préparer, sont opposées à l'esprit de la tragédie, qui exige que tous les ressorts dont se compose l'intrigue aient un degré d'intérêt suffisant pour attacher le spectateur; et qui peut en prendre le moindre à cet amour subit de Maxime, qu'on voit déjà délibérer avec lui-même sur une action infâme, en homme tout prêt à la faire ? Il n'y a rien de moins tragique. On voit que l'auteur avait besoin de ce moyen pour révéler la conspiration ; mais on voit aussi qu'il fallait absolument en trouver un autre. La scène suivante amène une surprise bien extraordinaire. Cinna paraît; mais ce n'est plus ce Cinna que l'on a vu jusqu'ici furieux de patriotisme et avide du sang d'Auguste; c'est un homme tourmenté des plus vifs remords, se condamnant lui-même, et ne pouvant, malgré tout son amour pour Émilie, se résoudre à une action qu'il regarde à présent comme un crime abominable, et qui tout à l'heure lui paraissait la plus belle et la plus glorieuse qui pût immortaliser un Romain. Qui donc l'a pu changer à ce point? Que s'est-il passé qui puisse tout-à-coup le rendre si différent de lui-même? Les remords sont dans la nature, sans doute; mais c'est lorsqu'on se résout à une action que l'on regarde soi-même comme un crime; et Cinna nous a parlé jusqu'ici de son entreprise comme d'un acte de vertu. Écoutons-le maintenant.

Je sens au fond du cœur mille remords cuisants,
Qui rendent à mes yeux tous ses bienfaits présents.
Cette faveur si pleine et si mal reconnue,
Par un mortel reproche à tout moment me tue.
Il me semble sur-tout incessamment le voir
Déposer en mes mains son absolu pouvoir,
Écouter mes avis, m'applaudir et me dire :
« Cinna, par vos conseils je retiendrai l'empire ;
« Mais je le retiendrai pour vous en faire part... »
Et je puis en son sein enfoncer le poignard !

Quel est l'homme qui dans le fond du cœur ne lui réponde pas aussitôt : « Puisque vous êtes sus-
« ceptible d'un attendrissement si naturel, com-
« ment n'avez-vous pas ressenti ces émotions dans
« le moment où Auguste venait d'avoir avec vous
« cette effusion de cœur si touchante? Comment,
« loin d'être attendri, avez-vous paru plus endurci
« que jamais dans votre haine pour lui, et dans la
« résolution de lui arracher la vie? Je vous ai cru
« un Romain forcené, et ce n'est que sous ce rap-

« port que votre conduite me paraissait concevable ;
« mais puisque vous êtes capable d'être ému à ce
« point, c'était alors que vous deviez l'être, ou la
« nature n'est pas en vous ce qu'elle est dans les
« les autres hommes. »

Ce n'est pas tout : on pourrait croire que ce mouvement, quoique inattendu et déplacé, n'est au moins que passager ; mais non, c'est désormais le sentiment qui domine dans Cinna. Sa manière de voir est changée en tout ; ce n'est pas une faiblesse involontaire qu'il se reproche, c'est le cri de sa conscience, qu'il n'est plus en lui de repousser. Auguste n'est plus à ses yeux un monstre abominable ; il ose le justifier, l'exalter en présence même d'Émilie, qui persiste à demander sa mort. La conspiration lui paraît désormais un attentat odieux et inexcusable ; il ne balancerait pas à renoncer à ses desseins, s'il n'était encore retenu par son amour pour Émilie ; et quand, à force de reproches, elle est parvenue à recouvrer tout son empire sur lui, ce n'est qu'avec le désespoir dans l'âme qu'il se détermine à lui obéir ; c'est en lui annonçant que sa propre mort suivra celle d'Auguste.

Vous le voulez, j'y cours ; ma parole est donnée ;
Mais ma main aussitôt contre mon sein tournée,
Au mânes d'un *tel prince* immolant votre amant,
A mon *crime* forcé joindra mon châtiment,
Et par cette action dans l'autre confondue ;
Recouvrera *ma gloire* aussitôt que *perdue*.
Adieu.

Où sommes-nous ? *Un tel prince! mon crime! ma*

gloire perdue! Pour faire sentir combien ce contraste inconcevable doit renverser toutes les idées que le poète avait imprimées dans l'esprit des spectateurs, opposons quelques morceaux des premiers actes à ceux qui les contredisent d'une manière si formelle dans les suivants :

> Plût aux dieux que vous-même eussiez vu de quel zèle
> Cette troupe entreprend *une action si belle!*...
> S'il est pour me trahir des esprits assez bas,
> *Ma vertu* pour le moins ne me trahira pas :
> Vous la verrez, brillante au bord des précipices,
> *Se couronner de gloire* en bravant les supplices.

C'est ainsi que Cinna parlait à Émilie dans le premier acte. Au deuxième, il disait à Maxime, après la scène avec Auguste :

> Octave aura donc vu ses fureurs assouvies;
> Pillé jusqu'aux autels, sacrifié nos vies,
> Rempli les champs d'horreur, comblé Rome de morts,
> Et sera quitte après pour l'effet d'un remords ?

Maxime lui objectant en vain l'offre que venait de faire Auguste de rendre la liberté à Rome, que répondait-il ?

> Ce ne peut être un bien qu'elle daigne estimer,
> Quand il vient d'une main lasse de l'opprimer.
> Elle a le cœur trop bon pour se voir avec joie
> Le rebut *du tyran* dont elle fut la proie.

Assurément il ne s'est rien passé de nouveau depuis qu'il s'exprimait ainsi. Que dit-il actuellement ?

> O coup ! ô trahison trop indigne d'un homme !
> Dure, dure à jamais l'esclavage de Rome !
> Périsse mon amour, périsse mon espoir,
> Plutôt que de ma main *parte un crime si noir* !

Au premier acte il disait :

> Ainsi d'un coup mortel la victime frappée
> Fera voir si je suis du sang du grand Pompée.

Au troisième, il dit :

> Les douceurs de l'amour, celles de la vengeance,
> La gloire *d'affranchir le lieu de ma naissance*,
> N'ont point assez d'appas pour *flatter ma raison*,
> S'il les faut acheter par *une trahison*,
> S'il faut percer le flanc d'*un prince magnanime*,
> Qui du *peu que je suis* fait une telle estime.

Du *peu que je suis* ! *Le sang du grand Pompée* ! Comment accorder ensemble des idées si disparates ?

Il avait dit, en parlant d'Octave :

> Quand le Ciel par nos mains à le punir s'apprête,
> Un lâche repentir garantira sa tête !

Et dans l'acte suivant, il dit :

> Le Ciel a trop fait voir, en de tels attentats,
> Qu'il hait *les assassins* et punit *les ingrats*.

Que croire ? Voilà *le Ciel* qui veut punir Octave : voilà *le Ciel* qui le défend et qui le vengera ? Et qu'on ne dise pas que le remords et les combats qu'il éprouve, quoique venant trop tard pour être vraisemblables, l'autorisent cependant à varier à ce point dans ses pensées et dans ses sentiments. Non, quand même ce repentir serait à sa place, quand même la confiance et les bienfaits d'Auguste auraient fait sur lui leur impression au moment où ils devaient la faire, il ne peut raisonnablement rien dire de ce qu'il dit ici. Les choses en elles-mêmes n'ont pas pris une autre nature depuis qu'Auguste lui a confié le dessein d'abdiquer, et lui a donné Émilie. Si c'était auparavant une belle chose de tuer un tyran et d'affranchir Rome, comme il le disait, rien n'est changé; Octave est encore un tyran, et Rome est encore esclave. Que devait-il donc dire? « Il est « beau, il est glorieux de délivrer sa patrie d'un ty- « ran; c'est la vertu d'un Romain; mais ce qu'Au- « guste a fait pour moi m'ôte la force d'exercer une « vertu si cruelle. » Voilà ce que pourrait dire un homme que l'on n'aurait pas annoncé comme un Brutus. Mais appeler la même action, tantôt un effort de magnanimité, tantôt une lâche trahison; refuser jusqu'à la liberté quand il faut la tenir d'un tyran, et dire ensuite en propres termes que c'est *être esclave avec honneur que de l'être d'Octave*, et rassembler dans un même personnage un tissu continuel de contradictions si choquantes, c'est violer trop ouvertement l'unité de caractère, ce précepte qu'Aristote, Horace et Despréaux ont puisé dans la nature et dans la droite raison.

Servetur ab imum
Qualis ad incœpto processerit et sibi constet.
(*De Art. poet.*)

Qu'en tout avec lui-même il se montre d'accord,
Et qu'il soit à la fin tel qu'on l'a vu d'abord.

Il faut se figurer que le spectateur dit au personnage qu'il voit sur le théâtre : Qui êtes-vous et que voulez-vous ? Je ne puis prendre de vos actions que l'idée que vous m'en donnez vous-même; car à cette idée est attaché l'intérêt que je puis éprouver. Voyons donc de quoi il s'agit. Auguste est-il un tyran qu'il faut punir; et ceux qui le tueront seront-ils de bons citoyens, vengeurs de la patrie? Vous, Cinna, êtes-vous ce citoyen? êtes-vous ce vengeur? est-ce là votre opinion? est-ce là votre caractère? Je le veux bien. Ce parti est très plausible, je m'y range, et sous ce point de vue je m'intéresse à ce que vous allez faire. Mais si au bout de deux actes vous devenez tout-à-coup un autre homme, s'il faut blâmer ce que j'approuvais, et aimer ce que je haïssais, je ne peux plus vous suivre; et comment m'intéresser à ce que vous pouvez vouloir, quand vous-même ne le savez pas?

Il est inutile d'avertir que ce principe n'est pas applicable quand il s'agit des passions violentes, telles que l'amour et la jalousie, qui sont faites pour bouleverser l'âme, et la porter sans cesse d'un mouvement à un autre. Non-seulement alors l'unité de caractère n'est point violée, mais cette variation même est de l'essence du caractère établi; et quand le spectateur vous a dit : Je sais que vous aimez avec fureur, je sais que vous êtes jaloux avec rage; il s'attend à tout ce que peut faire la jalousie et l'amour. Mais ce n'est pas ici le cas; ce n'est point l'amour qui change les dispositions de Cinna à l'égard d'Auguste : au contraire, cet amour a si peu de pouvoir sur lui, qu'il ne veut point d'Émilie, si elle lui est donnée par Auguste, et qu'ensuite elle peut à peine obtenir de lui de ne pas renoncer à la conspiration. Il a donc toute sa raison; l'amour ne lui a donc pas renversé la tête, et ses contradictions n'ont point d'excuse. Je n'aurais pas même songé à prévenir cette objection si improbable, s'il n'était pas très commun d'élever sur les choses les plus claires des difficultés entièrement étrangères à la question.

Concluons que le rôle de Cinna est essentiellement vicieux, en ce qu'il manque à la fois et d'unité de caractère, et de vraisemblance morale. Ajoutons maintenant qu'il manque aussi de cette noblesse soutenue, convenable à un personnage principal, qui ne doit rien dire ni rien faire d'avilissant. Or, actuellement que nous avons appris, en voyant ce qu'il est au troisième acte, que ce n'est rien moins qu'un républicain féroce, et que ce n'était pas la soif du sang d'Auguste qui l'engageait à parler contre son sentiment, l'excès de dissimulation où il s'est porté peut-il ne pas l'avilir aux yeux du spectateur? N'a-t-il pas fait le rôle d'un malhonnête homme quand il s'est jeté aux genoux d'Auguste pour le déterminer à garder l'empire? et qui l'obligeait à tant d'hypocrisie? On n'en conçoit pas la raison; et il paraissait bien plus simple de laisser cette bassesse hypocrite à Maxime, qui n'est dans la pièce qu'un personnage entièrement sacrifié.

Nous avons vu déjà combien son amour était froid : sa conduite dans le quatrième acte est quelque chose de bien pis. Il fait révéler la conspiration à l'empereur par l'esclave Euphorbe, qui dit en même temps à Auguste que Maxime s'est tué de désespoir : et cependant ce même Maxime vient chez Émilie lui dire que tout est découvert, que Cinna est mandé au palais; qu'elle va être arrêtée par l'ordre d'Auguste, mais que celui qui est chargé de cet ordre se trouve heureusement être un des conjurés; que cet homme attend Émilie dans la maison de Maxime; et que tous trois ils peuvent prendre la fuite. Émilie répond, avec la fermeté qui lui convient, qu'elle suivra en tout le sort de Cinna. Là-dessus il répond que *c'est un autre Cinna qu'elle doit regarder en lui; que le ciel lui rend l'amant qu'elle a perdu ; que des mêmes ardeurs dont il fut embrasé.....* Elle l'interrompt fort à propos :

Maxime, en voilà trop pour un homme *avisé*.

Elle n'a que trop raison. A-t-il pu croire qu'elle donnât dans un piège si grossier? et jamais déclaration d'amour fut-elle plus déplacée? Voltaire remarque qu'elle est *comique*, et qu'elle *achève de rendre le rôle de Maxime insupportable*. On est forcé d'en convenir : ce rôle est indigne de la tragédie.

Malheureusement ces défauts dans les caractères, les invraisemblances de l'un et le ridicule de l'autre, achèvent aussi de détruire l'intérêt de l'action, dont les ressorts ne sont plus tragiques. La trahison de Maxime, qui n'est motivée que par un amour de comédie dont personne ne peut se soucier, est un incident par lui même très considérable dans la pièce, puisqu'il change la situation de tous les personnages; mais il est amené par de trop petits moyens. Ses propositions à Émilie révoltent par leur maladresse. Cinna qui a perdu toute cette grandeur qu'il avait au premier acte, et qui s'appelle lui-même un *lâche* et un *parricide*, ne peut plus nous attacher à une conspiration qu'il condamne. Que reste-t-il donc pour soutenir la pièce jusqu'au cinquième acte? Le seul intérêt de curiosité : c'est un grand évènement entre de grands personnages. La pièce est intitulée *la Clémence d'Auguste*. Il est informé de tout : il a mandé *Cinna*, il paraît incertain du parti qu'il doit prendre, et violemment agité. On veut voir ce qui arrivera, et tel est l'avantage qui résulte de l'unité d'objet. Le spectateur, que l'on a toujours occupé de la même action, veut en voir la fin. Le poète, malgré tant de fautes, se soutient donc ici par son art; mais il se soutient aussi par son génie. C'est l'énergique fierté du rôle d'Émilie, qui ne se dément jamais, c'est la scène vive et animée qu'elle a au troisième acte avec Cinna, le contraste de sa fermeté avec la faiblesse et les irrésolutions de son amant, et sa sortie brillante qui termine l'acte par ces beaux vers :

Qu'il dégage sa foi,
Et qu'il choisisse après de la mort ou de moi.

C'est ensuite le monologue d'Auguste au quatrième acte, rempli de traits de force et de vérité, heureusement imités de Sénèque; ce sont ces beautés réelles qui, mêlant par intervalles l'admiration à la curiosité, soutiennent l'attention des spectateurs jusqu'au cinquième acte, dont le sublime les transporte assez pour leur faire oublier que jusque-là l'invention et l'intérêt ont souvent faibli et varié.

Je ferai ici, à l'avantage de Corneille, une observation sur ce rôle d'Émilie, qui dans le troisième et le quatrième acte est certainement le grand appui de cet édifice dramatique, dont plusieurs parties sont si défectueuses. Voltaire, en avouant qu'*il étincelle de traits admirables*, en fait la critique de cette manière : « On demande pourquoi cette Émi-
« lie ne touche point? pourquoi ce personnage ne
« fait pas au théâtre la grande impression qu'y
« fait Hermione? Elle est l'âme de toute la pièce, et
« cependant elle inspire peu d'intérêt. N'est-ce point
« parce qu'elle n'est pas malheureuse? N'est-ce point
« parce que les sentiments d'un Brutus, d'un Cassius,
« conviennent peu à une fille?.... C'est Émilie que
« Racine avait en vue lorsqu'il dit, dans une de
« ses préfaces, qu'il ne veut pas mettre sur le
« théâtre de ces femmes qui font des leçons d'hé-
« roïsme aux hommes. »

Ces réflexions sont d'un goût fin et délicat; mais ce rapprochement d'Hermione et d'Émilie ne me paraît pas exact. L'une ne devait pas ressembler à l'autre. Il est bien vrai que toutes deux exigent de leur amant une vengeance et un meurtre; mais leur injure, et par conséquent leur situation, n'est pas la même, et ne devait pas produire le même effet. Émilie poursuit la vengeance de son père Toranius, tué il y a vingt ans, dans le temps des proscriptions.

Ce sentiment est légitime ; mais personne n'a connu ce Toranius : la perte qu'à faite Émilie est bien ancienne ; Auguste même l'a réparée autant qu'il l'a pu, en traitant Émilie comme sa fille adoptive ; elle a reçu ses bienfaits : sa situation, comme le remarque très bien le commentateur, n'est point à plaindre. Ainsi donc, lorsqu'elle demande la tête d'Auguste, c'est un sentiment tout aussi républicain que filial, ennobli sur-tout par le dessein de rendre la liberté aux Romains : c'est un de ces sentiments auxquels on peut se prêter, mais que le spectateur n'embrasse pas comme s'ils étaient les siens, qu'il ne partage pas avec toute la vivacité de ses affections ; ces sortes de rôles sont plutôt des moyens d'action que des mobiles d'intérêt. Il n'en est pas de même d'Hermione. Son injure est récente ; elle est sous les yeux du spectateur : c'est une femme, une princesse, cruellement outragée et fortement passionnée. L'offense qu'elle reçoit est de celles que tout son sexe partage, et son infortune est de celles qui excitent la pitié du nôtre. Sa vengeance n'est pas un devoir ; c'est une passion, et une passion si aveugle et si forcenée, que l'on sent bien qu'Hermione se fait illusion à elle-même, et qu'elle sera plus à plaindre encore dès qu'on l'aura vengée. Il résulte de cette différence essentielle entre les deux rôles, que celui de Racine est infiniment plus théâtral ; mais que Corneille, en faisant l'autre pour un plan différent, n'était pas obligé de produire la même impression. Il ne faut donc pas exiger qu'Émilie nous *touche*, mais seulement qu'elle nous attache; et c'est à quoi l'auteur a réussi, en lui donnant le mérite qui lui est propre, celui d'une noblesse d'âme que rien ne peut abaisser, d'une résolution intrépide que rien ne peut ébranler. De ce côté, ce me semble, Corneille a bien connu son art, en ce qu'il a senti, ce qu'on peut poser pour principe, que, toutes les fois qu'un caractère ne peut pas nous émouvoir par des sentiments que nous partagions, il ne peut nous subjuguer que par une énergie et une grandeur qui nous imposent. Un pareil personnage ne peut pas vouloir trop décidément ce qu'il veut; car ce n'est que par cette volonté forte qu'il peut suppléer à l'intérêt qui lui manque. C'est à quoi Corneille a réussi dans le rôle d'Émilie; et s'il voulait en offrir le contraste dans celui de Cinna, les principes de l'art exigeaient qu'il le peignît, dès le commencement, balancé entre le pouvoir que sa maîtresse a sur lui, et l'horreur d'un assassinat; comme, dans la tragédie de *Brutus*, le jeune Titus est conitnuellement partagé entre son amour et son devoir.

Je ne parle pas du rôle de Livie, que l'on a retranché à la représentation, comme l'Infante dans *le Cid*. Il était non-seulement inutile, mais il affaiblissait le mérite de la clémence d'Auguste, en lui faisant suggérer par les conseils d'autrui une belle action que la générosité doit seule lui dicter. Ici l'exactitude historique trompa l'auteur, qui ne s'aperçut pas que ce conseil de Livie était du nombre des faits que le poète dramatique est le maître de supprimer.

A l'égard du cinquième acte, un siècle et demi de succès l'a consacré. La beauté des vers et la simplicité sublime du style font voir que si l'auteur est redevable à Sénèque de tout le fond de cette scène immortelle, il avait dans son âme le sentiment de la vraie grandeur et en connaissait l'expression. Il n'y avait qu'Auguste, mis en scène par Corneille, qui pût dire :

> Je suis maître de moi comme de l'univers.
> Je le suis, je veux l'être : ô siècles ! ô mémoire !
> Conservez à jamais ma dernière victoire.
> Je triomphe aujourd'hui du plus juste courroux,
> De qui le souvenir puisse aller jusqu'à vous.
> Soyons amis, Cinna : c'est moi qui t'en convie.
> Comme à mon ennemi je t'ai donné la vie ;
> Et, malgré la fureur de ton lâche dessein,
> Je te la donne encor comme à mon assassin.

Ces paroles à jamais mémorables font couler des larmes d'admiration et d'attendrissement, et ce mélange est une des émotions les plus douces que notre âme puisse éprouver.

Lorsqu'un moment auparavant, Auguste dit à Cinna :

> Apprends à te connaître et descends en toi-même.
> On t'honore dans Rome, on te courtise, on t'aime :
> Chacun tremble sous toi, chacun t'offre des vœux ;
> Ta fortune est bien haut : tu peux ce que tu veux ;
> Mais tu ferais pitié même à ceux qu'elle irrite,
> Si je t'abandonnais à ton peu de mérite.

Voltaire rapporte à ce sujet le mot connu du maréchal de La Feuillade : *Tu me gâtes le soyons amis,*

Cinna. *Si le roi m'en disait autant, je le remercierais de son amitié.* Cette remarque fait honneur à la délicatesse et au goût du courtisan : elle est certainement fondée. Mais comme il faut toujours que la saine critique considère les objets sous toutes les faces, pourquoi ne nous apercevons-nous pas que cet endroit nuise en rien au plaisir que nous fait toute la scène? C'est qu'au fond le spectateur n'est pas fâché de voir Cinna humilié devant Auguste, qui devient alors si grand, qu'il attire à lui tout l'intérêt : disons plus, il attire toute l'attention; et, tant qu'il parle, à peine prend-on garde à celui qui l'écoute. De plus, Cinna lui-même a parlé de lui précédemment dans les mêmes termes; il a dit d'Auguste :

Ce prince magnanime,
Qui *du peu que je suis* fait une telle estime.

Depuis la fin du second acte, on s'est accoutumé à n'avoir pas une grande idée de Cinna. On n'est donc pas étonné que l'empereur ne fasse pas de lui plus de cas qu'il n'en fait lui-même. On ne voit que la bonté qui pardonne, et l'on oublie tout le reste. Sans doute la bienséance dramatique eût été mieux observée si ces vers n'y étaient pas; mais ce n'est pas un de ces défauts qui blessent les convenances essentielles; tant il y a de nuances dans les fautes comme dans les beautés.

Voltaire remarque, en parlant du grand succès de *Cinna*, que les idées qui dominent dans cet ouvrage, les discussions politiques sur la meilleure forme de gouvernement, l'espèce de gloire attachée à l'habileté et au courage des conspirateurs, devaient plaire à des esprits occupés des factions et des troubles qui avaient éclaté pendant le ministère de Richelieu, et produit des révoltes et des guerres civiles. On peut dire aussi de *Polyeucte*, qui suivit *Cinna*, que les maximes sur la grace divine, qui reviennent en plus d'un endroit de cette pièce, pouvaient avoir un intérêt particulier à cette époque, où les querelles du jansénisme commençaient à diviser la France. Néarque, dès la première scène, dit, en parlant du Dieu des chrétiens :

> Il est toujours tout juste et tout bon; mais sa grace
> Ne descend pas toujours avec même efficace.
> Après certains moments que perdent nos longueurs,
> Elle quitte ces traits qui pénètrent les cœurs.
> Le nôtre s'endurcit, la repousse, s'égare ;
> Le bras qui la versait en devient plus avare.
> Et cette sainte ardeur qui nous portait au bien
> Tombe sur un rocher, ou n'opère plus rien.

Personne n'ignore que le christianisme, qui fait le fond de cet ouvrage, était une des choses qui l'avaient fait condamner par l'hôtel de Rambouillet. Il est également concevable qu'on y ait regardé le morceau qu'on vient d'entendre, et beaucoup d'autres du même genre, comme plus faits pour la chaire que pour le théâtre, et que la multitude, qui entendait parler tous les jours de ces mêmes matières, se soit trouvée par avance familiarisée avec ces discussions théologiques, et n'ait pas été blessée de les retrouver dans une tragédie. Mais ce qui est certain, c'est que la disposition des esprits, soit par rapport à la politique, soit par rapport à la religion, ne fit ni le succès de *Cinna*, ni celui de *Polyeucte*. Nous avons vu ce qui fit réussir l'un; voyons ce qui procura la même gloire à l'autre.

Corneille a dit dans l'examen de *Polyeucte*: « Je « n'ai point fait de pièce où l'ordre du théâtre soit « plus beau, et l'enchaînement des scènes mieux « ménagé. » Il dit vrai : c'est de toutes ses intrigues la mieux filée; c'est aussi une de celles où il a mis le plus d'invention, et cette invention est en partie très heureuse. Il s'en faut de beaucoup pourtant que cette tragédie soit sans défauts. Elle en a d'assez grands. L'intrigue, nouée avec art, ne l'est pas toujours avec la dignité convenable au genre; et le choix des ressorts n'est pas toujours tragique, parce qu'il y a un personnage qui ne l'est pas; et comme toutes les parties d'un drame réagissent réciproquement les unes sur les autres, la disconvenance d'un caractère forme un défaut dans l'intrigue. C'est ce qu'il y a de plus important à observer dans cet ouvrage, et ce que je vais développer.

Le martyre de saint Polyeucte, rapporté par Surius, n'a fourni à Corneille que la liaison étroite de ce jeune néophyte avec Néarque, qui l'avait converti au christianisme; son mariage avec Pauline, fille de Félix, proconsul romain, qui avait ordre de l'empereur Dèce de poursuivre les chrétiens; l'action hardie de Polyeucte, qui déchire en public l'édit de l'empereur contre le christianisme, et brise les idoles que portaient les prêtres;

et la vengeance qu'en tira Félix, qui, après avoir inutilement employé les prières de Pauline pour ramener son gendre à la religion de son pays, fut obligé de le condamner à la mort. Tout le reste appartient au poète.

Sa fable, quoique en général bien conçue, est fondée sur quelques invraisemblances assez fortes, mais qui heureusement portent sur l'avant-scène plus que sur l'action même, qui se passe sur le théâtre; et ce sont celles que le spectateur excuse toujours le plus aisément. Sans doute il est peu vraisemblable que Sévère arrive jusque dans le palais du gouverneur d'Arménie, et jusque dans l'appartement de Pauline, sans savoir qu'elle vient d'être mariée à Polyeucte quinze jours auparavant, sans qu'un évènement si récent, et qui l'intéresse plus que personne, soit parvenu jusqu'à lui. Il ne l'est pas non plus que l'empereur, après sa victoire sur les Perses, dont il lui est redevable, l'envoie en Arménie, comme on le dit, pour faire un sacrifice aux dieux. Il ne l'est pas davantage que Félix, qui craint tant ses ressentiments et son crédit auprès de l'empereur, n'aille pas au-devant de lui, et que Pauline le voie avant qu'il ait vu son père. Mais ces circonstances sont à peu près indifférentes à l'effet théâtral, parce qu'elles ne portent ni sur les caractères, ni sur les situations. Le poète a déjà mis le spectateur dans l'attente de ce que produira la venue de Sévère, qui est aimé de Pauline, et qui a voulu l'épouser : il n'examine pas trop comment ni pourquoi il arrive, parce qu'il est très satisfait de le voir; et il faut bien distinguer entre les fautes qui ne sont que pour les critiques et les juges de l'art, et celles qui sont pour tout le monde. Celles-ci influent sur le sort de la pièce; les autres ne concernent que le plus ou le moins de perfection.

On convient unanimement que cet amour de Sévère et de Pauline forme un nœud intéressant, parce que le péril de Polyeucte les met tous deux dans une situation respective, propre à déployer cette noblesse de sentiments qui nous attache aux personnages de la tragédie, et nous fait partager des infortunes qu'ils n'ont pas méritées. C'est une des créations qui font le plus d'honneur au talent de Corneille, et dont il n'avait trouvé le modèle nulle part. Polyeucte est sur le point d'être conduit à la mort, s'il ne renonce pas au christianisme. Les larmes de Pauline n'ont pu rien sur lui; elle s'adresse, pour le sauver, à celui même qui est le plus intéressé à ce qu'il meure, à son rival, à celui qu'elle aime encore, et à qui elle l'a même avoué; à celui à qui Polyeucte même, en chrétien élevé au-dessus de tous les objets terrestres, vient de la résigner en se préparant à mourir. Elle croit qu'un homme qui lui a paru digne d'elle doit être capable de ce trait de générosité, et elle ne se trompe pas. C'étaient là des beautés neuves et originales, dont personne n'avait donné l'idée. Cette délicatesse de sentiments ne se trouvait ni dans les théâtres des anciens, ni dans ceux des modernes : elle était dans l'âme de Corneille.

-Vous êtes généreux, soyez-le jusqu'au bout.

Mon père est en état de vous accorder tout.
Il vous craint, et j'avance encor cette parole,
Que s'il perd mon époux, c'est à vous qu'il l'immole.
Sauvez ce malheureux, employez-vous pour lui,
Faites-vous un effort pour lui servir d'appui.
Je sais que c'est beaucoup que ce que je demande :
Mais plus l'effort est grand, plus la gloire en est grande.
Conserver un rival dont vous êtes jaloux,
C'est un trait de vertu qui n'appartient qu'à vous ;
Et si ce n'est assez de votre renommée,
C'est beaucoup qu'une femme autrefois tant aimée,
Et dont l'amour peut-être encor vous peut toucher,
Doive à votre vertu ce qu'elle a de plus cher.
Souvenez-vous enfin que vous êtes Sévère.
Adieu, résolvez seul ce que vous voulez faire ;
Si vous n'êtes pas tel que je l'ose espérer,
Pour vous priser encor, je le veux ignorer.

Le caractère de Polyeucte, quoique d'une espèce très différente, n'est pas moins bien conçu ni moins bien tracé. Il est plein de cet enthousiasme religieux, nécessaire pour justifier ses violences, et qui convient parfaitement à un chrétien qui court au martyre. L'hôtel de Rambouillet avait craint qu'il ne fût ridicule : il est théâtral, comme toute grande passion ; et ce zèle exalté qui va chercher la mort, et que la religion ne propose nullement pour modèle, mais regarde comme une exception que le martyre seul a consacrée, est une des passions naturelles à l'homme ; elle a dans Polyeucte toute la chaleur qu'elle doit avoir. S'il n'eût été qu'un homme persuadé et résigné, il eût paru froid ; mais il est enthousiaste à l'excès : il entraîne. C'est là le cas où l'extrême est nécessaire, et où la vraie mesure est de n'en pas garder.

La conduite de Sévère répond à l'estime que Pauline lui a témoignée. Il s'emploie de tout son pouvoir auprès de Félix, pour l'engager à attendre du moins des ordres précis de l'empereur avant de se résoudre à faire périr son gendre, un homme considérable, qui descend des rois d'Arménie, et à qui tout le peuple s'intéresse au point qu'on craint une révolte en sa faveur. Cette demande est si bien motivée, qu'il semble très difficile que Félix s'y refuse, et d'autant plus, qu'il a la plus grande déférence pour Sévère, qu'il regarde comme l'arbitre de sa destinée. Cependant il ne se rend point, et ordonne le supplice de Polyeucte, parce qu'il fallait que la mort du saint martyr fût le dénouement de la pièce. C'est ici qu'elle pèche à la fois par l'intrigue et par un caractère dégradé. Quels sont en effet les motifs que l'auteur prête à Félix? Sont-ils naturels? sont-ils suffisants? sont-ils tragiques? Félix se met dans la tête que toutes les démarches de Sévère en faveur de Polyeucte ne sont qu'une feinte; que c'est un piège qu'on lui tend, afin de le perdre ensuite auprès de l'empereur, comme ayant contrevenu à ses ordonnances. Mais d'abord, pourquoi Félix s'imagine-t-il que Sévère, qui n'a montré jusqu'ici qu'un caractère fort noble, s'abaisse jusqu'à cet indigne artifice, dont il n'a nul besoin? De plus, comment peut-il croire qu'on lui fasse un crime capital d'avoir demandé des ordres pour faire mourir son gendre? Rien n'est moins naturel que ce raffinement de politique : il n'y a qu'à l'entendre pour en être convaincu. Il ouvre ainsi le cinquième acte avec son confident :

Albin, as-tu bien vu la fourbe de Sévère?
As-tu bien vu sa haine, et vois-tu ma misère?

ALBIN.

Je ne vois rien en lui qu'un rival généreux ;
Et ne vois rien en vous qu'un père rigoureux.

FÉLIX.

Que tu discernes mal le cœur d'avec *la mine !*
Dans l'âme il hait Félix et dédaigne Pauline :
Et s'il l'aima jadis, il estime aujourd'hui
Les restes d'un rival trop indignes de lui.
Il parle en sa faveur, il me prie, il menace ;
Il me perdra, dit-il, si je ne lui fais grace.
Tranchant du généreux, il croit m'épouvanter ;
L'artifice est trop lourd pour ne point l'éventer ;
Je sais des gens de cour quelle est la politique ;
J'en connais mieux que lui *la plus fine pratique.*
C'est en vain qu'il *tempête* et feint d'être en fureur ;
Je vois ce qu'il prétend auprès de l'empereur.
De ce qu'il me demande il me ferait un crime ;
Épargnant son rival, je serais sa victime ;
Et s'il avait à faire à quelque maladroit,
Le piège est bien tendu, sans doute il me perdroit ;
Mais un vieux courtisan est un peu moins crédule ;
Il voit quand on le joue et quand on dissimule ;
Et moi *j'en ai tant vu de toutes les façons,*
Qu'à lui-même au besoin j'en ferais des leçons.

Ces vers réunissent tous les genres de fautes. Comparons-les à ceux que l'on vient d'entendre de Pauline; et affirmons comme une chose constante, que le style de Corneille, quoi qu'on en ait dit, est ordinairement analogue à ses idées. Quand il pense bien, il s'exprime bien. Quand sa pensée est mauvaise, sa diction l'est encore plus. Toute cette scène fait voir dans Félix un homme aussi bas que maladroit : bas, parce qu'il ne se résout à faire périr son gendre que dans la crainte de perdre sa place ; maladroit, parce qu'il se persuade sans raison tout le contraire de la vérité. Il est impossible de ne pas concevoir du mépris pour un homme qui va commettre une cruauté par des vues si petites, et qui se pique d'être si fin lorsqu'il se trompe si lourdement. Ce caractère n'est pas digne de la tragédie, et le langage ne l'est pas non plus. On a pu voir la même chose dans Maxime, et l'on peut faire la même épreuve sur toutes les pièces de Corneille. C'est l'âme, a dit un ancien, qui nous fait éloquents, *pectus est quod disertum facit.* Il l'est toutes les fois que son âme l'inspire bien. Quand son esprit s'égare, il ne l'est plus.

Je ne prétends pas relever toutes les fautes du morceau que je viens de citer : elles sont assez sensibles. Mais il y a dans les termes mêmes, à huit vers de distance, une contradiction choquante, qui prouve combien l'auteur mettait de négligence dans cette partie de sa composition.

L'artifice est trop lourd pour ne pas l'éventer.

Et un moment après :

Le piège est bien tendu...

Si l'*artifice est trop lourd*, comment *le piège est-il bien tendu?* C'est une étrange inadvertance. Voltaire, que l'on accuse de relever trop minutieusement de petites fautes, n'a pourtant rien dit de celle-là, et il en a passé bien d'autres.

Mais en supposant que les motifs de Félix fussent naturels, sont-ils suffisants? Non : il manque ici cette proportion nécessaire entre les moyens et l'action. Il s'agit de savoir si Félix fera mourir un des personnages les plus importants de la pièce, s'il enverra son gendre à l'échafaud : il y répugne, car on ne le peint ni cruel ni fanatique. Quel est donc le contre-poids qui le fera pencher vers la rigueur? Il n'y en point d'autre que le calcul erroné d'une très mauvaise et très lâche politique, et la possibilité très incertaine de perdre le gouvernement d'Arménie. Ce n'est pas là un ressort suffisant pour la tragédie, où il faut toujours que chaque personnage ait un degré d'intérêt proportionnel, relativement à l'intérêt général.

Si les motifs de Félix ne sont ni naturels ni suffisants, ils ne sont pas plus tragiques. Un personnage qui, dans tout le cours d'une pièce, placé entre sa fille et son gendre, dont il faut envoyer l'un à la mort et laisser l'autre dans le deuil, ne s'occupe que de savoir s'il sera plus ou moins grand seigneur, ne peut inspirer aucun des sentiments que demande la tragédie. Quand il dit :

Polyeucte est ici l'appui de ma famille ;
Mais si par son trépas *l'autre* épousait ma fille,

J'acquerrais bien par là de plus puissants appuis,
Qui me mettraient plus haut cent fois que je ne suis.

Quand il parle ainsi, il paraît vil ; et lorsqu'il dit :

Je sais des courtisans *la plus fine pratique*....
Et moi, *j'en ai tant vu de toutes les façons*,
Qu'à lui-même au besoin j'en ferais des leçons;

le spectateur qui n'a rien aperçu qui puisse excuser la méprise, qui le voit juger si mal ce Sévère que tout le monde connaît si bien, et se vanter de son habileté quand il manque de sens, trouve ici ce qu'il y a de pis, le ridicule joint à la bassesse.

Voltaire pense que Corneille aurait dû peindre Félix comme un païen entêté de sa religion, et vengeant sur un sacrilège la cause des dieux de l'empire. Je crois qu'il a entièrement raison, et que cette idée aurait fait disparaître de la tragédie de *Polyeucte* un défaut très considérable, qui gâte une pièce d'ailleurs la mieux conduite de celles de l'auteur.

Elle a encore un autre mérite ; c'est celui du dialogue, en général plus naturel que ne l'est ordinairement celui de Corneille, et souvent d'une rapidité et d'une vivacité qui lui sont particulières. Voyez la scène entre Polyeucte et Néarque.

NÉARQUE.
Ce zèle est trop ardent : souffrez qu'il se modère.

POLYEUCTE.
On n'en peut trop avoir pour le Dieu qu'on révère.

NÉARQUE.
Vous trouverez la mort.

CORNEILLE (Pierre).

POLYEUCTE.

Je la cherche pour lui.

NÉARQUE.

Et si ce cœur s'ébranle?

POLYEUCTE.

Il sera mon appui.

NÉARQUE.

Il ne commande point que l'on s'y précipite.

POLYEUCTE.

Plus elle est volontaire, et plus elle mérite.

NÉARQUE.

Il faut, sans la chercher, l'attendre et la souffrir.

POLYEUCTE.

On souffre avec regret quand on n'ose s'offrir.

NÉARQUE.

Mais dans ce temple enfin la mort est assurée.

POLYEUCTE.

Mais dans le ciel déjà la palme est préparée, etc.

Et la scène entre Félix et sa fille, quand elle lui demande la grace de son époux.

PAULINE.

Ne l'abandonnez pas aux fureurs de sa secte.

FÉLIX.

Je l'abandonne aux lois qu'il faut que je respecte.

PAULINE.

Est-ce ainsi que d'un gendre un beau-père est l'appui?

FÉLIX.

Qu'il fasse autant pour soi *comme* je fais pour lui.

PAULINE.

Mais il est aveuglé.

FÉLIX.

      Mais il se plaît à l'être.
Qui chérit son erreur ne la veut pas connaître.

PAULINE.

Mon père, au nom des dieux!....

FÉLIX.

        Ne les réclamez pas,
Ces dieux dont l'intérêt demande son trépas.

PAULINE.

Ils écoutent nos vœux.

FÉLIX.

      Eh bien! qu'il leur en fasse.

PAULINE.

Au nom de l'empereur dont vous tenez la place!....

FÉLIX.

J'ai son pouvoir en main; mais s'il me l'a commis,
C'est pour le déployer contre ses ennemis.

PAULINE.

Polyeucte l'est-il?

FÉLIX.

     Tous chrétiens sont rebelles.

PAULINE.

N'écoutez point pour lui ces maximes cruelles.
En épousant Pauline, *il s'est fait notre sang.*

FÉLIX.

Je regarde sa faute et ne vois pas son rang.
Quand le crime d'état se mêle au sacrilège,
Le sang ni l'amitié n'ont plus de privilège.

CORNEILLE (Pierre).

PAULINE.

Quel excès de rigueur!

FÉLIX.

Moindre que son forfait, etc.

Si le rôle de Félix était fait de manière que l'on pût croire qu'il est de bonne foi, l'effet de la scène répondrait à la beauté du dialogue; mais, dans les scènes avec son confident, il s'est montré à découvert, et l'on ne peut pas s'y tromper.

Un dialogue encore supérieur à tout ce que j'ai cité, c'est celui qui termine la scène où Polyeucte ne quitte le théâtre que pour être mené au supplice.

FÉLIX.

Enfin, ma bonté cède à ma juste fureur.
Adore-les, ou meurs.

POLYEUCTE.

Je suis chrétien.

FÉLIX.

Impie!
Adore-les, te dis-je, ou renonce à la vie.

POLYEUCTE.

Je suis chrétien.

FÉLIX.

Tu l'es! ô cœur trop obstiné!
Soldats, exécutez l'ordre que j'ai donné.

PAULINE.

Où le conduisez-vous?

FÉLIX

A la mort.

POLYEUCTE.

A la gloire.
Chère Pauline, adieu, conservez ma mémoire.

PAULINE.

Je te suivrai partout, et mourrai si tu meurs.

POLYEUCTE.

Ne suivez point mes pas, ou quittez vos erreurs, etc.

On trouve dans Garnier et dans les auteurs qui ont précédé Corneille, quelques exemples d'un dialogue coupé; mais il ne suffit pas de répondre en un vers : il faut que le vers ait assez de sens et de force pour dispenser d'en dire davantage.

On reproche au dénouement de *Polyeucte* la double conversion de Pauline et de Félix. La première ne me paraît pas répréhensible : c'est un miracle, il est vrai; mais il est conforme aux idées religieuses établies dans la pièce. La seconde est en effet vicieuse par plusieurs raisons; d'abord, parce qu'un moyen aussi extraordinaire qu'un miracle peut passer une fois, mais ne doit pas être répété; ensuite, parce que l'intérêt du christianisme étant mêlé à celui de la tragédie, il est convenable qu'une femme aussi vertueuse que Pauline se fasse chrétienne, mais non pas que Dieu fasse un second miracle en faveur d'un homme aussi méprisable que Félix.

La première question qui se présente sur la tragédie qui a pour titre *Pompée*, c'est de savoir quel en est le sujet. Ce ne peut être *la mort de Pompée*, quoique depuis long-temps on se soit accoutumé à l'afficher sous ce titre très improprement; car Pompée est assassiné au commencement du second acte. Ce pourrait être la vengeance de cette mort, si Ptolémée, qui périt dans un combat à la fin de la pièce, était tué en punition de son crime. Mais il ne l'est que parce que César, à qui ce prince perfide veut faire éprouver le sort de Pompée, se trouve heureusement le plus fort, et triomphe de l'armée égyptienne. Cette conspiration contre César et le péril qu'il court, forment donc une seconde action, moins intéressante que la première; car on sait quels éloges unanimes les connaisseurs ont donnés à la scène d'exposition, qui montre Ptolémée délibérant avec ses ministres sur l'accueil qu'il doit faire à Pompée vaincu à Pharsale, et cherchant un asyle en Égypte. On ne peut pas commencer une tragédie d'une manière plus imposante à la fois et plus attachante; et quoique l'exécution en soit souvent gâtée par l'enflure et la déclamation, cette ouverture de pièce, en ne la considérant que par son objet, passe avec raison pour un modèle. Des scènes d'une galanterie froide et quelquefois indécente, entre César et Cléopâtre, ne sont qu'un remplissage vicieux qui achève de faire de cette pièce un ouvrage très irrégulier, composé de parties incohérentes. Les caractères ne sont pas moins répréhensibles. Le roi Ptolémée, qui supplie sa sœur Cléopâtre d'employer son crédit auprès de César pour en obtenir la grace de Photin, est entièrement avili; et quand Achorée dit, en parlant de sa contenance devant César :

Toutes ses actions ont senti la bassesse :
J'en ai rougi moi-même, et me suis plaint à moi
De voir là Ptolémée et n'y voir point de roi,

il fait en très beaux vers la critique de ce caractère *. César, qui n'a *vaincu à Pharsale que pour Cléopâtre*, et qui *n'est venu en Égypte que pour elle*, est encore plus sensiblement dégradé, parce que c'est un des personnages dont le nom seul annonce la grandeur. Cléopâtre, qui parle d'amour et de mariage, en style de comédie, à César qui est marié, joue un rôle indigne d'une princesse **. Cependant la pièce est restée au théâtre malgré tous ses défauts, et s'y soutient par une de ces ressources qui appartiennent au génie de Corneille, par le seul rôle de Cornélie. Il offre un mélange de noblesse et de douleur, de sublime et de pathétique, qui fait

* Un caractère *répréhensible* dramatiquement est un caractère qui manque de vérité. Peut-on faire ce reproche à celui de Ptolémée? Je ne le pense pas, et La Harpe ne paraît pas le croire non plus. Que lui manque-t-il donc? de la *dignité*. Reste à savoir si c'est une règle aussi stricte, que la fait en toute occasion La Harpe, de ne rien montrer sur la scène tragique qui n'ait de la grandeur. Cette règle, inconnue aux Grecs, et à toutes les nations modernes, la nôtre exceptée, condamnerait une grande partie des pièces du théâtre de Corneille, et même quelques-unes des plus belles peintures de Racine. Narcisse a-t-il de la *dignité*, et n'est-il pas répréhensible au même titre que Ptolémée ? H. PATIN.

** La critique du rôle de César, ou plutôt d'une partie de ce rôle est juste. Mais on n'en peut dire autant de ce qui se rapporte au rôle de Cléopâtre. Qu'on lui reproche de parler *en style de comédie*, à la bonne heure; mais quand on ajoute, qu'en parlant *d'amour et de mariage à César qui est marié*, elle joue un personnage indigne d'une princesse, on oublie que cette peinture est fondée sur l'histoire. Et puis n'est-ce pas une singulière théorie que celle qui interdirait aux *princesses* de théâtre, de manquer aux devoirs de leur rang, comme si la plupart de ces héroïnes dramatiques ne sortaient pas sans cesse de cette réserve sévère? La Harpe confond dans toute cette critique, en général très légère et très leste, deux choses fort distinctes, la *bonté* morale des mœurs et leur *bonté* dramatique : c'est un sophisme très commun dans les ouvrages où l'on examine les productions du théâtre.

H. PATIN

revivre en elle tout l'intérêt attaché à ce seul nom de Pompée. Il ne paraît point dans la pièce ; mais il semble que son ombre la remplisse et l'anime. L'urne qui contient ses cendres, et qu'apporte à sa veuve un Romain obscur qui a rendu les derniers devoirs aux restes d'un héros malheureux ; l'expression touchante des plaintes de Cornélie et les serments qu'elle fait de venger son époux ; les regrets même de César, qui ne peut refuser des larmes au sort de son ennemi *, répandent de temps en temps sur cette pièce une sorte de deuil majestueux qui convient à la tragédie. La scène où Cornélie vient avertir César des complots formés contre sa vie par Ptolémée et Photin est encore une de ces hautes conceptions qui caractérisent le grand Corneille, et rappellent l'auteur des *Horaces* et de *Cinna***.

On sait qu'il leur préférait *Rodogune*. Il n'a pas dissimulé sa prédilection pour cet ouvrage ; et si les quatre premiers actes répondaient au dernier, il n'y aurait pas à balancer : tout le monde serait de son

---

* Cette magnanimité de César, qui pleure son rival, et se charge même du soin de ses funérailles, peut être comparée à celle que montre Ulysse dans l'*Ajax* de Sophocle, lorsque seul de tous les Grecs, il vient défendre contre les Atrides le corps de son ennemi, qu'on veut priver des honneurs de la sépulture, et qu'il offre à Téomesse sa veuve de s'unir à elle pour lui rendre les derniers devoirs. Je ne crois pas que ce rapprochement ait jamais été indiqué. Bien certainement Corneille n'a pas voulu imiter Sophocle, mais il s'est rencontré avec lui d'une manière très remarquable.

H. Patin.

** La Harpe qui s'étend si longuement sur les moindres pièces de Voltaire, n'accorde que deux pages à l'un des chefs-d'œuvre de Corneille. C'est un des vices de proportion les plus saillants de son *Cours de Littérature*, qui en offre tant d'autres du même genre. H. P.

avis. Il n'y a point de situation plus forte ; il n'y en a point où l'on ait porté plus loin la terreur, et cette incertitude effrayante qui serre l'âme dans l'attente d'un évènement qui ne peut être que tragique. Ces mots terribles :

> Une main qui nous fut bien chère....
> Madame, est-ce la vôtre ou celle de ma mère ?

Ces mots font frémir ; et ce qui mérite encore plus d'éloges, c'est que la situation est aussi bien dénouée qu'elle est fortement conçue.

Cléopâtre, avalant elle-même le poison préparé pour son fils et pour Rodogune, et se flattant encore de vivre assez pour les voir périr avec elle, forme un dénouement admirable. Il faut bien qu'il le soit, puisqu'il a fait pardonner les étranges invraisemblances sur lesquelles il est fondé, et qui ne peuvent pas avoir d'autre excuse. Ceux qui ont cru bien mal à propos que la gloire de Corneille était intéressée à ce qu'on justifiât ses fautes, ont fait de vains efforts pour pallier celles du plan de *Rodogune*. Pour en venir à bout, il faudrait pouvoir dire : Il est dans l'ordre des choses vraisemblables, que d'un côté une mère propose à ses deux fils, à deux princes reconnus sensibles et vertueux, d'assassiner leur maîtresse ; et que d'un autre côté, dans le même jour, cette même maîtresse, qui n'est point représentée comme une femme atroce, propose à deux jeunes princes dont elle connaît la vertu, d'assassiner leur mère. Comme il est impossible d'accorder cette assertion avec le bon sens, il vaut beaucoup mieux abandonner une apologie insoutenable, et laisser à Corneille le soin de se défendre lui-même. Il s'y prend mieux que ses défenseurs : il a fait le cinquième acte. Souvenons-nous donc une bonne fois et pour toujours que sa gloire n'est pas de n'avoir point commis de fautes, mais d'avoir su les racheter : elle doit suffire à ce créateur de la scène française [*].

Il prit des Espagnols le sujet d'*Héraclius*, comme celui du *Cid*, mais en y faisant beaucoup plus de changements, et empruntant moins dans les détails. Ces vers si connus :

O malheureux Phocas ! ô trop heureux Maurice !
Tu retrouves deux fils pour mourir après toi,
Et je n'en puis trouver pour régner après moi,

sont en effet de Calderon; mais ce sont les seuls qu'il ait fournis à son imitateur. L'intrigue d'ailleurs est fort différente : la fable de l'auteur espagnol est chargée d'épisodes : celle de Corneille est une. Il est vrai que les ressorts sont d'une complication qui va jusqu'à l'obscurité. C'est à propos d'*Héraclius* que Boileau, dans son *Art poétique*, censure l'auteur

..... Qui, débrouillant mal une pénible intrigue,
D'un divertissement *nous* fait une fatigue.

Ceux qui ont pris leur parti d'admirer tout dans un auteur illustre ont prétendu, malgré Boileau, que

---

[*] Est-il possible que La Harpe, quelquefois si prolixe, ne trouve rien de plus à dire sur un ouvrage qui, malgré ses défauts, est mis au nombre des plus belles productions de Corneille? Peut-on traiter si légèrement un si grand génie ?   H. Parin.

cette multiplicité de ressorts, dont il est difficile de suivre le jeu, prouve une très grande force de composition. Cela peut être; je ne veux pas les démentir; mais je crois qu'il y en a davantage a produire de grands effets avec des moyens très simples, comme dans les trois premiers actes des *Horaces*. C'est là, ce me semble, la véritable force et le premier mérite d'une intrigue dramatique. La raison en est sensible : c'est que plus l'esprit est occupé, moins le cœur est ému. Le temps est précieux au théâtre : quand il en faut tant pour l'attention, il n'y en a pas assez pour l'intérêt. Le spectateur n'est pas là pour deviner, mais pour sentir.

Ce qu'on a blâmé principalement dans *Héraclius*, c'est que, 1° l'auteur représentant les deux princes également vertueux, également dignes du trône, il devient assez indifférent que ce soit celui-ci ou celui-là qui soit Héraclius : il n'y a que l'amour de Pulchérie pour l'un des deux qui puisse y mettre quelque différence; mais cet amour est si peu de chose dans la pièce, qu'il ne supplée pas au défaut d'un contraste entre les deux princes, qui aurait pu marquer des nuances entre le fils d'un tyran et celui d'un empereur vertueux, et amener, ce me semble, de nouvelles beautés.

C'est du fils d'un tyran que j'ai fait ce héros,

est un beau vers dans la bouche de Léontine; mais deux héros dans une pièce se nuisent un peu l'un à l'autre, à moins qu'ils ne le soient d'une manière différente, comme, par exemple, César et Brutus.

De plus, on aime assez au théâtre que la nature l'emporte sur l'éducation, quoique dans le fait cela ne soit pas toujours vrai*.

2° Cette Léontine, qui plaît par sa fermeté et par la perplexité cruelle où elle jette Phocas lorsqu'elle dit ce beau vers de situation :

Devine si tu peux, et choisis si tu l'oses,

ne laisse pas d'avoir de grands défauts. Le plus considérable n'est pas d'avoir sacrifié son fils pour sauver celui de l'empereur : ce sacrifice, à la vérité, devrait être bien puissamment motivé, s'il faisait partie de l'action; il est si loin du cœur d'une mère, qu'il serait bien difficile de le faire supporter; mais il n'est que dans l'avant-scène, dans cette partie du drame où nous avons vu que le spectateur permet

* Au risque de multiplier ces notes et de faire un commentaire plus long que le texte, il est impossible de ne pas réclamer contre des assertions si tranchantes et des doctrines si arbitraires. La Harpe avec cette *intrépidité de bonne opinion* qui le caractérise, indique au grand Corneille des *beautés* qui lui sont échappées. Il fallait un *contraste* entre les deux princes pour distinguer *le fils d'un tyran et celui d'un empereur vertueux!* Le critique ne s'aperçoit pas que ce contraste détruirait la principale beauté de la pièce, la peinture d'un usurpateur renié par son propre fils, qui doit hériter du fruit de son crime. Et puis ces contrastes si tranchés sont-ils donc une nécessité au théâtre? leur usage trop fréquent n'a-t-il pas contribué à amener cette monotonie de conceptions dramatiques dont on commence à se lasser? enfin qu'est-ce que cette maxime, qu'*on aime assez au théâtre* quelque chose qui dans le fait n'est *pas toujours vrai*? S'il en était ainsi, le poète dont la vérité est la loi première, devrait-il s'accommoder au goût dépravé de ses auditeurs? ne devrait-il pas plutôt chercher à le ramener par l'ascendant irrésistible du vrai? La Harpe met trop souvent à la place de cette nature réelle qu'on doit seule proposer à l'imitation de l'artiste, une nature de convention qu'ont créée nos habitudes dramatiques; c'est à la pratique de notre théâtre qu'il en appelle d'ordinaire, plutôt qu'à la poétique de l'art. H. PATIN.

assez volontiers à l'auteur tout ce dont il a besoin pour fonder sa fable. Un reproche plus grave, c'est que Léontine, annoncée dans les premiers actes comme le principal mobile de l'intrigue, y prend en effet très peu de part : tout se fait sans elle. C'est un personnage subalterne, c'est Exupère, qu'elle traite avec le dernier mépris, c'est lui qui fait le dénouement, c'est lui qui sauve et qui couronne Héraclius, et fait périr Phocas, autre défaut contraire aux principes de l'art, qui exigent que la catastrophe soit toujours amenée par les personnages qui ont attiré l'attention des spectateurs. En général, cette tragédie, pendant les trois premiers actes, n'excite guère que de la curiosité; mais dans les deux derniers, la situation de Phocas entre les deux princes, dont aucun ne veut être son fils, est belle et théâtrale. Ce qui n'est pas moins beau, c'est le péril où ils sont ensuite, c'est le combat de générosité qui s'élève entre eux à qui portera un nom qui n'est qu'un arrêt de mort; c'est aussi le moment où Héraclius voit le glaive levé sur le prince son ami, et consent, pour le sauver, à passer pour Martian :

> Je suis donc, s'il faut que je le die,
> Ce qu'il faut que je sois pour lui sauver la vie.

Voltaire avait sans doute oublié cette scène quand il a dit que l'amitié des deux princes ne produisait rien. Sans cette amitié, la scène ne subsisterait pas*. Il n'y avait que ce motif qui pût forcer Héraclius,

---

* Laharpe l'avait donc oubliée lui-même quand tout à l'heure il demandait un contraste entre les deux princes qui eût rendu impossible cette amitié? H. Patin.

qui se connaît très bien, à renoncer à être ce qu'il est; et cet effort, qui prolonge l'erreur de Phocas, est une des beautés de la pièce.

Après *Héraclius*, le talent de Corneille commence à baisser. Il ne s'était pourtant écoulé que l'espace de dix ans entre cette tragédie et celle du *Cid*, et l'auteur n'en avait encore que quarante. C'est l'âge où l'esprit est dans sa plus grande force : c'est depuis cet âge que Voltaire a fait le plus grand nombre de ses chefs-d'œuvre. Racine avait cinquante ans quand il composa son admirable *Athalie :* et, à cette même époque, nous ne trouvons plus que deux ouvrages où le grand Corneille, déjà fort inférieur à lui même dans le choix des sujets et dans la composition tragique, se trouve encore à sa hauteur dans quelques scènes; je veux dire *Nicomède* et *Sertorius*.

Lorsqu'en 1756 les comédiens reprirent *Nicomède*, qui n'avait pas été joué depuis quatre-vingts ans, ils l'annoncèrent sous le titre de *tragi-comédie*, sans doute à cause du mélange continuel de noblesse et de familiarité qui règne dans ce drame, et dont aucune des meilleures pièces de Corneille n'est tout-à-fait exempte. On sait que le *Cid* fut d'abord joué et imprimé sous ce même titre. Un grand nombre de pièces des prédécesseurs de Corneille est intitulé de même. Les anciens n'avaient jamais connu cet alliage du tragique et du familier, du sérieux et du bouffon*, marqué au coin de la

---

* *Du sérieux et du bouffon*, non sans doute; mais pour le tragique et le familier ils sont sans cesse mêlés dans leurs ouvrages, et c'est un des principaux traits qui caractérisent leur tragédie si grande et si vraie. H. P.

barbarie. Mais comme il faisait le fond du théâtre des Espagnols, qui servit long-temps de modèle au nôtre, nos auteurs, qui empruntaient leurs pièces et leurs défauts, quoique sans descendre au même degré de bouffonnerie, imaginèrent ce nom de *tragi-comédie*, qu'ils donnaient sur-tout aux pièces où il n'y avait point de sang répandu, et qui excusait la bigarrure de leurs drames informes. Mais depuis que Racine eut fait voir, le premier, comment on pouvait être, dans tout le cours d'une pièce, à la fois simple et noble, naturel et élégant, sans tomber jamais dans le familier et dans le bas, il n'y eut plus de *tragi-comédie*.

Il semble que l'auteur de *Nicomède* ait voulu faire voir dans cette pièce le contraste singulier de toutes celles où il avait fait triompher la grandeur romaine : ici elle est sans cesse écrasée, et l'on dirait qu'il a voulu en faire justice. Cette singularité prouve les ressources de son talent, qui se montre encore dans le rôle de Nicomède. On aime à voir la fierté de ces tyrans du monde foulée aux pieds par un jeune héros, élève d'Annibal. Ce rôle soutient la pièce, qui d'ailleurs n'a rien de tragique. Aucun des personnages n'est jamais dans un véritable danger. C'est une intrigue domestique à la cour d'un roi vieux et faible, à qui l'on veut donner un successeur. Une belle-mère ambitieuse veut écarter Nicomède du trône, et y placer son fils Attale : les ressorts de l'intrigue sont entre les mains de deux subalternes qui ne paraissent même pas : ce sont deux faux témoins subornés par la reine, et qu'elle

CORNEILLE (Pierre).   159

prétend subornés par Nicomède. Il s'agit d'un projet d'empoisonnement; mais l'accusation est si peu vraisemblable, Nicomède si puissant, si bien soutenu par ses exploits et par la faveur du peuple; et d'un autre côté, la reine a tellement subjugué la vieillesse de Prusias, qu'il est impossible de craindre pour personne. Le dénouement est très défectueux, parce qu'il se trouve à la fin qu'Attale, méprisé par Nicomède et traité d'homme *sans cœur*, fait une action de générosité très éclatante, et que tout-à-coup Nicomède lui est redevable de la vie, sans que l'on comprenne bien comment cette vie a été en péril. Joignez à ces défauts la faiblesse et l'avilissement extrême de Prusias, et l'on conviendra que Voltaire a raison quand il dit que l'auteur aurait dû appeler cet ouvrage *comédie héroïque*, et non pas tragédie*.

* Il y aurait beaucoup à dire sur ce dédain de Voltaire et de La Harpe pour un ouvrage que des beautés d'un ordre supérieur ont maintenu en possession de la scène, et qui n'y manque jamais son effet. L'admiration que fait naître le rôle si original de Nicomède, remplace dans cette tragédie la terreur et la pitié, qui n'y sont que médiocrement excitées. Les autres personnages sont immolés au héros de la pièce et n'ont pas beaucoup de grandeur; mais il sont vrais, et cette *intrigue domestique* que La Harpe traite si mal, est d'une naïveté familière, qui descend quelquefois un peu bas, mais qui intéresse constamment par la fidélité de la peinture. La Harpe condamne tout cela par suite de ce respect superstitieux qu'il a pour ce qu'il appelle *la dignité de la tragédie*. Il m'est impossible de comprendre ce qu'il y a de *défectueux* dans ce beau retour d'Attale, qui s'oppose aux petites intrigues par lesquelles on veut le servir aux depens d'un héros. La Harpe est ici, contre sa coutume, d'un laconisme qui jette quelque obscurité dans ses critiques. Voltaire est plus juste lorsqu'il trouve que le projet d'Attale « est noble « grand, et produit dans la scène un très bel effet » (*Comment.*). Il y a en outre dans la critique de La Harpe une erreur matérielle. Ce n'est point de

L'intrigue de *Sertorius* est encore plus froide, et la fable plus vicieuse. Il n'y a ni terreur ni pitié ; et en exceptant la fameuse conversation de Sertorius et de Pompée qui sera toujours justement admirée, en exceptant quelques morceaux du rôle de Viriate, tout le reste ne ressemble en rien à une tragédie.

C'est ici, à proprement parler, que finit le grand Corneille : tout le reste n'offre que des lueurs passagères d'un génie éteint. Il n'y a rien dans *Théodore*, dans *Attila*, dans *Pulchérie*, dans *Suréna*.* On ne peut citer *Bérénice* que pour plaindre l'auteur d'avoir consenti à lutter contre Racine dans un sujet où il était si difficile de soutenir la concurrence. *Pertharite* n'est remarquable que par la découverte que Voltaire a faite, de nos jours, que le second acte de cette pièce contient en germe la belle situation d'Hermione demandant à Oreste qui l'aime la tête de Pyrrhus qu'elle aime encore. Mais cet exemple ne sert qu'à faire voir ce que nous aurons lieu de vérifier plus d'une fois, qu'on peut se servir des mêmes moyens sans produire les mêmes résultats ; et ce n'est que dans le cas où l'un et l'autre se ressemblent qu'un auteur dramatique peut être traité de plagiaire. On peut voir dans le Commentaire pourquoi ce qui est d'un si grand effet dans *An-*

---

la vie de Nicomède qu'il s'agit dans ce dénouement, mais simplement de sa liberté : on veut l'emmener à Rome en otage.   H. Patin.

* *Il n'y a rien*, cela est bientôt dit. La Harpe, qui dans les derniers ouvrages de Voltaire, découvre souvent de beaux vers qu'il extrait et qu'il arrache ainsi à l'oubli, aurait pu aussi en trouver de fort remarquables dans ces faibles productions de la vieillesse de Corneille.   H. P.

dromaque n'en produit aucun dans *Pertharite*. Il suffit de dire ici que ce qui n'est dans l'une de ces pièces que passagèrement indiqué et comme épisodique, dans l'autre tient au fond des caractères et au développement des passions : il n'en faut pas davantage pour résoudre le problème, et il s'ensuit que les idées de Corneille n'ont point été celles de Racine.

Lorsque j'ai rendu compte de l'*OEdipe* grec, j'ai cité les vers sur la fatalité, qui se trouvent dans celui de Corneille, et ce sont les seuls qui méritent d'être retenus. J'ai cité aussi, à propos du sublime d'expression, les quatre beaux vers que l'on distingue dans l'exposition d'*Othon*, exposition à laquelle Voltaire donne beaucoup d'éloges.

Il y en a quatre dans *Sophonisbe*, qui sont aussi d'une expression énergique. Ils sont dans la bouche du vieux Syphax, et sont en même temps la critique de son rôle.

> Que c'est un imbécile et honteux esclavage
> Que celui d'un époux sur le penchant de l'âge,
> Quand, sous un front ridé qu'on a droit de haïr,
> Il croit se faire aimer à force d'obéir!

A l'égard d'*Agésilas*, Fontenelle s'exprime ainsi : « Il faut croire qu'il est de Corneille, puisque son « son nom y est; et il y a une scène d'Agésilas et « de Lysander qui ne pourrait pas facilement être « d'un autre. » Cette louange est fort exagérée. Le ton de cette scène est noble, et les pensées ont assez de dignité; mais la versification en est faible.

Andromède et *la Toison d'or* sont ce qu'on appelle des pièces à machines ; elles ne furent point représentées par les comédiens de l'hôtel de Bourgogne : la première le fut sur le théâtre qu'on appelait *du petit Bourbon*, l'autre en Normandie, chez le marquis de Sourdéac, à qui nous devons l'établissement de l'Opéra. Ces pièces à machines, où le chant se mêle de temps en temps à la déclamation, étaient encore une nouveauté qu'essayait le talent de Corneille, trente ans avant les opéra de Quinault, et qui prouve qu'il a tenté tous les genres de poésie dramatique.

Le spectacle de *la Toison d'or*, donné depuis sur le théâtre du Marais, réussit beaucoup par un appareil de représentation que l'on n'avait jamais vu, et fut oublié quand on eut les chefs-d'œuvre lyriques de Quinault. Mais les amateurs ont conservé dans leur mémoire ces quatre vers du prologue, qui exprimaient une vérité devenue bien plus sensible long-temps après que Corneille les eut faits. C'est la France qui parle :

A vaincre tant de fois mes forces s'affaiblissent :
L'état est *florissant*, mais les peuples gémissent.
Leurs membres décharnés *courbent** sous mes hauts faits,
Et la gloire du trône accable les sujets.

Ce dernier vers est parfaitement beau.

La comédie du *Menteur*, qui précéda de vingt ans celles de Molière, fut empruntée des Espagnols,

---

* *Courber* n'est point un verbe neutre : c'est un verbe actif qui demande un régime. *Ployer* était le mot propre, s'il eût pu entrer dans le vers.

comme le *Cid*; ainsi nous devons à d'heureuses imitations, embellies par la muse de Corneille, la première tragédie touchante, et la première comédie de caractère que l'on ait vues sur notre théâtre; et l'auteur fut dans l'une et l'autre également supérieur à tous ses contemporains. C'est dans *le Menteur* qu'on entendit pour la première fois sur la scène la conversation des honnêtes gens. On n'avait eu jusque-là que des farces grossières, telles que les *Jodelets* de Scarron et de mauvais romans dialogués. L'intrigue du *Menteur* est faible, et ne roule que sur une méprise de nom qui n'amène pas des situations fort comiques. Mais la facilité et l'agrément des mensonges de Dorante, et la scène entre son père et lui, où le poète a su être éloquent sans sortir du ton de la comédie, font encore voir cette pièce avec plaisir au bout de cent cinquante ans. *La suite du Menteur* n'a pas été aussi heureuse; mais Voltaire pense que, si les derniers actes répondaient aux premiers, cette *Suite* serait au-dessus du *Menteur*. Plusieurs vers de cette dernière pièce sont restés proverbes, mérite unique avant Molière.

Il reste à tracer un résumé des qualités distinctives du génie de Corneille, des parties de l'art où il a réussi, et de celles qui lui ont manqué. Ce sera une occasion de rassembler sous un même point de vue quelques observations essentielles à la théorie du théâtre, qui eussent été moins frappantes, si je les avais dispersées dans l'analyse succincte que j'ai faite de ses ouvrages. C'est aussi le moment de réfuter les méprises et les injustices de Fontenelle; mais il est à propos auparavant d'examiner les motifs de la partialité qui a dicté trop souvent les jugements qu'on a portés sur Corneille.

Il a eu le sort de tous les grands hommes. De son vivant, et au milieu de ses succès, les Scudery, les Claveret, les d'Aubignac, et vingt autres barbouilleurs de cette force lui disputaient son mérite, ne pouvant lui disputer sa gloire, et censuraient indistinctement ses défauts et ses beautés. Lorsque dans la vieillesse de ses ans et de son génie, on eut vu s'élever à côté de lui la jeunesse brillante de Racine, des beaux esprits jaloux, des courtisans qui faisaient quelques jolis vers, et à qui Racine ne laissait rien parce qu'il en faisait supérieurement, se mirent à exalter au-delà de toute mesure le vieil athlète qu'ils regardaient comme hors de combat, pour rabaisser injustement le triomphateur qui occupait la lice. De là ces éloges prodigués par Saint-Évremond à des pièces aussi mauvaises de tout point que *Sophonisbe* et *Attila;* ces cabales des ducs de Nevers et de Bouillon contre *Phèdre;* ce sonnet platement satirique de madame Deshoulières; cet acharnement de madame de Sévigné à répéter que Racine *n'ira pas loin, qu'il passera comme le café* (le café et Racine sont restés), *qu'il faut bien se garder de rien comparer à Corneille*. J'y reviendrai avec assez de détails quand il sera question de Racine. Pour ce qui est de Fontenelle, deux motifs d'intérêt personnel doivent d'abord infirmer son jugement : il était petit-neveu de Corneille et de plus ennemi déclaré de Racine. Leurs démêlés étaient publics. Ce n'est pas qu'on ne puisse se mettre au-dessus de l'intérêt de la parenté, et même de celui de l'amour-propre ; mais la philosophie de Fontenelle ne put aller jusque-là. Il s'est montré trop évidemment partial dans sa *Vie de Corneille*, et dans ses *Réflexions sur la Poétique;* et l'on peut ajouter, sans lui ôter rien de ce qui lui est dû à d'autres égards, qu'il a fait voir, dans ces deux morceaux, une connaissance très médiocre des objets qu'il avait à traiter.

Quand Voltaire donna son Commentaire, on avait agité cent fois la question frivole de la prééminence entre Corneille et Racine : on crut qu'il avait voulu la résoudre, quoiqu'il n'en ait jamais dit un mot, et qu'il dise en propres termes que cette dispute lui a toujours paru *très puérile.* Il a raison ; et ceux qui se sont imaginé qu'en relevant les défauts de Corneille on le mettait au-dessous de Racine, sont tombés dans une méprise très commune, et même presque générale, qui montre bien que rien n'est si rare que de savoir bien précisément de quoi l'on dispute. On confond deux choses très distinctes, les auteurs et les ouvrages. Quoi ! dira-t-on? n'est-ce pas la même chose ? Nullement. Il y en a d'abord une raison qui est ici particulière, et de plus, il y en a une générale : toutes deux sont péremptoires. La raison particulière, c'est que tous deux ont écrit en différents temps et dans des circonstances différentes. Corneille est venu quand il n'y avait encore rien de bon : il a donc un mérite qui lui est propre, celui de s'être élevé sans modèle aux beautés supérieures. Racine ne s'est point formé sur lui, il est vrai : je le démontrerai bientôt; mais il a nécessairement profité des lumières déjà répandues; il a trouvé l'art infiniment plus avancé; il a pu s'instruire, et par les succès de Corneille, et même par ses fautes. A partir de ce point, il n'y a donc plus de parité; et alors sur quoi peut-on établir bien positivement le degré de génie de l'un et de l'autre? Cette distinction n'a pas échappé à Fontenelle : quoiqu'il ne l'ait faite qu'en général, il sentait bien où elle allait, et quel besoin il pouvait avoir de l'application. Voici comme il s'exprime très ingénieusement : « Deux auteurs, dont l'un « surpasse extrêmement l'autre par la beauté de « ses ouvrages, sont néanmoins égaux en mérite, « s'ils se sont également élevés chacun au-dessus « de son siècle. Il est vrai que l'un a été plus haut « que l'autre; mais ce n'est pas qu'il ait eu plus de « force, c'est seulement qu'il a pris son vol d'un « lieu plus élevé..... Pour juger du mérite d'un ou- « vrage, il suffit de le considérer en lui-même; « mais pour juger du mérite de l'auteur, il faut le « comparer à son siècle. »

Rien n'est plus juste; et dès lors on voit combien il serait difficile de dire précisément auquel des deux il a fallu plus de force d'esprit et de talent; à l'un, pour faire le premier de belles choses, à l'autre, pour en faire ensuite de beaucoup plus parfaites. Il entre nécessairement de l'arbitraire dans cette appréciation, et les bons esprits ne prononcent jamais que sur ce qui peut être rigoureusement démontré. Ils marqueront différentes qualités dans les deux hommes que l'on oppose l'un à l'autre, mais ils ne marqueront point de rang. Il y a une autre raison pour s'en abstenir, et celle-ci est générale. Quand deux hommes, travaillant dans le même genre, ont un mérite supérieur, et pourtant d'une nature différente, il est extrêmement difficile de prouver que l'un doit être au-dessus de l'autre. Je l'ai dit ailleurs, la préférence alors est au choix de tout le monde. Quand on est d'accord qu'Homère et Virgile sont tous deux de grands poètes, Cicéron et Démosthène tous deux de grands orateurs, comment s'y prendra-t-on pour m'empêcher de préférer celui-ci ou celui-là? Quoique vous puissiez dire, celui des deux qui aura le plus de rapports avec ma manière de penser et de sentir sera toujours pour moi le plus grand. Aussi, lorsque Quintilien préfère Cicéron à Démosthène, il ne donne cette préférence que comme son propre sentiment, et non pas comme une décision; de même quand Fénelon préfère Démosthène, il dit simplement: *j'aime mieux*; il ne dit pas: *il faut aimer mieux*. Voltaire, sans rien prononcer sur Corneille, semble pencher pour Racine; mais jamais il n'a rien décidé; jamais il n'a dit : L'un est plus grand homme que l'autre.

S'agit-il donc de décider qui des deux avait le plus de génie? Je crois que personne ne peut le savoir, si ce n'est Dieu, qui leur en avait donné beaucoup à tous deux. Mais s'agit-il des ouvrages? demande-t-on quels sont les meilleurs, les plus

beaux, les plus parfaits? Ceci est différent et peut
se réduire en démonstration, car il y a des principes reconnus et des effets constatés. Le bon sens,
la nature, l'expérience, le cœur humain, voilà les
arbitres infaillibles qui ont ici le droit de juger;
et de ce que je viens de dire il suit que la grandeur
personnelle de Corneille n'est nullement intéressée
dans ce jugement. J'ajoute qu'autant la première
question est oiseuse, autant l'autre est utile, parce
qu'elle est une source d'intruction, parce que l'on
peut y procéder avec méthode, clarté, certitude;
parce qu'il importe de montrer, et à tous ceux qu'on
veut éclairer, et à tous ceux qu'il faut confondre,
que l'exemple d'un homme tel que Corneille, quand
il s'est trompé, n'est point une autorité; que les
fautes sont partout des fautes; que s'il a fait beaucoup, il n'a pas tout fait; qu'après lui l'on a été
dans des parties essentielles infiniment plus loin
que lui, et que l'art est plus étendu que l'esprit
d'un homme. Et voilà, puisque le temps est venu
de tout dire, ce qui souleva toute la populace littéraire au moment où le Commentaire parut. Voilà
ce qui excita ces clameurs insensées qui, répétées
par tant d'échos au milieu de la multitude qui n'examine point, produisirent une commotion si vive et
presque universelle, qui ne se calma qu'avec le
temps, mais qui n'est plus aujourd'hui qu'un ébran-
lement faible et sourd, comme le murmure des flots,
qui fait souvenir de la tempête. Ces secousses passagères, ces convulsions épidémiques, lorsque les
causes secrètes en sont bien connues, peuvent four-

nir un jour des mémoires curieux; car l'histoire littéraire, comme toutes les autres, est celle des passions humaines, et la postérité sait gré à celui qui ne les a pas ménagées : elles sont aussi trop méprisables. Quel était donc le motif de ce grand soulèvement de tant d'auteurs ou d'aspirants ? Ce n'est pas que la gloire de Corneille leur fût bien chère; et d'ailleurs ils savaient bien qu'elle n'était pas attaquée; mais ils s'efforçaient de le faire croire, parce que ses défauts leur étaient précieux. Il résultait du Commentaire, que Corneille, hors dans deux ou trois pièces, avait fait de beaux morceaux plutôt que de belles tragédies; et sans cesse le commentateur lui opposait la perfection de Racine, et la présentait aux poètes comme le modèle dont il fallait s'approcher : et c'était là précisément ce qu'on ne voulait pas. Pourquoi? C'est que sans égaler Corneille, il est plus aisé, sur-tout aujourd'hui, de faire quelques beaux morceaux, qu'une belle tragédie ; c'est qu'il n'y a personne qui ne se flatte intérieurement d'avoir assez de beautés pour faire excuser beaucoup de fautes. Ce sont là de ces choses qu'on n'avoue pas au public, mais qui n'échappent pas à ceux qui sont dans le cas d'y voir de près. Il fallait bien en imposer à ce public; et que faisait-on? L'on mettait en avant l'honneur de Corneille, qui n'y était pour rien. On n'essayait pas la discussion : la partie n'était pas soutenable. Mais on criait : Il a manqué de respect à Corneille. Non assurément : on ne peut le louer davantage ni mieux; car il n'a loué que ce qui devait l'être. Mais il relève cent défauts pour une beauté : Il fallait les relever, puisque tant de gens sont tentés de les prendre, ou intéressés à les faire prendre pour des beautés. Ces défauts existent-ils ou n'existent-ils pas? N'importe. Quand il dirait la vérité, il ne fallait pas la dire.

Ce dernier raisonnement, qui paraît à peine concevable, était celui d'hommes qui se piquent en littérature d'une profonde politique. J'avoue, quant à moi, que je ne puis la comprendre ni m'y accoutumer. Il faudrait une bonne fois s'expliquer et dire ce qu'on prétend. Y a-t-il des mystères en littérature? y a-t-il des traditions à la fois erronées et respectables, qu'il faille conserver sous un voile que personne ne peut déchirer sans être sacrilège? Quoi! les opinions de l'esprit sur les arts de l'esprit ne sont pas libres? Je conçois que les vérités qui peuvent blesser les vivants soient délicates et dangereuses : mais celles qui ne regardent que les morts, faut-il aussi nous les défendre? Et dans les disputes purement littéraires, où il semble que le seul danger doit être d'avoir tort, le danger le plus grand de tous sera-t-il d'avoir raison?

Ce qu'il y a de pis, c'est que le public, qui a autre chose à faire que de s'initier dans les mystères de la politique des gens de lettres, ne s'est que trop souvent, sans le savoir, rendu le complice de la médiocrité, qui a besoin de préjugés et d'erreurs, et qui combat sans cesse celui qui ose dire la vérité. Qu'en arrive-t-il? C'est que rien n'est si rare, parmi ceux qui écrivent, que de parler de bonne foi à ceux qui lisent : et ce même public est trompé sans cesse

par ceux qui devraient l'éclairer. Les uns, par animosité et par passion, tâchent de lui faire croire ce qu'ils ne croient pas eux-mêmes ; les autres, par dissimulation où par faiblesse, souscrivent à ce qu'ils ne pensent pas. C'est à propos de ce commerce de mensonges, qui fait pitié à une âme franche et libre, que Voltaire écrivait dans une lettre particulière : « Je crois que dans le fond votre ami
« pense comme vous sur ce Dante. Il est plaisant
« que, même sur ces bagatelles, un homme qui
« pense n'ose dire son sentiment qu'à l'oreille de
« son ami. Ce monde-ci est une pauvre mascarade.
« Je conçois à toute force comment on peut dissimu-
« ler son opinion pour devenir cardinal ou pape; mais
« je ne conçois guère qu'on se déguise sur le reste. »

Il ne s'est guère déguisé en effet; et l'une des choses qui dans la postérité donneront le plus de prix à ses ouvrages littéraires, c'est qu'on s'aperçoit, en le lisant, qu'il ne veut pas vous tromper. La vivacité de son imagination fait qu'il a toujours l'air de laisser échapper son secret; il cause avec vous comme s'il était sans témoins, et toutes ses pensées paraissent des premiers mouvements. Je ne puis avoir le même mérite à dire ma pensée, parce qu'elle est infiniment moins de conséquence que la sienne ; c'est pour moi une raison de plus de la dire; et quand mes principes m'en font un devoir, et mon caractère un besoin, c'est encore une excuse que j'ai auprès de ceux qui m'écoutent.

Je voudrais, s'il était possible, me rendre compte de ce contraste extraordinaire, de cette étonnante disproportion qui rend le même homme d'un moment à l'autre si différent de lui-même. Tout le monde en a été frappé dans Corneille : on a dit et répété que nul n'était monté si haut et n'était tombé si bas : de son temps on l'avait senti. Nous nous souvenons de ce que disait Molière, que Corneille avait un lutin qui lui dictait de temps en temps de beaux vers, et qui ensuite l'abandonnait. Les visites de ce lutin étaient bien heureuses, mais ses éclipses étaient bien fréquentes. On en convient, et personne que je sache n'en a cherché les raisons. Il ne s'agit pas de ces inégalités qui se trouvent plus ou moins dans tout ce qui sort de la main des hommes. Ici l'on passe à tout moment d'une extrémité à l'autre, et il semble que l'esprit de Corneille fût formé de qualités contradictoires ; ce qui ne se rencontre dans aucun des grands génies de la Grèce, de Rome et de la France. Je hasarderai sur ce sujet quelques aperçus : c'est tout ce que je puis. Il faut d'abord établir les faits.

L'élévation et la force paraissent appartenir naturellement au génie de Corneille. Tout ce qui peut exalter l'âme ; le sentiment de l'honneur, dans le vieux don Diègue ; celui du patriotisme, dans le vieil Horace ; la férocité romaine dans son fils ; l'enthousiasme de religion, dans Polyeucte ; l'ambition effrénée, dans Cléopâtre ; la générosité, dans Sévère et dans Auguste ; l'honneur de venger un époux tel que Pompée, par des moyens dignes de lui, dans le rôle de Cornélie : tous ces différents caractères de grandeur, il les a connus, il les a tracés.

Il est ordinaire à l'homme d'avoir plus ou moins les défauts qui avoisinent ses qualités. Ainsi, que Corneille ait porté quelquefois la grandeur jusqu'à l'enflure, et l'énergie jusqu'à l'atrocité; qu'il passe du sublime à la déclamation, et de la vigueur du raisonnement à la subtilité sophistique, rien n'est plus concevable. Mais ce qui l'est beaucoup moins, c'est que ce même Corneille, qu'on peut appeler par excellence le peintre de la grandeur romaine, ait fondé l'intrigue de deux de ses pièces (et je ne parle que de celles qui sont restées au théâtre) sur l'avilissement de tous les plus grands personnages de l'ancienne Rome, de César, de Pompée et de Sertorius. Que sera-ce si l'on se rappelle que c'est le même homme qui se vante, en vingt endroits, de n'avoir jamais peint l'amour que *mêlé d'héroïsme*, qui ne le croit digne de la tragédie qu'avec ce mélange, et qui prétend que tout autre amour ne peut qu'affadir et efféminer Melpomène? Je n'examine point encore à quel point ces principes sont faux; mais je demande comment il a pu les contredire à ce point dans l'application, ou les entendre si mal. Quel héroïsme a-t-il pu voir dans l'amour de César pour Cléopâtre ou de Cléopâtre pour César? Qu'y a-t-il d'héroïque dans l'une? lorsqu'elle dit (car il faut absolument citer):

Partout en Italie, aux Gaules, en Espagne,
La fortune le suit et l'amour l'accompagne.
Son bras ne dompte point de peuples ni de *lieux*
Dont il ne rende hommage au pouvoir de mes yeux;
Et de la même main dont il quitte l'épée,

Fumante encor du sang des amis de Pompée,
Il trace des soupirs, et d'un style plaintif,
Dans son champ de victoire, il se dit mon captif.
Oui, tout victorieux il m'écrit de Pharsale;
Et si sa diligence à ses feux est égale,
Ou plutôt si la mer ne s'oppose à ses feux,
L'Égypte le va voir me présenter ses vœux.
Il vient, ma Charmion, jusque dans nos murailles,
Chercher auprès de moi le prix de ses batailles,
M'offrir toute sa gloire, et soumettre à mes lois
Et le cœur et la main qui les donnent aux rois;
Si bien que ma rigueur, ainsi que le tonnerre,
Peut faire un malheureux du maître de la terre.

Qu'y a-t-il d'*héroïque* dans l'autre? lorsqu'il dit à la reine :

C'était pour conquérir un bien si précieux
Que combattait partout mon bras ambitieux;
Et dans Pharsale même il a tiré l'épée,
Plus pour le conserver que pour vaincre Pompée.
Je l'ai vaincu, princesse, et le dieu des combats
M'y favorisait moins que vos divins appas :
Ils conduisaient ma main, ils enflaient mon courage :
Cette pleine victoire est leur dernier ouvrage.
C'est l'effet des ardeurs qu'ils daignaient m'inspirer;
Et vos beaux yeux enfin m'ayant fait soupirer,
Pour faire que votre âme avec gloire y réponde,
M'ont rendu le premier et de Rome et du monde :
C'est ce glorieux titre, à présent effectif,
Que je viens ennoblir par celui de captif.

Voilà donc le langage que prête à César un homme qui se pique de ne point *affadir* la tragédie! Et quelle fadeur plus ridicule que celle de César, qui

CORNEILLE (PIERRE). 175

n'a vaincu à Pharsale que pour Cléopâtre? Quelle coquetterie plus froide que celle de cette reine, qui parle de *ses rigueurs* comme d'un *tonnerre?* Et quel roman est écrit d'un plus mauvais style? Expliquez après cela ce qu'il écrit à Saint-Évremond. « Vous « confirmez ce que j'ai avancé sur la part que l'a-« mour doit avoir dans les belles tragédies, et *sur la* « *fidélité avec laquelle nous devons conserver à ces* « *vieux illustres les caractères de leur temps et de* « *leur humeur.* » Eh bien! il croyait donc que *le caractère du temps et de l'humeur de César* était de se battre à Pharsale pour Cléopâtre, et de se dire son *captif?* On a dit quelque part qu'*il fallait que Corneille eût eu des Mémoires particuliers sur les Romains :* ce qu'il y a de sûr, c'est que ceux qui nous restent de César le représentent sous des traits un peu différents.

Deux autres *vieux illustres*, Sertorius et Pompée, sont encore bien plus étrangement dégradés. Pourquoi Pompée demande-t-il une entrevue à Sertorius? C'est pour voir sa femme Aristie, qu'il a eu la lâcheté de répudier pour obéir à Sylla; c'est pour lui dire qu'il est désespéré d'avoir pris une autre femme, mais qu'il n'ose ni la quitter ni reprendre Aristie; c'est pour la supplier de lui être toujours fidèle, et d'attendre que la mort de Sylla lui permette de revenir à ses premiers liens. Tel est l'objet d'une très longue scène entre lui et sa femme, où celle-ci ne manque pas de lui faire sentir toute son abjection. Je n'ai pas le courage d'en rien citer : il suffit de montrer le grand Pompée dans une situation pareille, pour faire comprendre qu'il est impossible de mettre en scène un héros d'une manière plus indigne de lui et de la tragédie. On ne peut lui comparer que le vieux Sertorius, qui dit :

J'aime ailleurs : à mon âge il sied si mal d'aimer,
Que je le cache même à qui m'a su charmer.

Celle qui l'a *su charmer*, c'est Viriate; mais on peut juger de cet amour par le parti que prend Sertorius au premier mot que lui dit Perpenna de l'amour qu'il ressent de son côté pour cette même Viriate. Il la lui cède sur-le-champ, et le recommande à la reine de Lusitanie, malgré les avances que celle-ci lui fait à lui-même. Il est vrai qu'il finit par lui dire en soupirant :

Je parle pour un autre, et, cependant, hélas !
Si vous saviez...

VIRIATE.

Seigneur, que faut-il que je sache ?
Et quel est le secret que ce soupir me cache ?

SERTORIUS.

Ce soupir redoublé...

VIRIATE.

N'achevez point : allez.
Je vous obéirai plus que vous ne voulez.

Et c'est le grand Corneille qui donne au vieux Sertorius un *soupir redoublé!* Voltaire dit en propres termes : « On n'a jamais rien mis de plus mauvais « sur aucun théâtre. » Et il ne dit que trop vrai.

Cherchons maintenant ce qui a pu égarer à ce

point un homme qui avait mis tant de force dans la peinture des grands caractères, et qui fait jouer ensuite aux plus grands hommes un rôle si ridicule. Je n'en vois point d'autre cause que l'esprit dominant de son siècle qui l'a entraîné. Il était de règle de parler d'amour dans toutes nos pièces, modelées pour la plupart sur les pièces espagnoles et sur les romans de chevalerie qui étaient en vogue. Or, dans ces dangereux modèles, l'amour n'était jamais traité comme une passion qui commande, mais comme une mode qu'il fallait suivre. Il était de bienséance que tout chevalier eût une *dame de ses pensées*, pour laquelle il soupirait par convenance et se battait par habitude. Lisez dans nos grands romans les conversations amoureuses; c'est un échafaudage de sentiments hors de nature; ce sont des délicatesses quintessenciées, des scrupules et des respects sans fin et sans bornes, qui devaient ennuyer un peu celles qui en étaient les objets. Et malheureusement, lorsque Corneille écrivit, personne n'avait traité l'amour autrement. Les Grecs, chez qui l'on avait étudié quelques-unes des principales règles de la tragédie, les Grecs n'y faisant point entrer l'amour, n'avaient pu nous servir de guides dans cette partie de l'art; et Corneille, naturellement porté à tout ce qui avait un air de grandeur vrai ou faux, se persuada que l'amour, peint sous ces traits, avait quelque chose de noble et d'*héroïque*. En ce genre, on retrouve à tout moment chez lui l'exagération la plus romanesque. Quand Rodogune vient de demander aux deux princes amoureux d'elle la tête de leur mère, Séleucus s'en plaint avec quelque raison.

> Une âme si cruelle
> Méritait notre mère, et devait naître d'elle.

Mais Antiochus, *en amant parfait*, lui reproche une révolte qui blesse le respect que l'on doit à sa divinité :

> Plaignons-nous sans blasphème...
> Il faut plus de respect pour celle qu'on adore....

> Et c'est tenir d'elle bien peu de compte,
> Que faire une révolte et si pleine et si prompte.

Cette soumission religieuse, qui craint de *blasphémer*, n'est-ce pas celle que la princesse Alcidiane exige de Polexandre, lorsqu'elle lui ordonne d'aller dans l'Afrique, à la Chine et dans la grande Tartarie, de là au Thibet et dans les Indes, pour tuer cinq ou six rois ou empereurs assez insolents pour se déclarer amoureux d'elle? Cela nous paraît aujourd'hui fort plaisant; mais au temps du sieur de Gomberville, auteur de *Polexandre* et membre de l'Académie française, cela paraissait fort beau; et combien il est rare de n'être pas plus ou moins asservi par les idées de ses contemporains! Ce fut Boileau qui le premier livra au ridicule ces extravagantes productions : ce fut lui qui enseigna dans son *Art poétique* quel ton et quel caractère devait avoir l'amour sur la scène tragique :

> N'allez pas d'un Cyrus nous faire un Artamène.
> Qu'Achille aime autrement que Thyrsis et Philène.

Mais il faut être juste : avant qu'il donnât le précepte, Racine avait donné le modèle ; et quand il fit *Andromaque*, il fit voir un art nouveau que personne ne lui avait appris. C'est là, comme nous le verrons bientôt, un de ses grands titres de gloire. Corneille n'eut pas celle-là, si l'on excepte les scènes du *Cid*, imitées de Guilain de Castro, et celle de *Pauline* et de *Sévère*. D'ailleurs il n'a jamais su traiter l'amour. Il est vrai que, dans ces deux pièces, l'amour est touchant, noble, délicat ; mais ce n'est pas à beaucoup près cette passion forcenée traînant après elle le crime et le remords, enfin si éminemment tragique quand elle est telle que Racine et Voltaire l'ont représentée. Le rôle de Ladislas aurait pu en donner quelque idée à Corneille ; mais il crut apparemment qu'on ne pouvait donner un amour de cette nature qu'à un personnage peu connu et presque d'invention, et il le crut au-dessous d'un caractère historique. Il énonce ses principes dans cette même lettre à Saint-Évremond, que j'ai déjà citée. « J'ai cru jusqu'ici que l'amour était
« une passion trop chargée de faiblesse pour être
« la dominante dans une pièce héroïque. J'aime
« qu'elle y serve d'ornement, et non pas de corps.
« Nos doucereux et nos enjoués sont de contraire
« avis, mais vous vous déclarez du mien. » Citons à l'appui de ce passage celui de Fontenelle, qui s'y rapporte entièrement.

« Corneille vit le goût de son siècle se tourner en-
« tièrement du côté de l'amour le *plus passionné*
« et le moins *mêlé d'héroïsme ;* mais il dédaigna

« fièrement d'avoir de la complaisance pour ce nou-
« veau goût. »

Ces deux passages peuvent donner lieu à plus d'une réflexion. D'abord on voit bien clairement en quoi consistait l'erreur de Corneille, et en quoi cette erreur était excusable ; car je suis persuadé qu'il était de bonne foi. S'il persista dans son opinion, même après les succès de Racine, qui auraient pu le détromper, c'est qu'il avait été trente ans, non-seulement sans maître, mais sans rival. Les morceaux sublimes de ses premières tragédies en avaient couvert les fautes. Personne n'était en état de lui indiquer les plus essentielles, et nous avons vu l'Académie elle-même se méprendre entièrement sur le sujet du *Cid*. Quand son génie ne lui fournit plus les mêmes beautés, on sentit davantage le vide de ces froides intrigues où il n'y a d'amour que le nom, de cette galanterie de commande, mêlée à des dissertations politiques : c'est ce qui occasiona le peu de succès de toutes ces dernières pièces; mais c'est aussi ce dont il ne paraît pas s'être aperçu dans les examens qu'il en fait. Soit qu'il cherchât à se tromper lui-même, soit qu'en effet ses connaissances ne fussent pas plus étendues, il ne touche jamais dans ses examens le véritable point de la question. Il attribue ses disgraces, tantôt au refus d'un suffrage illustre, tantôt au changement de goût dans le public; une autre fois, à certaines opinions : il disserte longuement sur l'unité de temps et de lieu, deux choses qui ne feront jamais le sort d'un ouvrage; et il ne parle pas de la froideur et de l'ennui, les deux vices mortels et irremédiables dans la poésie dramatique. Il ne veut jamais voir que cette froideur et cet ennui tiennent principalement à ce que l'amour, quoi qu'il en dise, fait le nœud de toutes ses pièces, sans en excepter une seule, et que cet amour n'est presque jamais ce qu'il doit être dans la tragédie. Il veut *qu'il y serve d'ornement et non pas de corps ;* et l'expérience nous a appris que l'amour ne peut pas être *un ornement* de la machine théâtrale, mais qu'il en doit être un des plus puissants ressorts; que s'il n'est pas une passion intéressante par ses effets et convenable au caractère du personnage, c'est un travers et un ridicule, et qu'il faut par conséquent le renvoyer à la comédie ; que s'il n'est qu'un objet de conversation et d'arrangement, il ne peut pas tourmenter beaucoup celui qui se donne pour amoureux, ni par conséquent les spectateurs, qui restent tout aussi tranquilles que lui. Corneille trouve *cette passion trop chargée de faiblesses pour être la dominante dans une pièce héroïque ;* et l'expérience nous a appris que, s'il y a quelque chose d'intéressant au théâtre, c'est d'y retrouver nos faiblesses, pourvu qu'elles fassent plaindre ceux qui les ressentent, et qu'elles ne les fassent pas mépriser. Les passions alors ne trouvent leur excuse que dans leur excès; et c'est dire assez que ces mêmes *faiblesses* doivent être *dominantes* dans une pièce même héroïque, ou ne pas s'y montrer :

> Et que l'amour, souvent de remords combattu,
> Paraisse une faiblesse, et non une vertu.
> (BOILEAU, *Art. poet.* ch. III.)

C'est en rapprochant ainsi les erreurs d'un grand génie, et les leçons d'un excellent esprit, que l'on s'éclaire sur la théorie des beaux arts.

Qu'une longue habitude de gloire et de succès ait fait illusion à Corneille, qu'il ait regardé l'art de Racine comme une innovation passagère, parce qu'il ne l'avait pas connu, rien n'est plus pardonnable. Mais que dire de Fontenelle, qui, en 1742, après les exemples donnés par Racine et Voltaire, vient insulter à cent ans d'expérience et de succès, pour consacrer les fautes de son oncle et rabaisser deux de ses ennemis, vient nous dire avec un ton de mépris, que *le siècle s'est tourné vers l'amour le plus passionné*, comme s'il eût mieux valu se tourner vers l'amour le plus froid; et ajoute avec une emphase si noble, que Corneille *dédaigna fièrement d'avoir de la complaisance pour ce nouveau goût.* Passons, si l'on veut, *la fierté* de Corneille, qui aurait pu être mieux placée; passons *le dédain* pour un goût qu'il eût mieux valu posséder. Mais si ce goût était nouveau pour Corneille, il ne l'était pas pour Fontenelle. Depuis 1667, époque d'*Andromaque*, jusqu'en 1742, il s'était écoulé près de quatre-vingts ans qui avaient pu consacrer le mérite de Racine tout aussi bien que celui de Corneille. Pourquoi donc parler de ce goût comme d'une mode? pourquoi ajouter : « Peut-être croira-t-on que son âge
« ne lui permettait pas d'avoir cette complaisance:
« ce soupçon serait très légitime, si l'on ne voyait
« ce qu'il a fait dans la *Psyché* de Molière, où, étant
« à l'ombre du nom d'autrui, il s'est abandonné à

« un excès de tendresse dont il n'aurait pas voulu
« *déshonorer son nom.* Il ne pouvait mieux *braver*
« *son siècle* qu'en lui donnant Attila, digne roi des
« Huns. Il règne dans cette pièce une férocité noble
« que lui seul pouvait attraper. »

Des démentis si formels, donnés à la vérité reconnue, autorisent à la dire sans ménagement. Tout est faux et obscur dans cet exposé. Il n'est pas vrai que quelques couplets d'une pièce allégorique, où il y a de la douceur et du sentiment, prouvent que l'auteur aurait pu atteindre au sublime de la passion, tel qu'il se trouve dans *Hermione*, dans *Phèdre* et dans *Roxane*. Il y a l'infini entre *Psyché* et ces rares productions du talent dramatique. Et puis, où va-t-on prendre qu'un poète *déshonore son nom* en peignant la tendresse ? Il me semble que cet excès n'avait pas *déshonoré* l'auteur des amours de Didon. Quel renversement de toutes les idées reçues ! Quel oubli de toute bienséance ! Et pourquoi ? Pour insinuer que le talent de Racine, qui excelle à peindre l'amour, est peu de chose ; qu'il est indigne d'un grand poète ; et afin qu'on n'en doute pas, il cite sur-le-champ *Attila*, joué la même année qu'*Andromaque.* Corneille, nous dit-il, ne pouvait mieux *braver son siècle.* Non, il ne pouvait mieux *braver* le bon sens et le bon goût ; et quand Boileau disait, *après l'Attila, holà!* il parlait comme toute la France. Il ne s'agit pas de le prouver ; ce serait, malgré l'autorité de Fontenelle, le seul tort que l'on pût avoir avec lui. S'il est possible à quelqu'un de supporter la lecture de cet incompréhensible ouvrage, il verra que ce qui paraît à Fontenelle une *férocité noble*, *digne du roi des Huns*, est une démence risible, indigne non-seulement de l'auteur des *Horaces*, mais comme le dit Voltaire, *du dernier des versificateurs*. Ceux qui savent ce qu'on doit à Corneille ne se permettent jamais de parler de ces sortes de pièces; mais quand l'esprit de parti va jusqu'à les exalter, il faut le confondre. De nos jours même on a imprimé dans une compilation alphabétique, dont les auteurs, qui prétendent juger *trois siècles*, assurément ne seront jamais connus du leur ; on a imprimé qu'*Attila*, *Agésilas* et *Pulchérie* supposaient plus de mérite que *Mérope*, *Alzire* et *Mahomet*. Croit-on que ceux qui ont débité cette sottise aient voulu honorer Corneille? Non ! ils voulaient outrager Voltaire ; ils voulaient sur-tout plaire à ses ennemis, qui n'ont pas manqué de répéter cette ineptie. Il n'y a que l'envie humiliée ou la bassesse voulant flatter la haine, qui puisse s'exprimer ainsi ; et comme je les déteste sans les craindre, je ne les rencontre jamais sans les flétrir.

Il demeure prouvé que Corneille, faute d'avoir su traiter l'amour lorsqu'il en mettait partout, a fait des héros de roman de plusieurs de ses principaux personnages, gâté presque tous ses sujets, et refroidi même ses meilleures pièces. Si ce défaut est sensible dans les rôles d'hommes, il l'est encore bien plus dans les femmes, qui doivent connaître et exprimer encore mieux que nous toutes les nuances de cette passion, et lui conserver toutes les bienséances du sexe. Corneille les a blessées trop souvent, même dans ses ouvrages les plus estimés : c'est un sentiment qu'il n'avait pas. Chez lui, Pauline dit, en parlant de Polyeucte :

Il est toujours aimable, *et je suis toujours femme.*

Émilie dit qu'elle a promis à Cinna *toutes les douceurs de sa possession*, que *ses faveurs* l'attendent. On pourrait citer beaucoup de traits semblables ; mais il suffit d'indiquer le défaut général.

C'en est un bien grand encore, et qui revient bien plus fréquemment, de ne mettre dans la bouche des personnages amoureux que des raisonnements, des maximes, des sentiments qui ressemblent, comme le remarque Voltaire, au code de la *Cour d'Amour*; de parler toujours de ce que veut un *bel œil*, de ce que fait un *véritable amant*. Racine n'est pas tombé une seule fois dans ce défaut; il est porté dans Corneille au dernier excès : on le trouve à toutes les pages.

Dans d'autres genres même, il procède presque toujours par le raisonnement mis à la place du sentiment; et souvent, au lieu de faire ressortir le caractère dans le discours, il fait dire crument : J'ai tel caractère, j'ai de la grandeur, j'ai de l'ambition, j'ai de la politique, j'ai de la fierté. L'art consiste au contraire à le faire voir au spectateur sans le lui dire. Cette remarque est de Vauvenargues : elle est très judicieuse.

Corneille, qui dans *Cinna* parle avec un grand sens des principes du droit public et des vices attachés aux différentes formes de gouvernement ; qui, dans la scène entre Sertorius et Pompée, et dans la première scène d'*Othon*, développe supérieurement la politique d'un chef de parti, montre ailleurs une affectation de la politique de cour, qui est chez lui un caractère trop marqué pour qu'on puisse n'en pas parler; et cette politique qui est très fausse, tient beaucoup plus de la rhétorique que de la connaissance des hommes. Ici le siècle où vivait Corneille a visiblement influé sur ses écrits, quoiqu'on ait eu très grand tort de dire que ce siècle avait déterminé la nature de son talent. Non: ce talent était trop décidé, trop caractérisé, pour suivre une impulsion étrangère. Ce ne sont pas les troubles de la Fronde qui lui ont fait faire *Cinna* et *les Horaces*; mais, accoutumé à entendre parler de factions, de complots et d'intrigues, à voir donner une grande importance à ce qu'on appelait l'esprit de cour, les maximes de cour, il crut devoir en parler comme s'il eût toute sa vie vécu ailleurs que dans son cabinet; et chez lui hommes et femmes se vantent sans cesse de leur politique. Nous avons vu celle de Félix; celle de Cléopâtre dans *Rodogune* et d'Arsinoé dans *Nicomède* ne les empêche pas de faire, sans la moindre nécessité, les confidences les plus dangereuses et les plus horribles. Il semble qu'elles ne les fassent que pour avoir occasion de dire : Voyez comme je suis méchante. L'auteur a l'air de croire que, lorsqu'à la cour on commet un crime, on se fait gloire de le commettre. Il fait dire à Photin :

Le droit des rois consiste à ne rien épargner.
La timide équité détruit l'art de régner;

Quand on craint d'être injuste, on a toujours à craindre,
Et qui veut tout pouvoir doit oser tout enfreindre,
Fuir comme un déshonneur la vertu qui le perd,
Et voler sans scrupule au crime qui le sert.

Et Ptolémée, en sortant du conseil, ne manque pas de parler aussi de *crime*. Allons, dit-il,

Nous immortaliser par un illustre *crime*.

Comme ces fautes ont été imitées de nos jours, et que les jeunes gens les prennent volontiers pour de la force, il faut leur redire que c'est là précisément une déclamation de rhéteur, et non pas le langage des hommes d'état. Jamais ceux qui commettent ou qui conseillent le crime ne le présentent sous ses véritables traits : ils sont trop hideux. Un homme passionné pourrait dire : Vous m'entraînez au crime, parce qu'alors sa passion même lui sert d'excuse. Mais personne ne dit de sang-froid : Allons commettre un *crime*. Personne ne dit au prince même le plus méchant : *Fuyez la vertu comme un déshonneur, et volez au crime*. Quand la Saint-Barthélemy fut proposée dans le conseil intime de Charles IX, elle ne fut sûrement pas présentée comme un *crime*, mais comme le seul moyen d'étouffer les guerres civiles, de sauver la religion et l'autorité royale. C'est sous des noms sacrés que l'on couvrit le plus grand de tous les crimes.

Lorsque Attale, dans *Nicomède*, refuse d'appuyer auprès du roi les calomnies d'Arsinoé, et de profiter de la faiblesse de Prusias pour perdre son frère, elle lui dit :

Vous êtes peu du monde et savez mal la cour.

CORNEILLE (Pierre).

On dirait que c'est un principe reçu, que, pour *être du monde et savoir la cour*, il faut trouver tous les moyens bons pour perdre son frère. Ceux qui le pensent ne le disent pas. Cette violation des bienséances morales revient à tout moment dans des pièces de nos jours, où l'on n'imite que les fautes de Corneille : c'est pour cela qu'on voudrait les consacrer, et c'est pour cela que je démontre combien elles sont condamnables.

Le style est dans Corneille aussi inégal que tout le reste. Il a donné le premier de la noblesse à notre versification; le premier, il a élevé notre langue à la dignité de la tragédie; et, dans ses beaux morceaux, il semble imprimer au langage la force de ses idées. Il a des vers d'une beauté au-dessus de laquelle il n'y a rien. Ce n'est pas qu'on ne puisse, sans se contredire, faire le même éloge de Racine et de Voltaire; parce que, dès qu'il s'agit de beautés de différents genres, elles peuvent être toutes également au plus haut degré, sans admettre de comparaison. A l'égard de la pureté, de l'élégance, de l'harmonie, du tour poétique, de toutes les convenances du style, il faut voir dans l'excellent Commentaire de Voltaire tout ce qui a manqué à Corneille, et tout ce qu'il laissait à faire à Racine.

Fontenelle a la discrétion de ne point parler de cet article dans la *Vie de Corneille.* Il se contente d'affirmer, sans restriction quelconque, que Corneille *a porté le théâtre français à son plus haut point de perfection.* Je doute que ses panégyristes les plus passionnés osassent aujourd'hui en dire autant. Il ajoute : *Il a laissé son secret à qui s'en pourra servir.* Nous verrons que Racine ne s'en est point *servi*, et qu'il en a trouvé un autre.

On peut bien s'attendre qu'il ne laisse pas de côté la question de la prééminence que j'ai cru, à l'exemple de Voltaire, devoir écarter. Ce ne pouvait pas même en être une pour un juge qui nous assure que « *Pul-*
« *chérie* et *Suréna* sont dignes de la vieillessse d'un
« grand homme, et que ces derniers ouvrages sont
« toujours bons pour la lecture paisible du cabinet. »
Il faut s'en rapporter là-dessus à ceux qui essaieront de les lire. On ne doit pas être étonné s'il finit par prononcer, « comme une décision généralement
« établie, que Corneille a la première place, et Ra-
« cine la seconde. » Peut-être il eût été plus noble et plus convenable de dire : Je ne décide point, parce que Corneille est mon oncle, et que Racine fut mon ennemi. Mais ce qui peut étonner, c'est ce qui suit : « On fera à son gré l'intervalle entre ces
« deux places, un peu plus ou un peu moins grand. »
Je crois qu'il l'aurait fait d'une belle étendue. On en va juger : « C'est là ce qui se trouve, en ne compa-
« rant que les ouvrages de part et d'autre. » Les ouvrages ! « Mais si l'on compare les deux hommes,
« l'inégalité est plus grande. »

J'ai déjà fait voir qu'on ne devait, qu'on ne pouvait pas même asseoir bien solidement un parallèle personnel. Mais quant à la comparaison des ouvrages, moi qui ne suis ni parent de l'un ni ennemi de l'autre, et qui ne considère tout simplement, comme tout homme de bonne foi, que l'art et mon plaisir, il m'est impossible de me rendre à l'autorité de Fontenelle; et je crois que, s'il fallait aller aux voix, les suffrages ne me manqueraient pas, et encore moins les raisons.

Je n'ai pas relevé à beaucoup près toutes les erreurs et toutes les injustices de Fontenelle. J'en achèverai la réfutation dans l'examen du théâtre de Racine, où elle trouvera naturellement sa place. J'aurai aussi l'occasion d'y joindre de nouvelles observations sur Corneille, qui naîtront du contraste de leurs différents caractères. Il sont opposés de tant de manières, qu'il est impossible de parler de l'un sans se souvenir de l'autre. Il semble qu'ils se rapprochent sans cesse dans notre pensée, comme ils s'éloignent dans leurs ouvrages *.

LA HARPE, *Cours de Littérature.*

* Il y a beaucoup d'excellentes choses dans cet examen, qui reproduit en résumé la plupart des critiques déjà faites par Voltaire. Mais on y remarque aussi un peu de cette intention secrète de rabaisser Corneille, qu'on a reprochée à l'auteur du *Commentaire*. L'un et l'autre blâment avec complaisance et louent avec mesure ; quand ils ont raison pour le fond, ils ne l'ont pas toujours pour la forme généralement tranchante et dédaigneuse. Ajoutons, ce que nous avons déjà fait remarquer, que l'étendue de cet examen, si rapide et si succinct, est tout-à-fait hors de proportion avec l'importance des ouvrages qui y sont jugés, et avec les développements prolixes où entre La Harpe, sur quelques sujets favoris, quand il s'agit de Voltaire par exemple. La plus grande partie même de cet article est consacrée à l'apologie de son commentaire, et on y découvre sans cesse le désir de l'élever aux dépens du père de notre théâtre. Ces efforts de La Harpe contre le génie de Corneille ont inspiré à Lebrun l'épigramme suivante que nous citons sans l'adopter :

> Ce petit homme à son petit compas,
> Veut sans pudeur asservir le génie;
> Au bas du Pinde il trotte à petit pas,

CORNEILLE (Thomas), frère du précédent, naquit à Rouen, le 20 août 1625. Tant que le grand Corneille vécut, Thomas fut désigné sous le nom de Corneille le jeune. Il entra de bonne heure au collège des jésuites où il fit toutes ses études. Le goût de la poésie dramatique l'occupait déjà; et, en rhétorique, il s'amusa à composer une comédie en vers latins, que ses professeurs admirèrent, et qui leur fit prédire les succès qui attendaient leur élève. En quittant le collège, Thomas, ébloui de la brillante réputation que s'acquérait son frère, vint le joindre à Paris, et le désir de s'illustrer aussi lui fit suivre la même carrière, pour laquelle il avait déjà montré du penchant. Sa première pièce, *les Engagements du hasard*, fut jouée en 1647, sur le théâtre de l'hôtel de Bourgogne; elle est imitée de Calderon. Comme son frère, il consacra à Thalie ses premiers essais dramatiques; mais si Thomas dans ses débuts obtint plus de succès que Pierre, celui-ci, dans un autre genre, le laissa bien loin derrière lui. Les cinq ou six comédies qu'il fit paraître successivement, ne sont que des imbroglios espagnols, genre que le goût du public affectionnait parti-

> Et croit franchir les sommets d'Aonie.
> Au grand Corneille il a fait avanie;
> Mais, à vrai dire, on riait aux éclats,
> De voir ce nain mesurer un Atlas;
> Et redoublant ses efforts de Pygmée,
> Burlesquement roidir ses petits bras,
> Pour étouffer si haute renommée!

Cela est bien dur sans doute; mais, à part l'exagération qu'autorise l'épigramme, cela ne manque pas tout-à-fait de justesse.   H. PATIN.

culièrement, faute d'en connaître un meilleur :
mais en 1656 il donna sa tragédie de *Timocrate*, et
le succès qu'elle obtint fut tel que pendant six mois,
elle fut jouée presque tous les jours. Louis XIV alla
la voir au théâtre du Marais. Les comédiens se lassèrent plus tôt de la donner, que le public ne se
lassa de la voir. Après une représentation de cette
pièce, le parterre l'ayant redemandée pour le jour
suivant, un acteur s'avança sur le bord du théâtre,
et dit : «Vous ne vous lassez point d'entendre *Ti-*
« *mocrate ;* pour nous, nous sommes las de le jouer.
« Nous courons risque d'oublier nos autres pièces :
« ainsi trouvez bon que nous cessions de le donner.»
Les représentations cessèrent ; et, depuis ce temps,
cette pièce n'a jamais reparu sur la scène. Thomas
Corneille donna ensuite d'autres tragédies, *Darius*,
Stilicon, *Pyrrhus*, *Antiochus*, *Laodice*, *Camma*.
Cette dernière pièce attira, aux premières représentations, une affluence si considérable, que le
théâtre même était encombré de spectateurs, et
qu'il ne restait plus de place sur la scène pour les
acteurs. *Le Baron d'Albicrac*, comédie bien intri-
guée, et qui aujourd'hui est encore vue avec plaisir,
parut en 1668. Cette pièce fut suivie de *la Mort
d'Annibal*, tragédie ; de la *Comtesse d'Orgueil*, et
du *Festin de Pierre*, comédies. La dernière n'est
autre chose que la pièce de Molière, que Thomas a
mise en vers, en ajoutant quelques scènes, et en re-
tranchant des traits trop hardis. En 1672, il donna
la tragédie d'*Ariane*, composée, dit-on, en dix-sept
jours ; elle balança le succès du *Bajazet* de Racine,

qui venait de paraître. Voltaire doute que Pierre Corneille eût mieux tracé le rôle d'Ariane, le seul, il est vrai, qui soit dans la pièce. La versification en est souvent d'une faiblesse extrême; aussi Boileau, après avoir entendu ce vers que Phèdre adresse à Thésée,

Je la tue; et c'est vous qui me le faites faire,

S'écria : « Ah! pauvre Thomas, tes vers, comparés « avec ceux de ton frère, font bien voir que tu n'es « qu'un cadet de Normandie. »

Parmi un grand nombre d'ouvrages que donna encore Thomas Corneille, on ne distingue que le *Comte d'Essex*, tragédie qui est restée long-temps au théâtre, et qui, à ce que l'on assure, fut faite en quarante jours. On prétend que Racine et Boileau, voulant opposer un rival à Quinault, l'avaient engagé à s'essayer dans le genre lyrique; il fit effectivement quelques opéra qui n'ont eu aucun succès.

Thomas Corneille joignait au talent qui le distingue toutes les qualités de l'honnête homme, et du bon citoyen. Racine le loue d'avoir toujours été uni avec son frère *d'une amitié qu'aucune émulation pour la gloire ne put altérer.* Ils avaient épousé les deux sœurs, et, sans arrangement d'intérêts, sans partage de succession, les deux ménages confondus ne firent qu'une seule famille jusqu'à la mort de Pierre Corneille. Thomas succéda à son frère à l'Académie française; lorsqu'il y fut reçu, elle n'avait point encore publié son Dictionnaire. Comme il était

CORNEILLE (Thomas).

excellent grammairien, il eut une grande part à sa rédaction, et fit paraître les *Remarques de Vaugelas* avec des notes, en 1687. Il travailla aussi au *Mercure galant* avec son ami de Visé. Il était fort avancé en âge, lorsque l'Académie des inscriptions l'admit au nombre de ses membres : peu de temps après il perdit la vue, et se retira aux Andelys, où il mourut le 8 décembre 1709.

Le *Théâtre* de Thomas Corneille a été recueilli en 5 vol. in-12, Paris, 1682. On en a fait depuis plusieurs autres éditions; la plus complète est celle de 1722. On a aussi de lui les *Métamorphoses d'Ovide*, traduites en vers, Paris, 1697 et 1700, 3 vol, in-12; *Élégies et Épîtres d'Ovide*, traduites en vers, Paris, 1670, in-12; *Dictionnaire des arts et des sciences*, Paris, 1694 et 1720. Fontenelle, son neveu, donna une troisième édition de cet ouvrage, considérablement augmentée, en 1732, 2 vol. in-fol.; *Observations de l'Académie française sur les Remarques de M. de Vaugelas*, Paris, 1704, in-4°, La Haye, 1705, 2 vol. in-12; *Dictionnaire universel, géographique et historique*, Paris, 1708, 3 vol. in-fol. Il a aussi donné une édition augmentée de l'*Histoire de la Monarchie française sous le règne de Louis XIV*, par de Riencourt, Paris, 1697, 3 vol. in-12.

Ph. Taviani.

JUGEMENT.

On a dit de Thomas Corneille *qu'il aurait eu une grande réputation, s'il n'avait pas eu de frère;* je crois qu'on peut en douter. C'était un écrivain essentiellement médiocre, et qui ne s'est jamais élevé. Il a quelquefois rencontré le naturel ; il n'a jamais été au grand. La réputation de l'aîné n'empêcha point que plusieurs pièces du cadet n'eussent dans leur nouveauté un très grand succès ; et si elles n'ont pu se soutenir, c'est leur propre faiblesse qui les a fait tomber. Il était très fécond, et travaillait avec une extrême facilité : c'est plutôt un danger qu'un mérite lorsqu'on n'a pas un grand talent. Dans la foule de ses ouvrages, *Laodice*, *Théodat*, *Darius*, *la Mort d'Annibal*, *la Mort de Commode*, *la Mort d'Achille*, *Bradamante*, *Bérénice* (ce n'est pas le même sujet que celui de Racine), *Antiochus*, *Maximian*, *Pyrrhus*, *Persée*, ne méritent pas même d'être nommés, et tous ces noms oubliés ne se retrouvent plus que dans les catalogues dramatiques. *Timocrate* n'est connu que comme un exemple de ces grandes fortunes passagères qui accusent le goût d'un siècle, et qui étonnent l'âge suivant. Il eut quatre-vingts représentations : les comédiens se lassèrent de le jouer avant que le public se lassât de le voir ; et ce qui n'est pas moins extraordinaire, c'est que depuis ils n'aient jamais essayé de le reprendre. Quand on essaie de le lire, on ne peut imaginer ce qui lui procura cette vogue prodigieuse. Le sujet est tiré du roman de *Cléopâtre*, et c'est en effet une de ces aventures merveilleuses qu'on ne peut trouver que dans les romans. Le héros de la pièce joue un double personnage : sous le nom de Timocrate, il est l'ennemi de la reine d'Argos, et l'assiège dans sa capitale : sous celui de Cléomène, il est son défenseur et l'amant de sa fille. Il est assiégeant et assiégé : il est vainqueur et vaincu. Cette singularité, qui est vraiment très extraordinaire, a pu exciter une sorte de curiosité qui peut-être fit le succès de la pièce, sur-tout si le rôle était joué par un acteur aimé du public. Au reste, cette curiosité est la seule espèce d'intérêt qui existe dans cette pièce, où le héros n'est jamais en danger. On imagine bien que cette intrigue fait naître beaucoup d'incidents qui ne sont guère vraisemblables, mais qui pourtant ne sont pas amenés sans art. Le style est celui de toutes les pièces de l'auteur : comme elles sont toutes, excepté *Ariane* et *le comte d'Essex*, des romans dialogués, le langage des personnages n'a pas un autre caractère. Des fadeurs amoureuses, des raisonnements entortillés, un héroïsme alambiqué, une monotonie de tournures froidement sentencieuses, une diffusion insupportable, une versification flasque et incorrecte, telle est la manière de Thomas Corneille : il y a peu d'auteurs dont la lecture soit plus rebutante.

Camma et *Stilicon*, qui eurent du succès pendant long-temps, n'ont pas d'autre mérite qu'une intrigue assez bien entendue, quoique compliquée. Ce mérite est bien faible quand l'intrigue n'attache que l'esprit, et qu'il n'y a rien pour le cœur; et c'est le vice capital de ces deux ouvrages : ils manquent de cet intérêt qui doit toujours animer la tragédie. Il n'y a ni passions, ni mouvements, ni caractères; les héros et les scélérats sont également sans physionomie : ils dissertent et ils combinent; voilà tout.

Les situations étonnent quelquefois, mais n'attachent pas. C'est dans *Camma* que l'auteur de *Zelmire* a pris ce coup de théâtre qui la fit réussir, ce poignard disputé entre deux personnages, qui fait douter à un troisième lequel des deux voulait porter le coup, lequel voulait l'arrêter. Il se peut, à toute force, qu'un assassin soit capable de calculer en un clin d'œil toutes les vraisemblances qui peuvent détourner les soupçons sur un autre et les éloigner de lui; mais cet effort de présence d'esprit, lorsqu'on est surpris dans le crime, est au moins bien difficile à supposer, et ne peut d'ailleurs s'appuyer que sur un amas de circonstances qui tiennent à un fond trop romanesque, et par conséquent au vice du sujet : c'est le défaut de *Camma* et de *Zelmire*, quoique celle-ci, dans les premiers actes, offre plus d'intérêt.

Remarquons que jamais les écrivains supérieurs n'ont fait usage de ces petites ressources, de ces tours de force qui ont toujours le défaut de représenter ce qui n'est jamais arrivé nulle part, et n'est point dans l'ordre des évènements naturels. Et qu'est-ce qu'un art qui n'est qu'un jeu d'esprit, et non pas l'imitation de la nature?

Les deux seules tragédies de Thomas Corneille qui lui aient survécu, sont *le Comte d'Essex* et *Ariane*. Elles sont en effet très supérieures aux autres, sur-tout la dernière. Voltaire a joint le commentaire de ces deux pièces à celui du théâtre de Pierre Corneille. Il dit du *Comte d'Essex* : *Cette pièce, qui séduisit le peuple, n'a jamais été du goût des connaisseurs ;* et il dit vrai. Il en fait sentir parfaitement tous les défauts ; mais ce qu'il détaille dans ses notes ne doit faire ici la matière que d'un exposé fort succinct. Toute analyse, dans le plan que je suis, ne doit avoir qu'une étendue proportionnée au mérite de l'ouvrage et à l'importance des objets.

D'abord l'histoire est étrangement défigurée ; et comme il s'agissait d'un peuple voisin et d'un fait assez récent, cette licence n'est pas excusable. Il n'est pas permis, lorsqu'on représente sur le théâtre de Paris un évènement qui s'est passé en Angleterre, de contredire la vérité des faits et les mœurs du pays, au point qu'un Anglais qui assisterait à ce spectacle ne pourrait s'empêcher d'en rire. Il faudrait au contraire qu'en voyant les personnages sur la scène, il se crût dans Londres : tel est le devoir du poète dramatique. Passe encore de donner de l'amour à une reine de soixante-huit ans (c'était l'âge d'Élisabeth quand elle condamna le comte d'Essex) : on peut permettre à l'auteur de la supposer plus jeune. Mais que peut dire un Anglais, que peut dire même tout homme un peu instruit, lorsqu'il voit le lord Essex, qui joue dans l'histoire un rôle si médiocre, transformé en héros du premier rang, en homme de la plus haute importance, qui tient dans ses mains le sort de l'Angleterre, et qui parle sans cesse comme s'il ne tenait qu'à lui de détrôner Élisabeth ? Quoi ! je sais, et tout le monde peut savoir comme moi, que le seul exploit d'Essex fut d'avoir part à la défaite de la flotte espagnole, lorsque l'amiral Raleigh la battit devant Cadix ; que la seule fois qu'il eut une armée à ses ordres, ce fut pour la laisser détruire par les rebelles d'Irlande ; que sa mauvaise conduite le fit traduire en jugement, et qu'on se borna par grace à le priver de toutes ses charges ; et j'entendrai ce même homme parler de lui comme du plus grand appui de l'état, comme d'un général sur qui l'Europe a les yeux, que toutes les puissances redoutent, et dont la perte entraînera celle du royaume! Je sais qu'une vanité folle le rendit ingrat et coupable envers une reine sa bienfaitrice, au point de vouloir se venger d'une punition très juste en formant une conspiration pour mettre sur le trône Jacques, roi d'Écosse ; qu'on le vit courir dans les rues de Londres comme un insensé, sans pouvoir exciter parmi le peuple le plus léger mouvement, et que la fin de ses projets coupables fut un arrêt de mort très légalement rendu, qui l'envoya sur un échafaud, sans que personne s'intéressât au malheur d'un homme que son extravagance avait fait mépriser ; et c'est lui que j'entendrai dire à sa souveraine Élisabeth :

> Si de me démentir j'avais été capable,
> Sans rien craindre de vous, vous m'auriez vu coupable.
> C'est au trône, où peut-être on m'eût laissé monter,
> Que je me fusse mis en pouvoir d'éclater.

Quand on veut traiter ainsi l'histoire, il vaut mieux continuer à faire des romans. Que penserait-on d'un poète qui introduirait sur la scène le duc de Beaufort disant à la reine Anne d'Autriche : Il n'a tenu qu'à moi de me faire roi de France. L'un n'est pas plus risible que l'autre. Il faut croire, comme Voltaire le remarque, que peu de spectateurs savaient l'histoire d'Angleterre : la plupart ne connaissaient le comte d'Essex que par les romans fabriqués en France sur ses amours avec Élisabeth, qui passa en effet pour avoir eu quelque goût pour lui, quoiqu'elle eût cinquante-huit ans quand elle l'appela à sa cour et le fit entrer au conseil. La faveur du comte dura peu, parce que Élisabeth, qui savait régner, s'aperçut qu'il était au-dessous de la fortune qu'elle lui avait faite. Il acheva de la dégoûter en voulant la gouverner : elle vit ses défauts et ses vices, et laissa punir ses crimes. Mais la multitude, trompée par les romanciers au moment où Thomas Corneille donna sa pièce, était apparemment disposée à voir dans le comte d'Essex un grand homme opprimé, victime d'une cabale de cour et de la jalousie de sa reine. C'est aux hommes équitables et éclairés, à ceux qui respectent la vérité et la justice, à décider si un poète a le droit de flétrir la mémoire d'une grande princesse, de lui attribuer une faute grave qu'elle n'a pas commise, de faire d'un rebelle ingrat et d'un conspirateur insensé un héros innocent et un citoyen vertueux, et de représenter comme une œuvre d'iniquité ce qui fut la punition d'un crime public et avoué; s'il a le droit de nous donner pour de vils scélérats des juges qui firent leur devoir, et nommément un Robert Cécil, ministre intègre et estimé, et le vice-amiral Raleigh, un des grands hommes de l'Angleterre, qui rendit tant de services à sa patrie, et dont le nom y est encore respecté ; enfin si, violer ainsi l'histoire, ce n'est pas en effet déshonorer la tragédie, qui ne doit s'en servir que pour en rendre les exemples plus frappants et les leçons plus utiles.

Thomas Corneille n'est pas plus fidèle dans la peinture des mœurs que dans celle des caractères. Quand il suppose que le comte d'Essex est exécuté sans que la reine ait signé son arrêt, il n'y a point d'Anglais qui ne lui dit : Cela est faux et impossible. Il n'existe personne dans mon pays qui osât prendre sur lui de faire exécuter une sentence de mort contre qui que ce soit, sans que le souverain l'ait signée. Quand le sanguinaire parlement, qui finit par ôter la vie à Charles Ier, eut condamné le vertueux Straffort, il fallut absolument, pour exécuter cette sentence inique, arracher à la faiblesse du monarque une signature qu'il refusa longtemps ; et une faction qui osa tout n'osa pas alors enfreindre une loi sacrée et un usage invariable.

Je ne puis me dispenser de rapporter la note très judicieuse de Voltaire sur ces vers que dit le comte d'Essex en parlant du comte de Tyron :

Comme il hait les méchants, il me serait utile
A chasser un Cobham, un Raleigh, un Cécile ;
Un tas d'hommes sans nom, qui, bassement flatteurs,
Des désordres publics font gloire d'être auteurs.

« Il n'est pas permis de falsifier à ce point une his-
« toire si récente, et de traiter avec tant d'indignité

« des hommes de la plus grande naissance et du plus
« grand mérite. Les personnes instruites en sont
« révoltées, sans que les ignorants y trouvent beau-
« coup de plaisir. »

J'avoue que ces considérations sont plus importantes pour l'opinion des gens sensés que pour l'effet du théâtre, où le plus grand nombre des juges n'est pas celui qui a le plus de connaissances. Mais la conduite de la pièce, à l'examiner en elle-même, est encore très répréhensible à beaucoup d'égards. Tout y est vague, indécis, inconséquent. Dans le plan de l'auteur, le comte d'Essex est évidemment coupable, sinon de conspiration contre l'état, au moins d'une révolte ouverte, puisqu'il a soulevé le peuple et attaqué le palais les armes à la main. Il n'y a point de monarchie où ce ne soit un crime capital : comment donc peut-il parler sans cesse de son innocence? Il prétend, il est vrai, n'avoir eu d'autre projet que d'empêcher le mariage d'Henriette sa maîtresse avec le duc d'Irton; mais outre qu'on ne voit pas bien que ce soulèvement pût empêcher le mariage, lui-même se croit obligé, pour l'honneur de la duchesse d'Irton, de cacher les motifs de son entreprise; la reine les ignore; personne n'en est instruit, excepté son confident Salsbury. Pourquoi donc, criminel dans le fait, et tout au plus excusable dans l'intention qu'on ne sait pas, tient-il le langage altier d'un homme qui serait irréprochable? Pourquoi s'obstiner à ne pas demander à la reine le pardon d'une faute réelle? Pourquoi dire que cette démarche, la seule qu'Élisabeth exige de lui, le perdrait d'honneur? Il n'y a que l'innocence qui puisse se déshonorer en demandant grace; mais pour lui, tout l'oblige à la demander quand on veut bien la lui promettre. C'est pourtant cette faute essentielle qui fait le nœud de la pièce : l'auteur l'a palliée jusqu'à un certain point, non pas aux yeux des connaisseurs, mais du moins à ceux de la multitude, en supposant une cabale acharnée contre Essex, et qui lui prête des complots qu'il n'a point formés, des intelligences criminelles qu'il n'a pas, des lettres qu'il n'a point écrites; tandis que, d'un autre côté, on nous entretient continuellement des grands services qu'il a rendus, des grandes obligations que lui a l'Angleterre, et qu'Élisabeth elle-même avoue. Ce tableau en impose, et produit une sorte d'illusion qui fait oublier qu'il était bien plus simple que ses ennemis se bornassent au seul attentat qu'il ne peut pas désavouer, et qui suffit pour sa condamnation. Mais s'il a tort de se refuser avec tant de hauteur à recourir à la clémence de la reine, on ne voit pas mieux pourquoi, dans les dispositions où elle est à son égard, elle s'obstine aussi à exiger qu'il demande grace, et à faire dépendre de cette soumission la vie d'un sujet qu'elle aime, et l'honneur de sa couronne. En quoi cet honneur serait-il compromis, dans le cas où le souvenir des services du comte la déterminerait à oublier sa faute? Ce motif n'est-il pas suffisant, et a-t-il quelque chose qui dégrade la souveraineté? L'intrigue n'est donc appuyée que sur des ressorts faux qui amènent des déclamations.

Voilà ce que la critique ne peut excuser dans cet ouvrage; mais en même temps elle avoue que le rôle du comte d'Essex, tel que le poète l'a présenté, ne laisse pas d'avoir de l'intérêt. Nous avons vu ce qu'il est aux yeux de la raison; il est juste de montrer sous quels rapports il parvient quelquefois à toucher le cœur. C'est l'amour seul, et un amour malheureux, qui lui a fait commettre une faute; et la haine en profite pour le perdre en y joignant des attentats supposés. Sous ce point de vue, sa disgrace est d'autant plus digne de pitié, que la conduite de ses ennemis excite plus d'indignation. La délicatesse qui l'empêche d'avouer que son amour pour la duchesse d'Irton est la seule cause de son imprudente révolte sert encore à le rendre plus intéressant; et c'est une scène touchante que celle où la duchesse prend le parti de révéler sa faiblesse à Élisabeth et la passion que le comte a pour elle. Cette même Élisabeth, qui d'abord ne paraît qu'un personnage de roman lorsqu'elle veut absolument qu'Essex l'aime sans aucune espérance, lorsqu'elle dit à sa confidente ces vers qui ne seraient supportables que dans la bouche d'une jeune personne bien ingénue et bien innocente, mais qui sont un peu ridicules dans la sienne :

> Ce qu'il faut qu'il espère? et qu'en puis-je espérer,
> Que la douceur de voir, d'aimer, de soupirer?

cette Élisabeth nous émeut et nous attendrit quand elle dit à la duchesse sa rivale :

> Duchesse, c'en est fait : qu'il vive, j'y consens.

Par un même intérêt vous craignez et je tremble.
Pour lui, contre lui-même unissons-nous ensemble ;
Tirons-le du péril qui ne peut l'alarmer,
Toutes deux pour le voir, toutes deux pour l'aimer.
Un prix bien inégal nous en paîra *la peine ;*
Vous aurez son amour, je n'aurai que sa haine.
Mais n'importe, il vivra ; son crime est pardonné.

Enfin, les spectateurs se prêtant à l'idée qu'on leur donne du comte d'Essex, plaignent en lui l'abaissement d'une grande fortune, une disgrace qu'on leur fait paraître injuste et cruelle, et qui est supportée avec un grand courage. La pitié a donc fait réussir cet ouvrage malgré les défauts du plan et la faiblesse du style ; et rien ne prouve mieux combien ce ressort est puissant, puisque, même avec une exécution si médiocre, il peut racheter tant de fautes.

Mais l'auteur s'en est servi bien plus heureusement dans *Ariane*, pièce beaucoup plus intéressante et mieux faite que le *Comte d'Essex*. On sait que Thésée et le roi de Naxe y jouent un triste rôle ; que Phèdre et Pirithoüs, qui sont à peu près ce qu'ils peuvent être, ne peuvent pas en jouer un bien considérable ; mais Ariane remplit la pièce, et la beauté de son rôle supplée à la faiblesse de tous les autres. La rivalité de Phèdre est conduite avec art, et la marche du drame est simple, claire et sage. Ariane est, de toutes les amantes abandonnées, celle qui inspire le plus de compassion, parce qu'il est impossible d'aimer de meilleure foi et d'éprouver une ingratitude plus odieuse. La conduite de Thésée

n'a aucune excuse, au lieu que celle de Titus dans *Bérénice*, et d'Énée dans *Didon*, a du moins des motifs probables. Enfin, ce qui rend Ariane encore plus à plaindre, elle est trahie par une sœur qu'elle aime, et à qui elle se confie comme à une autre elle-même. Toutes ces circonstances sont si douloureuses, qu'il n'y aurait point au théâtre de rôle d'amour plus parfait qu'Ariane, si le style était celui de *Bérénice*. Cependant il s'en faut de beaucoup que, même dans cette partie, il soit sans beautés. Si les sentiments sont presque toujours vrais, l'expression a quelquefois la même vérité et le même naturel; et, pour tout dire en un mot, il y a quelques endroits dignes de la plume de Racine. Je sais qu'il n'y a pas long-temps que, dans une feuille périodique*, on a parlé de cet ouvrage avec un grand mépris; car aujourd'hui il n'y a plus ni mesure, ni pudeur dans les jugements, et il n'est point de mérite que l'on ne rabaisse pour élever ceux qui n'en ont pas. Voltaire, qui, je crois, s'y connaissait bien autant qu'un autre, ne parle pas ainsi d'*Ariane*. Voici comment il s'exprime : « Une femme qui a tout fait
« pour Thésée, qui l'a tiré du plus grand péril, qui
« s'est sacrifiée pour lui, qui se croit aimée, qui
« mérite de l'être, qui se voit trompée par sa sœur
« et abandonnée par son amant, est un des plus
« heureux sujets de l'antiquité. Il est bien plus in-
« téressant que la Didon de Virgile; car Didon a
« bien moins fait pour Énée, et n'est point trahie

---

* Voyez le Journal de Paris, *lettre de M. Palissot, sur la tragédie d'Azémire*.

« par sa sœur..... Il n'y a dans la pièce qu'Ariane :
« c'est une tragédie faible, dans laquelle il y a des
« morceaux très naturels et très touchants, et quel-
« ques-uns même très bien écrits. »

Peut-on n'être pas de cet avis lorsqu'on entend des vers tels que ceux-ci?

Pour pénétrer l'horreur du tourment de mon âme,
Il faudrait qu'on sentît même ardeur, même flamme,
Qu'avec même tendresse ont eût donné sa foi :
Et personne jamais n'a tant aimé que moi.

Lorsqu'elle dit à sa sœur :

Enfin, ma sœur, enfin, je n'espère qu'en vous.
Le Ciel m'inspira bien, quand, par l'amour séduite,
Je vous fis malgré vous accompagner ma fuite.
Il semble que dès lors il me faisait prévoir
Le funeste besoin que j'en devais avoir.
Sans vous à mes malheurs où trouver du remède?
. . . .
Hélas! et plût au Ciel que vous sussiez aimer!

Le spectateur, qui sait que cette sœur est sa rivale, ne trouve-t-il pas dans ces vers autant d'art que d'intérêt, et n'est-il pas de l'avis de Voltaire, qui les trouve *dignes de Racine?*

Quel tendre abandon dans sa première scène avec Thésée, quand il lui conseille d'épouser le roi de Naxe :

Périsse tout, s'il faut cesser de t'être chère!
Qu'ai-je affaire du trône et de la main d'un roi?
De l'univers entier, je ne voulais que toi;
Pour toi, pour m'attacher à ta seule personne,

CORNEILLE (Thomas).

J'ai tout abandonné, repos, gloire, couronne;
Et quand ces mêmes biens ici me sont offerts,
Que je puis en jouir, c'est toi seul que je perds!
Pour voir leur impuissance à réparer ta perte,
Je te suis, mène-moi dans quelque île déserte,
Où, renonçant à tout, je me laisse charmer
De l'unique douceur de te voir, de t'aimer.
Là, possédant ton cœur, ma gloire est sans seconde;
Ce cœur me sera plus que l'empire du monde....
Point de ressentiment de ton crime passé:
Tu n'as qu'à dire un mot, ce crime est effacé.
C'en est fait, tu le vois, je n'ai plus de colère.

Ceux qui parlent avec mépris d'un ouvrage où l'on trouve des beautés de cette nature ne savent pas apparemment qu'un seul morceau, rempli de cette vérité de sentiment et d'expression qui est l'éloquence tragique, vaut cent fois mieux qu'une pièce entière composée de situations d'emprunt maladroitement assemblées, et d'hémistiches froidement recousus*.

LA HARPE, *Cours de Littérature.*

* On a trouvé quelque ressemblance entre le rôle d'Ariane et celui de Déjanire dans les *Trachiniennes* de Sophocle. Il n'est pas sans intérêt de les rapprocher l'un de l'autre, et de voir jusqu'à quel point le poète ancien et l'auteur moderne se sont rencontrés, en traitant des sujets bien différents, dans l'expression d'un même sentiment, et d'une situation à peu près semblable. Ce parallèle serait d'autant plus curieux et plus instructif que Thomas Corneille n'a certainement pas imité Sophocle. H. PATIN.

CORNÉLIUS NÉPOS.

CORNÉLIUS NÉPOS, historien latin du siècle l'Auguste, naquit sur les bords du Pô : ce qui explique pourquoi Catulle lui donne le surnom d'Italien, et Ausone celui de Gaulois, puisque le pays qu'arrose le Pô, renfermé dans l'Italie, formait la Gaule Cisalpine.

Il vécut dans la plus étroite union avec Pomponius Atticus, dont il nous a laissé le panégyrique, avec Cicéron, qui admirait son talent, et avec Catulle, qui lui a adressé une de ses plus jolies pièces de vers, dont voici la traduction par La Monnoye :

>A qui donner ce livre frais éclos,
>Joli, paré de neuve couverture?
>A toi, sans doute, illustre et cher Népos,
>Qui de mes jeux ne hais pas la lecture;
>Tu les goûtais déjà dans le temps que tu fis
>Ce beau traité, ce recueil où tu mis
>En trois cahiers l'histoire universelle,
>OEuvre non vue encore en ton pays.
>Mes petits vers sont peu de chose auprix,
>Mais par ton nom ils vivront autant qu'elle.

D'après le témoignage d'Aulu-Gelle, de Solin, de Macrobe et de Lactance, Cornélius Népos avait composé *trois livres de Chroniques*, *un Traité des Exemples*, un autre, *des hommes illustres*, un troisième *des historiens grecs*, un *Recueil de Lettres* adressées à Cicéron et une *Vie* de l'orateur romain. Il ne nous reste que des fragments très courts de ces ouvrages que le temps nous a ravis. Le seul que nous ayons presque en entier, et encore les critiques ne l'attribuent-ils pas tout à Cornélius, est celui qui a pour

titre *Vies des grands capitaines*, et qui est dédié à
Pomponius Atticus. Quoiqu'il en soit, ce petit ouvrage, devenu classique, a eu une multitude d'éditions dont nous nous bornerons à citer les principales.
La première parut à Venise en 1471, in-4°, sous le
nom d'Æmilius Probus. L'édition d'Augustin Staveren *cum notis Variorum*, Leyde, 1773, in 8°, est
très estimée parce qu'elle contient les notes de seize
éditeurs et commentateurs. Elle a servi de base à
celle qu'à publiée en 1820 M. Descuret, docteur en
médecine et docteur ès lettres en l'Académie de Paris.
Cette dernière édition, qui fait partie de la collection des *Classiques latins* de M. Lemaire, a été
revue sur deux manuscrits de la bibliothèque royale.
Outre les notes de l'éditeur et celles des commentateurs les plus récents, tels que Fischer, Harless,
Schmieder, Riklefs, Paufler, Tzsxhucke, etc.; elle
est encore enrichie de la *Vie de Cornélius Népos*
par Vossius, d'une *Notice littéraire par Fabricius*,
d'une *Table chronologique*, des *Observations critiques et historiques de Schlegel* (très rare), d'un
Parallèle de Cornélius Népos et de Plutarque, de
deux *Index*, l'un historique et géographique, l'autre
grammatical, enfin de l'indication des principales
éditions et traductions de Cornélius, par M. Barbier.

H. PATIN.

JUGEMENTS.

I.

Son style est pur, net, élégant. La simplicité,
qui en fait un des principaux caractères, est mêlée
d'une grande délicatesse, et relevée de temps en

temps par des pensées nobles et solides. Mais ce qui me paraît de plus estimable dans cet auteur, est un goût marqué pour les grands principes d'honneur, de probité, de vertu, de désintéressement, d'amour du bien public, qu'il semble avoir dessein d'insinuer dans tous ses écrits.

Un historien toujours attentif à relever les actions vertueuses, et à mettre dans tout leur jour les qualités du cœur préférablement à toutes les autres, songe moins à louer ceux dont il parle, qu'à instruire ceux pour qui il écrit. Et c'est par cet endroit, encore plus que par la pureté de son style, que Cornélius Népos me paraît estimable.

Rollin, Histoire ancienne.

II.

Parmi les biographes latins, on distingue Cornélius Népos et Suétone. Le premier écrit avec autant d'élégance que de précision. *Les Vies des hommes illustres* qu'il nous a laissées sont, à proprement parler, des sommaires de leurs actions principales, semés de réflexions judicieuses; mais, en rapportant les évènements, il a négligé les détails qui peignent les hommes, et ces traits caractéristiques dont la réunion forme leur physionomie; Rome n'a point eu de Plutarque.

La Harpe, Cours de Littérature.

III.

Les érudits s'accordent aujourd'hui à attribuer à Cornélius Népos l'ouvrage que nous possédons sous ce titre : *De vitâ excellentium imperatorum* ; mais tout concourt à nous le faire considérer comme l'abrégé fait par Æmilius Probus, de l'ouvrage plus considérable que Cornélius Népos avait composé. Tous les manuscrits de ces vies portent en tête le nom de cet Æmilius Probus, et non celui de Cornélius Népos ; et douze vers de cet Æmilius Probus, dans lesquels ce grammairien, du siècle de Théodose, atteste que son père et son grand-père l'avaient aidé à transcrire l'ouvrage qui porte son nom, confirment l'intitulé des manuscrits. Les premiers éditeurs se sont conformés aux manuscrits, et c'est sous le nom d'Æmilius Probus qu'André d'Asola (beau-père d'Alde Manuce), Longueil et Lambin, ont publié ces vies. Ceux qui sont venus après ont cru sans doute relever l'importance de leurs travaux sur cet abrégé, en soutenant que c'était celui-là même que Cornélius avait composé ; mais la seule raison qu'ils en ont donnée est la pureté du style. Est-il donc si difficile de s'approprier les expressions et la manière de l'auteur que l'on abrège. D'ailleurs les commentateurs ont remarqué, quoique très rarement, dans l'ouvrage d'Æmilius Probus, quelques mots qui n'appartiennent pas au siècle des classiques, des tournures peu élégantes, des temps de verbes mis les uns pour les autres, et sur-tout un emploi maladroit du pronom personnel qui produit l'amphibologie et l'obscurité, et trahit un écrivain peu exercé. Les personnages les plus connus, les faits les plus importants s'y trouvent quelquefois confondus, et il y a des erreurs grossières de chronologie.

Quand on s'est convaincu de la vérité de ces observations, il devient impossible de reconnaître, dans ce maigre et fautif abrégé, l'un des plus savants et des plus élégants auteurs de l'antiquité ; celui que Pline, Plutarque et plusieurs autres citent avec le plus grand respect, et auquel Cicéron donnait l'épithéte d'ἀμϐροτος (immortel); celui que Pomponius Atticus voulait placer au premier rang comme écrivain, après Cicéron. Saint-Réal, qui ne jugeait Cornélius Népos que d'après cet abrégé, disait que c'était un génie fort médiocre, sans se douter le moins du monde que le véritable auteur de l'ouvrage sur lequel il appuyait son jugement était un obscur grammairien du IVe siècle. Les *Vies des grands capitaines*, que Cornélius Népos avait composées, n'étant pas parvenues jusqu'à nous, l'abrégé qu'en a fait Æmilius Probus est cependant, malgré ses défauts, un morceau précieux. D'ailleurs il est clair, fort court, et très propre par conséquent à être mis entre les mains de la jeunesse.

Walkenaer, *Biographie universelle.*

COTTIN (Sophie Ristaud, madame), naquit à Tonneins en 1773, et passa son enfance à Bordeaux, où sa mère lui fit donner une éducation soignée. Elle n'avait que dix-sept ans quand on la maria à un riche banquier qui la conduisit à Paris. Devenue veuve à vingt ans, elle vécut dès lors dans la retraite. Dès son extrême jeunesse, madame Cottin cultivait les lettres, mais en secret; et peut-être n'eût-elle jamais donné de publicité à des ouvrages qu'elle ne composait que pour charmer ses loisirs, sans une circonstance particulière qui lui fait beaucoup d'honneur, puisque l'impression de son premier roman, *Claire d'Albe*, fut une bonne action. Cet ouvrage, attachant et bien écrit, parut sans nom d'auteur, et servit à aider un ami fugitif. Encouragée par la vive sensation que produisit *Claire d'Albe*, madame Cottin publia *Malvina* où règne un intérêt aussi doux que profond. La lutte de l'amour et de l'orgueil fut ensuite retracée par elle avec beaucoup de talent dans *Amélie Mansfield*; mais l'auteur ne tarda pas à se mettre au premier rang des romanciers par la publication de *Mathilde*, ouvrage qui se distingue par l'intérêt du sujet et la correction du style. Enfin *Élisabeth* ou *les Exilés en Sibérie*, ajouta à la réputation méritée de madame Cottin, à qui nous devons encore un poème en prose intitulé, *la Prise de Jéricho*. Elle s'occupait d'un roman *sur l'éducation*, et d'un travail important où elle avait en vue de prouver la religion chrétienne par les sentiments, quand une maladie cruelle l'enleva le 25 août 1807, dans sa trente-quatrième année; Il faut s'applaudir de la circonstance qui détermina madame Cottin à exposer au grand jour ses aimables productions, car elle était loin d'aimer l'éclat que cherchent quelques femmes : « Lorsqu'on écrit des « romans, disait-elle, on y met toujours quelque « chose de son propre cœur, et il faut garder cela « pour ses amis. » C'est parce qu'il y a du cœur de madame Cottin dans ses charmantes productions, que *Malvina*, *Claire* et *Mathilde* plairont toujours à qui aime la grace et le naturel et l'éloquence de la passion. Les romans de madame Cottin ont été souvent réimprimés. Ses *OEuvres complètes* ont paru en 1817, 5 vol. in-8°, ou 8 vol. in-12. On en a donné une seconde édition en 1820 ; le libraire Verdière en publie présentement une jolie édition in-18.

JUGEMENT.

Madame Cottin s'est acquis une réputation méritée. Son coup d'essai, *Claire d'Albe*, ne donnait toutefois que de médiocres espérances ; la fable en est vulgaire et mal tissue ; les détails n'en sont point heureux ; on rencontre même dans les lettres d'une certaine Élise plusieurs traits inintelligibles pour le lecteur et pour l'auteur. C'est ce que Boileau nommait si bien du galimatias double. De *Claire d'Albe* à *Malvina* le progrès a lieu d'étonner ; non que ce second ouvrage soit à beaucoup près exempt de défauts. M. Prior y paraît fort déplacé, quoiqu'il serve à l'action. Un prêtre catholique des mœurs les plus graves, mais qui, malgré sa piété, s'avise d'être amoureux et de se battre au pistolet avec son rival, est un personnage inadmissible. Edmond, tout passionné, tout brillant qu'il est, Edmond lui-même laisse quelque chose à désirer. Il n'en est pas ainsi de Malvina ; c'est à tous égards un des plus beaux caractères que puissent offrir les romans modernes. Depuis l'inoculation de l'amour dans la *Nouvelle Héloïse*, il n'est point de situation mieux conçue, mieux développée, plus pathétique en tous ses détails, que celle de Malvina s'introduisant déguisée dans le château d'une famille qui la persécute, y devenant la garde malade d'Edmond son amant ; et là, muette, impénétrable autant qu'active et vigilante, l'arrachant à force de soins à la mort qui semblait déjà le saisir. On n'est pas moins attendri en lisant *Amélie Mansfield*. Ce qui concerne le premier époux d'Amélie est, à la vérité, peu attachant ; mais c'est comme l'avant scène du drame ; et dès qu'Ernest a paru, les émotions se succèdent avec un progrès rapide, jusqu'au jour où les deux amants sont renfermés dans le même cercueil. On les aime et on les regrette ; on plaint avec effroi madame de Woldmar, mère d'Ernest et très digne baronne allemande, qui laisse mourir de chagrin son fils unique, de peur qu'il n'épouse Amélie, fille d'une haute naissance, mais veuve d'un mari qui avait le malheur de n'être pas né baron allemand. C'est avec beaucoup de force que l'auteur a peint cet orgueil barbare qui ne cesse d'être inflexible que par des maux irréparables, et se borne à gémir en vain sur les tombeaux qu'il a creusés. Le courage et la piété filiale de la jeune Élisabeth Potoski charment dans les *Exilés de Sibérie*, et les détails de ce petit roman historique respirent une simplicité touchante*. Quant

---

* M. le comte de Maistre, auteur du *Voyage autour de ma chambre*, et du *Lépreux*, a connu en Russie, où il s'est fixé, la véritable héroïne de cette histoire : il a retracé ses aventures dans un récit plein d'intérêt comme de vérité, et qui doit être bientôt donné au public. Nous nous félicitons d'être les premiers à l'annoncer.

H. PATIN.

à *la Prise de Jéricho*, c'est un mauvais ouvrage dans un mauvais genre, un poème qui n'est point en vers. Les prétendues aventures de la Juive Raab sont moins embellies que défigurées par un langage hermaphrodite qui se sépare de la prose sans pouvoir atteindre à la poésie. Ces formes lourdes et guindées nous semblent aussi déparer les commencements de *Mathilde*, roman dont l'action se passe à la fin du XIIe siècle, durant la croisade de Philippe-Auguste et de Richard-Cœur-de-Lion ; mais bientôt l'auteur s'échauffe avec son sujet, la diction devient naturelle, alors l'intérêt commence, et quelquefois il acquiert une haute énergie. Philippe ne paraît qu'un moment; Richard n'occupe guère plus d'espace; Lusignan, roi de Jérusalem, est fort maltraité; Montmorenci a beaucoup d'éclat; Saladin, sans être méconnaissable, est inférieur à sa renommée; pour son frère, Malek-Adhel, c'est le personnage d'élite; il est bon, généreux, tendre, passionné, vaillant, invincible : il unit au plus haut degré toutes les qualités aimables et toutes les vertus chevaleresques. Mathilde, sœur de Richard, est digne du héros musulman ; son amour pour Malek-Adhel est gradué, motivé avec art; on est fortement ému, soit lorsque, seule avec lui au milieu de l'ouragan du désert, elle attend la mort qui les menace, soit lorsqu'elle accourt sur un champ de bataille devenu l'autel, le lit nuptial et le tombeau de son amant, qui expire en invoquant le dieu de Mathilde. En général, les effets tragiques dominent dans les productions de madame Cottin. Hors des scènes de passion, son style se traîne, et l'on voit qu'elle ne connaît point assez l'art d'écrire; mais elle fut douée d'une sensibilité rare; elle sait peindre l'amour, sur-tout l'amour entouré de malheurs; elle ne prêche ni ne régente, et dans chacun de ses bons romans l'héroïne est aussi tendre qu'aimable; elle établit et soutient bien un caractère qu'elle affectionne; elle compose enfin sans timidité, mais sans audace, et l'on doit regretter cette dame, enlevée à la littérature dans un âge où son talent déjà très remarquable, pouvait encore se perfectionner.

M. J. Chénier, *Tableau de la Littérature française.*

CRÉBILLON (Prosper JOLYOT de) naquit à Dijon, le 13 février 1674*. La capitale de la Bourgogne, où il reçut le jour, s'honore d'avoir vu naître un grand nombre d'hommes célèbres dans les lettres, parmi lesquels nous ne citerons que Bossuet, qui dispense de nommer ses autres compatriotes, comme il dispense de nommer les orateurs ses contemporains.

Le jeune Crébillon fit ses études chez les jésuites, qui ont été de même les premiers instituteurs de plusieurs écrivains distingués : nous ne rappellerons ici que les trois plus illustres, ce même Bossuet qu'ils voulurent acquérir et qui leur échappa, le grand Corneille, qui les aima toujours, et Voltaire qui les

---

* Reçu à l'Académie française, le 27 septembre 1731, à la place de Jean-François Leriget de La Faye; mort le 17 juin 1762.

aima long-temps. On sait trop combien l'éducation, telle qu'elle subsiste malheureusement parmi nous, est peu propre à former de grands hommes ; elle le serait bien plus à étouffer le génie dès son berceau, si la nature qui, dans les contrées sauvages, donne quelquefois la fécondité à la terre, malgré la barbarie des habitants, n'avait pas aussi dans les esprits du premier ordre une énergie supérieure aux plus mauvaises leçons. On est convenu cependant, soit par égard, soit par indulgence pour l'amour-propre des maîtres, de leur accorder quelque part dans la gloire que leurs disciples ont su mériter par eux-mêmes, et malgré l'éducation qu'ils ont reçue. En ce cas la société des jésuites, quelque illustrée qu'elle soit par les hommes célèbres qui lui ont appartenu, aurait encore plus à se glorifier de ses élèves que de ses membres.

Une anecdote que l'abbé d'Olivet a souvent racontée, et qu'il savait d'original, nous apprend que Crébillon annonça dès le collège les talents qui devaient lui faire un nom, et en même temps l'amour qu'il a montré jusqu'à la fin de ses jours pour une vie indépendante et libre de toute espèce de contrainte. Les jésuites, ses maîtres, qui s'occupaient avec zèle, car c'est une justice qu'il faut leur rendre, de l'éducation de la jeunesse confiée si long-temps à leurs soins, n'oubliaient pas dans cette éducation l'avantage de leur compagnie, toujours présent à leurs yeux, espèce de sentiment patriotique dont nous n'aurons pas la dureté de leur faire un reproche. Dans cette vue, ils s'étudiaient à bien connaître leurs disciples, pour en tirer tout le parti possible, relativement aux différents projets qu'ils pouvaient former sur eux. Ils avaient pour cet effet dans chaque collège un registre secret, sur lequel ils écrivaient le nom de chaque écolier, avec une note en latin sur ses talents, son esprit et son caractère. Fontenelle, par exemple, qui avait aussi étudié chez eux dans la ville de Rouen, sa patrie, avait pour note : *Adolescens omnibus numeris absolutus, et inter discipulos princeps* (Jeune homme accompli à tous égards, et le modèle de ses condisciples). La note de Crébillon n'était pas tout-à-fait si honorable, elle portait : *Puer ingeniosus, sed insignis nebulo* (Enfant plein d'esprit, mais insigne vaurien). Nous n'aurions osé rapporter une circonstance si futile de l'enfance de Crébillon, si sa conduite dans tout le cours de sa vie avait justifié l'épithète malhonnête dont on le gratifiait de si bonne heure; une telle épithète, appliquée par un régent de collège à un écolier plein d'esprit et de vivacité, ne signifiait autre chose que l'impétuosité naturelle d'un enfant qui se livrait avec ardeur aux plaisirs innocents de son âge, qui affichait un dégoût bien excusable pour des études rebutantes et par elles-mêmes et par leur forme ; qui montrait dès lors un caractère ferme et décidé, incapable de s'assujettir à des règles minutieuses, enfin qui savait peut-être déjà démêler dans ses instituteurs ces travers trop fréquents que la maladresse des maîtres laisse apercevoir à leurs disciples. En effet, et c'est une réflexion que ne font pas assez ceux qui sont chargés d'élever la jeunesse, les enfants, lorsqu'ils passent dans leurs mains, sortent immédiatement de celles de la nature, et n'ayant point encore la raison gâtée, comme dit La Fontaine, par les préjugés de l'éducation ou de la société, ont une sagacité bien plus pénétrante et plus redoutable qu'on ne croit pour sentir ce qui est injuste ou ridicule; ils savent saisir et apprécier l'un et l'autre, avec une justesse de tact qui a plus d'une fois été le désespoir de leurs pédagogues, et qui leur a fait porter sur ces enfants des jugements trop intéressés pour être équitables. Tel était sans doute le jeune Crébillon, regardé par les jésuites comme un fléau de leur collège.

Sa famille, ancienne et illustrée dans la magistrature du côté paternel et maternel, désirait de conserver cette illustration, qui était pour elle un héritage précieux et respecté. En conséquence de ces vues, son père, greffier en chef de la chambre des comptes de Dijon, le destina à la robe, sans consulter ni la volonté de ce fils, ni la nature qui se plaît si souvent à contrarier les projets des pères, et qui malgré eux a fait les Despréaux, les Molière, et tant d'autres. Le jeune homme voulait se consacrer à la littérature, sa vraie et sa seule vocation; mais ses parents étaient trop imbus de la vieille maxime qui proscrit impitoyablement chez tant de familles le métier d'*hommes de lettres*, maxime qu'on peut appeler l'*apophthegme éternel et banal de presque tous les parents*; ce n'est pas, si on les en croit, avoir un état dans la société, et, comme ils le disent, *être quelque chose*, que de chercher à s'acquitter envers sa nation en l'éclairant ou en l'honorant par ses ouvrages. Victime de ce grand principe, Crébillon fit son droit à Paris, fut reçu avocat, dévora tout l'ennui du fatras des lois, et passa ensuite dans l'étude d'un procureur pour y apprendre les éléments de la chicane, auxquels on croira facilement qu'il prit encore moins de goût. Il s'y dévoua cependant, ou plutôt il s'y soumit, avec toute la docilité qui peut accompagner une répugnance excessive. Il se dédommageait de cette fastidieuse occupation en allant souvent aux spectacles. Le goût très vif qu'il prit pour cet amusement devint bientôt un passion violente; et cette passion alla si loin, qu'il ne put un jour la contenir en présence de son procureur même, à qui jusqu'alors il avait caché soigneusement tout le plaisir défendu qu'il goûtait avec tant d'avidité. Le procureur, homme d'esprit, vit dans l'éloquence avec laquelle Crébillon parlait des chefs-d'œuvre de la scène, le germe d'un talent fait pour briller un jour sur le théâtre; il osa conseiller à son élève de renoncer à la chicane, au barreau, à la magistrature même, de suivre l'impulsion de son génie, et de savoir désobéir à ses parents pour illustrer un jour le nom qu'ils portaient.

A juger du caractère de Crébillon par le genre de son esprit, plein de vigueur et d'une sorte d'audace, on croirait que, pour se livrer à son talent, il n'aurait pas eu besoin d'en être averti, ou du moins qu'il n'avait besoin que de l'être, comme Achille fut instruit de son sexe dès qu'on lui montra des armes. Mais les exhortations du procureur l'effrayèrent d'abord plus qu'elles ne l'encouragèrent. Plein d'admiration et de respect pour les écrivains immortels qui ont donné tant d'éclat à la scène française, et ne se croyant pas même destiné à les suivre de loin, il regardait cette ambition comme une espèce de sacrilège. Ainsi cet homme, qui devait être un de nos premiers auteurs tragiques, modeste et timide comme l'est toujours le génie effrayé par les grands modèles, n'osait entrer dans le sentier de la gloire où ils l'invitaient à les suivre, tandis qu'une foule de jeunes présomptueux que rien n'effraie dans ce sentier redoutable, parce que rien ne les y appelle, s'y jettent avec une aveugle confiance, et disparaissent bientôt pour jamais. A la fin pourtant, le jeune Crébillon, réveillé tous les jours par des conseils dont la sincérité ne lui était pas suspecte, mais encore plus excité par une voix intérieure et puissante à laquelle il résistait en vain, hasarda une pièce qu'il lut aux comédiens. Le sort de cet ouvrage lui fit croire d'abord que cette voix importune l'avait trompé; la pièce eut le malheur d'être rejetée par l'aréopage qu'il avait pris pour juge. Il en conçut un chagrin qui rejaillit sur son procureur même; il le regarda presque comme un ennemi qui lui avait conseillé de se déshonorer, jura de ne le plus croire, et de ne plus faire de vers de sa vie.

Les amants et les poètes oublient bientôt leurs serments. Crébillon se calma peu à peu, revint où la nature le voulait, et fit la tragédie d'*Idoménée*, qui eut assez de succès pour le consoler de son premier malheur. L'action néanmoins en était faible et le style négligé ; une rivalité d'amour entre le père et le fils, assez mal imaginée dans un pareil sujet, donna beaucoup de prise à la censure ; mais quelques beautés de détail firent excuser et le vice du plan, et les défauts de l'exécution. Le cinquième acte fut cependant assez mal reçu à la première représentation de la pièce. Aussi fécond que docile, le poète en fit un meilleur, qui fut composé, appris et joué en cinq jours. Une facilité si singulière annonçait et préparait de plus heureux efforts ; aussi Crébillon, s'élançant de ce premier pas dans la carrière tragique, montra bientôt au public étonné le vaste chemin qu'il avait fait. Il sauta, si on peut parler ainsi, de la tragédie d'*Idoménée* à celle d'*Atrée et Thyeste*, qui laissa la première bien loin derrière elle. Le fond de l'intérêt dans cette dernière pièce n'est à la vérité guère plus grand que dans *Idoménée*; mais l'action y est plus attachante et plus vive ; le style, sans être beaucoup plus correct, a bien plus de couleur et de force ; et les beautés y sont plus fréquentes et plus marquées. Cette tragédie est même restée long-temps au théâtre ; mais la catastrophe pleine d'horreur qui la termine, ce sang qu'Atrée veut faire boire à Thyeste, a toujours nui au plein succès de la pièce dans toutes ses remises, comme elle y avait nui dans sa nouveauté. On pensera peut-être qu'elle serait plus heureuse aujourd'hui, depuis qu'on a vu dans *Gabrielle de Vergy* une situation plus horrible encore attirer long-temps la foule. Mais sans prétendre ni justifier, ni combattre ce dernier succès, nous croyons qu'*Atrée* ne peut jamais en espérer un semblable. Dans la pièce de Crébillon, l'horreur du cinquième acte n'est absolument que dégoûtante et sans intérêt; elle se fait sentir tout-à-coup, et presque sans être préparée, au moment où Atrée présente à Thyeste le sang de son fils; et ce moment affreux que rien ne répare et n'adoucit, révolte avec raison le spectateur. Dans *Gabrielle*, l'horreur est affaiblie par l'intérêt qu'on prend aux deux amants, par le spectacle touchant, quoique terrible, des douleurs et des angoisses de Gabrielle, par le prolongement même de ce spectacle, qui diminue la violence de l'effet, en laissant au spectateur le temps de sentir qu'il n'assiste qu'à une représentation : voilà pourquoi, si nous osons ici hasarder notre avis, les femmes, qui se rejettent au fond de leurs loges quand elles voient la coupe sanglante d'Atrée tomber et se répandre sur le théâtre, regardent au contraire, quoique en frémissant, l'urne et l'agonie de Gabrielle; semblables à ces enfants qui aiment à entendre les contes dont on les effraie, et reviennent tout effrayés les écouter encore : sur la scène un frémissement subit et instantané n'est que pénible quand la cause en est révoltante; mais dans une situation terrible d'ailleurs, un frémissement qui dure et se prolonge, peut faire éprouver une sorte de plaisir, et rendre par ce moyen la situation moins affreuse. Quoi qu'il en soit, la tragédie d'*Atrée* obtint les plus grands éloges, et l'estime générale qu'elle mérita mit le comble, non-seulement au bonheur du poète, mais à celui du procureur qui avait donné Crébillon au théâtre. Quoiqu'il fût attaqué d'une maladie mortelle, il se fit porter à la première représentation d'*Atrée*. Il en serait sorti avec affliction, s'il eût attendu le jugement des spectateurs pour fixer le sien, car cette représentation fut assez froidement reçue; le parterre parut plus consterné qu'intéressé; il vit baisser la toile sans siffler ni applaudir, et s'écoula avec ce silence fâcheux qui n'annonce pas dans les auditeurs le désir de l'être une seconde fois. Mais le procureur jugea mieux que le public, ou plutôt jugea dès ce premier moment comme le public devait juger bientôt après. La pièce finie, il alla sur le théâtre chercher son ami, qui encore très incertain de son sort, était déjà presque résigné à sa chute; il embrassa Crébillon avec transport : « Je meurs content, lui « dit-il; je vous ai fait poète, et je laisse un homme « à la nation. »

L'horreur dont on avait accusé la tragédie d'*Atrée* fut adoucie par l'auteur, non sans quelque regret, dans *Électre*, qui suivit d'assez près, et dont le succès fut aussi grand que mérité. On reprocha pourtant à cette pièce de l'embarras dans l'exposition, et un double amour qui y jette de la langueur, surtout dans les premiers actes. Mais l'intérêt du sujet, la chaleur de l'action, des vers heureux et qui sont restés, le caractère d'Électre dessiné d'un pinceau ferme et noble, enfin la beauté supérieure du rôle de Palamède, enlevèrent tous les suffrages, et imposèrent silence aux critiques.

Après le succès d'*Électre*, on aurait cru que la gloire dramatique de Crébillon était à son comble. C'était déjà une chose très rare au théâtre de voir des triomphes si rapides, qui ne fussent pas au moins interrompus et comme tempérés par des chutes. Ce fut une chose plus rare encore de voir les succès aller en augmentant, et le poète, semblable aux dieux d'Homère, faire trois pas, et arriver au terme. Crébillon avait déjà laissé bien loin derrière lui tout l'essaim de poètes tragiques qui se traînent sur la scène depuis Corneille et Racine; il se surpassa lui-même dans *Rhadamiste*, son chef-d'œuvre, et nous pouvons ajouter, un de ceux du théâtre français. Cette pièce est d'un dessin fier et hardi, d'une touche originale et vigoureuse. Les caractères de Rhadamiste, de Zénobie et de Pharasmane, sont tracés avec autant d'énergie que de chaleur; l'action est intéressante et animée, les situations frappantes et théâtrales; le style a d'ailleurs une sorte de noblesse sauvage, qui semble être la qualité propre de cette tragédie, et la distinguer de toutes les autres. Parmi plusieurs scènes d'un grand effet, celle où Zénobie déclare en présence de son époux son amour pour Arsame, est une des plus belles qui soient au théâtre. La supériorité des trois derniers actes, et même d'une partie du second, fit pardonner la langueur du premier, et sur-tout l'obscurité d'une exposition aussi froide, plus compliquée et moins vraisemblable que celle de *Rodogune*, mais qui produit, ainsi que dans *Rodogune*, des beautés théâtrales du premier ordre; tant il est vrai, comme le prouvent cent autres exemples, que le succès d'une tragédie est bien plus dans l'effet subit et momentané des situations, que dans la préparation des incidents, ou même dans leur vraisemblance, et qu'au théâtre, comme l'a très bien dit Voltaire, « il vaut mieux frapper fort que de frapper juste. » Ce sujet de *Rhadamiste* avait infiniment plu à Crébillon; le rôle de Pharasmane, implacable ennemi de l'arrogance et de l'ambition romaine, donnait lieu à l'auteur de déployer dans toute sa force la haine vive et profonde dont il était pénétré lui-même pour ces *tyrans de l'univers;* car c'était le nom, peut-être bien mérité, qu'il donnait toujours aux Romains, dont les annales réveillent tant d'idées de gloire, et dont la gloire a tant fait de malheureux. Il regardait, disait-il, comme un des plus grands fléaux qui eussent désolé l'humanité, les conquêtes de cette nation insolente et cruelle, et les chaînes dont elle avait accablé tant de peuples. Assez peu pressé de parler sur tout autre sujet, il était toujours éloquent sur cette matière. Il ne pardonnait pas à l'auteur de *Mithridate* d'avoir exprimé trop faiblement, selon lui, la haine violente que ce prince portait aux Romains. Ce défaut de force qu'il reprochait à Racine, le rendait injuste à l'égard de ce grand poète, qu'il se contentait d'appeler *le plus élégant de nos écrivains.* Il exprima dans le rôle de Pharasmane l'aversion du prince et la sienne propre pour la nation romaine, avec toute la vigueur d'une âme fière et indépendante, que le despotisme et l'oppression révoltaient; et les connaisseurs jugèrent que si Racine *savait peindre l'amour*, Crébillon *savait peindre la haine.*

Néanmoins, ce *Rhadamiste* qui venait d'obtenir du public une faveur si distinguée, ne put même obtenir grace du sévère Despréaux qui vivait encore. Il s'exprima sur cette pièce avec plus de dureté qu'il n'avait fait dans ses satires sur les productions les plus méprisables à ses yeux. « J'ai trop vécu, s'écriait-
« il avec la plus violente humeur ; à quels Visigoths
« je laisse en proie la scène française ! Les Boyer et
« les Pradon, que nous avons tant bafoués, étaient
« des aigles auprès de ceux-ci. » La comparaison était aussi injurieuse qu'injuste. Mais le mérite de la versification, le premier de tous aux yeux de Despréaux, était, il faut l'avouer, le côté faible de la nouvelle tragédie. D'ailleurs, ce juge inexorable, encore plein du souvenir des hommes de génie avec lesquels il avait vécu, des Molière, des Racine et des Corneille, ne voyait qu'avec dédain leurs successeurs. La Motte n'était à ses yeux qu'un bel esprit sans talent, Rousseau qu'un versificateur sans idées, et Crébillon qu'un poète barbare ; le mérite de Fontenelle était perdu pour lui, et l'auteur de *la Henriade* n'écrivait pas encore. Despréaux eût fait volontiers à la génération littéraire naissante le même compliment que le vieux et impoli Nestor fait aux princes grecs dans l'Iliade : « Je vous conseille de m'écouter, car j'ai
« fréquenté autrefois des hommes qui valaient mieux
« que vous. » Enfin, ce qui ajoutait encore à l'inflexible rigueur de ses arrêts, le satirique était alors accablé d'infirmités, et attaqué de la maladie dont

il mourut peu de temps après; l'humeur que lui donnait sa situation rejaillissait sur les ouvrages qui avaient le malheur de tomber entre ses mains; on ne devait pas attendre de Despréaux, vieux et malade, l'équité que Despréaux, jeune et plein de santé, n'avait pas toujours eue pour les poètes ses confrères; et l'auteur d'*Électre* n'était pas fait pour être mieux traité que l'auteur d'*Armide*. Crébillon s'en consola par l'enthousiasme que le public témoigna pour *Rhadamiste*, enthousiasme si constant, qu'il ne fut pas même affaibli par la lecture, si funeste à tant de succès éphémères. On fit deux éditions de sa pièce en huit jours; elle reçut les plus grands applaudissements à Versailles, qui pour cette fois fut d'accord avec Paris. Les amis de Crébillon le pressèrent de se montrer à la cour, pour y jouir de son triomphe, et pour y recevoir les graces que son peu de fortune lui rendait nécessaires. Plein des espérances dont on l'avait enivré, il partit pour Versailles, et n'y fut regardé de personne. Tant de froideur l'étonna, quoique sans l'affliger; et ce qui prouve bien mieux encore son peu de connaissance du pays où il se trouvait, c'est la simplicité qu'il eut d'y demeurer deux ou trois ans avec patience, attendant toujours l'accueil qu'on lui avait promis, mais à la vérité ne le cherchant pas, et ne faisant rien pour en hâter le moment. Las enfin d'être oublié, et n'ayant que trop éprouvé la vérité du vers si consacré par l'expérience, (*Métrom.*, act. IV, sc. 4).

Qu'un poète à la cour est de bien mince aloi,

il quitta sans retour comme sans regret un séjour si peu fait pour lui, en prenant désormais pour sa devise, *ne t'attends qu'à toi seul.*

Réduit à l'unique ressource que lui promettaient ses talents, il se flattait de pouvoir obtenir encore de nouvelles couronnes, et donner à *Rhadamiste* des successeurs dignes de l'être. Mais il y a pour tous les écrivains, et sur-tout pour les auteurs dramatiques, un moment où leur succès est au plus haut point que la nature de leur génie leur permet d'atteindre, une espèce de midi jusqu'où leur gloire s'élève, et au-delà duquel elle ne fait plus que décliner. C'est ce qui est arrivé à Crébillon comme à tous les autres poètes tragiques, si on en excepte l'auteur de *Phèdre* et d'*Athalie*, qui a fini par ces deux chefs-d'œuvre. *Rhadamiste* fut suivi de *Xercès* et de *Sémiramis*, qui eurent l'un et l'autre très peu de succès. Outre les défauts particuliers à chacune de ces tragédies, on reprochait à Crébillon d'être monotone dans ses sujets et dans sa manière, et de ne pouvoir sortir de cette horreur tragique qu'on avait tolérée, ou même applaudie dans ses premières pièces, mais dont on était fatigué et rebuté dans les dernières. Il crut devoir répondre à ces critiques en donnant *Pyrrhus*, dont le sujet, la marche, le style et le ton étaient plus assortis à la délicatesse, ou, comme il le prétendait, à la faiblesse des spectateurs. Personne ne mourait dans cette pièce; l'auteur s'était fait cette violence: mais comme il ne se trouvait dans toute sa force, et pour ainsi dire à son aise, que sur une scène ensanglantée, il n'avait travaillé, disait-il, qu'avec une sorte de dégoût à cette *ombre* de tragédie, qu'il ne put même achever qu'au bout de cinq ans. La pièce reçut néanmoins plus d'accueil que cet accouchement laborieux et forcé ne semblait le permettre. Mais l'accueil fut passager, et l'ouvrage a disparu de dessus la scène, comme un collatéral éloigné, intrus dans une succession qui ne lui appartient pas, est obligé de renoncer au partage qu'il prétendait faire avec les héritiers légitimes.

Nous ne devons pas oublier de dire que, dans l'intervalle entre *Xercès* et *Sémiramis*, Crébillon avait commencé une tragédie de *Cromwell*, où il donnait l'essor le plus intrépide aux sentiments de liberté qui étaient gravés si profondément dans son cœur. Il en lut à ses amis quelques scènes, où l'aversion anglaise pour le pouvoir absolu était peinte avec tant d'énergie, qu'il reçut une défense de continuer sa pièce. Il était bien éloigné de consacrer l'attentat d'un sujet, dont le fanatisme odieux, se couvrant de l'égide des lois, osa priver du trône et de la vie un monarque vertueux et digne d'un meilleur sort; mais l'auteur avait fait de Cromwell un scélérat plein de grandeur; et l'administration attentive qui veille parmi nous sur l'esprit national, craignit que l'admiration pour le criminel ne diminuât l'horreur du crime; que la peinture d'un peuple libre ne fît des impressions trop vives sur une nation gouvernée par d'autres lois, et que la haine pour le despotisme n'affaiblît le respect pour l'autorité. On connaît quelques vers de cette tragédie, que les amis de l'auteur lui ont souvent entendu dire, et où l'usurpateur étalait avec la plus insolente audace ses maximes anti-monarchiques. Ces vers, quoique placés dans la bouche d'un rebelle, et par conséquent peu propres à ébranler de fidèles sujets, pénétrés de ce qu'ils doivent au pouvoir légitime, parurent néanmoins trop mal sonnants pour être entendus sur le théâtre d'une nation qui se fait tant d'honneur d'aimer ses souverains; et Crébillon se soumit à cet arrêt avec une docilité d'autant plus louable, que, s'il détestait l'autorité arbitraire, il respectait et chérissait celle de son roi. Il a tracé lui-même ce double sentiment dans un exemplaire qu'il avait du fameux livre de Hubert Languet, qui a pour titre: *Vindiciæ contrà tyrannos* (Réclamation contre les tyrans), ouvrage dont l'objet est de fixer les droits réciproques des rois et des peuples. Dans cet exemplaire que nous avons vu, Crébillon a souligné avec soin les passages sur la haine du despotisme, sur le droit que la tyrannie donne aux opprimés de la braver et de l'anéantir, et en même temps sur l'obéissance et l'amour que les peuples doivent à une autorité sage et modérée, fondée sur la justice et sur les lois. Ainsi, toujours fier et libre, et en même temps toujours Français et fidèle, Crébillon sut également se garantir et des fureurs de la révolte, et des bassesses de l'esclavage.

Revenons à ses travaux dramatiques. La tragédie de *Pyrrhus* en fut presque le terme, soit que cette tragédie, si contraire à son goût, eût épuisé son génie en le fatiguant, comme ces plantes étrangères

qui, transportées dans nos climats, dessèchent le terrain où l'on s'efforce de les faire naître, soit que l'auteur se voyant après tant de succès plus chargé de lauriers que de fortune, fût enfin dégoûté de ce théâtre où il avait brillé si long-temps. Il renonça presque entièrement au commerce des hommes, non par humeur ou par misanthropie, mais par amour pour cette liberté qu'il regardait comme le seul bien qui lui restât. Ce caractère indépendant le rendait incapable de se prêter aux inutilités ordinaires de la société, qu'on y décore du nom de *bienséances* et de *devoirs*; il lui était plus impossible encore de se plier à ces assiduités si nécessaires auprès des hommes puissants, pour s'assurer ce qu'on nomme des *protecteurs*, Mécènes orgueilleux des talents médiocres *qui les recherchent*, et secrets ennemis des talents distingués *qui les négligent*. Crébillon s'enfonça dans une retraite ignorée, où il se réduisit à une vie simple, frugale et presque dure, entouré d'animaux dont l'attachement le consolait de l'injustice des hommes, ou plutôt l'en dédommageait sans qu'il eût besoin de s'en consoler; car il semblait même sentir à peine cette injustice, tant il était loin de s'en plaindre! Soit apathie, soit équité, il ne s'était jamais pris qu'à lui seul des disgraces qu'il avait essuyées au théâtre. Après la première représentation de *Xercès*, qui, comme nous l'avons dit, ne fut pas heureuse, il avait demandé aux comédiens leurs rôles, et les avait jetés au feu en leur présence: « Je me suis trompé, leur dit-il, le public
« m'a éclairé. »

Malgré le grand nombre de ses succès, il n'avait pu obtenir, dans le temps le plus brillant de sa gloire, une place à l'Académie française; les cabales littéraires les plus opposées étaient réunies contre lui, parce que les chefs et les suppôts de ces cabales voyaient dans Crébillon un homme qui menaçait de les faire bientôt oublier tous par l'éclat de sa renommée. Il faut convenir aussi qu'il avait un peu irrité par sa faute l'amour-propre de ceux qui jouissaient, à tort ou à droit, de quelque réputation dans les lettres; il s'était permis contre eux une satire ingénieuse et piquante, qu'il eut pourtant la modération ou la prudence de ne jamais faire imprimer; ses détracteurs y étaient désignés d'une manière plaisante, par des noms d'animaux qui les caractérisaient avec une vérité assez frappante pour leur déplaire; l'un était la *taupe*, l'autre le *singe*, celui-là le *chameau*, celui-ci le *renard*. Ce fut la seule satire que Crébillon se permit dans toute sa vie; il faut la pardonner au premier mouvement d'un talent opprimé, qui, éprouvant l'injustice, s'irrite d'abord contre elle, se venge un moment, se repent bientôt de cette faiblesse, et n'oppose plus à ses ennemis que le travail, les succès et le silence. Crébillon était bien éloigné de donner sur ce point aux poètes ses confrères un mauvais exemple, dont par malheur ils n'ont pas besoin; il ne s'exprimait jamais qu'avec le plus profond dédain sur ces insectes plus importuns que malfaisants, dont la littérature est inondée. Un jeune poète vint un jour lui faire la lecture d'une satire; il l'écouta tranquil-

lement; et quand la lecture fut achevée: « Jugez,
« lui dit-il, combien ce malheureux genre est facile
« et méprisable, puisqu'à votre âge vous y réus-
« sissez. »

Il n'est pas inutile de remarquer, comme un trait
digne d'être conservé dans l'histoire des sottises
humaines, que les ennemis de Crébillon, ne pouvant articuler aucun fait contre sa personne, allaient
chercher dans ses pièces des preuves de la perversité de son caractère. Il n'y avait, selon eux, qu'une
âme noire qui pût s'attacher de préférence aux sujets qu'il avait choisis. « On m'a chargé, dit-il dans
« la préface d'*Atrée*, de toutes les iniquités de ce
« personnage, et on me regarde encore dans quel-
« ques endroits comme un homme avec qui il ne
« fait pas sûr de vivre. » Ce peu de mots suffisait
pour rendre ses ennemis ridicules, et le dispensait
d'honorer, comme il fit, d'une réponse sérieuse leur
absurde imputation; ils avaient porté l'ineptie jusqu'à lui reprocher, comme des principes qu'il recé-
lait au fond de son cœur, les maximes atroces qu'il
avait mises dans la bouche de quelques scélérats,
qu'apparemment on voulait qu'il fît parler en
hommes vertueux pour soutenir leur caractère. Le
censeur de *Sémiramis*, après s'être bien fait prier
pour accorder son approbation, crut faire un grand
effort d'indulgence, en la donnant de la manière
suivante : « J'ai lu *Sémiramis*, et j'ai cru que la mort
« de cette princesse, au défaut des remords, pou-
« vait faire *tolérer* l'impression de cette tragédie. »
Il est vrai que cet approbateur était un héros de la

satire dont nous avons parlé il n'y a qu'un moment ; le scrupule vint en cette occasion prêter sa faible vengeance à l'amour-propre offensé. Tels furent les moyens qu'employèrent la haine et l'envie pour éloigner Crébillon, et malheureusement elles ne réussirent que trop bien à le réduire au silence qui les mettait si fort à leur aise.

On ne devinerait pas aisément qu'elle était sa principale occupation dans sa solitude. Il imaginait des sujets de romans, qu'il composait ensuite de tête et sans les écrire; car sa mémoire était aussi prodigieuse que sa paresse était insurmontable. Il avait une grande passion pour ce genre d'ouvrage ; et même, presque indifférent à toute autre lecture, il n'avait guère lu que nos anciens romans, sur-tout ceux de La Calprenède, dont il ne parlait jamais qu'avec admiration, et dont il convenait d'avoir tiré beaucoup de secours pour ses tragédies. Un jour qu'il était fort occupé d'un de ces romans, dont la composition charmait sa retraite, quelqu'un entra brusquement chez lui : « Ne me troublez point, lui « cria-t-il ; je suis dans un moment intéressant ; je « vais faire pendre un ministre *fripon*, et chasser un « ministre *imbécille*.

Il était comme oublié depuis long-temps, et presque mort pour la nation, lorsqu'on s'avisa enfin de penser qu'il existait, et de lui rendre justice. Il entra à l'Académie, et il obtint des graces de la cour. Mais quelque bien placées que fussent ces récompenses, il ne faut pas se presser d'en faire honneur à l'équité de ses contemporains. Cette même haine, qui l'avait frustré des distinctions littéraires dans le temps où il en était le plus digne, aurait alors voulu l'en accabler, si elle avait pu, pour humilier un autre écrivain dont la gloire méritait depuis longtemps toute l'attention de l'envie. L'auteur d'*OEdipe*, de *Brutus* et de *Zaïre* avait pris un essor effrayant pour ceux qui, croyant alors tenir le sceptre de la littérature, n'étaient pas disposés à le voir entre les mains d'un autre. Ils allèrent chercher au fond de sa retraite le vieux et délaissé Crébillon, qui, muet et solitaire depuis trente années, ne pouvait plus être redoutable pour eux, mais qu'ils se flattaient d'opposer, comme une espèce de fantôme, à l'écrivain illustre par lequel ils se voyaient éclipsés, à peu près, si nous osons comparer les petites choses aux grandes, comme autrefois les ligueurs allèrent tirer un vieux cardinal de l'obscurité où il vivait, pour lui donner le vain titre de roi en régnant sous son nom, et pour enlever le couronne au digne souverain qu'ils forcèrent de la conquérir. Les partisans de Crébillon le proclamèrent de même comme le vrai et le seul héritier du sceptre de Corneille et de Racine, et le placèrent de leur autorité sur le trône de ces deux grands hommes. Ils firent plus; ils fixèrent à ces trois auteurs leur partage, et, pour ainsi dire, leur domaine dramatique; et comme le moyen le plus sûr d'accréditer une opinion auprès de la frivolité française, est d'inventer quelques phrases que tous les sots puissent répéter en croyant dire quelque chose, la cabale imagina et fit passer cette formule : *Corneille grand, Racine tendre, Crébillon tragique*, comme si Corneille et Racine n'avaient été tragiques ni l'un ni l'autre. Il ne restait plus de place pour un quatrième, eût-il été *grand, tendre* et *tragique* tout à la fois. Les justes admirateurs de Voltaire trouvaient en lui ces trois qualités; mais ils le disaient tout bas et à petit bruit; la faction contraire leur imposait silence, par le ton qu'elle donnait alors à toutes les sociétés; et tel écrivain qui eût osé, nous ne dirons pas préférer l'auteur de *Mahomet* à celui d'*Atrée*, mais seulement les placer sur la même ligne, eût été sûr de se voir décrié par cette faction redoutable, et par les échos qu'elle avait à ses ordres. Ces juges éclairés et suprêmes, aussi pleins de confiance que s'ils eussent été justes, ne se contentèrent pas de faire revivre la gloire de Crébillon, et reverdir ses anciens lauriers; ils voulurent qu'il y en ajoutât de nouveaux, pour flétrir, ainsi qu'ils l'espéraient, ceux de son concurrent; et ils crurent, comme dans l'*Énéide*, mettre un nouvel Entelle aux prises avec un nouveau Darès. Ils pressèrent le poète ressuscité d'achever sa tragédie de *Catilina*, qu'il avait commencée depuis trente ans, dont il avait lu des morceaux à quelques amis, et dont on parlait comme d'une merveille dramatique. Le public, qui depuis si long-temps entendait louer cette pièce, et ne la voyait jamais, quoiqu'on la lui promît toujours, s'écriait quelquefois avec Cicéron : « Jusqu'à quand abuserez-vous de notre patience, « Catilina? » Enfin, l'accueil que Crébillon recevait de toutes parts, les sollicitations de Paris et de Versailles, les prières de l'Académie, les ordres même du roi, tout le détermina à finir et à donner sa tragédie ; mais l'évènement fit voir qu'il eût mieux fait de continuer à écouter sa paresse, que de céder à ses amis et à ses prôneurs. Cette production, peu digne de l'auteur de *Rhadamiste*, et qui n'a jamais reparu depuis sa nouveauté, eut cependant une sorte de succès momentané, ou plutôt un assez grand nombre de représentations sans aucune estime ; elle fut redevable de cette indulgence à l'intérêt qu'on avait su inspirer au public pour la vieillesse de l'auteur, et sur-tout à la ligue nombreuse et puissante déchaînée contre celui qu'elle voulait immoler. Voltaire, sans se rabaisser à vexer son rival par des satires indignes de l'un et de l'autre, prit un moyen aussi noble qu'efficace, pour mettre les vrais connaisseurs à portée de décider la querelle. Il entreprit de traiter la plupart des sujets où Crébillon avait échoué, et quelques-uns de ceux même où il avait été le plus heureux. Il ne craignit point que le public équitable lui reprochât d'avoir imité Sophocle, qui, avec l'applaudissement des Athéniens, osa lutter contre le vieux Eschyle, et qui vit ensuite Euripide traiter avec succès les mêmes sujets que lui. Comme la vérité est la base de nos éloges, et que notre premier devoir est d'être justes, pourquoi craindrions-nous d'avouer, dans l'éloge même de Crébillon, que la nouvelle *Sémiramis*, pleinement victorieuse après les plus rudes attaques, est aujourd'hui regardée comme une de nos plus belles tragédies ? qu'*Oreste*, long-temps déchiré par la satire, partage maintenant avec *Électre* les honneurs de la scène, et lui enlève ceux de la lecture? qu'enfin *Catilina* a disparu devant *Rome sauvée;* qu'on croit entendre dans ce bel ouvrage le même Cicéron qui tonnait pour la patrie dans la tribune aux harangues, et que César s'y montre avec cette supériorité d'âme et de génie qui devait bientôt lui soumettre les vainqueurs de l'univers? Pourquoi craindrions-nous même d'être démentis par les juges respectables qui nous écoutent, en fixant, d'après leur propre suffrage, le rang que ces deux auteurs tragiques doivent obtenir, ou plutôt qu'ils ont déjà irrévocablement obtenu? N'est-ce pas en effet dans la carrière dramatique que les rangs sont le plus nettement décidés, puisque le public, assemblé tous les jours au théâtre, y prononce ses arrêts en corps, à haute voix, sans équivoque et sans appel? Celui des deux écrivains dont les pièces sont le plus souvent représentées, attirent le plus de spectateurs, ont le plus de mouvement et d'effet, reçoivent le plus d'applaudissements, et font couler le plus de larmes, celui-là est sans contredit resté maître du champ de bataille. La mort de l'un et de l'autre a fait taire l'amitié et la haine, et ne laisse plus parler que la justice; ce n'est ni dans des sociétés, ni dans des brochures qu'on peut apprendre à juger ces deux athlètes, c'est dans la salle du spectacle que leur place est fixée pour jamais; et s'il pouvait y avoir encore quelque contestation sur ce sujet, on peut la terminer en deux mots, *venez et voyez.* Sans insister sur ce parallèle, nous aimons mieux, pour la gloire de Crébillon et pour celle de son illustre vainqueur, rappeler aux gens de lettres un trait de Voltaire, bien digne de leur être proposé pour exemple. Dans son discours de réception à l'Académie, il avait bien mieux loué Crébillon que n'avaient fait tous ses partisans ; c'était à César qu'il appartenait de célébrer dignement Pompée. « Le théâtre, avait-il dit dans ce beau « discours, est menacé, je l'avoue, d'une chute pro- « chaine; mais au moins je vois parmi vous, mes- « sieurs, ce génie qui m'a servi de maître quand j'ai « fait quelques pas dans la carrière ; je le regarde « avec une satisfaction mêlée de douleur, comme « on voit sur les ruines de sa patrie un héros qui l'a « défendue. » Nous ajouterons à ce bel éloge le trait honnête et sage de Crébillon lui-même, qui, demandé par Voltaire pour censeur de la tragédie d'*Oreste*, dit en la lui rendant : « J'ai été content du « succès de mon *Électre*, je souhaite que le frère « vous fasse autant d'honneur que la sœur m'en a « fait. » Tels étaient les vrais sentiments réciproques de deux hommes qu'une cabale odieuse cherchait à désunir; elle n'aurait dû les approcher, pour emprunter ici une belle expression de Bossuet, qu'afin d'apprendre de l'un d'eux toute l'estime que méritait l'autre. « Heureux les arts, a dit un ancien, si les « artistes seuls en jugeaient ! » Celui qui a dit ce mot oubliait toute l'injustice des petits intérêts et des passions secrètes. Ces hommes si maladroitement empressés à déifier l'auteur de *Rhadamiste* pour écraser celui de *Zaïre*, auraient bien fait de se rappeler et de s'appliquer les deux vers si connus de notre fabuliste philosophe :

Rien n'est si dangereux qu'un *ignorant* ami,
Mieux vaudrait un *sage* ennemi.

Ils auraient dû se souvenir qu'il est dans le temple de la renommée littéraire des places marquées pour tous les talents, et tôt ou tard occupées par ceux qui méritent de les remplir; que cette renommée fait une justice, tantôt prompte, tantôt tardive, mais toujours infaillible et sévère, *des protégés et des protecteurs, des auteurs et des juges, des éloges et des satires;* qu'enfin rien n'est plus contraire au véritable intérêt des lettres, que de semer la discorde entre des hommes faits pour s'aimer, pour se soutenir, pour s'encourager mutuellement, pour se rendre par là respectables à cette populace nombreuse de tous les états, ennemie cachée de la gloire des talents, et dont la sottise est si contente de les voir à son niveau, quand ils ont le malheur de se dégrader par leurs querelles.

Crébillon était si peu flatté de l'ardeur indiscrète de ses amis, qu'il s'opposait même, autant qu'il le pouvait, à tous les moyens qu'ils voulaient prendre pour lui assurer des succès. Un d'eux lui demandant des billets pour la première représentation de *Catilina* : « Vous savez bien, lui dit-il, que je ne « veux pas qu'il y ait personne dans le parterre qui « se croie obligé à m'applaudir..... Aussi, lui répon- « dit son ami, ce n'est pas pour vous faire applaudir « que je vous demande ces billets; soyez sûr que « ceux à qui je les donnerai seront les premiers à « siffler la pièce si elle le mérite. En ce cas, ré- « pondit Crébillon, vous en aurez. »

Nous n'avons dit qu'un mot de son entrée dans l'Académie. Son nom est trop distingué dans notre liste, pour que nous passions légèrement sur cette réception. Elle fut d'ailleurs remarquable par une singularité qui n'avait point encore eu d'exemple, il fit son remercîment en vers; et cette nouveauté fut d'autant plus goûtée, que le public était depuis long-temps fatigué de l'uniformité de ces harangues. Cependant, soit timidité, soit paresse, le nouvel académicien ne porta pas l'innovation aussi loin qu'il l'aurait pu, et que sa réputation, son âge et le vœu unanime de ses auditeurs l'y autorisaient. Il conserva dans son discours le fond, déjà si usé, de tous ceux dont nos assemblées avaient tant de fois retenti, et ne fit que répéter en vers plus énergiques qu'élégants, les compliments d'usage qu'on entendait depuis si long-temps en prose. On a essayé depuis d'affranchir nos remercîments académiques des entraves que nos prédécesseurs y avaient mises, et des bornes étroites où ces discours étaient circonscrits. Voltaire, dont nous avons tant de fois parlé dans cet éloge, et si bien fait pour donner en tout l'exemple, a le premier prononcé à sa réception un discours utile, un discours intéressant sur les progrès de la littérature et du goût; il a osé, avec le succès qu'il devait en attendre, ce que les Despréaux et les Racine auraient dû oser il y a près d'un siecle; et la plupart de ses successeurs se sont fait un honneur et un devoir de l'imiter, en traitant des sujets dont la philosophie et les lettres pussent tirer quelque avantage. Pour ôter à ces discours le reste de monotonie qu'on leur reproche, ayons enfin le courage de les délivrer des vieilles formules, à la grande satisfaction des récipiendaires, et plus encore des auditeurs et des lecteurs. La juste reconnaissance que nous devons aux anciens bienfaiteurs de cette compagnie est bien mieux gravée dans nos cœurs qu'elle ne peut être aujourd'hui exprimée dans nos harangues; elle ne devrait plus être répétée à ce public difficile et dédaigneux, que doit à la fin rebuter l'expression trop rebattue des sentiments les plus louables.

Une autre circonstance du discours de Crébillon, c'est qu'au moment où il prononça ce vers :

Aucun fiel n'a jamais empoisonné ma plume.

le public, par des applaudissements réitérés, confirma le témoignage qu'il se rendait à lui-même. Car ce public, qui voit avec quelque satisfaction déchirer les hommes célèbres, leur sait gré de ne point répondre, parce qu'au plaisir secret qu'il a de les voir outrager sans repousser l'outrage, se joint la justice non moins secrète qu'il leur rend d'être au-dessus de la satire : aussi, quand la satire est oubliée, ce qui ne manque pas d'arriver bientôt, il n'y a plus qu'une voix pour louer leur modération et leur silence; on leur tient compte à la fois, et d'avoir connu leur force en se montrant insensibles aux injures, et de n'avoir voulu troubler ni le plaisir de ceux qui les disent, ni le plaisir de ceux qui s'en amusent.

Les faveurs de la cour, dans le temps même où

Crébillon en était comblé, n'avaient point énervé
son âme. Jaloux de justifier ces faveurs par de
nouveaux succès, il entreprit une tragédie du
Triumvirat, où il crut pouvoir transporter, avec
quelques changements légers, plusieurs morceaux
de cette ancienne tragédie de *Cromwell*, qui lui
était si chère, et qu'il avait étouffée malgré lui. Il
osa, dans une assemblée publique, lire à l'Académie quelques-uns de ces morceaux, dont la force,
et sur-tout la hardiesse, frappèrent vivement tout
l'auditoire. L'effet fut si général et si violent, que
l'auteur reçut ordre, non pas de supprimer cette
pièce, comme celle de *Cromwell*, mais d'en adoucir
les traits qui pouvaient alarmer la prudente circons-
pection du gouvernement. Contrarié dans son travail, mais non rebuté, Crébillon affaiblit et gâta
sa pièce par obéissance; mais il eut pourtant le
courage de la finir, quoique son âge de plus de
quatre-vingts ans lui permît et peut-être lui or-
donnât le repos. Un grand intérêt l'excitait d'ailleurs à terminer cet ouvrage. Il avait à cœur de
réparer l'honneur de Cicéron, qu'il se reprochait
d'avoir dégradé dans sa tragédie de *Catilina*, en le
faisant trop petit et trop faible. La pièce fut jouée,
mais non pas avec le succès de l'*OEdipe à Colonne*,
que le premier des tragiques grecs avait composé
à peu près au même âge; et Crébillon ne put pas
dire avec Corneille :

Tel Sophocle à cent ans charmait encore Athènes,
Tel bouillonnait encor son vieux sang dans ses veines

Le moment de la faveur ou de l'indulgence était passé; on ne vit plus dans le *Triumvirat* que la vieillesse de l'auteur; les sifflets respectèrent sa tragédie, mais la foule n'y vint pas; l'ouvrage disparut après quelques représentations, et l'auteur ne pensa plus qu'à finir en paix le reste de ses jours.

Nous avons déjà dit que la mémoire de Crébillon était surprenante : elle le fut jusqu'à la fin de sa vie. Il n'écrivait jamais ses pièces qu'au moment où il fallait les faire représenter; et déjà plus que septuagénaire, il récita par cœur aux comédiens sa tragédie de *Catilina*. Quand il disait quelque scène à ses amis, et qu'on faisait une critique qui lui paraissait juste, il réformait l'endroit critiqué, et il oubliait totalement sa première façon, pour ne se souvenir que de la dernière. Sa mémoire, aux ordres, pour ainsi dire, de son goût, ne conservait que ce qu'il croyait devoir retenir. En général, il était bien plus docile aux critiques, que ne l'ont été tant d'auteurs qui auraient eu si grand besoin de l'être. Ayant récité dans une assemblée de gens de lettres une tragédie qu'il venait de faire, et les auditeurs l'ayant trouvée mauvaise: *Il n'en sera plus question*, leur dit-il, *vous avez prononcé son arrêt;* et dès ce moment il oublia tout-à-fait l'ouvrage.

Quoiqu'il eût dans l'esprit plus de force que de gaieté, il savait plaisanter quelquefois. Dans le temps où il ne songeait pas encore à finir son *Catilina*, dont il n'avait fait que les deux premiers actes, il tomba sérieusement malade; ces deux actes lui furent demandés par son médecin, qui désespérait de le guérir, et qui craignait apparemment pour ses honoraires. L'auteur mourant lui répondit par ce vers de *Rhadamiste* :

Ah! doit-on hériter de ceux qu'on assassine?

Pendant qu'il achevait ce *Catilina* si attendu, il en dit un jour une scène entière devant un jeune homme, qui lui en répéta sur-le-champ plusieurs tirades : *Monsieur*, lui dit Crébillon, *ne seriez-vous point le chartreux qui a fait mes pièces?* Il riait ainsi tout le premier du bruit qu'avaient fait courir quelques mauvais plaisants, qu'avaient daigné croire quelques imbéciles, et même que des gens d'esprit n'étaient pas fâchés de répéter; car il faut bien laisser le moins qu'on peut les bons ouvrages à leurs auteurs : on prétendait que les tragédies de Crébillon avaient pour père un chartreux, de si noires productions n'ayant pu naître que dans la cellule d'un triste et morne solitaire; mais que le moine était mort en travaillant au *Catilina*, et que cette mort fatale avait entraîné la pièce dans la même tombe.

Dans les premières années où Crébillon se livra au théâtre, il devint amoureux, et se maria sans l'aveu de ses parents. Son père était déjà très irrité, comme le Baliveau de *la Métromanie*, de ce que le jeune homme avait préféré la gloire d'écrivain célèbre à l'importance de magistrat médiocre. Mais son fils lui parut tout-à-fait déshonoré, lorsqu'il le vit entrer dans une famille qui n'était ni opulente, ni noble, quoique d'ailleurs honnête et vertueuse;

il déshérita ce fils ingrat et rebelle. Cependant, quelques années après, la réputation brillante dont Crébillon commençait à jouir parvint aux oreilles de ce père, jusqu'alors inexorable; l'amour-propre du vieillard se sentit flatté; il commença à croire que son fils avait pris en effet un parti très sage; il le rétablit dans ses droits, et la vanité répara les torts de la nature. Crébillon, après la mort de son père, alla recueillir la succession très modique qu'il lui avait laissée; mais grace à son incurie pour ses intérêts, les frais de justice dévorèrent une partie de cette succession, et le *système* acheva le reste. Il trouva des secours dans les bienfaits de quelques hommes opulents, dont l'amour-propre eut la prétention de l'enrichir; mais bientôt ils se lassèrent de combler de biens un homme qui ne voulait être ni leur complaisant, ni leur protégé. Crébillon redevint bientôt libre et pauvre; et quoique dans le temps de son opulence passagère il eût aimé la dépense jusqu'aux superfluités et aux fantaisies, il n'eut aucune peine à se plier au genre de vie qu'exigeait sa nouvelle situation. Il passa sans effort, comme autrefois Alcibiade, du luxe de la Perse à l'austérité d'un Spartiate; et ce qu'Alcibiade sans doute n'éprouvait pas, il se trouva encore plus heureux dans le second état qu'il ne l'avait été dans le premier.

Il avait laissé un fils que la mort vient d'enlever aux lettres, et qui, comme son père, s'est rendu célèbre par ses écrits, mais dans un genre très opposé. Le père avait peint du coloris le plus noir les crimes et la méchanceté des hommes ; le fils, dans des romans pleins d'esprit, et dictés par une connaissance profonde de tous les replis honteux du cœur humain, a tracé du pinceau le plus délicat et le plus vrai, les raffinements, les nuances, et jusques aux graces de nos vices ; cette légèreté séduisante qui rend les Français ce qu'on appelle *aimables*, et ce qui ne signifie pas *dignes d'être aimés* ; cette activité inquiète qui leur fait éprouver l'ennui jusqu'au sein du plaisir même ; cette perversité de principes, déguisée et comme adoucie par le masque des bienséances ; enfin, nos mœurs tout à la fois corrompues et frivoles, où l'excès de la dépravation se joint à l'excès du ridicule.

Crébillon mourut le 17 juin 1762, âgé de quatre-vingt-huit ans, après une maladie à laquelle il résista long-temps par un tempérament très robuste ; car il conserva toute sa force jusqu'à la dernière vieillesse, malgré le peu de soin qu'il avait eu de la ménager, ou peut-être même à cause des rudes épreuves qu'il lui avait fait subir. Le gouvernement, qui lui avait accordé une protection si éclatante, voulut un moment lui faire élever un mausolée ; hommage qu'on n'avait rendu ni à Corneille, ni à Racine, encore moins à Molière, dont les mânes obtinrent à peine, comme l'on sait, les honneurs funèbres, et n'en furent même redevables qu'au grand roi qui avait fait jouer le *Tartufe* ; auguste et digne protecteur du grand homme vivant, et du grand homme qui n'était plus ! Le mausolée de Crébillon se réduisit au projet, la mort du poète ayant bientôt refroidi la chaleur factice et passagère que sa vieillesse avait vue naître. Si jamais le projet se réalise, l'Académie verra ce monument avec intérêt, et comme consacré à la mémoire d'un de ses plus illustres membres, et comme le précurseur *indubitable* d'un autre monument, plus précieux encore pour elle, que déjà les étrangers demandent à la nation, dont ils se préparent à lui donner bientôt l'exemple, et dont en ce moment, Messieurs, nous ne pouvons offrir à vos regards qu'une faible et douloureuse image.

Oserons-nous, en finissant cet éloge, hasarder quelques réflexions, telles que nous les permettent nos faibles lumières, sur le caractère que Crébillon a donné à ses pièces, et sur le parallèle qu'on peut faire de cet écrivain avec nos principaux poètes tragiques? Un de nos plus célèbres confrères, l'auteur du beau poème des *Saisons*, dans les notes pleines de goût et de philosophie qu'il a jointes à son excellent ouvrage, a remarqué avec grande raison, quoi qu'en ait dit le bas peuple des critiques, que les deux illustres fondateurs de la tragédie parmi nous, semblaient s'être plus attachés à peindre *les hommes que les nations ;* que Racine n'en avait peint qu'une seule, *les Juifs*, et Corneille que deux, *les Romains* et *les Espagnols ;* que Voltaire seul avait peint tous les peuples, *Grecs, Romains, Français, Espagnols, Américains, Chinois* et *Arabes*. Crébillon n'offre le tableau d'aucune nation particulière; il semble s'être livré tout entier à tracer celui de l'homme, et à le tracer du côté qui n'est pas le plus beau sans doute, mais qui est peut-être au théâtre un des plus frappants. Il a montré la perversité humaine dans toute son atrocité; c'est un frère qui assassine le fils de son frère, et qui lui en fait boire le sang; c'est un fils qui égorge sa mère; c'est un père qui tue son fils. L'auteur a cru remplir par ce moyen un des deux grands objets que les Grecs regardaient comme le but de la tragédie, la *terreur*; il a même osé porter cette terreur jusqu'au sentiment le plus pénible, bien sûr, et presque affligé, de rester encore au-dessous des tragiques grecs, dont certains ouvrages faisaient, dit-on, avorter les femmes enceintes. Ce but général et unique des pièces de Crébillon leur donne un ton de couleur sombre par lequel elles se ressemblent toutes. Cette ressemblance qu'on reproche à ses ouvrages, on la reproche aussi, quoique dans un autre genre, à ceux de Racine; mais, ce me semble, avec beaucoup moins de justice. Car si ce poète admirable paraît quelquefois semblable à lui-même, c'est tout au plus dans ses personnages subalternes, dans ceux qui sont sur le second plan du tableau, et nullement dans ses premiers rôles, dans ceux qu'il présente sur le devant de la toile. Aricie, Junie, Atalide, peuvent avoir quelques traits communs, mais les caractères d'Acomat, de Burrhus, d'Agrippine, de Mithridate, de Phèdre, de Joad et d'Athalie, ont des traits aussi différents que supérieurement tracés. Quoi qu'il en soit, ce défaut réel ou prétendu de Racine, n'est celui ni de Corneille, ni de l'auteur de *Zaïre*; aucune des tragédies de ces deux grands hommes n'a cet air de famille qu'il est si difficile à un auteur d'éviter dans ses productions. Au contraire, les tragédies de Crébillon, déjà semblables entre elles par le genre du coloris, le sont encore par les moyens que l'auteur emploie pour produire des situations théâtrales; les *reconnaissances* sur-tout sont un de ceux dont il fait le plus fréquent usage, mais rendons-lui du moins la justice d'avouer qu'il en a fait l'usage le plus heureux; la reconnaissance d'*Atrée*, celle d'*Électre*, et sur-tout celle de *Rhadamiste*, sont du plus grand effet au théâtre, et en même temps aussi différentes entre elles que des reconnaissances peuvent l'être. La multiplication de ce ressort dramatique dans les tragédies de Crébillon, et en même temps la manière supérieure dont il l'a mis en œuvre, et les succès constants qu'il en a recueillis, ont presque absolument frustré d'une si grande ressource les poètes ses successeurs, dont la stérilité aurait été trop heureuse d'y avoir recours, par la facilité que ce moyen leur présente pour produire quelques effets momentanés. Concluons de ces observations, que si Crébillon est quelquefois *noir jusqu'a l'horreur*, il n'est pas du moins ce que tant d'autres ont été depuis, *noir et froid*: dernier degré de la médiocrité dramatique, et la plus triste preuve qu'un poète tragique puisse donner de la nullité de talent la plus incurable. On peut comparer les malheureuses productions de cette espèce à ces jours affligeants de l'hiver, où un brouillard épais, joint à une gelée pénétrante, semble à la fois engourdir et contrister tous les êtres vivants. Les pièces de Crébillon ressemblent au contraire à ces paysages d'une horreur majestueuse, entremêlés de torrents et de rochers, où la nature présentant un front terrible, nous occupe de pensées tristes mais grandes, dont le voyageur préfère l'impression vive et profonde à l'insipide spectacle d'un paysage orné, mais monotone. Tel est l'effet que les tragédies de Crébillon produisent, et qui n'est point détruit par les défauts reprochés à ses pièces, un amour quelquefois languissant et bourgeois, une exposition souvent froide et embrouillée, une marche compliquée et traînante dans les premiers actes : défauts qui déparent aussi quelques-unes des belles pièces de Corneille, et qui pourtant ne l'empêcheront pas d'être immortel. Mais il est de plus un autre objet à considérer dans les pièces de théâtre, pour fixer à tous égards le jugement qu'on en doit porter; la critique, après les avoir jugées à la représentation, doit encore en apprécier le style : car c'est par le style seul qu'un poète, applaudi au spectacle, réussit encore à la lecture; et c'est pour avoir trop négligé cet avantage que tant d'écrivains dramatiques n'ont eu qu'une existence précaire et fugitive. Racine est à cet égard le modèle de tous les auteurs tragiques, par le charme de son coloris et de son harmonie; par une correction sévère qui ne fait rien perdre à la versification de son aimable facilité; par le mérite de la difficulté toujours vaincue, et dont la trace ne s'aperçoit jamais; par une propriété d'expression, qu'on croirait réservée à l'exactitude de la prose; enfin par cette élégance continue, qui ne laisse voir ni enflure, ni négligence. La place que nous donnons ici à cet inimitable écrivain, est celle que Voltaire même lui a tant de fois assignée. Nous ajouterons qu'il la lui dispute souvent, par l'éclat et la richesse de son pinceau ; par une sensibilité, qui sans être celle de Racine, est aussi vraie, et quelquefois plus pénétrante ; par cette philosophie pleine d'âme et d'intérêt, qu'il a le premier fait paraître sur la scène avec tant d'avantage, et qu'il y fait parler avec tant d'éloquence ; enfin par une poésie qui semble toujours couler de source, et qui n'aurait besoin que d'être partout également soignée, pour obtenir et partager le prix de la versification dramatique. Corneille, si admirable par les traits sublimes de ses pièces, par ces vers de génie qui étonnaient Racine lui-même, supérieur peut-être à tout quand il est vraiment Corneille, ne l'est pas toujours, même dans ses bons ouvrages, et l'est trop peu dans les autres ; il tombe et se précipite dès que le dieu qui l'inspire semble se reposer et l'abandonner. Crébillon n'a guère que des vers heureux, mais des vers qu'on retient malgré soi, des vers d'un caractère aussi fier qu'original, des vers enfin qui n'appartiennent qu'à lui, et dont l'âpreté mâle exprime, pour ainsi dire, la physionomie de l'auteur. Si les détails de la versification ne souffrent pas chez lui l'examen rigoureux, si la lecture de ses pièces est *raboteuse* et pénible, l'énergie de ses caractères, et le coloris vigoureux de ses tableaux, produiront toujours un grand effet au théâtre, où son siècle semble lui avoir donné une place que la postérité lui conservera, et où il sera toujours nommé parmi nos meilleurs poètes tragiques. Assurons lui donc cette place honorable, en avouant qu'il en est encore de plus élevées; et, appliquons ici les beaux vers d'Horace sur la supériorité d'Homère, qui n'a point fait oublier les autres grands poètes :

> Non si priores Mœonius tenet,
> Sedes Homerus, Pindaricæ latent,
> Ceæque, et Alcæi minaces,
> Stesichorique graves Camenæ.

Nous demanderons, en faveur de ceux qui n'entendraient pas ces vers, la permission aux gens de lettres, et sur-tout aux poètes, de les traduire en vers français qui ne les vaudront pas :

> Chantre divin d'Achille et d'Ilion,
> Toi, dont la place au séjour d'Apollon
> Sur un trône éclatant est pour jamais fixée;
> Pindare est à tes pieds assis sur l'Hélicon,
> Simonide plus bas règne au sacré vallon;
> Et du fier Stésichore ou du terrible Alcée,
> La muse après la tienne est encore encensée.
>
> D'ALEMBERT, *Éloge de Crébillon.*

JUGEMENT.

Je vais parler d'un homme dont le nom fut pendant bien des années le mot de ralliement d'un parti nombreux qui, ne pouvant souffrir et encore moins avouer la prééminence de Voltaire, ne trouvait pas de meilleur moyen de s'en venger, que de prodiguer des hommages affectés à un talent si inférieur au sien. Ce parti, protégé par le crédit, par les passions et les intérêts d'hommes puissants ou irrités, eut long-temps une grande influence; il disposait de la voix des uns ou du silence des autres; il entraînait ou intimidait : il est aujourd'hui à peu près anéanti. Mais après que le temps a ramené la justice, il reste à la constater dans l'histoire littéraire; et cette justice doit être d'autant plus complète, qu'elle a été plus tardive et plus combattue. Il faut la rendre doublement instructive, d'abord en faisant voir que la concurrence long-temps établie entre Crébillon et Voltaire, et sur-tout la préférence donnée au premier, étaient le scandale du goût et de la raison; ensuite en mettant au grand jour les motifs de cette aveugle partialité et les ressorts qu'elle a mis en œuvre.

Je sais qu'une génération se souvient rarement des injustices d'une autre, et le dégoût m'aurait peut-être éloigné moi-même d'en rechercher les traces dans une foule de brochures oubliées; mais les éditeurs de Crébillon m'ont dispensé de cette peine; ils ont pris celle de rassembler dans ses œuvres les éloges follement exagérés dont elles avaient été l'objet; ils ont pris à tâche de conserver ces monuments honteux de l'esprit de parti. Il n'y a personnne qui n'ait dans sa bibliothèque les œuvres de Crébillon, quoiqu'il soit très difficile de les lire. C'était donc mettre sous les yeux de tout le monde des diatribes dont les principes sont aussi faux que le style en est mauvais; et puisqu'on a voulu propager l'erreur et le mensonge, il n'est pas inutile de les extirper jusqu'à la racine, et d'y substituer la vérité.

Crébillon a fait exception à cette maxime généralement vraie, que le génie poétique est celui de tous qui est le plus prompt à se décéler : le sien ne se montra que fort tard, et il fallut même l'en avertir. Il avait plus de trente ans, et n'avait encore songé qu'à suivre le palais, lorsqu'on l'engagea à travailler pour le théâtre. Son coup d'essai fut *Idoménée*, qui eut quelque succès, et qui devait en avoir, si on ne le compare qu'aux autres pièces du temps, à celles de La Chapelle, de La Grange, de l'abbé Abeille, de Belin, de mademoiselle Bernard, et autres qui fournissaient des nouveautés à la scène française depuis qu'elle avait perdu Racine, et avant qu'elle eût acquis Voltaire. C'est dans cette époque intermédiaire que parut Crébillon, au commencement de ce siècle; et certes ce n'était pas le temps de se rendre difficile sur le début d'un poète dramatique.

Le sujet d'*Idoménée* est tragique : c'est la situation cruelle d'un père qu'un vœu imprudent oblige d'immoler son fils. La difficulté était de créer une intrigue, et de varier les effets de cette situation, qui doit durer pendant cinq actes. L'intrigue d'*Idoménée* est fort mauvaise, mais elle ne l'est pas plus que presque toutes celles qu'on faisait alors. Ce sont de ces froids amours de roman, de ces rivalités qui ne produisent rien que des conversations langoureuses; et l'on ne saurait trop redire que c'était le fond de presque toutes les pièces du temps, la ressource banale de tous les auteurs, jusqu'à ce que Voltaire vînt relever notre théâtre. Dans un résumé succinct qu'il fit paraître quelque temps après la mort de Crébillon, il s'exprime ainsi sur *Idoménée*: « L'in-« trigue en était faible et commune, la diction lâche, « et toute l'économie de la pièce trop moulée sur ce « grand nombre de tragédies languissantes qui ont « paru sur la scène et qui ont disparu. » Ce jugement est juste sans être sévère : il y a même de l'indulgence à dire de la versification d'*Idoménée* qu'elle est *lâche*; elle est excessivement vicieuse, et l'auteur y montrait déjà cette ignorance totale de la langue, dont il ne s'est jamais corrigé. Les éditeurs qui ont été chercher la plupart de leurs matériaux et de leurs pièces justificatives dans les feuilles d'un journaliste, connu sur-tout par une haine furieuse contre Voltaire, haine qui suffirait seule pour infirmer son opinion, nous rapportent tout au long un fragment de ses feuilles où il se fait juge entre Crébillon et Voltaire, et s'écrie à propos d'*Idoménée* : *Comment peut-on dire que l'intrigue de cette pièce soit faible et commune? Qu'on la lise et qu'on juge.* La lire est la seule difficulté : il n'y en a pas beaucoup à juger. Toute cette intrigue consiste dans la rivalité d'Idoménée et de son fils Idamante, tous deux amoureux d'une Érixène, fille de Mérion, prince qui a disputé le sceptre de la Crète à Idoménée, et que celui-ci a fait périr. Assurément rien n'est plus commun qu'une pareille intrigue; et si l'on ajoute qu'elle ne produit pas le moindre incident, il est clair qu'elle est très *faible*.

Il y a plus : elle est très déplacée et très mal conçue. On a peine à supporter qu'un roi de l'âge d'Idoménée, quand la colère des dieux dévaste ses états, quand la peste dévore ses sujets, quand il s'agit, pour les sauver, de sacrifier son propre fils, nous occupe pendant cinq actes de ses inutiles amours pour une princesse dont il a tué le père, et dont son fils est aimé ; que, dans la même exposition où il nous trace les malheurs de la Crète et les siens, il dise tranquillement à Sophronyme :

>Tu n'auras pas toujours cette même pitié,
>Quand tu sauras les maux dont le destin m'accable ;
>Et que *l'amour a part à mon sort* déplorable.

L'amour a part à mon sort ! Sur un seul vers de cette espèce, on peut juger de cette espèce d'amour. Il n'y a point de sujet qu'on ne rendît glacial avec cet amour et avec ce style :

>Croirais-tu que mon cœur, nourri dans les hasards,
>N'a pu de *deux beaux yeux* soutenir les regards,
>Et que j'adore enfin, *trop facile et trop tendre*,
>Les restes de ce sang que je viens de répandre ?

SOPHRONYME.

Quoi ! seigneur, vous aimez ! et parmi tant de maux....

IDOMÉNÉE.

Cet amour, dans mon cœur, s'est formé *dès Samos*.

Ce qu'il y a de plus étrange, c'est que, pour se défaire de cet amour, il n'a rien imaginé de mieux que de tuer le père de celle qu'il aimait : j'espérais, (dit-il)

Dans le sang du père d'Érixène,
J'espérais étouffer mon amour et ma haine.
Je m'abusais : mon cœur, par un triste retour,
Défait de son courroux, n'en eut que plus d'amour.

Quand on entend Idoménée, dans les circonstances où il se trouve, raisonner sur ce ton de *cet amour formé dès Samos*, et de *ce cœur* qui, *défait de son courroux, n'en a eu que plus d'amour*, quel est l'homme qui, avec un peu de bon sens, ne s'aperçoit aussitôt que ce qu'on appelle si ridiculement de l'amour n'est autre chose ici qu'une espèce de vieille convention, un protocole usé qui obligeait tout héros de tragédie de se dire toujours amoureux, comme le héros de Cervantes se croyait obligé d'avoir une dame de ses pensées? Et cette mode a duré cent cinquante ans! Le bon goût n'a pas assez de sifflets pour la poursuivre jusqu'à ce qu'elle ne reparaisse plus.

Et que produit ce bel amour? Rien autre chose que des lamentations insipides entre le père et le fils, des reproches mutuels, un ennuyeux étalage de sentiments alambiqués; le tout en vers qu'on me dispensera de citer, sur le peu que je viens de dire. Idamante se tue quand il faut finir la pièce. Pour ce qui est d'Érixène, elle a eu soin de nous dire, dans la scène précédente, qu'elle allait quitter la Crète :

Heureuse si sa mort prévenait sa *retraite*.

N'est-ce pas là dénouer une intrigue bien tragiquement? L'héroïne de la pièce ne sait rien de mieux que de s'en aller; et Idoménée, qui parle toujours de mourir à la place de son fils, le voit se percer de son épée, et répète encore qu'il mourra, mais se garde bien d'en rien faire. Tel est l'ouvrage dont le journaliste, cité par les éditeurs, nous dit avec une confiance digne de lui : « *Idoménée*, sans « doute, est *la plus médiocre* des pièces de Crébil- « lon ; mais malgré ses défauts, *il y a peu de tra-* « *gédies modernes qui lui soient comparables*, *quoi-* « *qu'elles jouissent du succès le plus éclatant.* »

Comme il n'y avait point de pièces modernes qui eussent plus de succès que celles de Voltaire, ce trait tombait évidemment sur lui. Ainsi peu de ses chefs-d'œuvre étaient *comparables à Idoménée*, et les plus heureux pouvaient tout au plus prétendre à la comparaison. Il n'y a rien à dire sur cet arrêt, si ce n'est de nommer celui qui le prononçait : c'était Fréron. Il cite, il est vrai, le seul morceau d'*Idoménée* qui annonçait du talent : c'est le récit de la première scène, dont les beautés avaient déjà été remarquées plusieurs fois, mais dont personne n'a relevé les fautes. Il a soin même d'en retrancher quelques vers trop évidemment mauvais. Le voici dans son entier :

> La Crète *paraissait*, tout *flattait* mon envie ;
> Je *distinguais* déjà le port de Cydonie ;
> Mais le Ciel ne *m'offrait ces objets ravissants*
> Que pour rendre *toujours* mes désirs plus pressants.
> Une effroyable nuit, sur les eaux répandue,
> Déroba tout-à-coup ces objets à ma vue ;
> La mort seule y parut... Le vaste sein des mers

Nous entr'ouvrit cent fois la route des enfers.
Par des vents opposés les vagues amassées,
De l'abîme profond jusques au ciel poussées,
Dans les airs embrasés *agitaient* mes vaisseaux,
Aussi près d'y périr qu'à fondre sous les eaux.
D'un déluge de feu l'onde comme allumée
Semblait rouler sur nous une mer enflammée;
Et Neptune en courroux, à tant de malheureux,
N'offrait *pour tout salut* que des rochers affreux.
Que te dirai-je enfin? Dans ce péril extrême,
Je tremblai, Sophronyme, et tremblai pour moi-même...
Pour appaiser les dieux, je priai...je promis...
Non, je ne promis rien, dieux cruels! j'en frémis...
Neptune, *l'instrument* d'une indigne faiblesse,
S'empara de mon cœur et dicta la promesse.
S'il n'en eût inspiré le barbare *dessein*,
Non, je n'aurais jamais promis de sang humain.
« Sauve des malheureux si voisins du naufrage,
« Dieu puissant, m'écriai-je, et rends-nous au rivage !
« *Le premier des sujets* rencontré par son roi
« A Neptune immolé satisfera pour moi... »
Mon sacrilège vœu rendit le calme à l'onde ;
Mais rien ne put le rendre à ma douleur profonde ;
Et l'effroi succédant à *mes premiers transports*,
Je me sentis glacer en revoyant ces bords :
Je les trouvai déserts : tout avait fui l'orage.
Un seul homme *alarmé* parcourait le rivage ;
Il semblait de ses pleurs mouiller quelques débris.
Je m'approche en tremblant... hélas! c'était mon fils...
A ce récit fatal *tu devines le reste.*
Je demeurai sans force à cet objet funeste ;
Et mon malheureux fils eut le temps de voler
Dans les bras du cruel qui devait l'immoler.

« Ce récit est *aussi bien versifié* que touchant, « et *respire cette noble simplicité* dont les siècles « anciens nous ont laissé des modèles. » (*Année littéraire.*)

D'ordinaire les gens de ce métier ne louent pas mieux qu'ils ne blâment. Il y a des beautés réelles dans ce récit : en total, il est touchant, mais il est très faux qu'il soit *bien versifié* ; il est plein de fautes, et de fautes graves. Les quatre premiers vers sont très défectueux. *Paraissait, flattait, distinguait, offrait* : ces quatre imparfaits l'un sur l'autre sont une grande négligence. *Tout flattait mon envie* : le mot propre était *mon espoir*. *Ces objets ravissants* est vague et faible. *Toujours* dans le vers suivant est une cheville.

Mais cet hémistiche,

La mort seule y parut...

est admirable. Malheureusement les huit vers qui suivent ne sont qu'un fatras digne de Brébeuf. Fussent-ils meilleurs, ils offrent un détail descriptif qui serait trop long et trop déplacé dans un récit où il faut aller à l'effet et au pathétique ; mais ils sont faits de manière à être très mauvais partout. Quelle phrase que celle-ci : les vagues... *agitaient dans les airs embrasés mes vaisseaux aussi près d'y périr qu'à fondre sous les eaux!* Je ne parle pas seulement de cette expression si faible, *agitaient* ; mais qu'est-ce que cette idée puérile de *vaisseaux aussi près de périr dans les airs qu'à fondre sous les eaux*. Dans tous les cas, n'auraient-ils pas péri dans les flots? Avant que la poudre à canon pût faire sauter un navire, a-t-on jamais imaginé comment il pouvait périr dans les airs? Et une idée si fausse et si recherchée n'est-elle pas encore bien plus impardonnable dans un récit dramatique, dans la bouche d'un personnage pénétré des sentiments les plus douloureux? Est-ce là *cette simplicité des anciens?* Elle se trouve du moins dans ces vers, les meilleurs sans contredit de tout ce morceau :

> Je me sentis glacé en revoyant ces bords :
> Je les trouvai déserts : tout avait fui l'orage.
> Un seul homme *alarmé* parcourait le rivage ;
> Il semblait de ses pleurs mouiller quelques débris.

Il n'y a de trop que ce mot, *alarmé :* la circonstance en demandait un plus expressif, et qui parût plus nécessaire pour le sens, et moins pour le vers.

> Je priai... je promis...
> Non, je ne promis rien. . . . .
> Non, je n'aurais jamais promis de sang humain.

Ce sont encore là de très beaux mouvements ; mais combien d'autres vers répréhensibles! une *onde allumée d'un déluge de feu* qui *roule une mer enflammée ;* des rochers offerts *pour tout salut,* etc.

Neptune, *l'instrument* d'une indigne faiblesse, etc.

Instrument est ici à contre-sens ; l'*instrument d'une faiblesse* est celui qui la sert, et non pas celui qui l'inspire. *Le barbare dessein,* en parlant du vœu d'Idoménée, est encore une expression impropre. Un pareil vœu n'est rien moins qu'un *des-*

sein ; c'est une pensée funeste, suggérée par la crainte.

.... L'effroi succédant à *mes premiers transports*,

autre impropriété de termes. De quels transports s'agit-il ici ? Idoménée, en formant son vœu, n'a pu ressentir que de la terreur. La terreur a-t-elle des *transports ?* Est-ce des *transports* de joie, quand le calme est revenu ? Mais acheté à ce prix, il ne pouvait guère exciter de *transports*, et le poète lui-même l'a senti, puisqu'il fait dire à Idoménée :

Mon sacrilège vœu rendit le calme à l'onde ;
Mais rien ne put la rendre à ma douleur profonde.

Les *transports* sont donc une cheville mise pour rimer ; et ce qui prouve encore plus de faiblesse dans la diction, c'est de ne pouvoir faire entrer dans un vers ce qu'il est indispensable d'énoncer :

Le premier des sujets rencontré par son roi.

Il fallait absolument *le premier de mes sujets*, et la mesure seule s'y est opposée. Après ces mots déchirants, *hélas ! c'était mon fils*, le vers suivant,

A ce récit fatal tu devines le reste,

est à glacer. Quand on songe à *ce reste*, on sent qu'un pareil vers est ce qu'il y a de pis en fait de cheville. *A cet objet funeste* ne le relève pas ; mais le récit est parfaitement terminé par ces deux vers :

Et mon malheureux fils eut le temps de voler
Dans les bras du cruel qui devait l'immoler.

De ce mélange de beautés et de fautes il résulte

que le poète qui a écrit ce morceau avait du tragique dans le style, mais nullement qu'il sût écrire, et il ne l'a pas appris depuis.

Cependant il prouva un véritable talent pour la tragédie, par le progrès de sa composition. *Atrée* était fort supérieur à *Idoménée*. La versification en est beaucoup plus forte, sans être moins incorrecte. Le caractère d'*Atrée* a de l'énergie, et quelquefois n'est pas sans art; il y a des moments de terreur : voilà le mérite de cette pièce, dont la destinée pourrait paraître singulière, si elle n'était expliquée par ce même esprit de parti dont tout cet article n'est qu'une histoire continuelle. *Atrée* n'a jamais pu s'établir au théâtre; et s'il fallait en croire la foule des journalistes et des compilateurs qui se sont rendus leurs échos, on le regarderait comme un de nos chefs-d'œuvre dramatiques. Rien n'est si commun dans toute cette populace de prétendus critiques qui se répètent les uns les autres, que de dire l'auteur d'*Atrée*, comme on dit l'auteur du *Cid*, d'*Andromaque*, de *Mérope*. La plupart sont convenus pourtant que l'horreur y était poussée trop loin; mais il convenait à celui qui se fit pendant vingt ans le panégyriste de Crébillon, en titre d'office, d'être plus intrépide que tous les autres; aussi nous dit-il affirmativement : « Le rôle d'Atrée est ce qu'il y a de « plus beau sur notre théâtre. » Par quelle fatalité ce que notre théâtre *a de plus beau* ne saurait-il y paraître avec succès? Depuis vingt-cinq ans on a essayé trois fois de le reprendre, et j'en ai observé l'effet avec beaucoup d'attention. Passé la scène du second acte, où Atrée reconnaît son frère, la pièce était écoutée avec un silence froid et morne, rarement interrompu par des applaudissements donnés à quelques traits de force; et en sortant, tout le monde disait: Je ne reverrai pas cet ouvrage là; et l'on tenait parole. A la seconde représentation, la pièce était abandonnée, et il n'était pas possible de la mener plus loin. On croirait que cet accueil est une réponse suffisante à cet éloge emphatique que je viens de rapporter; oui, pour le public, qui ne juge que par l'impression qu'il reçoit. Mais combien de jeunes auteurs, en voyant *Atrée* mis au-dessus de tout par des critiques qui, pendant un certain temps, ont eu de la vogue, se persuadent volontiers que ce sont les spectateurs qui ont tort, que les atrocités sont en effet le plus grand effort de l'esprit humain, et que l'horreur est ce qu'il y a de plus tragique! C'est au contraire tout ce qu'il y a de plus facile à trouver; nous avons des romans presque inconnus et fort au-dessous du médiocre, où l'on a rassemblé assez d'horreurs pour faire vingt mauvaises tragédies. C'est aujourd'hui surtout, c'est quand l'impuissance d'un côté et la satiété de l'autre nous précipitent dans tous les excès et dans tous les abus, qu'il faut démontrer que la théorie du bon goût est d'accord avec l'expérience de tous les siècles; que la grande difficulté, le grand mérite est de trouver le degré d'émotion où le cœur aime à s'arrêter, et de n'exciter la pitié ou la terreur que jusqu'au point où elle est un plaisir. Si dans tous les arts de l'imagination il ne s'agissait que de passer le but, rien ne serait si commun que les bons artistes; mais il s'agit de l'atteindre, et c'est ce qui est rare. Faisons servir l'examen d'*Atrée* à la confirmation de ces principes, qu'il faut d'autant plus remettre en vigueur, que l'on cherche plus à les ébranler.

Rien n'est si connu que ce sujet. Érope a été enlevée il y a vingt ans par Thyeste, au moment où elle venait d'épouser Atrée; elle est retombée quelque temps après au pouvoir d'Atrée, comme elle était sur le point de donner un fils à Thyeste; Atrée a fait périr la mère et élevé le fils dans le dessein de se servir un jour de sa main pour égorger Thyeste. En élevant le fils pour ce parricide, il n'a cessé de poursuivre le père dans tous les asyles où il fuyait. Thyeste est à présent dans Athènes, du moins on le croit, parce qu'Athènes s'est déclarée pour lui. C'est ici que commence la pièce, et ces faits sont exposés dans la première scène, où Atrée confie à Eurysthène ses abominables projets, sans autre motif que d'en instruire le spectateur; car, dans les règles de l'art, une pareille confidence n'est vraisemblable que lorsqu'elle est nécessaire; et Atrée non-seulement n'a besoin de se confier à personne, mais s'ouvre très imprudemment, puisqu'il suffirait d'un mouvement de pitié très naturel pour engager Eurysthène à découvrir tout au jeune prince qui passe pour le fils d'Atrée. Cette faute, au reste, est une des moindres de l'ouvrage; elle est du nombre de celles qui sont de peu de conséquence à la représentation, où le spectateur, content d'être mis au fait de tout, n'examine pas trop comment l'auteur a motivé son exposition.

Cependant Thyeste, tandis qu'Atrée se préparait à partir du port de Chalcis (où se passe l'action) pour attaquer les Athéniens, avait de son côté armé une flotte pour rentrer dans Mycène, et faire une diversion en faveur de ses alliés. Mais une tempête affreuse a détruit ou dispersé ses vaisseaux, et l'a jeté lui et sa fille Théodamie dans l'île d'Éubée, sur les côtes de Chalcis, où il a été recueilli et secouru par ce même Plisthène, qui est son fils et qui se croit celui d'Atrée. Le prince est devenu tout-à-coup amoureux de cette Théodamie qu'il ne connaît pas; et cet amour ajoute encore à la pitié que lui inspire le malheur du père, qu'il ne connaît pas davantage. Thyeste et sa fille ne demandent qu'un vaisseau pour s'éloigner d'un séjour que la présence d'Atrée leur rend si terrible; mais Plisthène ne saurait disposer d'un vaisseau sans l'aveu du roi. Il engage Théodamie à s'adresser à lui : elle l'avait déjà vu une fois, et il l'avait reçue avec humanité; mais Thyeste s'était tenu soigneusement caché. Leur départ devient d'autant plus pressant, que celui d'Atrée est suspendu par un avis qu'il reçoit au second acte, que Thyeste n'est plus dans Athènes. Théodamie, qui aime Plisthène, voudrait bien que son père ne s'exposât pas de nouveau sur la mer, et continuât à rester ignoré dans Chalcis. Mais Thyeste insiste, et veut absolument partir : il faut donc se résoudre à revoir Atrée, et la terreur commence à se faire sentir; elle est au comble lorsque Atrée, après quelques questions assez naturelles dans les circonstances, demande à Théodamie pourquoi son père semble dédaigner ou craindre de paraître devant un roi dont il implore les secours et les bienfaits. Elle répond :

Mon père infortuné, sans amis, sans patrie,
Traîne à regret, seigneur, une importune vie,
Et n'est point en état de paraître à vos yeux.

Le soupçonneux Atrée ne réplique que par ces mots qui font trembler :

Gardes, faites venir l'étranger en ces lieux.

Après tout ce qu'on a entendu d'Atrée, la vraie terreur règne sur la scène en ce moment, que j'ai toujours vu produire une impression très marquée. Elle se soutient dans l'entrevue des deux frères, qui est belle, bien dialoguée, sur-tout dans la première moitié. L'instant de la reconnaissance et l'expression graduée de tous les sentiments qui se réveillent dans l'âme de l'implacable Atrée à l'aspect de Thyeste est de la plus grande vigueur :

.... Quel son de voix a frappé mon oreille?
Quel transport tout-à-coup dans mon cœur se réveille?
D'où naissent à la fois des troubles si puissants?
Quelle soudaine horreur s'empare de mes sens?
Toi, qui poursuis le crime avec un soin extrême,
Ciel, rends vrais mes soupçons et que ce soit lui-même.
Je ne me trompe point, j'ai reconnu sa voix;
Voilà ses traits encore... Ah! c'est lui que je vois :
Tout ce déguisement n'est qu'une adresse vaine;
Je le reconnaîtrais seulement à ma haine.

Il fait pour se cacher des efforts superflus;
C'est Thyeste lui-même, et je n'en doute plus.

Je le reconnaîtrais seulement à ma haine est effrayant de vérité et d'énergie. Toute la scène fait frémir; mais aussi c'est ce qu'il y a de plus beau dans la pièce; c'est ici que l'effet s'arrête avec l'action : de ce moment nous ne verrons plus rien de théâtral ; nous n'éprouverons plus que cette tristesse mêlée de dégoût qui naît d'un spectacle d'horreurs gratuites, de vengeances froidement raffinées, tranquillement réfléchies, exécutées sans obstacle. Il est facile de voir, en continuant cet examen, que ce sujet, de la manière dont le poète l'a conçu, ne pouvait attacher le spectateur par aucune des émotions qui établissent l'empire de la tragédie sur la sensibilité du cœur humain. Nous rencontrerons encore quelques beautés de détails; mais nous ne verrons plus guère que des fautes dans le plan et dans l'intrigue, dont il est temps de faire connaître les vices essentiels.

Atrée, dès qu'il a reconnu son frère, se livre à des transports de rage, le menace de toute sa vengeance, l'accable d'injures et d'opprobre, et finit par dire à ses gardes :

Qu'on lui donne la mort, gardes, qu'on m'obéisse;
De son sang odieux qu'on épuise son flanc.

Puis tout-à-coup il revient à lui, et dit à part :

Mais non : une autre main doit verser tout son sang.
(*Aux gardes.*)
Oubliais-je?... Arrêtez ; qu'on me cherche Plisthène.

Et Plisthène, attiré par le bruit, arrive aussitôt. Ce mouvement d'Atrée n'est pas juste; et Crébillon, dont le principal mérite dans cette pièce est d'avoir peint fortement la haine, et la haine qui dissimule, s'y est mépris pour cette fois; ce mot que dit Atrée, *Oubliais-je?* est faux. Comment a-t-il pu *oublier* un projet qui l'occupe depuis vingt ans, et dont il vient tout récemment de s'entretenir fort au long avec Euristhène? On peut supposer tout au plus que, dans le premier accès de fureur que lui inspire la vue de Thyeste, il ait dit pour premier mot, qu'on l'immole, et qu'il soit sur-le-champ revenu à lui; mais un pareil *oubli* ne peut pas durer pendant quarante vers. Il fallait donc que toutes les menaces qu'il fait ne fussent d'abord que feintes, et n'eussent pour objet que de mieux abuser son frère sur la feinte réconciliation qui finit cette scène, et que le spectateur s'aperçût qu'Atrée trompe également, et quand il s'emporte, et quand il s'apaise. En effet il feint de se rendre aux prières de Plisthène et de Théodamie, et de pardonner à Thyeste. Son but est de le rassurer, et de se ménager le temps et les moyens de déterminer Plisthène à l'égorger; mais ces moyens sont encore fort mal combinés. Dès le premier acte, il a exigé que Plisthène s'engageât par serment à servir sa vengeance. Le prince l'a juré, ne croyant pas qu'on lui demandât un meurtre au moment où on l'envoie combattre; et quand Atrée lui a dit qu'il fallait immoler Thyeste, il a répondu comme il le devait :

Je serai son vainqueur, et non son assassin.

A présent que Thyeste est sans défense entre les mains de son frère, Atrée doit croire moins que jamais que Plisthène, dont il connaît le caractère généreux, soit capable d'une action si lâche. Cependant il la lui propose, et ce qui lui donne l'espérance de l'obtenir est précisément ce qui devait la lui ôter. Il a découvert que le jeune prince aime Théodamie ; et s'il refuse d'égorger le père, Atrée le menacera d'égorger la fille : il semble croire ce moyen infaillible. Il n'était pourtant pas difficile de prévoir qu'entre ces deux partis, dont la suite nécessaire est de perdre Théodamie d'une manière ou d'une autre, un amant préférerait celui qui du moins lui épargne un crime atroce, un crime qui le rendrait pour jamais un objet d'horreur aux yeux de son amante. On peut croire qu'un homme capable de sacrifier tout à son amour (et Plisthène encore n'est pas cet homme-là) pourra commettre un crime qui peut lui assurer la possession de ce qu'il aime, mais non pas un crime qui lui en ôte à jamais l'espérance. Aussi Plisthène répond, comme tout le monde s'y attend, et comme Atrée devait s'y attendre, que, quoi qu'il puisse arriver, il ne tuera pas le frère de son père et le père de Théodamie. S'il est vrai que la tragédie soit fondée sur la connaissance du cœur humain, on peut juger, d'après ces observations d'une vérité incontestable, si l'auteur d'*Atrée* a suivi dans cette pièce la marche de la nature, si les combinaisons de son principal personnage ne sont pas des atrocités mal conçues, si ce ne sont pas là des fautes telles qu'on n'en trouve jamais dans Racine ni dans aucune des belles tragédies de Voltaire. Tout le troisième acte porte donc à faux; et tout ce qui est faux est toujours froid.

A ces conceptions maladroites se joint quelquefois le ridicule dans l'exécution. Plisthène rappelle au féroce Atrée les serments qui ont scellé sa réconciliation avec son frère. Voici la réponse qu'il reçoit:

> Sans vouloir dégager un serment par un autre,
> Veux-tu que tous les deux nous remplissions le nôtre?
> Et tu verras bientôt, si j'explique le mien,
> Que ce dernier serment ajoute encore au tien.
> J'ai juré par les dieux, j'ai juré par Plisthène,
> Que ce jour qui nous luit mettrait fin à ma haine.
> Fais couler tout le sang que j'exige de toi :
> Ta main de mes serments aura rempli la foi.

Se serait-on attendu à trouver dans une tragédie les *subtilités* et *la direction d'intention* qui nous ont tant fait rire dans *les Provinciales* aux dépens d'Escobar, et qui depuis ont conservé le nom d'*escobarderies?* Graces à Crébillon, Melpomène a parlé le jargon scolastique. Quelle misérable ressource et quel puéril sacrifice! Et l'on nous dira que ce mélange de petites finesses comiques et d'horreurs repoussantes est *ce qu'il y a de plus beau sur la scène!* Et tandis qu'on a mille fois recherché dans Voltaire, avec un acharnement infatigable, ou des fautes imaginaires, ou des fautes infiniment plus excusables, jamais qui que ce soit n'a relevé cet assemblage de ridicule et de monstruosité fait pour dégrader l'art de Sophocle. On a observé à cet égard, pendant près d'un siècle, un silence de convention, et l'on a cru parvenir ainsi à faire illusion à la postérité. Le moment est venu de lui déférer, et ce long scandale, et ce lâche silence. Autant les motifs de cette tolérance honteuse sont aujourd'hui reconnus et avérés, autant il est certain qu'on ne peut en supposer aucun autre que l'amour de la vérité dans celui qui est obligé de la dire; et s'il est encore des hommes de parti à qui elle peut déplaire, il ne leur reste qu'une ressource, c'est de combattre l'évidence.

Plisthène a bien raison de répondre :

Ah ! seigneur, puis-je voir votre cœur aujourd'hui
Descendre à des détours si peu dignes de lui ?

Ils sont sur-tout bien indignes de la scène tragique; mais Plisthène pouvait lui dire : Vous n'êtes pas même dans le cas de recourir à l'équivoque, et vous n'avez pas eu l'intention de vous en ménager les moyens. Voici vos propres paroles :

Je veux bien oublier une sanglante injure.
Thyeste, sur ma foi, que ton cœur se rassure.
De mon inimitié ne crains point les retours :
Ce jour même en verra finir le triste cours.
J'en jure par les dieux, j'en jure par Plisthène;
C'est le sceau d'une paix qui doit finir ma haine.
Ses soins et ma pitié te répondront de moi.

Cela est positif; et quand on a dit qu'on *veut bien oublier l'injure*, quand on parle de sa *pitié*, certes, cela ne peut vouloir dire en aucun sens qu'on fera périr le père par la main du fils. Il n'y a point là d'équivoque possible, et cette petitesse méprisable est de plus un mensonge et une contradiction.

Atrée, ne pouvant réussir dans son premier dessein, en conçoit un autre non moins horrible, et qui conduit au dénouement que la fable fournissait; c'est d'égorger Plisthène et de faire boire son sang à Thyeste. Pour en venir à ce dénouement, il faut de toute nécessité tromper une seconde fois Thyeste, et lui inspirer, s'il est possible, une entière confiance; c'est ce qui amène cette seconde réconciliation qui a été généralement blâmée, même par les plus ardents panégyristes de Crébillon et de son *Atrée*. Cette critique était dans la bouche de tout le monde, lors de la nouveauté de la pièce; cette répétition du même moyen était, suivant l'avis général, ce qui la faisait languir. L'auteur seul ne se rendit pas sur cet article : on le voit par sa préface, où il se défend là-dessus de toute sa force. J'avoue que je suis entièrement de son avis, non que ce ressort me paraisse devoir être d'un grand effet, mais dans son plan donné il ne pouvait en employer un meilleur; et c'est par d'autres raisons que l'action de sa pièce est si languissante pendant les trois derniers actes. Cette deuxième réconciliation est à mes yeux ce qu'il y a de mieux dans le rôle d'Atrée, ce qui établit le mieux cette réunion de la fourbe la plus profonde et de la scélératesse la plus noire, réunion qui forme son caractère, c'est ce qu'il y a de mieux combiné pour tromper Thyeste; enfin, c'est la seule partie de l'ouvrage où il y ait de l'art et de l'invention; le reste n'est guère que de la mythologie chargée de déclamations, et mêlée d'un plat épisode d'amour.

Atrée imagine de découvrir tout à Thyeste, de lui révéler le secret de la naissance de Plisthène, de lui rendre son fils. Il feint qu'Eurysthène, touché de pitié pour ce malheureux enfant condamné à périr avec sa mère, l'a dérobé autrefois au glaive. Il feint qu'abusé par Eurysthène, il a élevé ce jeune homme substitué à son propre fils que la mort avait enlevé; il avoue que son dessein était de se servir de lui pour assassiner Thyeste; mais il ajoute qu'alors il ne le connaissait pas pour ce qu'il était, et qu'Eurysthène, confident de son projet, a été saisi d'horreur, et lui a déclaré la vérité; qu'alors il n'a pu résister à la compassion que lui inspirait la déplorable destinée du père et du fils; que lui-même a eu horreur des forfaits qu'il méditait; qu'il n'a pas trouvé de voie plus sûre pour convaincre pleinement son frère de son retour vers lui, que de lui confesser tout ce qui s'était passé dans son cœur, de remettre Plisthène dans les bras de Thyeste; enfin, pour sceller cette paix d'une manière plus auguste, il propose de la jurer sur la coupe de leurs pères; serment qui, pour les enfants de Tantale, est aussi inviolable que le Styx pour les dieux, et qui expose le parjure à une punition inévitable. Il est sûr que, si quelque chose peut en imposer à Thyeste, malgré tout ce qui s'est passé, c'est ce récit si artificieusement mêlé de vérité et de mensonge, cet aveu que fait Atrée de sa propre perfidie, et qui est vraiment un coup de maître en fait d'hypocrisie et de noirceur. Thyeste, charmé de retrouver son fils, prête une entière croyance à son frère, et consent volontiers à la cérémonie de la coupe. Mais Plisthène, qui a vu Atrée de plus près, et qui le connaît mieux, ne se fie pas à ces apparences imposantes. Il poursuit la résolution qu'il avait déjà prise de faire partir en secret Thyeste et Théodamie sur un vaisseau dont il dispose, et de s'embarquer avec eux. A peine les deux frères sont-ils sortis ensemble, qu'il dit à Thessandre son confident, qu'il a chargé de tous les apprêts du départ :

Dès ce moment au port précipite tes pas;
Que le vaisseau sur-tout ne s'en écarte pas.
De mille affreux soupçons j'ai peine à me défendre.

Ce mouvement est très beau et très juste; et lorsque Thessandre, dans l'acte suivant, lui parle, pour le rassurer, des caresses dont Atrée accable son frère, des préparatifs de ce festin religieux, des serments que fait Atrée, il répond :

Et moi, je ne vois rien dont le mien ne frémisse.
De quelque crime affreux cette fête est complice.
C'est assez qu'un tyran la consacre *en ces lieux*,
Et nous sommes perdus s'il invoque les dieux.

Ce dernier vers est de la plus grande force de pensée; mais celui-ci,

De quelque crime affreux cette fête est complice,

a le mérite d'une expression poétique bien rare dans Crébillon.

On sait comment la pièce finit : tout s'exécute

au gré d'Atrée. Instruit des mesures que Plisthène a prises, il le prévient aisément, le fait arrêter, et l'envoie à la mort. On présente la coupe pleine de son sang au malheureux Thyeste, qui, près de la porter à ses lèvres, s'écrie :

C'est du sang !...

ATRÉE.

Méconnais-tu ce sang ?...

THYESTE.

Je reconnais mon frère.

Ce vers effroyable est traduit de Sénèque*. Thyeste se tue; et le dernier vers du rôle d'Atrée,

..... Je jouis enfin du fruit de mes forfaits.

termine dignement la pièce.

Maintenant, rendons-nous compte de l'impression qu'elle doit naturellement faire, et voyons si elle remplit le but de la tragédie. De quoi s'agit-il durant ces trois actes? et que présentent-ils au spectateur? Atrée méditant avec tout le sang-froid de la sécurité quel moyen il choisira de préférence pour exercer la vengeance la plus affreuse qu'il soit possible sur Thyeste, qui est entre ses mains sans aucune espèce de défense. Mais qui ne voit qu'une semblable situation ne peut jamais être théâtrale? Permis au prétendu aristarque que j'ai déjà cité de nous dire avec un ton magistral, plus facile

---

* Voici le texte de Sénèque (*Thyest.*, act. V, sc. 3) :

ATREUS.

...... Natas ecquid agnoscis tuas ?

THYESTES.

Agnosco fratrem. F.

à prendre qu'à justifier : « Cette tragédie est un « chef-d'œuvre, et de la plus grande manière : c'est « un *Rembrant* dans l'école de Melpomène. » Ces grands mots, cette dénomination de *Rembrant*, peuvent en imposer aux sots. Je n'irai point chercher *Rembrant* pour savoir si *Atrée* est une bonne tragédie ; je n'invoquerai que le bon sens, et c'est au nom du bon sens que je proposerai ce dilemme fort simple. La vengeance d'Atrée prête à tomber sur Thyeste est le seul objet qui puisse m'occuper dans cette pièce ; il faut donc que je puisse m'intéresser à cette vengeance, ou à celui sur qui elle doit s'exercer : il n'y a pas de milieu ; car encore faut-il bien que je puisse m'intéresser à quelque chose ou à quelqu'un. Est-ce à la vengeance d'Atrée ? Mais cela est impossible. Il a reçu un sanglant outrage, il est vrai, mais il y a vingt ans ; mais que peut me faire cette vieille injure ? Mais que m'importe qu'on lui ait enlevé, il y a vingt ans, cette Érope qu'il a tuée ? A coup sûr son ressentiment n'est pas de l'amour ; c'est de la rage ; et comment puis-je la partager ou l'excuser ? Celui qui en est l'objet ne peut que me faire compassion dès qu'il paraît ; il est si dénué et si misérable, que celui qui le poursuit ne peut être à mes yeux qu'une bête féroce altérée de sang. Il y a plus : cette vengeance, si elle était incertaine ou combattue, pourrait du moins exciter ma curiosité ; je pourrais être curieux de savoir si Thyeste échappera ou n'échappera pas à l'ennemi qui veut sa perte. Mais là-dessus je suis satisfait dès le second acte ; il est au pouvoir d'Atrée, rien ne peut l'en tirer, et je connais assez Atrée pour être bien sûr qu'il n'épargnera pas sa victime. Il n'est donc plus question que de savoir quelle espèce de mal il lui fera, quel genre de supplice il imaginera, enfin de quelle manière il fera mourir celui que dès le second acte je regarde déjà comme mort. Et c'est là ce que vous offrez aux hommes rassemblés, pendant trois actes! Voilà ce dont vous voulez qu'ils s'occupent! C'est ainsi que vous croyez les attacher et les émouvoir! Et vous croirez couvrir ce défaut de ressorts dramatiques, ce manque absolu de mouvement et d'action, par un long et monotone développement, le plus souvent déclamatoire, des sentiments d'un monstre qui me débite, le plus souvent en vers très mauvais, toute la morale des enfers! Non; heureusement ce n'est pas ainsi qu'on mène le cœur humain; et il n'y a rien pour lui dans la vengeance d'Atrée.

— Mais la vengeance n'est-elle donc pas une passion tragique?—Oui, sans doute, et l'une des plus tragiques. Mais comment? Quand elle prend sa source dans quelqu'un des sentiments où la nature se reconnaît, dans l'indignation d'un grand cœur qui repousse l'injustice ou l'affront, dans l'humanité souffrante qui repousse l'oppression, dans l'amour outragé qui dispute, qui venge, qui punit une maîtresse : c'est ainsi que les maîtres de l'art nous l'ont montrée. Voyez dans *le Cid*, après que nous avons vu l'insolent Gormas insulter la vieillesse de don Diègue, voyez si nous ne sommes pas tous de son parti quand il crie vengeance à son fils. Nous en sommes tellement, que si Rodrigue, dont l'amour nous intéresse, balançait à le sacrifier à la vengeance de son père, on ne lui pardonnerait pas. Voyez dans *Alzire*, quand Zamore, écrasé par la tyrannie de Gusman, qui lui a ravi le trône et son amante, poignarde un tyran, un ravisseur, un rival, est-il quelqu'un qui ne plaigne et qui n'excuse l'amour, le malheur et le désespoir? Voilà comme la vengeance est dramatique; c'est quand elle est prompte, subite, violente, commandée par la passion qui l'excuse, bravant le danger qui l'ennoblit; c'est alors que tous les spectateurs l'adoptent, l'embrassent, la justifient; c'est là qu'elle frappe de grands coups et produit de grands mouvements. La tragédie ne doit point ressembler à une nuit d'hiver, tout à la fois noire et froide : c'est une nuit brûlante, une nuit d'orage, où l'éclair doit briller sans cesse à travers les nuages ténébreux que la foudre doit déchirer avec de longs éclats. Si Zamore s'écrie dans les fers :

Vengeance, arme nos mains; qu'il meure, et c'est assez;
Qu'il meure.... Mais hélas! plus malheureux que braves,
Nous parlons de punir, et nous sommes esclaves :

n'entendez-vous pas tous les cœurs ennemis de la tyrannie et amis de l'opprimé lui répondre par le même cri? Ne le suivent-ils pas tous dans son entreprise désespérée? La terreur, la pitié, tout ce cortège de la tragédie n'est-il pas avec lui? Mais s'il me faut fixer les yeux pendant trois actes sur l'immobilité glaciale d'une action stagnante comme les marais du Cocyte, et noire comme ses eaux, puis-je éprouver autre chose que du dégoût et de l'ennui *? — Mais la vengeance d'Atrée n'est pas hors de la nature : il y a eu des hommes qui l'ont nourrie dans le cœur aussi long-temps, et qui l'ont assouvie par de semblables barbaries. — Soit. Mais si tout ce qui est dramatique doit être dans la nature, s'ensuit-il que tout ce qui est dans la nature soit dramatique? Ne faut-il pas que l'art choisisse ses modèles? Ou s'il peut quelquefois en employer de pareils, ne faut-il pas alors que l'intérêt se porte d'un côté, tandis que l'horreur se montre de l'autre? Et qu'y a-t-il dans *Atrée* qui puisse établir cet intérêt? C'est la deuxième partie de mon dilemme : elle n'est pas plus favorable à Crébillon que la première.

Si l'injure avait été récente; si les amours d'Érope et de Thyeste avaient pu nous intéresser; si les remords de l'un et la tendresse de l'autre avaient pu trouver accès dans nos cœurs; si Thyeste, en même temps qu'il est en danger, avait des ressour-

* Une saillie peut quelquefois exprimer la vérité tout aussi bien que des raisonnements. J'étais à une représentation d'*Atrée*, à côté d'un homme qui ne paraissait pas avoir beaucoup d'habitude du spectacle, et qui n'était venu ce jour-là que sur la réputation de l'auteur d'*Atrée*. Je m'aperçus de son impatience dès le troisième acte; mais au monologue du cinquième, lorsque Atrée dit:

Oui, je voudrais pouvoir, au gré de ma fureur,
Le porter tout sanglant jusqu'au fond de ton cœur...

mon homme, las de le voir délibérer si long-temps sur ce qu'il ferait de Plisthène, avança la tête vers le théâtre, et dit à demi-voix, mais de manière à être entendu de ses voisins : « Eh! fais-en ce que tu voudras. Mange-« le tout cru si tu veux, pourvu que je ne sois pas de ton festin; » et il s'en alla.

ces; si, caché long-temps à son frère, et découvert enfin, il pouvait lutter contre ses ressentiments; si Atrée, ne pouvant se venger à force ouverte, finissait par recourir à la dissimulation et à la fourbe, alors la pièce pourrait devenir théâtrale, malgré l'inconvénient irrémédiable d'un dénouement qui n'est qu'horrible, et qui étale à nos yeux le triomphe du crime. C'était en partie ce que la connaissance de l'art avait montré à Voltaire quand il entreprit *les Pélopides*, et ce que l'extrême faiblesse d'un talent octogénaire ne pouvait plus exécuter. Mais dans Crébillon le rôle de Thyeste est absolument passif, et nous avons vu par plus d'un exemple que des rôles de cette nature ne pouvaient jamais fonder l'intérêt d'une tragédie, puisqu'il ne peut exister sans des passions, du mouvement et de l'action. Rien de tout cela dans Thyeste : entièrement abattu par le malheur, c'est un proscrit tremblant sous le glaive, et incertain seulement de quel côté on le frappera. Il n'est d'ailleurs connu du spectateur que par une mauvaise action, et il n'en témoigne aucun repentir. Quant à ce qu'il peut entreprendre, son rôle est encore nul à cet égard. Au quatrième acte, et avant la deuxième réconciliation, lorsque, se voyant observé de toutes parts, il ne doute plus de la trahison d'Atrée, Théodamie vient supplier Plisthène de hâter leur fuite; elle lui dit que Thyeste furieux erre dans le palais d'Atrée,

Tout prêt à lui plonger un poignard dans le sein.

Mais de la manière dont il s'est montré, et dans la

situation où il est, épié et entouré par les satellites d'un tyran aussi vigilant qu'Atrée, on sent trop que cette prétendue fureur n'est que dans le récit de Théodamie: on n'en voit aucune trace lorsqu'il paraît dans la scène suivante entre Plisthène et sa fille. S'il avait pu ou voulu tenter un coup de désespoir, c'est là qu'il pouvait en parler. Il n'en dit pas un mot; il ne parle que de sa tendresse pour Plisthène et de leurs périls communs. Il se contente de dire:

Je l'avoue: *à mon tour* je me suis cru perdu.
Prince, j'allais tenter...

Et comme l'auteur a senti l'embarras de lui faire dire ce qu'il *allait tenter*, Plisthène l'interrompt à ce mot pour lui dire:

Calmez le soin qui vous dévore.
Vous n'êtes point perdu, puisque je vis encore.

Mais Plisthène, quoi qu'il en dise, n'est pas en état d'entreprendre plus que lui: il a dit, dans le premier acte, qu'il ne pouvait disposer d'un seul vaisseau. Atrée a eu soin de faire partir tous les amis de ce prince; il a dit au troisième acte:

Tout ce que ce palais rassemble autour de moi,
Sont autant de sujets dévoués à leur roi.

Il se trouve pourtant, au cinquième, que Plisthène, on ne sait comment, croit avoir un vaisseau à sa disposition. Mais il est arrêté sur-le-champ, et d'ailleurs le simple projet d'une pareille fuite n'est pas plus dramatique que les moyens n'en sont probables. Ainsi tout est inactif dans la pièce ; et la seule infortune de Thyeste ne peut inspirer qu'une compassion mêlée de quelque mépris pour un personnage si vulgaire, et ne supplée point l'intérêt, qui ne peut naître que de l'action, que des incidents qui la varient, que des alternatives de la crainte et de l'espérance.

Il reste l'amour épisodique de Plisthène et de Théodamie, amour qui est né depuis quelques jours, dont à peine on s'aperçoit, qui semble n'être là que pour remplir quelques scènes de fadeurs romanesques, disparate choquante dans un sujet tel que celui d'*Atrée*; et ce qui dans la pièce n'est qu'une faute de plus, et ne peut pas en faire l'intérêt.

Ceux qui ont voulu justifier le rôle d'Atrée et le dénouement de l'ouvrage ont dit que, s'il n'avait pas réussi, c'est parce qu'Atrée avait paru trop cruel, et le dénouement trop horrible, et que tout cela est *trop fort* pour notre faiblesse. Point du tout. Cléopâtre est encore plus cruelle qu'Atrée; car elle égorge un de ses fils et veut empoisonner l'autre, quoique tous deux ne lui aient jamais fait aucun mal: cela est encore plus *fort* (puisqu'il est question de *force*) que l'action d'Atrée, qui tue son neveu, et qui réduit un frère qui l'a cruellement offensé à se tuer de désespoir. Pourquoi donc le dénouement de *Rodogune* est-il si théâtral, et que celui d'*Atrée* l'est si peu? C'est que dans l'un l'horreur est tragique, et que dans l'autre elle ne l'est pas. Elle est tragique dans *Rodogune*, parce qu'il y a suspen-

sion, terreur et pitié : il y a suspension, puisque le spectateur est incertain si l'exécrable projet de Cléopâtre réussira, et si Antiochus, après ce qu'il vient d'apprendre du meurtre de son frère, prendra le breuvage empoisonné. Il y a terreur, parce qu'il est sur le point de boire le poison quand sa mère l'a goûté, et qu'il était perdu si heureusement le poison n'agissait assez tôt sur Cléopâtre pour trahir sa méchanceté. Il y a pitié, parce que jusque-là l'intérêt s'est réuni sur les deux frères, dont la rivalité même n'a pu détruire l'amitié vertueuse, et qui sont aussi chers aux spectateurs que leur mère leur est odieuse. Enfin l'horreur s'arrête où elle doit s'arrêter, puisque le crime n'est que médité, qu'il est puni, et qu'Antiochus est sauvé. Ainsi toutes les conditions que l'art exige sont remplies : le sont-elles dans le cinquième acte d'*Atrée?* Aucune suspension, car on sait que Plisthène est tué : on voit que Thyeste se confie à son frère. Tout est prévu long-temps d'avance, et l'on ne peut rien attendre que le plaisir que peut avoir Atrée à voir les douleurs de son frère ; et ce n'est là ni de la terreur ni de la pitié ; il n'en résulte qu'un mouvement d'aversion et de dégoût, tel qu'on le ressent à tout spectacle qui n'est qu'horrible. Concluons que Voltaire avait raison quand il a dit, en marquant les deux grands défauts d'*Atrée :* « Cette fureur de
« vengeance au bout de vingt ans est nécessaire-
« ment de la plus grande froideur..... Un homme
« qui jure, à la première scène, qu'il se vengera,
« et qui exécute son projet à la dernière, sans aucun

« obstacle, ne peut jamais faire aucun effet. Il n'y
« a ni intrigue ni péripétie ; rien qui vous tienne en
« suspens, rien qui vous surprenne, rien qui vous
« émeuve. » Ces paroles sont pleines de sens, et l'analyse que j'ai faite n'en est que le commentaire.

Il ajoute : « Le style est digne de cette conduite;
« la plupart des vers sont obscurs et ne sont pas
« français. » Rien n'est plus vrai ; et le seul tort
qu'ait ici le critique, c'est de ne pas ajouter qu'il y
en a de fort beaux. Commençons donc par rendre
cette justice, je l'ai déjà rendue à la scène de la
reconnaissance et à quelques vers que j'ai rapportés. Le rôle d'Atrée a aussi quelques endroits d'une
singulière vigueur de pensée et d'expression. En
voici un fort connu, dont Voltaire s'est moqué : je
dois me défier beaucoup de mon avis quand il est
contraire au sien ; mais j'avoue que ces vers d'*Atrée*
ne m'ont jamais paru que dignes d'éloges, et je les
ai toujours vu applaudir :

Je voudrais me venger, fût-ce même des dieux.
Du plus puissant de tous j'ai reçu la naissance ;
Je le sens au plaisir que me fait la vengeance.

Je puis me tromper ; mais il me semble qu'il n'y a
rien dans ces vers qui ne soit conforme à l'idée que
nous nous formons des dieux de la Fable, tels
qu'Homère nous les a peints. Ils sont tous implacables et avides de vengeance, depuis Jupiter jusqu'à Vénus. Atrée, qui en descendait, s'explique
donc convenablement ; et ce premier vers,

Je voudrais me venger, fût-ce même des dieux,

respire une ivresse de vengeance, une sorte d'orgueil féroce qui annonce bien le caractère d'Atrée.

Mais le morceau qui a le plus de mérite poétique, c'est le songe de Thyeste. A la vérité, ce n'est qu'un hors-d'œuvre inutile à la pièce; mais il est d'un coloris sombre et terrible, qui appartient à la tragédie.

Près de ces noirs détours que la rive infernale
Forme à replis divers dans cette île fatale,
J'ai cru long-temps errer parmi des cris affreux
Que des mânes plaintifs poussaient jusques aux cieux.
Parmi ces tristes voix, sur ce rivage sombre,
J'ai cru d'Érope en pleurs entendre gémir l'ombre.
Bien plus, j'ai cru la voir s'avancer jusqu'à moi,
Mais dans un *appareil* qui me glaçait d'effroi.
« Quoi! tu peux t'arrêter dans ce séjour funeste!
« Suis-moi, m'a-t-elle dit, infortuné Thyeste. »
Le spectre, à la lueur d'un pâle et noir flambeau,
A ces mots, m'a traîné jusque sur son tombeau.
J'ai frémi d'y trouver le redoutable Atrée,
Le geste menaçant et la vue égarée,
Plus terrible pour moi, dans ces cruels moments,
Que le tombeau, le spectre et ses gémissements.
J'ai cru voir le barbare entouré des furies;
Un glaive encor fumant armait ses mains impies;
Et sans être attendri de *ses* cris douloureux,
Il semblait dans son sang plonger un malheureux.
Érope, à cet aspect, plaintive et désolée,
De ses lambeaux sanglants à mes yeux s'est voilée.
Alors j'ai fait pour fuir des efforts impuissants :
L'horreur a suspendu l'usage de mes sens.
A mille affreux objets l'âme entière livrée,
Ma frayeur m'a jeté sans force aux pieds d'Atrée.

Le cruel, d'une main semblait m'ouvrir le flanc,
Et de l'autre, à longs traits, m'abreuver de mon sang.
Le flambeau s'est éteint, l'ombre a *percé* la terre ;
Et le songe a fini par un coup de tonnerre.

Il y a bien encore quelques fautes : il était impossible à Crébillon d'écrire un morceau entier où il n'y en eût pas; mais elles sont peu de chose, et les beautés prédominent. L'harmonie imitative est sensible dans ces quatre vers :

J'ai cru long-temps errer parmi des cris affreux
Que des mânes plaintifs poussaient jusques aux cieux.
Parmi ces tristes voix, sur ce rivage sombre,
J'ai cru d'Érope en pleurs entendre gémir l'ombre.

Ces deux autres,

Érope, à cet aspect, plaintive et désolée,
De ses lambeaux sanglants à mes yeux s'est voilée,

offrent une image du plus grand effet; et le dernier termine très heureusement tout ce tableau, qui est d'une touche mâle et vigoureuse.

Mais le style en général est vicieux de toutes les manières possibles. Si nous en croyons le journaliste qui a cru répondre à Voltaire, *Atrée, à une cinquantaine de vers près, est sur le ton que demande la tragédie.* Il ajoute : « Et quelle est la pièce, *même* « *de Racine*, où il ne se trouve pas de mauvais vers ? « il suffit que *le plus grand nombre soit reconnu bon* « *pour qu'on dise qu'un drame est bien écrit.* » Le principe est vrai ; mais il faut avoir perdu toute pudeur pour nommer Racine à côté de Crébillon, et sur-tout à propos de style, et pour nous faire entendre que *le plus grand nombre des vers d'Atrée est reconnu bon.* Il est de la plus exacte vérité qu'il n'y en a pas cent cinquante que voulut conserver un homme qui saurait écrire : tout le reste pèche plus ou moins par la pensée, par l'expression, par l'obscurité, par l'impropriété des termes, par le vice des constructions, mais principalement par un amas de chevilles, par une foule innombrable de vers oiseux, de mots parasites qui, revenant sans cesse, suffiraient seuls pour rendre la lecture de cette pièce, comme de toutes les autres, rebutante pour quiconque a un peu d'oreille et de goût. Je citerai quelques exemples de chaque espèce de fautes, et je puis assurer que, si l'on voulait, le livre à la main, les remarquer toutes, on ne finirait pas.

Commençons par les fautes de sens. On aperçoit de temps en temps dans le rôle d'Atrée une sorte de contradiction bien étrange : tantôt il parle de sa vengeance comme de la chose la plus légitime : il s'en fait un honneur et un devoir; tantôt comme d'un crime où il se complaît, et par lequel il voudrait surpasser celui de Thyeste. Un bon écrivain aurait songé à le concilier avec lui-même ; cette inconséquence dans le caractère comme dans le dialogue est d'un déclamateur qui s'exprime au hasard, et qui oublie dans une page ce qu'il a écrit dans une autre.

Après l'indigne affront que m'a fait son amour,
Je serai sans honneur tant qu'il verra le jour.
. . . .

Un ennemi qui peut pardonner une offense,
Ou manque de courage, ou manque de puissance.
. . . .
Mon cœur, qui sans pitié lui déclare la guerre,
Ne cherche à le punir qu'au défaut du tonnerre.

Et même au cinquième acte, tout près de consommer les horreurs qu'il a méditées, il dit encore :

Il faut un terme au crime, et non à la vengeance.

Ou ce vers n'a pas de sens, ou il signifie qu'Atrée ne regarde pas la vengeance comme un *crime*, puisqu'il veut que le *crime* ait des bornes, et que la vengeance n'en ait pas. Cependant il a dit, en parlant de Thyeste et de Plisthène :

Si je ne m'en vengeais par des *forfaits* plus grands;

et la même idée est répétée en vingt endroits. Cette inconséquence, plus ou moins fréquente dans tous les rôles de Crébillon, n'est pas moins marquée dans celui de Plisthène que dans celui d'Atrée : qu'on en juge par ces vers voisins les uns des autres dans une scène très courte, lorsqu'il s'occupe de l'évasion de Thyeste et de sa fille :

O devoir dans mon cœur trop long-temps respecté,
Laisse un moment l'amour agir en liberté !
Les rigoureuses lois qu'impose la nature
Ne sont plus que des droits dont la vertu murmure.
Secrets persécuteurs des cœurs nés vertueux,
Remords, qu'exigez-vous d'un amant malheureux ?

Cherchez du sens dans ces six vers qui se suivent. Il veut d'abord que *le devoir laisse agir l'amour*, et ce devoir ne peut être autre chose que les *rigoureuses lois qu'impose la nature;* et voilà que ces *lois ne sont plus que des droits dont la vertu murmure :* comment *la vertu* peut-elle *murmurer d'un devoir!* Et depuis quand *les remords* sont-ils *les persécuteurs des cœurs vertueux?* On a toujours cru qu'ils étaient la punition des cœurs coupables. Il dit au même endroit en parlant de Théodamie :

C'est pour la dérober au coup qui la menace,
Que je n'écoute plus qu'*une coupable audace.*

et quelques vers après la *coupable audace*, il dit :

Courons, pour la sauver, où *mon honneur* m'appelle;

et tout de suite après :

Mais où la rencontrer! Eh quoi! les justes dieux
M'ont-ils déjà puni d'*un projet odieux?*

en sorte que le *projet* de sauver Thyeste et Théodamie est tout à la fois une *coupable audace*, un *honneur*, et un *projet odieux.*

Il continue :

Allons, ne laissons point dans l'ardeur qui m'anime,
Un cœur comme le mien réfléchir sur *un crime;*

et quatre vers après, sans qu'il ait rien dit qui annonce aucun changement dans ses pensées, aucun retour sur lui-même :

Ce n'est point un forfait; c'est imiter les dieux,
Que de remplir son cœur du soin des malheureux.

Ainsi ce *crime*, sur lequel il ne voulait pas même réfléchir, au bout de quatre vers, *n'est plus un forfait,* c'est une *imitation des dieux;* et dans tous ces vers il s'agit de la même chose ! Je demande à tout homme de bonne foi si la raison peut supporter ou pardonner cet amas d'idées incohérentes, ce chaos de contradictions, et si l'on peut choquer plus ouvertement le premier principe du style, celui de savoir du moins ce qu'on veut dire. D'où naît tout cet inextricable embarras dans les discours de Plisthène ? de ce que le désir de sauver Thyeste et Théodamie lui paraît contraire à l'obéissance filiale, puisqu'il se croit encore fils d'Atrée. Mais était-il donc si difficile de se dire que cette obéissance a ses bornes naturelles, et que sauver son oncle des fureurs de son père, non-seulement ce n'est pas commettre *un crime* ni former un *projet odieux* (expression qui dans la bouche de Plisthène est un contresens inconcevable), mais même que c'est prévenir un véritable crime et l'épargner à son père ?

Atrée dit au premier acte :

Enfin mon cœur se plaît dans cette inimitié,
Et s'il a *des vertus*, ce n'est pas *la pitié*.

Passons l'expression hasardée, mais qu'on entend, que la *pitié* est une *vertu* ; si elle n'en est pas une, elle peut du moins être la source d'actions vertueuses. Mais si Atrée ne connaît pas la *pitié* (et là-dessus on l'en croit aisément), pourquoi dit-il au troisième acte :

Lâche et vaine *pitié*, que ton murmure cesse...
Abandonne mon cœur...

Est-ce que la *pitié* peut habiter un moment dans un cœur tel qu'on a vu celui d'Atrée ? Cette apostrophe n'est qu'une déclamation. Ailleurs, en parlant du projet de faire boire à Thyeste le sang de son fils, il dit :

Un dessein si funeste,
S'il n'est digne d'Atrée, est digne de Thyeste.

Cette expression vague de *dessein si funeste* n'est là qu'une étrange cheville ; mais comment ce dessein ne serait-il pas *digne d'Atrée*, qui croit ressembler aux dieux par l'amour de la vengeance ? C'est encore un contre-sens.

Il y en a bien d'autres ; mais les barbarismes de phrases, les solécismes et les termes impropres sont encore plus nombreux.

A peine mon amour égalait ma fureur ;
Jamais amant trahi ne l'a plus signalée.

Cela signifie en français, *jamais amant trahi n'a plus signalé ma fureur*. Atrée veut dire, et la construction demandait : *jamais amant trahi n'a plus signalé la sienne*.

Mais en vain mon amour brûlait de nouveaux feux.

On *brûle des feux de l'amour* ; mais qui jamais a dit *mon amour brûle d'un feu ?*

Il n'en attend pas moins de sa valeur suprême,
Que ce qu'en vit Élis, Rhodes, cette île même.

Il *n'en* attend pas moins *de* sa valeur : ce sont deux régimes au lieu d'un. Le premier est vicieux ; il fallait absolument : *Il n'attend pas moins de sa valeur*. Et cet hémistiche, *que ce qu'en vit*, qu'elle horrible dureté !

> Si j'ai pu quelque temps te déguiser mon nom,
> Le soin de me venger *en fut seul la raison*.

Cette phrase n'est pas correcte. On ne dit point *la raison de faire quelque chose*: on dirait bien le soin de me venger *fut mon seul motif, ma seule pensée*.

> Puis-je mieux me venger de ce sang odieux
> *Que d'armer* contre lui son forfait et les dieux?

Puis-je mieux me venger que d'armer n'est pas une construction française: il fallait *qu'en armant*.

> Croirais-tu que du roi la haine sanguinaire
> A voulu me forcer d'assassiner son frère?
> Que pour *mieux m'obliger* à lui percer le flanc,
> De sa fille, *au refus*, il doit verser le sang?

Au refus, pour dire *sur mon refus*, n'est pas français.

> Mais *n'en attendez rien* à mon devoir *contraire*.

N'attendez rien contraire est barbare : il faut *n'attendez rien de contraire*.

> Il m'est plus cher qu'à vous : *sans me donner la mort*,
> Le roi ne sera point l'arbitre de son sort.

L'auteur veut dire : *A moins qu'il ne me donne la mort, il ne sera point l'arbitre de son sort*. La tournure qu'il emploie le dit mal, et n'est pas correcte.

> Instruit de vos bontés pour un sang malheureux,
> Je n'en trahirai point l'exemple généreux.

Je ne trahirai point l'exemple de vos bontés! Quelle phrase! Celle-ci est encore pire :

> Et ne m'exposez pas à *l'horreur légitime*
> *D'avoir*, sans fruit pour vous, osé tenter un crime.

L'horreur légitime d'avoir tenté!

> Sa beauté, tout enfin, jusqu'à son malheur même,
> N'offre en elle qu'un *front* digne du diadème.

Tout n'offre en elle qu'un front! Quel style! Souvent le mauvais goût est poussé jusqu'à l'excès du ridicule : tel est cet endroit où Plisthène parle du naufrage de Théodamie :

> Déplorable jouet des vents et de l'orage,
> Qui, *même en l'y poussant, l'enviaient au rivage.*

Je ne crois pas que le bel-esprit italien ait produit un *concetto* aussi bizarre que *les vents et l'orage qui envient* une femme *au rivage*. Ce même Plisthène, dont le langage est toujours très extraordinaire, tombe ailleurs dans un autre excès : ce n'est plus celui du rafinement, c'est celui de la simplicité. A propos de sa Théodamie, qu'Atrée veut faire périr :

> Non, cruels, ce n'est point pour la voir expirer
> Que du plus tendre amour je me sens *inspirer*.

Vraiment, je le crois bien, ce n'est pas *pour cela* qu'on aime une femme; c'est là ce qu'on appelle du style niais. Alcimédon veut apprendre au roi qu'il ne faut pas chercher dans Athènes Thyeste qui n'y est plus; qu'un vaisseau en a apporté la nouvelle. Voici comme il s'exprime en arrivant :

> Vous tenteriez, seigneur, un inutile effort;
> *Je le sais d'un vaisseau* qui vient d'entrer au port.
> On ne sait s'il a pris la route de Mycènes;
> Mais depuis près d'un mois il n'est plus dans Athènes.

Assurément Atrée doit croire qu'il parle du *vaisseau;* point du tout : c'est de Thyeste qu'il n'a pas même nommé. Et cette expression, *je le sais d'un vaisseau!* L'auteur n'est pas plus heureux quand il veut employer les figures.

Avec l'éclat du jour je vois enfin renaître
L'espoir et la douceur de me venger d'un traître.

Que fait là *l'éclat du jour?* Cela pourrait tout au plus se dire si la nuit avait suspendu une vengeance qui doit avoir lieu au point du jour; mais il n'en est pas question. *L'espoir* qu'il a *de se venger* ne tient nullement à cet *éclat du jour.* Il ne s'agit que de presser le départ d'une flotte; cette phrase n'a donc point de sens. Les deux vers suivants ne valent pas mieux :

Les vents, qu'un dieu contraire enchaînait loin de nous,
Semblent *avec les flots* exciter mon courroux.

Sont-ce *les vents* qui, de concert *avec les flots, excitent son courroux,* ou qui *excitent son courroux* en même temps qu'ils *excitent les flots?* Dans l'un et l'autre cas, quel rapport entre *son courroux* et *les flots?* Ces rapprochements forcés sont-ils le langage de la nature? Veut-on des phrases louches, obscures, entortillées, qui ne disent rien moins que ce qu'elles devraient dire : elles sont sans nombre. Atrée dit à Plisthène :

Voyons si cet amour *qui t'a fait me trahir*
Servira maintenant à me faire obéir.
Tu n'auras pas en vain aimé Théodamie;
Venge-moi dès ce jour, ou c'est fait de sa vie.

Qui t'a fait me trahir n'est pas plus français que tout ce que nous avons vu. Mais remarquez qu'au lieu de dire : *Tu n'auras pas impunément aimé Théodamie, c'est fait de sa vie si tu ne m'obéis pas;* il dit : *Tu n'auras pas aimé Théodamie en vain;* ce qui fait un sens tout opposé, car il ne s'exprimerait pas autrement s'il avait à lui dire : *Tu ne l'auras pas aimée en vain; je te la donne pour épouse.* Plisthène répond :

> Ah! mon choix est tout fait *dans ce moment funeste.*
> C'est mon sang qu'il vous faut, non le sang de Thyeste.

La réponse d'Atrée est presque inintelligible.

> Quand *l'amour de mon fils semble avoir fait le sien,*
> *Il ne m'importe plus* de son sang ou du tien.

Pour entendre le premier vers, il faut deviner qu'il doit être construit ainsi :

> Quand *l'amour semble de mon fils avoir fait le sien*, etc.

Il était indispensable de séparer ces mots, *l'amour de mon fils,* qui ont l'air d'être régis l'un par l'autre, et ne présentent ainsi aucun sens.

Quant à ce que j'ai dit de la multitude des chevilles, un seul exemple suffira pour en donner une idée. *En ces lieux* est une phrase bien commune, et qui par conséquent ne doit être employée que quand elle est nécessaire. Si on la revoit à tout moment au bout des vers, ce ne peut être que pour les remplir. Jamais poète apparemment n'en eut plus besoin que Crébillon.

> Oui, je veux que ce fruit d'un amour odieux

Signale quelque jour ma fureur *en ces lieux*...
Je ne suis en effet descendu *dans ces lieux*...
Et nous n'avons d'appui que *de* vous *en ces lieux*...
Quel déplaisir secret vous chasse *de ces lieux*...
Cachez-vous au tyran qui règne *dans ces lieux*...
Je tremble à chaque pas que je fais *en ces lieux*...
Sans appui, sans secours, sans suite *dans ces lieux*...
J'en crains plus du tyran qui règne *dans ces lieux*...
Il doit être déjà de retour *en ces lieux*...
M'accorder un vaisseau pour sortir *de ces lieux*...
Gardes, faites venir l'étranger *en ces lieux*...
Et votre voix, seigneur, a rempli *tous ces lieux*...
S'il n'est mort lorsqu'enfin je reverrai *ces lieux*...
Faut-il le voir périr *dans ces funestes lieux*...
Que faisiez-vous, cher prince, et *dans ces mêmes lieux*...
Cherchez-vous à périr *dans ces funestes lieux*...
C'est assez qu'un tyran la consacre *en ces lieux*...
Qu'on cherche la princesse, allez, et qu'*en ces lieux*...
Barbare, peux-tu bien m'épargner *en des lieux*...
....Consolez-vous, ma fille, *et de ces lieux*, etc., etc.

Ce retour si fréquent du même mot est d'une monotonie que la rime rend encore plus importune; et ce qu'il y a de pis, c'est qu'il est presque partout inutile, et quelquefois à contre-sens. Rien ne marque plus de faiblesse dans le style, et plus de stérilité.

Rhadamiste est, sans aucune comparaison, la meilleure de toutes les pièces de Crébillon, ou plutôt c'est la seule vraiment belle; c'est réellement son seul titre de gloire, le seul qui puisse être avoué par la postérité. Il ne manque à cette tragédie, pour être au premier rang, que d'être écrite comme elle est conçue, et d'avoir un autre premier acte; mais, telle qu'elle est, il ne faut qu'un ouvrage de ce mérite pour donner à son auteur une place très honorable parmi les poètes tragiques.

On a dit que le sujet était emprunté d'un roman du dernier siècle, intitulé *Bérénice*, aujourd'hui presque inconnu, et même devenu extrêmement rare. Mais Crébillon n'en a guère tiré que le fond historique, qu'il pouvait trouver de même dans Tacite: le meurtre de Mithridate, père de Zénobie, tué par Rhadamiste, meurtre qui n'est en lui-même qu'un des attentats vulgaires de l'ambition, et celui de Zénobie poignardée par son époux, l'un de ces crimes d'une passion forcenée, de ces coups de désespoir qui sont d'une espèce bien plus rare, plus extraordinaire et plus propre à la tragédie. Crébillon aperçut tout ce qu'il en pouvait tirer; c'est de là qu'il dut concevoir la première idée du caractère de Rhadamiste. L'histoire et le roman ne lui ont fourni que son avant-scène; son plan est à lui, et le plan est beau, malgré les fautes qu'on y peut relever.

La conduite de la pièce est bien entendue, à l'exposition près, qui est extrêmement embrouillée. On sait ce qu'en disait l'abbé de Chaulieu: *la pièce serait très claire, n'était l'exposition*. J'ai ouï dire à des gens d'esprit que c'était prendre une peine assez inutile que de soigner l'exposition, attendu que la plupart des spectateurs ne l'écoutent pas, et que ceux qui l'écoutent prennent pour bon tout ce que veut l'auteur, pourvu qu'ensuite il en résulte de l'effet. Je ne serais pas étonné qu'aujourd'hui plus d'un écrivain prît au sérieux cette plaisanterie, qui n'est au fond qu'une critique de l'inattention et de la légèreté qu'on nous a de tout temps reprochées; et qu'il est assez naturel de porter au spectacle encore plus qu'ailleurs. Il est fort possible, sur-tout dans un temps de satiété, que bien des gens, pressés de leur plaisir, ne se rendent attentifs qu'au moment où ils l'attendent, et qu'ils regardent la nécessité d'écouter une exposition comme une épreuve et un sacrifice qu'on peut s'épargner. Mais à quelque point qu'on soit devenu avare du temps à force d'en perdre, heureusement cette disposition n'est pas encore celle du plus grand nombre; et si elle existait, ce serait, aux yeux d'un vrai poète, un motif de plus pour redoubler d'efforts dès les premières scènes, et pour triompher de cette indifférence inattentive, au moins par l'intérêt de style, triomphe difficile à la vérité, et qui n'est fait que pour le grand écrivain.

Malgré tout l'embarras que Crébillon a laissé dans les détails du premier acte, on sait du moins que cette même Zénobie, que depuis long-temps tout le monde croit morte, a trouvé, après diverses aventures, un asyle à la cour de Pharasmane, roi d'Ibérie, et son beau père; qu'elle a voulu y rester inconnue; que Pharasmane veut l'épouser sans la connaître (supposition, il faut l'avouer, qui sent un peu trop le roman); que son fils Arsame est son rival, et aimé de Zénobie, qui lui cache un amour qu'elle croit devoir combattre, quoiqu'elle puisse se croire libre par la mort de Rhadamiste, que Pharasmane, dit-on, a fait périr par la main des Arméniens, après s'être servi de la sienne pour immoler le roi d'Arménie, Mithridate; et quand Rhadamiste paraît à l'ouverture du deuxième acte, la curiosité est déjà vivement excitée. Il est, comme Zénobie, inconnu dans cette cour; il a été élevé dans celle d'Arménie.

Le roi (*dit-il*) ne m'a point vu *dès* ma plus tendre enfance,
Et la nature en lui ne parle point assez
Pour rappeler des traits dès long-temps effacés.

Des soldats romains l'ont arraché mourant des mains d'un peuple furieux; il s'est depuis ce temps attaché à Corbulon leur général; il ne s'est fait connaître qu'à lui; et, apprenant que Pharasmane est prêt à envahir l'Arménie, qui se trouve sans roi, il s'est fait nommer ambassadeur de Rome auprès de lui, dans le dessein de s'opposer à ses projets ambitieux. Il faut convenir encore que cette nouvelle supposition tient plus des fictions romanesques que de la vraisemblance historique. Il n'était nullement dans les mœurs de Rome de donner à un étranger le caractère d'Ambassadeur, et l'on n'en connaît point d'exemple jusqu'au temps de la décadence de l'empire. Crébillon a justifié, autant qu'il le pouvait, cette démarche très extraordinaire, en faisant dire à Rhadamiste que la politique romaine veut armer ses ressentiments contre Pharasmane.

Dans ses desseins toujours *à mon père contraire*[*],
Rome de tous ses droits m'a fait dépositaire,

---

[*] Consonnance dure.

Sûre, pour établir son pouvoir et le mien,
Contre un roi qu'elle craint* que je n'oublirai rien.
. . . .
Par un don de César je suis roi d'Arménie,
Parce qu'il veut par moi** détruire l'Ibérie.
Les fureurs de mon père ont assez éclaté
Pour que Rome entre nous ne craigne aucun traité.
Tels sont les hauts projets *dont sa grandeur se pique ;*
Des Romains si vantés telle est la politique :
C'est ainsi qu'en perdant le père par le fils,
Rome devient fatale à tous ses ennemis.

Les deux derniers vers sont vrais ; mais ce qu'il vient de dire, que César l'avait fait roi d'Arménie, avertit qu'il n'en fallait pas davantage pour mettre aux mains le père et le fils. Ce moyen était en effet bien plus conforme à la politique des Romains, comme à la dignité de l'empire, que l'ambassade toujours hasardeuse du fils de Pharasmane auprès de son père. Encore une fois, ces moyens ont un air de roman ; mais les situations qu'ils produisent ont la couleur tragique, et les caractères marqués avec force et contrastés avec art servent à les rendre plus frappantes. La rigueur inflexible et jalouse de Pharasmane fait éclater davantage la fidélité vertueuse que lui conserve son fils Arsame, lorsqu'il se refuse à toutes les propositions séduisantes que lui fait Rhadamiste pour l'attirer au parti des Romains, et que tout l'amour qu'il a pour Zénobie, et tout ce qu'il peut craindre d'un rival aussi cruel

---
* Inversion forcée et vers dur.
** Prosaïsme et dureté.

que l'est son père, ne peut ébranler son attachement à ses devoirs de sujet et de fils. D'un autre côté, cette même rigueur de Pharasmane, toujours tyran pour ses enfants, et tyran même dans son amour pour Zénobie, excuse suffisamment la démarche que se permet Arsame, qui s'adresse à l'embassadeur de Rome pour remettre Zénobie sous la protection des Romains, et la dérober aux poursuites du roi d'Ibérie. La jalousie forcenée de Rhadamiste, la violence de son caractère, ses fureurs, qui ne respectent pas le sang le plus cher et le plus sacré, rendent plus intéressante la vertu courageuse de Zénobie, qui ne balance pas un moment à se remettre entre les mains d'un époux si formidable, et qui ose le faire arbitre de son sort après avoir osé lui avouer qu'elle a été sensible aux vertus et à l'amour d'Arsame. Toutes ces conceptions sont justes, nobles et dramatiques.

Déterminé à combattre l'injustice partout où je la rencontre, je ne puis m'empêcher de relever un jugement bien singulier dans un homme qui avait autant d'esprit que Dufresny, sur ce rôle de Rhadamiste, admiré de tous les connaisseurs, et qui est sans contredit ce que l'auteur a produit de plus beau. On trouve dans les œuvres de ce comique ingénieux une critique du chef-d'œuvre de Crébillon, où il regarde comme démontré que « le caractère de Rha- » damiste n'est point propre au théâtre, parce qu'il » est bizarrement composé de grands remords et de » grands crimes. » Voilà une étrange contre-vérité. D'abord, ce composé de grands remords et de grands crimes n'est point du tout *bizarre*; il est dans la nature, et, de plus, il est éminemment dans la nature théâtrale. Cette lourde méprise de Dufresny, et l'arrêt que l'Académie prononça dans le temps du *Cid*, que l'amour de Chimène péchait contre les bienséances du théâtre, prouvent combien il faut de temps pour établir la vraie théorie des arts de l'imagination, et combien des hommes, d'ailleurs éclairés et sans passion, sont encore exposés à s'y méprendre.

Quelle attente n'excite pas en nous la première vue d'un homme qui a été capable de plonger un poignard dans le sein d'une femme adorée, plutôt que de la laisser au pouvoir d'un rival! Et cette attente, il la remplit dès qu'il paraît. A l'ouverture du second acte, il effraie par ses fureurs, et intéresse par ses remords : le tableau qu'il trace lui-même de l'action terrible et furieuse qu'il a commise montre en même temps tout ce qui peut l'excuser, et inspire plus de pitié que d'horreur.

Tu sais tout ce qu'a fait cette main criminelle;
Tu vis comme aux autels un peuple mutiné
Me ravit le bonheur qui m'était destiné;
Et malgré les périls qui menaçaient ma vie,
Tu sais comme à leurs yeux j'enlevai Zénobie.
Inutiles efforts! je fuyais vainement.
Peins-toi mon désespoir dans ce fatal moment:
Je voulus m'immoler, mais Zénobie en larmes,
Arrosant de ses pleurs mes parricides armes,
Vingt fois, pour me fléchir embrassant mes genoux,
Me dit ce que l'amour inspire de plus doux.

Hiéron, quel objet pour mon âme éperdue !
Jamais rien de si beau ne s'offrit à ma vue.
Tant d'attraits cependant, loin d'attendrir mon cœur,
Ne firent qu'augmenter ma jalouse fureur.
Quoi ! dis-je en frémissant, la mort que je m'apprête
Va donc à Tiridate assurer sa conquête !

Ce n'est point là un scélérat froidement atroce ; c'est un homme en qui tous les sentiments sont extrêmes, qui aime avec fureur, dont la passion est une espèce de fièvre ardente qui lui ôte la raison ; enfin, que le péril affreux où il se trouve, toutes les circonstances qui l'accompagnent, toutes les noires pensées qui doivent l'assaillir, ont jeté dans un égarement qui nous fait regarder comme involontaire tout ce qu'il a pu alors attenter. L'état où il a été depuis ce jour, les larmes amères qu'il verse, les regrets qu'il traîne partout avec lui ; en un mot, tout ce qui précède son récit, nous a déjà disposés à le plaindre. Ses premières paroles nous le font connaître tout entier :

Hiéron, plût aux dieux que la main ennemie
Qui me ravit le sceptre eût terminé ma vie !
Mais le Ciel m'a laissé, pour prix de ma fureur,
Des jours qu'il a tissus de tristesse et d'horreur.
Loin de faire éclater ton zèle ni ta joie
Pour un roi malheureux que le sort te renvoie,
Ne me regarde plus que comme un furieux
Trop digne du courroux des hommes et des dieux,
Qu'a proscrit dès long-temps la vengeance céleste ;
De crimes, de remords assemblage funeste ;
Indigne de la vie et de ton amitié ;

Objet digne d'horreur, mais digne de pitié ;
Traître envers la nature, envers l'amour perfide,
Usurpateur, ingrat, parjure, parricide.
Sans les remords affreux qui déchirent mon cœur,
Hiéron, j'oublîrais qu'il est un Ciel vengeur.

Plus un coupable s'accuse, plus il obtient de compassion et d'indulgence. Ce n'est pas que les grandes passions justifient les grands crimes; et ceux qui ont prétendu tirer ce résultat de la morale du théâtre l'ont évidemment calomniée; car les hommes rassemblés ne supporteraient nulle part l'apologie du crime. Si les passions violentes qui le font commettre sont théâtrales en ce qu'elles nous arrachent de la pitié, elles sont instructives en nous faisant voir jusqu'où elles peuvent conduire ceux qui s'y abandonnent; et s'il est de la justice naturelle de plaindre celui qu'elles ont égaré et qui se reproche ses fautes, et de n'avoir que de l'horreur pour la perversité tranquille et réfléchie, il est de notre raison de considérer avec effroi que les faiblesses du cœur et l'impétuosite du caractère peuvent quelquefois mener au même résultat que la méchanceté et la scélératesse, et ne laisser entre l'homme passionné et le méchant, entre le coupable et le pervers, d'autre différence que le remords.

Hiéron demande à Rhadamiste quels sont ses desseins, et ce qu'il veut faire à la cour de Pharasmane. Sa réponse, à quelques vers près, est d'une beauté remarquable.

Dans l'état où je suis me connais-je moi-même ?

> Mon cœur, *de soins divers sans cesse combattu*[*],
> Ennemi du forfait, sans aimer la vertu,
> D'un amour malheureux déplorable victime,
> S'abandonne aux remords sans renoncer au crime.
> Je cède au repentir, mais sans en profiter[**],
> Et je ne me connais[***] que pour me détester.
> Dans ce cruel séjour sais-je ce qui m'entraîne,
> Si c'est le désespoir, ou l'amour, ou la haine?
> J'ai perdu Zénobie ; après ce coup affreux,
> Peux-tu me demander encor ce que je veux?
> Désespéré, proscrit, abhorrant la lumière,
> Je voudrais me venger de la nature entière.
> Je ne sais quel poison se répand dans mon cœur;
> Mais jusqu'à mes remords, tout y devient fureur.

S'il y a quelques fautes dans les premiers vers, ces six derniers en rachèteraient de bien plus grandes. Je n'en connais point de plus profondément sentis, de plus fortement exprimés, qui aient plus de cette beauté tragique que l'on sent beaucoup mieux que l'on ne peut l'expliquer. Je ne sais si c'est là ce que Dufresny appelait de la *bizarrerie;* mais il y a ici autant de vérité que d'énergie. Pour saisir mieux l'une et l'autre, il faut entendre le reste du morceau :

> Je viens ici chercher l'auteur de ma misère,
> Et la nature en vain me dit que c'est mon père.
> Mais c'est peut-être ici que le Ciel irrité
> Veut se justifier de trop d'impunité;
> C'est ici que m'attend le trait inévitable,

---

[*] Vers trop faible pour la situation : des *soins !*
[**] Répétition du vers précédent.
[***] Il a dit plus haut, *me connais-je moi-même?* Il y a ici une contradiction au moins apparente ; elle est plus dans les mots que dans les idées

Suspendu trop long-temps sur ma tête coupable :
Et plût aux dieux cruels que ce trait suspendu
Ne fût pas en effet plus long-temps attendu !

Q'on se souvienne que Rhadamiste a trempé ses mains dans le sang d'une femme qu'il idolâtrait et qu'il idolâtre encore; qu'il l'a perdue au moment où il allait la posséder, et l'a perdue par un emportement barbare; qu'auparavant il avait fait périr le père de sa maîtresse, après avoir promis de l'épargner, et qu'il n'avait pu lui pardonner d'avoir voulu lui ôter Zénobie pour la donner à un autre; que la première cause de tous ses malheurs a été la perfide ambition de Pharasmane, qui avait pris les armes contre son frère, contre ce même Mithridate qui avait élevé son fils et lui avait promis Zénobie. Toutes ses infortunes lui viennent donc de ce qui devait lui être le plus cher, et ce qui est encore pis, de lui-même. Il a cherché à mourir; mais, percé de coups, il a été secouru par un guerrier généreux, par Corbulon, qui l'a rendu à la vie. Est-il étonnant que cet homme, bouillant, emporté, implacable, long-temps tourmenté par la fortune et par son propre cœur, par le souvenir de crimes qu'il ne peut réparer, et d'injures dont il voudrait se venger, soit livré sans cesse à des transports douloureux, ou à cette fureur sombre, à cette rage aveugle qui ne sait où se prendre, et veut se prendre à tout? Dans cette situation, tout ce qui se passe au fond de son cœur est un orage continuel; toutes ses pensées sont funestes, tous ses désirs sont des vengeances, tous ses cris sont des menaces, et tout s'explique par ces deux vers si simples, mais sublimes de vérité :

> J'ai perdu Zénobie : après ce coup affreux,
> Peux-tu me demander encor ce que je veux ?

Ce qu'il veut ?

> Il voudrait se venger de la nature entière.

Son âme qui est malade et ulcérée, mais qui n'est ni flétrie, ni perverse, est susceptible de remords :

> Mais jusques aux remords, tout y devient fureur.

On sent qu'il dit vrai lorsqu'en parlant de son repentir, il ne renonce pas au crime; on sent que, si l'occasion de se venger se présente à lui, il peut le commettre encore. Que ne promet pas un semblable personnage, annoncé ainsi dès la première scène! De quoi ne sera-t-il pas capable? Lui-même désire que la justice céleste le prévienne; il se résigne au châtiment. Nous savons qu'il va revoir Zénobie, et que son père est son rival. Il a dit :

> Et la nature en vain me dit que c'est mon père;

et ce vers qui fait frémir, cette expression d'une rage concentrée, ne peut se pardonner qu'à l'état épouvantable ou nous le voyons, à ce qu'il a souffert, à l'horreur qu'il a de lui-même. Certes, ce n'est pas là un rôle *bizarre;* il ne ressemble, il est vrai, à rien de ce que l'on connaissait au théâtre; mais il ressemble à la nature, telle que le génie la conçoit dans ce qu'elle a de plus effrayant, de plus malheureux; et quand nous aurons vu tout ce qu'il produit, il faudra dire, en rendant au poète un hommage légitime : Cet ouvrage est le seul monument qui doive consacrer son nom; mais (à commencer du second acte) qu'il est beau ! qu'il est vigoureux ! qu'il est neuf! qu'il est tragique!

La scène du second acte, entre Pharasmane et Rhadamiste, est noble, animée, imposante : l'entrevue de ces deux personnages nous attache déjà fortement, et tient tout ce que leur caractère annonçait. Celui du roi d'Ibérie est tracé, il est vrai, sur Mithridate; il a la même haine pour les Romains, ce même orgueil indomptable, cette même dureté jalouse qui le fait redouter de ses fils; mais, selon Voltaire lui-même, qui n'est pas porté à flatter Crébillon, le rôle de Pharasmane, s'il n'est pas aussi bien écrit, est plus fier et plus tragique. J'ajouterai que ce rôle étincelle de traits sublimes, particulièrement dans cette scène, et que la diction, moins incorrecte qu'ailleurs, souvent joint l'énergie des figures à celle des pensées, et ne laisse alors rien à désirer pour l'élégance.

Ce peuple triomphant n'a point vu mes images,
A la suite d'un char, en butte à ses outrages.
La honte que sur lui répandent mes exploits
D'un airain orgueilleux a bien vengé les rois.

Les rois vengés d'un airain orgueilleux sont d'une bien belle poésie, et je ne crois pas que Racine lui-même eût pu mieux dire. Il semble que Crébillon ait voulu lutter contre ces beaux vers de Mithridate :

Tandis que l'ennemi, par ma fuite trompé,
Tenait après son char un vain peuple occupé,
Et gravant en airain ces frêles avantages,
De mes états conquis enchaînait les images, etc.

Si l'on veut comparer ces deux morceaux, peut-être trouvera-t-on dans celui de Racine un plus grand éclat d'expression : il n'y a rien de plus brillant que ce contraste ingénieux, cette idée éclatante, des *frêles avantages gravés en airain*, rien de plus heureusement figuré que ce peuple qui *enchaîne les images des états conquis* : pour tout dire en un mot, c'est la langue de Racine. Mais ces rois *vengés d'un airain orgueilleux* semble d'un coloris plus mâle, peut-être parce que l'indignation a plus de force que le mépris. Les vers suivants sont d'une touche entièrement originale :

> Est-ce la guerre enfin que Néron me déclare ?
> Qu'il ne s'y trompe point : la pompe de ces lieux,
> Vous le voyez assez, n'éblouit point les yeux.
> Jusques aux courtisans qui me rendent hommage,
> Mon palais, tout ici n'a qu'un faste sauvage.
> La nature, marâtre en ces affreux climats,
> Ne produit, au lieu d'or, que du fer, des soldats.
> Son sein tout hérissé n'offre aux désirs de l'homme
> Rien qui puisse tenter l'avarice de Rome.

Ces vers sont un chef-d'œuvre d'énergie, et cette belle scène ne pouvait pas mieux être terminée que par ces deux vers :

> Retournez, dès ce jour, apprendre à Corbulon
> Comme on reçoit ici les ordres de Néron.

Mais ce qui me paraît le plus admirable dans cette même scène, c'est le moment où Rhadamiste, entendant Pharasmane réclamer le droit de succession au trône d'Arménie après son frère et son fils, s'écrie impétueusement :

Quoi! vous, seigneur, qui seul causâtes leur ruine!
Ah! doit-on hériter de ceux qu'on assassine?

Avec quel plaisir nous voyons Rhadamiste, qui s'est caché jusque-là sous l'extérieur et le langage d'un ambassadeur, paraître tout-à-coup sous ses propres traits! Comme la nature est peinte ici! Comme elle arrache violemment le masque qui la couvre! et pour cela, deux vers ont suffi à l'art du poète. C'est là sans doute le premier mérite dramatique.

Au troisième acte, les personnages continuent d'être en situation et en contraste. Celui que j'ai déjà indiqué entre Arsame et Rhadamiste est principalement développé dans l'entrevue des deux frères. A peine Arsame a-t-il fait entendre qu'il a besoin de secours contre les cruautés de Pharasmane et qu'il sollicite une grace, que le fougueux Rhadamiste, qui déjà croit avoir un complice, s'empresse de lui dire :

Quels que soient vos desseins, vous pouvez sans effroi,
Sûr d'un appui sacré, vous confier à moi.
Plus indigné que vous contre un barbare père,
Je sens à son nom seul redoubler ma colère.
Touché de vos vertus, et tout entier à vous,
Sans savoir vos malheurs, je les partage tous.
Vous calmeriez bientôt la douleur qui vous presse,
Si vous saviez pour vous jusqu'où je m'intéresse.
Parlez, prince : faut-il contre un père inhumain
Armer avec éclat tout l'empire romain?
Soyez sûr qu'avec vous mon cœur d'intelligence,
Ne respire aujourd'hui qu'une même vengeance.

S'il ne faut qu'attirer Corbulon en ces lieux,
Quels que soient vos projets, j'ose attester les dieux
Que nous aurons bientôt satisfait votre envie,
Fallût-il pour vous seul conquérir l'Arménie.

ARSAME.

Que me proposez-vous? Quels conseils! ah! seigneur,
Que vous pénétrez mal dans le fond de mon cœur!
Qui? moi! que, trahissant mon père et ma patrie,
J'attire les Romains au sein de l'Ibérie!
Ah! si jusqu'à ce point il faut trahir ma foi,
Que Rome en ce moment n'attende rien de moi.
Je n'en exige rien dès qu'il faut par un crime
Acheter un bienfait que j'ai cru légitime;
Et je vois bien, seigneur, qu'il me faut aujourd'hui
Pour des infortunés chercher un autre appui.
Je croyais, ébloui de ses titres suprêmes,
Rome utile aux mortels autant que les dieux mêmes :
Et, pour en obtenir un secours généreux,
J'ai cru qu'il suffisait que l'on fût malheureux.
J'ose le croire encore, etc.

Ce langage, qui est d'une noblesse intéressante, sans morgue, sans amertume, est celui qui devait caractériser la vertu douce et l'âme pure et sensible d'Arsame. Sa conduite y est conforme en tout : il ne veut que soustraire une femme infortunée à la violence odieuse que Pharasmane veut exercer contre elle; et, quoique lui-même en soit amoureux, il consent à s'en priver pour lui assurer la protection des Romains. Rhadamiste y souscrit volontiers, mais il fait encore de nouvelles tentatives sur la fidélité d'Arsame; et ce qui commence à les justifier assez, c'est qu'elles semblent l'effet de la tendresse fraternelle, sentiment qui répand un nouvel intérêt sur cette scène, et qui, nous faisant voir que Rhadamiste n'est point insensible aux impressions de la nature, prépare la conduite que nous lui verrons tenir avec son père, à la fin du cinquième acte. Il exhorte donc Arsame à ne point se séparer de ce qu'il aime.

> Daignez me confier et son sort et le vôtre,
> Dans un asyle sûr suivez-moi l'un et l'autre.
> Sensible à ses malheurs, je ne puis sans effroi
> Abandonner Arsame aux fureurs de son roi.
> Prince, vous dédaignez un conseil qui vous blesse;
> Mais si vous connaissiez celui qui vous en presse...

L'incorruptible Arsame l'interrompt, et lui annonce que cette étrangère va venir le trouver, qu'elle a quelque secret à lui confier. On ne pouvait amener plus naturellement une scène dont la seule attente excite déjà un vif intérêt; et depuis le commencement du second acte jusqu'à la fin de la pièce, les situations, la conduite, les caractères, l'entente des scènes, tout est dans les vrais principes, tout respire le génie du théâtre.

Voltaire fait ici une critique qui, si j'ose le dire, ne me paraît nullement fondée. Il cite ces deux vers que dit Rhadamiste à Hiéron dans la scène qui suit son entretien avec son frère :

> D'ailleurs, pour l'enlever, ne me suffit-il pas
> Que mon père cruel brûle pour ses appas?

Et là-dessus il s'écrie : « Quoi! il enlève une femme « uniquement parce que son père en est amoureux!

« D'ailleurs, comment ne voit-il pas qu'on la re-
« prendra aisément de ses mains? Quel ambassadeur
« a jamais fait une telle folie? Rhadamiste peut-il
« heurter ainsi les premiers principes de la raison? »

D'abord il ne faut pas juger la conduite d'un personnage sur deux vers isolés. Si Rhadamiste n'énonçait par d'autres motifs, s'il ne pouvait pas en avoir d'autres, l'observation de Voltaire pourrait avoir quelque fondement ; mais qu'on entende Rhadamiste, et qu'on suive toute la pièce. On sentira, je crois, qu'il n'y a ici aucun reproche à faire au poète. Rhadamiste dit, en parlant d'Isménie (c'est le nom que Zénobie a pris) :

> Elle peut servir à mes desseins ;
> Elle est d'un sang, dit-on, allié des Romains.
> Pourrai-je refuser à mon malheureux frère
> Un secours qui commence à me la rendre chère ?
> D'ailleurs, pour l'enlever, ne me suffit-il pas
> Que mon père cruel brûle pour ses appas ?

Qui ne voit que ces deux derniers vers ne sont que le mouvement d'une âme irritée, très bien placé dans la bouche d'un homme tel que Rhadamiste, et que sa conduite est d'ailleurs conforme en tout à l'objet de son ambassade et aux vues qui doivent l'occuper? Pourquoi les Romains l'ont-ils envoyé? N'est-ce pas pour brouiller tout à la cour de Pharasmane autant qu'il le pourra? Et, dans cette vue, peut-il faire mieux que d'armer le père et le fils l'un contre l'autre? Peut-il y réussir mieux qu'en favorisant l'évasion d'Isménie? N'est-il pas très vraisemblable que Pharasmane n'en sera que plus irrité

contre Arsame ? Et si quelque chose peut conduire le
fils à des extrémités auxquelles il répugne, n'est-ce
pas la violence où le père peut se porter? De plus,
Isménie ne sera-t-elle pas une espèce d'otage entre
les mains de Rhadamiste? Il le dit expressément:

C'est un garant pour moi.

La démarche qu'il fait n'est donc rien moins
qu'une *folie*. Elle s'accorde à la fois, et avec sa politique, et avec ses passions. « Mais comment ne
« voit-il pas qu'on la reprendra aisément de ses
« mains ? » Pourquoi donc verrait-il cela si clairement? Sans doute il n'est pas en état de l'enlever
à force ouverte; mais Isménie n'est point gardée,
elle est libre; elle projette de s'échapper pendant
la nuit avec une escorte de Romains. Est-il donc
impossible qu'avant que sa fuite soit découverte
elle ait gagné assez d'avance pour atteindre les
frontières du petit royaume d'Ibérie, et se trouver
en sûreté? Il y a des exemples sans nombre de
pareilles évasions, et même de beaucoup plus difficiles, heureusement exécutées. Je ne vois pas ce
qu'on peut répondre à des raisons si plausibles,
je les aurais proposées à Voltaire lui-même, si j'avais eu à écrire cet ouvrage sous ses yeux; et j'ai
osé plus d'une fois, de son vivant, combattre son
opinion, soit de vive voix, soit par écrit, parce
qu'à mes yeux aucune autorité, aucune considération, ne doit prescrire contre la vérité et la justice.

Nous voici arrivés à cette reconnaissance, l'une

des plus belles sans contredit, et peut-être la plus belle qu'il y ait au théâtre. Il suffit, pour l'apprécier, de se rappeler tout ce qui la précède, et dans quelle situation les deux époux paraissent l'un devant l'autre. L'exécution en est digne; car ce n'est pas au milieu d'une foule de vers d'un pathétique vrai, de l'expression la plus vive et la plus forte, qu'on peut faire attention à quelques vers négligés. La saine critique est inséparable de la sensibilité; l'une ne contredit jamais l'autre; et quand la critique condamne, c'est que la sensibilité n'est pas là pour la désarmer; mais comme elle domine dans cette scène! Rhadamiste s'étonne que son épouse puisse s'attendrir pour lui :

O de mon désespoir victime trop aimable,
Que tout ce que je vois rend votre époux coupable !
Quoi ! vous versez des pleurs !

ZÉNOBIE.

Malheureuse ! et comment
N'en répandrais-je pas dans ce fatal moment !
Ah, cruel ! plût aux dieux que ta main ennemie
N'eût jamais attenté qu'aux jours de Zénobie !
Le cœur, à ton aspect, désarmé de courroux,
Je ferais mon bonheur de revoir mon époux ;
Et l'amour, s'honorant de ta fureur jalouse,
Dans tes bras avec joie eût remis ton épouse.
Ne crois pas cependant que, pour toi sans pitié,
Je puisse te revoir avec inimitié.

Et l'amour, s'honorant de ta fureur jalouse, etc.

Que cette expression est belle! elle contient, sans le développer, un sentiment qui est au fond du cœur de toutes les femmes sensibles, et qui les dispose à pardonner tout ce qui n'a eu pour principe qu'un excès d'amour.

RHADAMISTE.

Quoi! loin de m'accabler, grand Dieu! c'est Zénobie
Qui craint de me haïr et qui s'en justifie!
Ah! punis-moi plutôt : ta funeste bonté,
Même en me pardonnant, tient de ma cruauté.
N'épargne point mon sang, cher objet que j'adore;
Prive-moi du bonheur de te revoir encore.
Faut-il, pour t'en presser, embrasser tes genoux?
Songe au prix de quel sang je devins ton époux;
Jusques à mon amour, tout veut que je périsse.
Laisser le crime en paix, c'est s'en rendre complice.
Frappe; mais souviens-toi que, malgré ma fureur,
Tu ne sortis jamais un moment de mon cœur;
Que si le repentir tenait lieu d'innocence,
Je n'exciterais plus ni haine ni vengeance :
Que, malgré le courroux qui te doit animer,
Ma plus grande fureur fut celle de t'aimer.

ZÉNOBIE.

Lève-toi, c'en est trop; puisque je te pardonne,
Que servent les regrets où ton cœur s'abandonne?
Va, ce n'est pas à nous que les dieux ont remis
Le pouvoir de punir de si chers ennemis.
Nomme-moi les climats où tu souhaites vivre;
Parle, dès ce moment je suis prête à te suivre,
Sûre que les remords qui saisissent ton cœur,
Naissent de ta vertu plus que de ton malheur.
Heureuse si pour toi les soins de Zénobie
Pouvaient un jour servir d'exemple à l'Arménie,
La rendre comme moi soumise à ton pouvoir,
Et l'instruire du moins à suivre son devoir!

RHADAMISTE.

Juste Ciel! se peut-il que des nœuds légitimes
Avec tant de vertus unissent tant de crimes!
Que l'hymen associe au sort d'un furieux
Ce que de plus parfait firent naître les dieux!
Quoi! tu peux me revoir sans que la mort d'un père,
Sans que mes cruautés ni l'amour de mon frère,
Ce prince, cet amant si grand, si généreux,
Te fassent détester un époux malheureux?
Et je puis me flatter qu'insensible à sa flamme,
Tu dédaignes les vœux du vertueux Arsame?
Que dis-je? trop heureux que pour moi, dans ce jour,
Le devoir dans ton cœur me tienne lieu d'amour.

ZÉNOBIE.

Calme les vains soupçons dont ton âme est saisie,
Ou cache-m'en du moins l'indigne jalousie;
Et souviens-toi qu'un cœur qui peut te pardonner,
Est un cœur que sans crime on ne peut soupçonner.

RHADAMISTE.

Pardonne, chère épouse, à mon amour funeste.
Pardonne des soupçons que tout mon cœur déteste :
Plus ton barbare époux est indigne de toi,
Moins tu dois t'offenser de son injuste effroi.
Rends-moi ton cœur, ta main, ma chère Zénobie,
Et daigne dès ce jour me suivre en Arménie.
César m'en a fait roi; viens me voir désormais
A force de vertus effacer mes forfaits.
Hiéron est ici; c'est un sujet fidèle ;
Nous pouvons confier notre fuite à son zèle.
Aussitôt que la nuit aura voilé les cieux,
Sûre de me revoir, viens m'attendre en ces lieux.
Adieu: n'attendons pas qu'un ennemi barbare,
Quand le Ciel nous rejoint, pour jamais nous sépare.

Dieux qui me la rendez, pour combler mes souhaits,
Daignez me faire un cœur digne de vos bienfaits !

La chaleur continue de ce rôle de Rhadamiste, les reproches qu'il se fait, ses transports aux pieds de Zénobie, et la jalousie qu'il ne peut cacher au milieu de son ivresse, l'indulgente vertu de son épouse, l'attendrissement qu'elle lui montre, la dignité de ton et de sentiments qu'elle oppose à ses soupçons, tout concourt à placer cette scène au rang des plus belles et des plus théâtrales que nous connaissions. Tout cet ouvrage, et particulièrement le rôle de Rhadamiste, est pénétré de l'esprit de la tragédie.

Il se présente ici une observation importante. Remarquez que dans cette scène, dans les autres morceaux que j'ai cités ou que je citerai comme les meilleurs, la diction n'est point au-dessous des sentiments et des idées, qu'elle n'offre que très peu de fautes, et des fautes très légères. C'est une nouvelle preuve de cette vérité que j'ai déjà établie ailleurs, et que tout sert à confirmer, qu'en général il existe un rapport naturel et presque infaillible entre la manière de penser et de sentir, et celle de s'exprimer; que l'une dépend beaucoup de l'autre, et qu'il est rare que cette dépendance n'ait pas un effet sensible. J'ai observé, après Voltaire, que tous les endroits où Corneille a le mieux pensé et le mieux senti sont aussi ceux où il a le mieux écrit. C'est donc à tort que l'on a voulu tant de fois faire du talent d'écrire une faculté distincte et séparée des autres, sur-tout dans les poètes; que l'on a voulu nous faire croire que, dans les mauvaises pièces de Corneille ou dans les mauvais endroits de ses meilleures pièces, il ne manque qu'une versification plus soignée. A l'examen, cette assertion se trouverait fausse; et ceux qui l'ont renouvelée à propos de Crébillon, ou se sont trompés de même, ou voulaient tromper. A les entendre, le style d'*Atrée*, d'*Électre*, de *Sémiramis*, de *Xercès*, de *Pyrrhus*, de *Catilina*, n'aurait besoin que de plus d'élégance; et ils ne songent pas que le style comprend les sentiments et les pensées, et que dans toutes ces pièces, comme dans celles où Corneille a été si inférieur à lui-même, les sentiments et les pensées ne valent pas mieux que les vers. Sans doute, la diction est plus ou moins élégante, plus ou moins poétique, plus ou moins travaillée dans tel ou tel écrivain; elle a dans chacun d'eux un différent caractère, et ce caractère même est relatif à celui de leur talent. Mais généralement, l'homme qui écrit mal a mal pensé; et ce qu'on voudrait faire passer pour un simple défaut de goût dans le style, est un défaut dans l'esprit, est un manque de justesse, de netteté, de vérité, de force dans les idées et dans les sentiments. Pourquoi Racine est-il celui des modernes qui a le mieux fait des vers? Est-ce seulement parce qu'ils sont très bien tournés? C'est parce que toutes les idées sont justes et les sentiments vrais. Pourquoi Crébillon, dans les belles scènes de *Rhadamiste* et dans quelques morceaux d'*Électre*, a-t-il le même mérite, quoique avec beaucoup moins d'élégance? C'est qu'alors il a bien conçu, bien pensé, bien senti ; et si dans ses autres ouvrages son style est continuellement mauvais, on ne peut pas dire qu'il y ait montré aucune autre espèce de talent. Celui qu'il avait reçu de la nature s'est arrêté à *Rhadamiste*, et n'a pas été au-delà : il a eu quelques éclairs dans *Idoménée* et dans *Atrée*, des moments lumineux dans *Électre*, et un beau jour dans *Rhadamiste*.

Rien, à mon gré, ne lui fait plus d'honneur que d'avoir soutenu son quatrième acte après le grand effet du troisième ; et c'est dans le caractère de Rhadamiste et dans celui de Zénobie qu'il a trouvé ses ressources. La scène entre cette princesse et Arsame est un peu faible, il est vrai, et trop sur le ton élégiaque ; mais l'auteur se relève bien dans la suivante, lorsque Rhadamiste, après cette reconnaissance si vive et si tendre, se laisse emporter à de nouveaux accès de jalousie en voyant Arsame avec Zénobie, et sur-tout en apprenant qu'elle lui a confié le secret de son sort :

Qui peut à son secret devenir infidèle,
Ne peut, quoiqu'il en soit, n'être point criminelle :
Je connais, il est vrai, toute votre vertu ;
Mais mon cœur de soupçons n'est pas moins combattu.

ARSAME.

Quoi ! la noire fureur de votre jalousie,
Seigneur, s'étend aussi *jusques à Zénobie**!
Pouvez-vous offenser...

* *Jusques à Zé....* est une cacophonie très désagréable. Il est très facile de mettre *jusques sur Zénobie*. Ce vers si aisé à corriger, suffirait pour faire voir combien Crébillon avait l'oreille peu sensible à l'harmonie, et en était peu occupé.

ZÉNOBIE.

Laissez agir, seigneur,
Des soupçons en effet si dignes de son cœur.
Vous ne connaissez pas l'époux de Zénobie...

Elle lui rappelle avec toutes les bienséances convenables tous les droits qu'elle avait d'écouter le choix de son cœur, et finit par un mouvement aussi noble qu'il était neuf au théâtre. Elle a dit qu'en se faisant connaître au prince, elle n'avait eu d'autre dessein que de le guérir d'un amour sans espérance : elle continue ainsi :

Mais puisqu'à tes soupçons tu veux t'abandonner,
Connais donc tout ce cœur que tu peux soupçonner :
Je vais par un seul trait te le faire connaître,
Et de mon sort après je te laisse le maître.
Ton frère me fut cher; je ne le puis nier;
Je ne cherche pas même à m'en justifier.
Mais, malgré son amour, ce prince qui l'ignore,
Sans tes lâches soupçons, l'ignorerait encore.
  (*A Arsame.*)
Prince, après cet aveu je ne vous dis plus rien;
Vous connaissez assez * un cœur comme le mien
Pour croire que sur lui l'amour ait quelque empire.
Mon époux est vivant, ainsi ma flamme expire.
Cessez donc d'écouter un amour odieux,
Et sur-tout gardez-vous de paraître à mes yeux.
  (*A Rhadamiste.*)
Pour toi, dès que la nuit pourra me le permettre,

* Autre preuve de l'incroyable inattention de l'auteur sur la langue et la diction. *Vous connaissez assez* dit tout le contraire de ce qu'il veut dire Il fallait *vous connaissez trop bien.* Le sens est si clair, qu'on ne prend pas garde au contre-sens qui est dans les termes.

Dans tes mains, en ces lieux, je viendrai me remettre.
Je connais la fureur de tes soupçons jaloux,
Mais j'ai trop de vertu pour craindre mon époux.

Cette scène est comparable à celle de Pauline et de Sévère, pour cette dignité modeste que peut mettre une femme vertueuse dans l'aveu de sa sensibilité. J'avouerai que j'avais d'abord cru trouver un défaut de vérité dans ces mots :

Ainsi ma flamme expire.

En effet, il n'est pas vrai que l'amour *expire ainsi* au premier ordre de la vertu, et il semble qu'elle aurait dû dire seulement que désormais elle est rendue tout entière à son devoir. Mais en y réfléchissant, j'ai vu qu'après l'aveu qu'elle vient de faire devant Arsame et Rhadamiste, elle ne pouvait pas énoncer trop formellement tout ce qui pouvait ôter à l'un toute espérance, et à l'autre toute défiance ; et que par conséquent elle peut aller un peu au-delà de l'exacte vérité, et parler de la victoire qu'avec le temps elle remportera sur elle-même, comme si elle était déjà remportée. Que de nuances à observer dans les convenances dramatiques, et combien il faut y réfléchir avant d'asseoir un jugement !

Le cinquième acte a essuyé des critiques, et même très spécieuses. Arsame, arrêté à la fin du quatrième, par ordre de son père, pour avoir eu avec l'ambassadeur romain une conversation secrète, qui doit en effet être suspecte à Pharasmane, est amené devant lui et traité comme un criminel.

L'implacable roi des Ibères s'écrie dans son courroux :

> Grands dieux ! qui connaissez ma haine et mes desseins,
> Ai-je pu mettre au jour un ami des Romains ?

Il presse son fils de lui expliquer le motif de cet entretien ; et Arsame, qui a les plus fortes raisons pour ne le pas révéler, semble convaincu par le silence qu'il s'obstine à garder sur ce mystère ; ce qui forme encore une situation. L'on vient dire au roi que l'ambassadeur de Rome et celui d'Arménie, enlèvent Isménie du palais, et que la garde est à leur poursuite. Pharasmane furieux veut sortir avec sa suite pour se faire justice de cette trahison, et le premier mouvement d'Arsame est de l'arrêter. Il frémit, ainsi que le spectateur, en songeant que le père va, selon toutes les apparences, faire périr son fils qu'il ne connaît pas :

> Je ne vous quitte point, en dussé-je périr.
> Eh bien ! écoutez-moi, je vais tout découvrir.
> Ce n'est pas un Romain que vous allez poursuivre.
> Loin qu'à votre courroux sa naissance le livre,
> Du plus illustre sang il a reçu le jour,
> Et d'un sang respecté même dans cette cour.
> De vos propres regrets sa mort serait suivie ;
> Ce ravisseur, enfin, c'est l'époux d'Isménie...
> C'est...
>
> PHARASMANE, *l'interrompant brusquement.*
>
> Achève, imposteur : par de lâches détours
> Crois-tu de ma fureur *interrompre le cours ?*

ARSAME.

Ah! permettez du moins, seigneur, que je vous suive;
Je m'engage à vous rendre ici votre captive.

PHARASMANE.

Retire-toi, perfide, et ne réplique pas?
(*Aux gardes.*)
Mitrane, qu'on l'arrête. Et vous, suivez mes pas.

On a objecté, et cette remarque se présente d'elle-même, qu'Arsame devait lui dire : Arrêtez, c'est votre fils que vous allez frapper. Voltaire a insisté plus que personne sur cette critique qui, même chez lui, devient outrée. « Arsame, dit-il, voyant « son frère Rhadamiste en péril, et pouvant le sau- « ver d'un mot, ne révèle point à Pharasmane que « Rhadamiste est son fils. Il n'a qu'à parler pour « prévenir un parricide, *nulle raison ne le retient;* « cependant il se tait. L'auteur le fait persister une « scène entière dans un silence condamnable, uni- « quement pour ménager à la fin une surprise qui « devient puérile, parce qu'elle n'est nullement vrai- « semblable. »

Certainement l'objection est pressante, et n'est pas sans fondement : cependant examinons tout. Est-il bien vrai que *nulle raison ne retienne* Arsame? Pharasmane a voulu autrefois la mort de ce fils, et croit même avoir réussi dans ce cruel dessein. Ce n'est donc pas un homme incapable de verser le sang de ses enfants; et sur-tout ce n'est pas dans le moment où Rhadamiste est si coupable envers lui, comme ami des Romains et comme ravisseur d'Isménie, que ce monarque sanguinaire et jaloux sera porté à l'épargner. Aussi Arsame dit-il un moment après :

Mais je devais parler : le nom de fils peut-être...
Hélas! que m'eût servi de le faire connaître?
Loin que ce nom si doux eût fléchi le cruel,
Il n'eût fait que le rendre encor plus criminel.

C'est une preuve que l'auteur a senti l'objection, et que du moins il ne manquait pas tout-à-fait de réponse. Mais accordons que le premier mouvement de la nature eût dû être le plus fort, et qu'Arsame eût mieux fait de parler : tout considéré, je crois qu'il faudra convenir que c'est ici une de ces occasions où, de deux partis que peut prendre le poète, il y en a un qui vaut mieux dans l'exactitude rigoureuse, et un autre qui, sans être dépourvu de raisons, vaut infiniment mieux pour l'effet; et dans ce cas, doit-on condamner absolument le poète d'avoir préféré le dernier parti? C'est ici que la sévérité de Voltaire me paraît aller jusqu'à l'injustice. Il n'est nullement vrai que la catastrophe de Rhadamiste ne soit *qu'une surprise puérile;* l'expérience atteste qu'elle produit la terreur et la pitié. Il n'y a personne qui ne frémisse lorsque Pharasmane reparaît tenant à la main l'épée qu'il a teinte du sang de son fils, lorsque, voyant avec surprise Arsame tomber évanoui d'horreur et de désespoir, il commence à s'interroger lui-même sur toutes les circonstances qu'il se rappelle, et qui l'épouvantent*, et principalement sur le peu de résistance qu'il a éprouvé de la part de ce Romain, qui avait paru si redoutable pour tout autre.

> Quand j'ai versé le sang de ce fier ennemi,
> Tout le mien s'est ému : j'ai tremblé, j'ai frémi.
> Il m'a même paru que ce prince terrible,
> Devenu tout-à-coup à sa perte insensible,
> Avare de mon sang quand je versais le sien,
> Aux dépens de ses jours s'est abstenu du mien.

Il n'y a personne qui ne soit attendri lorsqu'on apporte expirant ce même Rhadamiste, devenu plus intéressant pour nous par le respect généreux qu'il a eu pour son père, respect qui lui a coûté la vie, et qui semble une sorte d'expiation de ses fautes, en même temps que sa mort en est la punition.

> Je viens expirer à vos yeux.

Ces paroles si simples, adressées à Pharasmane, font couler des larmes.

Il s'écrie :

> Nature ! ah ! venge-toi, c'est le sang de mon fils !

RHADAMISTE.

> La soif que votre cœur avait de le répandre
> N'a-t-elle pas suffi, seigneur, pour vous l'apprendre?
> Je vous l'ai vu poursuivre avec tant de courroux,
> Que j'ai cru qu'en effet j'étais connu de vous.

---

* C'est ici que se trouvent ces deux vers qu'on a cités avec raison comme sublimes:

> — Où le sang des Romains est-il si précieux,
> Qu'on n'en puisse verser sans offenser les dieux?

PHARASMANE.

Pourquoi me le cacher? ah! père déplorable!

RHADAMISTE.

Vous vous êtes toujours rendu si redoutable,
Que jamais vos enfants, proscrits et malheureux,
N'ont pu vous regarder comme un père pour eux.
Heureux, quand votre main vous immolait un traître,
De n'avoir pas versé le sang qui m'a fait naître!
Que la nature ait pu, trahissant ma fureur,
Dans ce moment affreux, s'emparer de mon cœur!
Enfin, lorsque je perds une épouse si chère,
Heureux, quoiqu'en mourant, de retrouver mon père!

Ce style, ce spectacle, la situation de tous les personnages, tout ce dénouement enfin n'est pas moins tragique que le reste de la pièce; et s'il y a quelque chose à dire aux moyens de l'auteur, on ne peut nier que les effets ne l'aient suffisamment justifié, et qu'un assez léger reproche ne soit couvert par tout ce qu'on peut mériter d'éloges.

On trouve dans tous les recueils d'anecdotes le jugement de Boileau, dans sa dernière maladie, sur *Rhadamiste,* qu'il mettait, dit-on, au-dessous des pièces de Pradon et de Boyer. Voltaire, qui rapporte ce fait, ajoute : « C'est qu'il était dans
« un âge et dans un état où l'on n'est sensible
« qu'aux défauts et insensible aux beautés; » ce qui n'empêche pas le journaliste cité par les éditeurs de Crébillon, de s'emporter à ce sujet contre Voltaire. « On nous rapporte, dit-il, un jugement
« de Boileau qui fait tort à ce grand homme, et

« non à Crébillon..... On ne cite point la source « où l'on a puisé cette anecdote, *inconnue jusqu'à* « *présent*. La malignité empreinte sur chaque page « de cette brochure fait présumer que c'est une « fable forgée à plaisir pour nuire à Crébillon. »

Le journaliste, qui accuse Voltaire de *forger une fable*, *forge* lui-même une calomnie. Il ne pouvait pas ignorer que cette anecdote, loin d'être *inconnue*, avait été répétée partout; mais est-elle exactement vraie? Il n'y a qu'à remonter à la source, ce qu'il faut toujours faire quand on cherche la vérité de bonne foi, et l'on verra que tout le monde a tort. Rétablissons le fait tel qu'il est : nous rendrons justice à tous, et il se trouvera que les paroles de Boileau n'ôtent rien à son jugement ni au mérite de *Rhadamiste*. C'est dans le *Bolæana* de Monchesnay que cette anecdote a été rapportée originairement. Voici dans quels termes : « Le Ver« rier s'avisa de lui aller lire une nouvelle tragédie « (c'était *Rhadamiste*), lorsqu'il était dans son lit, « n'attendant plus que l'heure de la mort. Ce grand « homme eut la patience d'en écouter jusqu'à deux « scènes, après quoi il lui dit : Quoi! Monsieur, « cherchez-vous à me hâter l'heure fatale? Voilà « un auteur devant qui les Boyer et les Pradon « sont de vrais soleils. Hélas! j'ai moins de regret à « quitter la vie, puisque notre siècle enchérit chaque « jour sur les sottises. »

On lit avec si peu d'attention, et un fait une fois répété inexactement par un auteur l'est bientôt par tant d'autres, qu'il est demeuré certain dans l'opinion générale que Boileau avait prononcé l'arrêt le plus infamant contre *Rhadamiste*, quoiqu'il n'ait pu s'expliquer que sur deux scènes, puisqu'il n'en avait pas entendu davantage. Or, il faut l'avouer, le premier acte de *Rhadamiste* est si mauvais de tout point, il est sur-tout si mal écrit, que tout ce qui m'étonne, c'est que Boileau, sévère comme il le fut toujours sur le style, et dans l'état où il était alors, ait pu entendre jusqu'au bout l'exposition, qui a plus de deux cents vers.

Il ne me reste qu'à l'examiner en détail. La manière dont j'ai parlé des beautés de cette tragédie suffirait, je crois, pour ôter toute idée de la moindre partialité, quand il ne serait pas évident en soi-même que je ne suis pas dans le cas d'en avoir aucune; et l'examen du premier acte suffira aussi pour démontrer ce que j'ai déjà dit de tous les vices de style, habituels dans Crébillon.

> Ah! laisse-moi, Phénice, à mes mortels ennuis ;
> Tu redoubles l'horreur de l'état où je suis.
> Laisse-moi, ta pitié, tes conseils et la vie
> Sont le comble des maux pour la triste Isménie.
> Dieux justes ! Ciel vengeur, effroi des malheureux!
> Le sort qui me poursuit est-il assez affreux?

Ce début n'est qu'une déclamation insensée : cet assemblage de *la vie*, et de *la pitié*, et des *conseils* de Phénice, qui sont le *comble des maux* pour Isménie, est totalement absurde. Comment *la pitié* et *les conseils* d'une confidente peuvent-ils être pour sa maîtresse *le comble des maux?* et de plus, comment *la vie* elle-même est-elle *le comble des maux?* Elle peut être un malheur, sans lequel sûrement il n'y en a pas d'autre, mais elle n'est pas *le comble* des malheurs. Tout cela n'a pas de sens, et il n'y en a pas davantage dans ce vers :

Ciel vengeur, effroi des malheureux!

Le Ciel vengeur est au contraire l'espoir et la consolation des *malheureux*, et *l'effroi* des coupables.

PHÉNICE.

Vous verrai-je toujours, les yeux baignés de larmes,
Par d'éternels transports remplir mon cœur d'alarmes!

Elle veut dire : *Ne cesserez-vous pas de m'alarmer par vos transports douloureux?* Mais a-t-on jamais dit : *Vous verrai-je toujours remplir mon cœur d'alarmes? Voit-on remplir son cœur?* Et qu'est-ce que *d'éternels transports,* quand on ne dit pas quels *transports?* et des transports *éternels* qui remplissent *toujours!* Quelle battologie! quel pléonasme! quelle confusion de mots et d'idées! et qu'on se souvienne que c'est Boileau qui écoutait.

Le sommeil en ces lieux verse en vain ses pavots;
La nuit n'a plus pour vous ni douceur *ni repos.*

Le premier vers est trivial; le deuxième n'est pas français. On ne dit point *la nuit n'a pas de repos pour vous.*

Cruelle, si la mort *vous éprouve inflexible,*
A ma triste amitié soyez du moins sensible.
Mais quels sont vos malheurs ?

Il n'y a là-dedans aucune suite, aucune liaison. *L'amour vous éprouve inflexible* n'est pas français;

et puis, qu'est-ce que cet *amour?* Isménie n'a pas encore parlé *d'amour;* et Phénice ne répond qu'à son idée, et non pas à ce qu'on lui a dit. Ce n'est pas le moyen d'éclairer le spectateur; et le premier principe de toute exposition, c'est qu'on n'ait jamais besoin de ce qui suit pour entendre ce qui précède; il faut que tout procède clairement et s'explique de soi-même.

Captive dans des lieux
Où l'amour soumet tout au pouvoir de vos yeux,
Vous ne sortez des fers où *vous fûtes nourrie*
Que pour vous asservir le grand roi d'Ibérie;
Et que demande encor ce vainqueur des Romains?
D'un sceptre redoutable il veut orner vos mains.

Que d'embarras dans tout ce discours! Que fait là cette expression, *ce vainqueur des Romains?* Est-il question des Romains entre Isménie et le roi d'Ibérie? ce vers le ferait croire, et voilà ce que produit un hémistiche fait pour la rime. Cet autre vers,

Vous ne sortez des fers où vous fûtes nourrie,

semble dire qu'Isménie est née et a été élevée dans l'esclavage : nous verrons pourtant qu'il n'en est rien. Pour être clair, il fallait dire : Enlevée en Médie par le prince Arsame, et amenée captive à la cour du roi son père, l'amour vous les a soumis tous les deux. Le fils vous offre son cœur, et le père vous offre sa couronne : sont-ce là de si grands malheurs? Il fallait sur-tout ne point mettre là les Romains, qui embrouillent tout, et alors Phénice se ferait entendre.

ZÉNOBIE.

Quels que soient les grands noms qu'il tient de la victoire,
Et ce front si superbe où brille tant de gloire,
Malgré tous ses exploits, l'univers à mes yeux
N'offre rien qui me doive être plus odieux.

Que veut dire *quel que soit ce front?* Que signifie cette phrase, *malgré tous ses exploits, rien ne m'est plus odieux?* Il semblerait que les exploits de Pharasmane pussent être un titre auprès d'Isménie sa captive. Elle devait dire au contraire : Ce sont ses exploits mêmes qui me le rendent odieux; c'est son ambition qui a fait mes malheurs.

Du moins, quand tu sauras mon sort,
Je ne te verrai plus t'opposer à ma mort.

Il ne faut point parler si décidément de sa *mort*, à moins d'en parler comme Phèdre, c'est dire avec le désespoir le plus vrai et un dessein très formé de mourir. Sans cela, ce n'est qu'un lieu commun très froid, et Boileau dut voir dans la scène suivante qu'Isménie ne songe point du tout à mourir.

Plût aux dieux qu'à son sort le destin qui me lie
N'eût point par d'autres *nœuds* attaché Zénobie!

Comment construire cette phrase? Est-ce *plût aux dieux que le destin qui me lie à son sang ne m'eût point attachée par d'autres nœuds;* ou bien, *plût aux dieux que le destin qui me lie ne m'eût point attachée à son sang par d'autres nœuds?* Dans les deux cas, l'un des deux verbes manque de régime, et la phrase manque d'exactitude et de clarté.

> Mais à ces *nœuds* sacrés joignant des *nœuds plus doux*,
> Le sort l'a fait encor père de mon époux...

Trois fois le mot *nœuds* dans quatre vers est une grande négligence, et *des nœuds plus doux* est un contre-sens. Elle parle de son mariage avec Rhadamiste, et jamais nœuds ne furent plus funestes; c'est ainsi qu'elle doit les voir. Elle veut dire : Joignant aux liens du sang des nœuds qui devaient m'être encore plus chers; mais le dit-elle?

> Fille de tant de rois, *reste* d'un sang fameux,
> *Illustre*, mais, hélas ! encor plus malheureux.

Illustre après *fameux* est une cheville. Elle n'est point *le reste de ce sang*, puisque Pharasmane a un fils :

> Après de longs débats, Mithridate, mon père,
> *Dans le sein de la paix vivait avec son frère.*

Ce vers signifie que Pharasmane et Mithridate vivaient ensemble *dans le sein de la paix*. On va voir dans un moment que ce n'est pas ce qu'elle veut dire, mais seulement que les deux rois *vivaient* chacun dans leurs états, conservant la paix entre eux après avoir été long-temps en guerre, et ces deux sens sont très différents.

> L'une et l'autre Arménie, *asservie* à nos lois,
> Mettait cet heureux prince au rang des plus grands rois.

On croirait que cet heureux prince est Pharasmane, qui est le dernier nommé, et pourtant c'est Mithridate; c'est sur-tout dans une exposition qu'il faut éviter ces amphibologies. *Asservie* n'est pas le mot propre; on ne peut le dire que d'un pays de conquête, et les deux Arménies étaient le royaume héréditaire de Mithridate.

> Trop heureux, en effet, si son frère perfide
> D'un sceptre si puissant eût été moins avide !
> Mais le cruel, bien loin d'appuyer sa grandeur,
> La dévora bientôt dans le fond de son cœur.

La grandeur d'un sceptre est encore un terme impropre.

> Sensible à sa tendresse extrême,
> Je me fis un devoir d'y répondre *de même.*

Sans la rime elle aurait dit : *je me fis un devoir d'y répondre ; de même* est une cheville très vicieuse.

> ..... *Tout fut conclu* pour cet hymen illustre,

est trop au-dessous de la poésie noble.

> Rhadamiste déjà s'en croyait assuré,
> Quand son père cruel, contre nous conjuré,
> Entra dans nos états suivi de Tiridate,
> Qui brûlait de s'unir au sang de Mithridate ;
> Et ce Parthe, indigné qu'on lui ravît ma foi.
> Sema partout l'horreur, le désordre et l'effroi.

Remarquez que c'est ici la première fois qu'on nomme ce Tiridate; qu'il entre dans les états de Mithridate, avec Pharasmane *conjuré* contre Mithridate, quoique ce même Tiridate *brûle de s'unir au sang de Mithridate;* remarquez que ces idées et ces expressions, qui s'excluent naturellement, sont réunies en deux vers, et que les deux suivants les expliquent fort mal, puisqu'on nous représente ce Parthe *indigné qu'on lui ravisse la foi de Zénobie;*

quoiqu'on ne nous ait dit en aucune manière que cette foi lui eût été promise, et que par conséquent elle ne puisse lui être *ravie*. Quel amas de contresens ! A quel point l'auteur est embarrassé à s'exprimer en vers ! Rien de plus simple que ce qu'il avait à dire : que Tiridate, prince des Parthes, avait demandé la main de Zénobie, et, qu'indigné qu'on lui eût préféré Rhadamiste, il s'était joint à Pharasmane pour accabler Mithridate. Voilà ce qu'il fallait énoncer dans des vers aussi clairs que cette phrase, et plus élégants : c'est le devoir du poète.

> Mithridate, accablé par son perfide frère,
> *Fit tomber sur le fils les cruautés du père.*

Toujours des phrases louches et obscures. *Faire tomber les cruautés du père sur le fils* ne signifie sûrement pas en bon français, *punir le fils des cruautés du père*, et c'est pourtant ce que l'auteur veut dire :

> Rhadamiste, irrité d'un affront si *funeste*,
> De l'état, *à son tour*, embrasa *tout le reste*,
> En dépouilla mon père, en repoussa le sien :
> Et dans son désespoir ne ménageant plus rien,
> Malgré Numidius et la Syrie entière,
> Il força Pollion de lui livrer mon père.

A tout moment des personnages nouveaux qu'on nomme sans les faire connaître. Que font là *Numidius*, et *Pollion* et *la Syrie entière*, qui paraissent tout-à-coup dans ce récit ? Un auteur qui se serait souvenu que la première règle de toute narration est d'être claire, aurait d'abord parlé en quatre vers de la part qu'avaient prise à ces querelles les Romains, maîtres de la Syrie et des pays voisins, et leurs armées commandées par le préteur Numidius et le tribun Pollion, qui avaient secouru Mithridate. Voilà pour la clarté. Pour ce qui regarde la langue, elle n'est pas moins blessée de Rhadamiste qui *embrase à son tour le reste de l'état*, comme si ce reste eût déjà été embrasé, et qui *repousse son père de tout le reste de l'état*.

Il promit d'oublier sa tendresse offensée.

Autre vers amphibologique, qui peut signifier, ou qu'il oublie, qu'il abjure sa tendresse offensée, ou que, sans y renoncer, il veut bien oublier qu'elle a été offensée.

Sur cet espoir *charmant* aux autels entraînée.

Charmant est un mot étrangement déplacé au milieu de tant d'horreurs : cet espoir était consolant, et non pas *charmant*.

Les cruels, sans savoir qu'on me cachait son sort,
Osèrent bien sur moi *vouloir* venger sa mort.

Osèrent vouloir venger est une construction bien dure. En voici une qui l'est encore plus :

Qu'il te suffise enfin, Phénice, de savoir,
Victime d'un amour réduit au désespoir,
Que par une main chère, etc.

Ce vers,

Victime d'un amour réduit au désespoir,

reste là comme isolé et ne tenant à rien, parce que

la mesure du vers n'a pas permis à l'auteur de suivre la construction naturelle et grammaticale, *qu'il te suffise de savoir que, victime d'un amour*, etc. Le déplacement du *que* suffit pour gâter toute la phrase.

Son barbare père,
Prétextant sa fureur sur la mort de son frère.

Phrase absolument barbare, *prétexter* signifie *alléguer pour prétexte*, et l'on ne dit point *prétexter sur* : *prétexter sa fureur* signifie exactement *prendre sa fureur pour prétexte* ; ce qui fait un sens absurde. Pour parler français, il fallait dire *prétextant la mort de son frère pour justifier sa fureur*. Il y a loin de l'une de ces phrases à l'autre.

A ma douleur alors laissant un libre cours,
Je détestai les soins qu'on prenait de mes jours ;
Et quittant sans regret mon rang et ma patrie,
Sous un nom déguisé j'errai dans la Médie.
Enfin, après dix ans d'esclavage et d'ennui, etc.

Il n'y a pas un de ces vers qui ne contredise l'autre. Quand on *laisse un libre cours à sa douleur*, c'est qu'on veut la soulager, et ce n'est point alors que nous *détestons les soins qu'on prend de nos jours*. Quand *on déteste la vie*, on ne va point *errer dix ans dans la Médie* ; et dix ans d'une vie vagabonde ne sont point *dix ans d'esclavage*. De plus, on n'erre point *sous un nom déguisé*, mais *déguisé sous un faux nom*.

Quel que soit *le devoir du nœud* qui vous engage :

Le devoir du nœud n'est point français.

La seconde scène n'est pas mieux écrite.

Tout est soumis, madame ; et la belle Isménie,
Quand la gloire paraît me combler de faveurs,
Semble seule vouloir m'accabler de rigueurs.
Trop sûr que mon retour d'un inflexible père
Va sur un fils coupable attirer la colère,
Jaloux, désespéré, j'ose, pour vous revoir,
Abandonner des lieux *commis à mon devoir.*

Des lieux commis à mon devoir : commis est un terme impropre ; le mot propre était *confiés.*

Semble seule vouloir m'accabler de rigueurs,

n'est pas un vers, car il n'y a pas de trace de césure ; c'est une ligne de prose, que ces deux infinitifs l'un après l'autre, *vouloir m'accabler,* ne rendent pas meilleure ; et dans le moment où il parle de la *colère d'un père inflexible,* comment peut-il dire qu'Isménie *seule* l'accable de rigueurs.

Mais moi, qui fus toujours à vos rigueurs en butte,
Qu'un amour sans espoir dévore et *persécute.*

Persécute après *dévore* est ridicule.

Seigneur, il est trop vrai *qu'une flamme funeste*
A fait parler ici des feux que je déteste.

Une flamme qui *fait parler des feux !* Le ridicule va en croissant.

Mais *quel que soit le rang* et le pouvoir *du roi,*
C'est en vain qu'il prétend disposer de ma foi.

On ne peut pas dire *quel que soit le rang* quand on détermine ce rang dans la phrase même : on rirait d'un homme qui dirait *quel que soit le rang du roi de France*, à moins qu'il ne s'agît du rang qu'il doit avoir entre les rois.

Ce n'est pas que sensible à l'ardeur *qui vous flatte*, etc.

Arsame n'a pas dit un mot qui pût faire entendre que *cette ardeur le flatte.*

Donnez-moi des rivaux que je puisse immoler,
Contre qui ma fureur agisse *sans murmure.*

Il veut dire *sans scrupule*, ou sans que le devoir en murmure. *La fureur* qui veut *agir sans murmure* est un étrange contre-sens.

Je n'ai relevé que les fautes les plus choquantes, et j'ai laissé de côté les mots oiseux, les répétitions parasites, les défauts continuels d'élégance et d'harmonie. En voilà du moins assez pour prouver que Despréaux avait parfaitement raison. Il n'y a point d'exposition de Boyer ou de Pradon où l'on trouvât à beaucoup près autant de fautes grossières contre la langue et le bon sens. L'un a plus d'enflure, et l'autre plus de platitude; mais tous deux du moins disent à peu près ce qu'ils veulent dire; et c'est à quoi Crébillon manque le plus souvent. Qu'on juge si un homme tel que Boileau pouvait faire grace à un pareil style; mais il était incapable de méconnaître les beautés; et s'il eût été jusqu'aux scènes où l'auteur, échauffé par son sujet, trouve dans son âme les beaux vers que vous avez entendus, à coup sûr il aurait dit : Voilà un homme qui a du génie tragique : c'est bien dommage qu'il ait si peu de goût, qu'il ait si peu étudié sa langue, et qu'il travaille si peu ses vers.

Si mon objet unique, Messieurs, pouvait être de ne considérer jamais avec vous que des écrits qui offrissent du moins un mélange de beautés et de défauts, l'article Crébillon se serait terminé à *Rhadamiste* * : les pièces suivantes sont en elles-mêmes fort peu dignes de votre attention. Mais, dans un ouvrage de la nature de celui-ci, tout ne peut pas se rapporter à l'agrément et à l'intérêt. Le plan que j'ai embrassé, et que vous avez bien voulu suivre, doit tendre principalement à l'instruction et à l'utilité; et je dois désirer qu'il puisse servir un jour à mettre la jeunesse en garde contre des erreurs et des préjugés aussi capables d'égarer son jugement que de déshonorer celui de la nation aux yeux des étrangers instruits. Il semblerait que ces erreurs et ces préjugés eussent dû mourir avec l'esprit de parti qui les avait enfantés; mais quoique fort affaiblis par le temps, qui détruit les intérêts particuliers et augmente les lumières générales, ils se perpétuent dans une espèce de livres aujourd'hui la plus multipliée et la plus facile pour la faiblesse des écrivains, et la plus commode pour la paresse des lecteurs. Vous n'ignorez pas, Messieurs, que de nos jours on a tout mis en dictionnaires, en recueils, en compilations, et même en almanachs. Ces derniers ne passent guère la première quinzaine de l'année; mais toutes les nomenclatures alphabétiques, et tous les recueils littéraires remplissent les bibliothèques, parce que les livres qui contiennent des faits, des

* *Voyez*, tome XXX, page 1, le parallèle de l'*Électre* avec l'*Oreste* de Voltaire.

noms et des dates, sont souvent consultés; et c'est à la faveur et à côté des objets d'utilité, que l'ignorance et le mauvais goût ont trouvé moyen de s'établir une demeure durable. Vous sentez aisément que ces livres, faits avec des livres, sont l'ouvrage de ceux qui ne sauraient faire autre chose; et où prennent-ils leurs matériaux? dans des auteurs de la même classe, dans les journalistes du temps, c'est-à-dire le plus souvent dans ces écrivains tout au moins très superficiels, la plupart passionnés ou vendus, et chez qui les connaissances, l'esprit et le goût sont ordinairement fort médiocres. C'est pourtant dans ces compilations rédigées sans discernement et sans choix, que nos plus grands hommes en tout genre sont appréciés en quelques pages; et de quelle manière! J'en ai mis sous vos yeux nombre d'exemples relatifs aux écrivains du siècle de Louis XIV, et qui vous ont amusés par l'excès du ridicule. Si l'on a déraisonné à ce point après l'expérience d'un siècle entier, jugez combien ce qui regarde le nôtre doit être plus près de l'absurdité, étant bien moins éloigné de l'esprit de parti. Observez encore que ces sortes de livres, étant faits la plupart du temps par des *sociétés de gens de lettres* qui ne se nomment point, et ne contenant que des résultats généraux, n'ont rien qui annonce la partialité personnelle, et qui par conséquent avertisse de s'en défier. Ils sont donc d'autant plus dangereux, qu'on les lit sans précaution, que les auteurs ont l'air d'énoncer des opinions reçues plutôt que leur propre avis; et, l'homme se montrant moins, l'erreur, qu'on ne songe pas à repousser, est plus facilement adoptée.

Qui croirait que, dans un *Dictionnaire historique*, publié il y peu d'années, et réimprimé tout récemment, Voltaire, chaque fois qu'on le cite, n'est jamais qualifié que d'*homme d'esprit?* Mais en revanche, à l'article de Crébillon, « ce grand homme « est le créateur d'une partie qui lui appartient en « propre, de cette terreur qui constitue la véritable « tragédie. Si jamais nous élevons des statues aux « auteurs tragiques, la troisième sera pour lui...... « Il est peut-être le seul de nos poètes modernes qui « ait possédé le grand secret de l'art de Melpomène, « tel que l'avaient les tragiques de l'ancienne Grèce. » Lorsque les étrangers lisent de semblables assertions dans des livres dont les auteurs se donnent pour les interprètes de la voix publique, que doivent-ils penser de la justice que nous savons rendre à nos grands écrivains ? A la folle audace de ces paradoxes j'opposerai, pour résumé, l'opinion de tous les connaisseurs sur Crébillon ; mais auparavant il faut jeter un coup d'œil rapide sur les pièces qui suivirent *Rhadamiste*.

On trouve d'abord *Xercès* et *Sémiramis* à peu de distance l'une de l'autre : *Xercès* donné en 1714, *Sémiramis*, en 1717 ; l'un qui ne fut joué qu'une fois, l'autre qui eut quelques représentations, et tous deux également mauvais de tout point. Voici comme on en parle dans un éloge de Crébillon, inséré dans ses œuvres. « *Sémiramis et Xercès*, sans « avoir eu de succès, ont *avec plus d'attention de*

« *la part du connaisseur*, laissé voir *des beautés*
« *dignes de l'auteur.* Bélus, dans la première, est
« un caractère *vraiment tragique;* Artaban, dans la
« seconde, est le *modèle d'un scélérat fécond en*
« *ressources.* Je ne doute pas même que *Xercès n'eût*
« *aujourd'hui des applaudissements* s'il reparaissait
« sur la scène. »

Assurément c'est ne *douter* de rien, et je ne sais pas pourquoi ce *connaisseur* n'en dit pas autant de *Sémiramis* que de *Xercès* : l'un vaut bien l'autre. Voici en peu de mots l'intrigue conduite par cet Artaban, qui est *le modèle d'un scélérat fécond en ressources.* Il est le ministre et le capitaine des gardes de Xercès, et il a toute la confiance de son roi. Xercès a deux fils, Artaxerce et Darius : l'un n'a encore montré aucun mérite qui le distingue; l'autre est déjà fameux par ses exploits; il fait dans ce moment la guerre *chez des peuples barbares* qu'on ne nomme pas, et Babylone est remplie du bruit des victoires qu'il a remportées. Artaban ne projette rien moins que de faire périr le père et les deux fils pour se faire lui-même roi de Perse. Il compte les perdre l'un par l'autre; et le premier moyen qu'il emploie, c'est de faire désigner Artaxerce pour successeur de Xercès, au préjudice de Darius son aîné. Il espère que Darius ne supportera pas patiemment cette injustice, et qu'étant à la tête d'une armée, il soutiendra ses droits par la force. On ne voit pas bien comment, dans cette supposition même, Artaban peut concevoir de si belles espérances; car si Darius est vainqueur, sa vengeance tombera d'abord sur le ministre qui a suggéré le choix de Xercès, et Darius n'ignore pas qu'Artaban est le favori du monarque, et qu'il a sur lui un pouvoir absolu. S'il succombe, au contraire, il reste encore deux têtes à frapper, et Artaban est encore bien loin de son but. C'est pourtant là tout son plan, le seul qu'il confie, sans la moindre raison, à un Tissapherne, officier de la garde. Il a l'air de le croire nécessaire à ses projets; il lui dit :

Je connais ta valeur; j'ai besoin de ta foi.

Il a besoin au moins de sa discrétion; mais dans tout ce qu'il lui révèle au premier acte, on ne voit pas que Tissapherne puisse lui être bon à rien, si ce n'est à le trahir, comme il peut fort bien en être tenté. Avant de s'ouvrir à lui, Artaban lui dit :

..... D'un grand dessein te sens-tu bien capable ?
Ton âme au repentir est-elle inébranlable ?

et cependant il ne lui confie que ce projet si vague et si éloigné que je viens d'exposer, et ne lui demande aucune espèce de service qui nécessite cette confidence, ni qui exige qu'on soit *capable d'un grand dessein.* Il le charge, il est vrai, d'aller trouver Darius, et de lui promettre, de sa part, *trésors, armes, soldats*, et sa fille Barsine, s'il veut se révolter contre son père. Mais outre que cette commission politique n'oblige pas Artaban de dévoiler tout le plan de son ambition, c'est encore une nouvelle imprudence que cette démarche qu'il fait auprès de Darius, qui n'a qu'à la découvrir au roi pour perdre Artaban sans retour. Tel est pourtant tout le système de ce *scélérat* qu'on veut donner pour *modèle* aux autres ; malheureusement il y en a eu qui en savaient beaucoup plus. Sa conduite, dans le reste de la pièce, dépend absolument d'accidents fortuits qu'il n'a pu ni préparer ni prévoir, et qui par conséquent n'entraient pas dans ses vues ; et cet homme *si fécond en ressources* est partout de la plus grossière maladresse. D'abord il fait offrir sa fille à Darius ; et, un moment après, lui-même avoue que ce prince, qui l'a aimée autrefois, dès long-temps ne lui témoigne plus que du *mépris*. Il dit en propres termes :

Son mépris pour Barsine a passé jusqu'à moi ;

Et c'est près de ce prince qui le *méprise*, lui et sa fille, qu'il hasarde des propositions d'une nature à mettre celui qui les fait à la discrétion de celui qui les reçoit. Il offre des *armes*, des *soldats*, des *trésors*, à un prince qui commande une armée victorieuse, l'armée du grand roi, et ce prince est déjà aux portes de Babylone. Xercès, alarmé de son retour, consulte Artaban sur les inquiétudes et les embarras que lui cause le choix qu'il vient de faire. Il y a chez les Persans une loi qui oblige le monarque d'accorder à son successeur désigné la première grace qu'il demande. Or, Artaxerce a commencé par demander la main de la princesse Amestris, nièce de Xercès, et que ce roi avait lui-même destinée et promise à Darius. Le roi trouve bien dur de lui ôter à la fois et le trône et sa maîtresse. Mais Artaban, *fécond en ressources*, trouve que rien n'est moins embarrassant. Il n'y a qu'à faire croire à la princesse que Darius ne se soucie plus d'elle et revient à Barsine; et Amestris, dans son dépit, se gardera bien de s'expliquer avec son amant, et ne manquera pas d'épouser sur-le-champ Artaxerce. Ce merveilleux expédient, digne d'un valet de comédie, plaît fort à Xercès; et dès la scène suivante le grand roi fait auprès d'Amestris le rôle de Frontin, et lui fait entendre finement qu'elle a grand tort de compter sur Darius. Cette belle intrigue remplit les trois premiers actes, et les effets sont dignes des moyens. Barsine, à qui l'on a fait dire que Darius, qui la *méprisait*, en est redevenu amoureux, et qu'il l'épousera, lui fait mille cajoleries. Darius, également surpris du mauvais accueil de Xercès, et du très doux accueil de Barsine, demande *quelle fureur nouvelle agite tous les cœurs.* La naïve Barsine lui dit :

> Le roi m'abuse-t-il d'une espérance vaine?
> Comme il me l'a promis, serez-vous mon époux?

Nouvelles exclamations de Darius, qui croit fermement qu'à Babylone tout le monde a perdu l'esprit :

> Grands dieux ! *ce que j'ai vu*, ce que je viens d'entendre,
> Pouvait-il se prévoir et peut-il se comprendre?
> Chaque mot, chaque instant, redouble *mon effroi.*

Il n'a pourtant rien *vu* : et pour expliquer cet *effroi* si obligeant pour Barsine, il lui dit nettement :

> .....C'est Amestris pour qui mon cœur soupire,
> Qui daigna *m'accepter sortant de votre empire.*

Mais dans le même moment, Amestris paraît, et lui

déclare qu'il doit *pour jamais renoncer à son entretien*. Arrive aussitôt Artaxerce, qui, pour l'achever, le félicite sur ce que le roi lui destine la main de Barsine *avec l'Égypte encore;* pour lui, il va épouser Amestris : daignez, dit-il à son frère,

Daignez ne point troubler cette heureuse journée.

Darius s'écrie :

Dieux cruels! *jouissez du transport qui m'anime.*
C'en est fait, *je sens bien que j'ai besoin d'un crime.*

Cependant tout s'éclaircit bientôt, comme on peut s'y attendre, et Darius et Amestris assurent Xercès qu'ils sont tous deux de très bon accord. Tous deux lui adressent leurs plaintes et leurs reproches. Darius se plaint sur-tout de ce que son frère sera roi; le bon Xercès lui répond franchement :

Si vous eussiez moins fait, vous le seriez peut-être :
Mais je n'ai pas voulu m'associer un maître....
Je veux bien avouer qu'après tant de hauts faits,
Vous ne méritez pas le sort que je vous fais.

Et tout de suite il lui ordonne de partir avant la fin du jour, et en attendant il le remet entre les mains d'Artaban. Alors celui-ci, pour s'insinuer dans sa confiance, commence par lui dire que c'est lui, Artaban, qui a fait couronner Artaxerce le matin de ce même jour; mais comme il s'en repent le soir sans qu'on sache pourquoi, il ne peut, dit-il, *expier son forfait,* qu'il regarde comme *un parricide,* qu'en se joignant à Darius pour venger son injure. Il lui parle de Xercès et de ses bienfaits de la manière la plus outrageante; enfin il montre une ingratitude et une lâcheté si impudentes, et une méchanceté si peu déguisée, que Darius, tout crédule qu'il se montre ensuite dans cette même scène, lui répond d'abord avec autant d'indignation que de mépris. Cependant lorsque Artaban se réduit à une autre proposition, au projet d'enlever Amestris et de fuir avec elle, Darius, qui l'a regardé jusque-là comme un vil scélérat, Darius qui vient de lui dire:

Ce zèle est trop outré pour être exempt de piège,

se fie aveuglément à lui. Artaban lui promet de le cacher dans l'intérieur du palais où personne ne peut pénétrer sans être criminel de lèse-majesté. Il dispose de ce lieu sacré en sa qualité de commandant de la garde; il y ménagera une entrevue, la nuit, entre les deux amants, et favorisera leur fuite: Darius consent à tout. Au quatrième acte, il attend Amestris; mais Artaban vient lui dire que la princesse se défie de lui, et qu'elle ne veut pas venir; il demande à Darius son poignard, pour le montrer à sa maîtresse, comme *un témoin fidèle* qui doit dissiper toute méfiance; et cette étrange demande d'un poignard lorsqu'il y a tant d'autres moyens infiniment plus naturels, cette demande de la part d'un homme qui s'est montré capable de toutes les bassesses et de toutes les noirceurs, ne donne pas à Darius le plus léger soupçon. Il remet sur-le-champ ce poignard entre les mains d'Artaban, qui se retire et lui envoie, un moment après, Amestris. Elle lui reproche avec beaucoup de raison la confiance qu'il donne à un misérable tel qu'Artaban. Il est bien sûr que tout ce que Darius peut imaginer de plus vraisemblable, c'est qu'Artaban ne l'a introduit dans cette demeure redoutable que pour l'aller aussitôt dénoncer à Xercès et le faire punir de cet attentat. Il s'en présentait un autre encore plus facile pour un scélérat de la trempe d'Artaban. Il a eu soin d'éloigner la garde : qui l'empêche, dans l'obscurité de la nuit, de poignarder Darius, qui est seul et sans armes? Mais il préfère d'assassiner Xercès dans son lit, et de venir ensuite en accuser Darius en présence d'Artaxerce, qu'il a fait avertir de l'entrevue secrète de son frère avec la princesse. Le poignard de Darius, dont le traître s'est servi pour ce meurtre, lui paraît un témoin irrécusable. Mais quelque force qu'il paraisse avoir, que de circonstances à lui opposer, sur-tout devant un juge tel qu'Artaxerce, qui aime son frère et qui révère sa vertu! Cependant, lorsque Darius veut lui expliquer l'incident du poignard, il refuse même de l'entendre: et quand l'innocent accusé fait à l'imposteur Artaban une objection qui est sans réplique, à moins qu'Artaban ne s'avoue lui-même complice du meurtre, quand il lui dit :

Qui peut m'avoir conduit jusqu'à ce lit sacré,
Du reste des mortels, hors toi seul ignoré ?

et qu'Artaban lui fait cette réponse inepte,

Que sais-je ? le destin ennemi de ton père,

Artaxerce n'a pas non plus le moindre soupçon, et

ne balance pas à croire son frère parricide. Quel plan et quelle intrigue ! Artaxerce fait juger l'accusé par les mages, qui le condamnent; mais Tissapherne vient le sauver, et ce dénouement est encore une suite de la conduite insensée d'Artaban. Il s'est fait aider par Tissapherne dans l'horrible assassinat qu'il a commis, comme s'il n'avait pu lui seul égorger un vieillard endormi, comme s'il était naturel d'employer dans un attentat de cette nature tout ce qu'il y a de plus dangereux, c'est-à-dire un complice inutile. Il a voulu ensuite se défaire de ce Tissapherne et le poignarder; mais celui-ci, quoique blessé à mort, a tué Artaban, et vient, avant d'expirer, découvrir toute la trahison et finir la pièce.

« *Xercès*, a dit Voltaire, est écrit et conduit comme « les pièces de Cyrano de Bergerac. » On est forcé d'avouer que ce n'est pas dire trop. Le panégyriste que j'ai cité ne voit dans ce jugement que *de l'ignorance* : on ne peut y voir que de la justice. Il prétend que ce n'est pas le rôle d'Artaban *qui fait tort à cette tragédie; mais la faiblesse du rôle de Xercès*. C'est le cas d'appeler les choses par leur nom : cette *faiblesse* est en effet l'imbécillité la plus complète, comme la scélératesse d'Artaban est l'atrocité la plus absurde. Joignez-y les fadeurs langoureuses d'une Amestris, d'une Barsine, d'un Artaxerce, d'un Darius, et l'intrigue absolument comique qui brouille ces quatre personnages : de ce mélange d'horreurs dégoûtantes et de galanterie romanesque il résultera l'ensemble le plus monstrueux qu'on puisse imaginer.

Il est impossible de parler du style : c'est un composé d'enflure et de déraison ; et il y a presque autant de barbarismes que de vers. Mais il n'est pas inutile de rappeler la justice que fit le public du monologue d'Artaban.

> Amour d'un vain renom, faiblesse scrupuleuse,
> *Cessez de tourmenter une âme généreuse,*
> *Digne de s'affranchir de vos soins odieux :*
> *Chacun a ses vertus ainsi qu'il a ses dieux.*
> . . . .
> Pâles divinités qui tourmentez les ombres,
> Et répandez l'effroi dans les royaumes sombres,
> Venez voir un mortel, plus terrible que vous,
> Surpasser vos fureurs *par de plus nobles coups.*

Ce monologue excita des éclats de rire : c'était l'accueil le plus sensé que l'on pût faire à de pareils vers. On ne saurait trop redire aux jeunes poètes, qui trop souvent sont tentés de prendre l'exagération de la méchanceté pour de la force, et de s'autoriser de l'exemple de Crébillon, que ces hyperboles sont aussi froides qu'atroces ; qu'il ne peut y avoir nulle espèce de force dans des idées si ridiculement fausses, mais seulement une exaltation de tête qui produit l'extravagance, comme la vraie chaleur de l'imagination produit la vérité ; que les scélérats profonds et consommés ne dogmatisent point sur le crime, et ne s'extasient point sur leurs forfaits. Voltaire a bien raison : le méchant, dit-il, dans ses poésies morales,

> ..... N'a jamais dit dans le fond de son cœur:
> Qu'il est grand, qu'il est beau d'opprimer l'innocence,

De déchirer le sein qui nous donna naissance.
Que le crime a d'appas !

Un personnage qui, prêt à massacrer un roi son bienfaiteur, ose s'appeler *une âme généreuse;* qui veut que *l'amour d'un vain renom cesse de le tourmenter,* comme s'il pouvait être *tourmenté* par cet amour, et comme s'il s'agissait *d'un vain renom;* qui nous dit que *chacun à ses vertus ainsi qu'il a ses dieux,* et qui en conséquence met au nombre de *ses vertus* d'égorger un roi dans son lit, qui s'adresse ensuite aux furies, en vers d'opéra, pour les défier d'être plus méchantes que lui, et qui se vante de porter *des coups plus nobles* que ceux des furies : un pareil personnage ne ressemble à rien, si ce n'est à un mauvais rhéteur de collège, qui se guinde sur des hyperboles puériles ; et l'incohérence des figures, des pensées et des expressions, se joignant à des sentiments hors de nature, achève de former, comme le public en jugea fort bien, un très risible amphigouri.

Sémiramis est de la même force. Bélus, frère de cette reine, que l'on donne pour l'homme vertueux de la pièce, et qui parle sans cesse de sa *vertu,* conspire par *vertu* contre sa sœur, et veut lui arracher l'empire et la vie. Il a déjà plus d'une fois soulevé ses peuples contre elle; et cette princesse, si renommée par sa politique et son courage, paraît à peine soupçonner qu'elle a dans sa cour, à ses côtés, son plus mortel ennemi, et ne sait ni le connaître ni le réprimer. Ce Bélus a sauvé autrefois et fait élever en secret Ninias son neveu; il l'a uni dès l'enfance à sa fille Ténésis ; il l'a confié aux soins de Mérmécide ; et son projet est de le rétablir sur le trône de son père Ninus, en faisant périr Sémiramis comme elle a fait périr son époux. Le plus simple bon sens démontre que de semblables desseins d'un frère contre sa sœur sont absolument incompatibles avec la *vertu* : si Sémiramis est coupable, ce n'est sûrement pas à son frère à la punir. Un honnête homme ne conspire point contre sa sœur et sa souveraine, dont il a la confiance et dont il reçoit les bienfaits. Il ne s'occupe point sans cesse d'armer des assassins contre elle, et d'exciter la révolte dans ses états. Tout ce qu'il peut faire, c'est de la condamner, de refuser ses dons et de s'éloigner de sa cour. Les complots ténébreux et les assassinats ne sont point les armes de la vertu. L'idée de ce rôle, que l'on ose nous donner pour *vraiment tragique*, est donc absurde et contradictoire. Une idée *vraiment tragique*, c'est celle de Voltaire, qui, à l'exemple de Racine, a fait de la punition d'une reine criminelle l'ouvrage de la vengeance céleste, dont un grand prêtre est le docile instrument. Le personnage le plus inconcevable, c'est celui de Sémiramis. Elle aime un guerrier inconnu, nommé Agénor, qui s'est rendu son défenseur et s'est signalé par les plus grands services. Cet Agénor n'est autre que Ninias, qui depuis long-temps a quitté son gouverneur Mermécide. Elle veut l'épouser et le couronner. Jusque-là il n'y a rien à dire ; mais au quatrième acte, Agénor est reconnu pour être Ninias. Je ne m'arrête pas aux moyens qui amènent cette reconnaissance, et qui sont aussi extraordinaires que le reste : c'est le vieux Mermécide qui veut poignarder le guerrier inconnu; et Agénor, en le désarmant, s'écrie : *Grands dieux! c'est Mermécide!* Je ne crois pas qu'on eût imaginé jusque-là d'armer la main d'un vieillard pour assassiner un jeune guerrier. Ce Mermécide, qui a entrepris ce meurtre avec la plus grande tranquillité, dit tout aussi froidement au fils de Sémiramis : *Voilà votre mère.* Mais ce qu'on n'attend pas, et ce qui passe toute croyance, c'est le parti que prend Sémiramis. Elle s'obstine à aimer son fils tout comme elle aimait Agénor.

Ingrat, je t'aime encore avec trop de fureur
Pour te sacrifier aux transports de mon cœur.
Garde-toi cependant d'une amante outragée,
Garde-toi d'une mère à ta perte engagée.
Adieu : fuis sans tarder de ces funestes lieux ;
Respectes-y du moins *mère, amante ou les dieux.*
. . . .
Dieux qui m'abandonnez à ces honteux transports
N'en attendez, cruels, *ni douleur ni remords.*
Je ne tiens mon amour que de votre colère,
Mais pour vous en punir mon cœur veut s'y complaire ;
Je veux du moins aimer comme ces mêmes dieux,
Chez qui seuls j'ai trouvé l'exemple de mes feux.

Cette belle passion dure jusqu'à la dernière scène. Sémiramis veut, comme Roxane, faire périr sa rivale pour se venger d'un ingrat; elle donne l'ordre d'égorger Ténésis. Elle se vante de cette barbarie devant son fils, et insulte à la douleur de Ninias avec une ironie aussi froide qu'horrible; et il s'écrie de son côté, dans le même style :

O Ciel, vit-on jamais dans le cœur d'une mère
D'aussi coupables feux *éclater sans mystère!*

Enfin, voyant Ténésis sauvée et son fils proclamé roi, elle se tue, en finissant son incompréhensible rôle par ces deux vers :

Je rends graces au sort qui nous rassemble ici ;
Vous voilà satisfaits, *et je le suis aussi.*

Les expressions manquent pour caractériser de semblables ouvrages; mais puisqu'on a osé les louer, il fallait montrer ce qu'ils sont.

Pyrrhus est beaucoup moins mauvais. Il semble que le malheureux sort de *Sémiramis* et de *Xercès* eût averti l'auteur de chercher du moins des idées qui ne heurtassent pas si ouvertement la raison et les bienséances. L'idée principale de la tragédie de *Pyrrhus* peut paraître, il est vrai, un peu forcée : c'est un roi qui, plutôt que de manquer à l'engagement qu'il a pris avec lui-même de conserver les jours de Pyrrhus, dernier rejeton des Éacides, consent à livrer son fils à la mort, un fils vertueux, plein de courage, et le soutien de sa vieillesse et de son empire. Le sacrifice est grand, et peut-être le roi ne doit-il pas assez à l'honneur pour lui sacrifier la nature. Ces sortes de situations doivent être plus décidées et plus motivées, et ce n'est guère pour un prince étranger qu'on immole son propre fils. Mais cet excès de générosité, s'il intéresse peu par cela même qu'il n'est qu'un excès, peut du moins se tolérer, parce que le sacrifice n'est pas consommé.

Le moment où Pyrrhus, se livrant lui-même au tyran qui demande sa tête, lui dit en jetant son épée à ses pieds :

Frappe, voilà Pyrrhus !

est d'une noblesse théâtrale; mais ce qui en affaiblit beaucoup l'effet, c'est que ce coup de théâtre est prévu depuis long-temps, et termine une situation qui est la même pendant cinq actes. Ajoutez à ce défaut essentiel une froide intrigue d'amour et de rivalité entre Pyrrhus, Illyrus et Éricie; la ressemblance monotone de tous les personnages qui disputent de grandeur d'âme et de vertu, comme si Crébillon, pour se laver du reproche d'être trop noir dans ses autres sujets, eût voulu en imaginer un dans lequel tout fût vertueux; enfin, le style, qui, sans être aussi vicieux que celui des pièces précédentes, est le plus souvent faible, déclamatoire et incorrect : on ne sera pas surpris que cet ouvrage, extrêmement médiocre, après avoir eu du succès dans sa nouveauté, n'en ait jamais eu quand on a essayé de le reproduire sur la scène.

L'âge avancé de l'auteur, qui était plus qu'octogénaire quand il donna *le Triumvirat*, ne permet pas que l'on compte cet ouvrage au rang de ceux sur lesquels on peut le juger. On assure qu'il avait pour but de réparer l'injure qu'il avait faite à Cicéron, si indignement avili et défiguré dans *Catilina*: la réparation n'est pas heureuse. Cicéron, dans *le Triumvirat*, ne fait autre chose qu'attendre la mort et demander qu'on le proscrive; et quand il voit son nom sur les tables fatales, il s'écrie :

Enfin, je suis proscrit. *Que mon âme est ravie !*

Il valait infiniment mieux, dans le plan de la pièce, que Cicéron acceptât les offres de Sextus Pompée, qui lui propose de la mener en Asie auprès des derniers vengeurs de la liberté, Brutus et Cassius : son rôle est ici absolument inactif, et presque toujours élégiaque. L'intrigue, d'ailleurs, ne vaut pas mieux que les caractères ; elle roule sur l'amour d'Octave pour Tullie, fille de Cicéron, et sur l'amour de Tullie pour Sextus, déguisé sous le nom d'un chef gaulois nommé Clodomir ; et l'on sait assez combien ces amours de tyran et ces déguisements de héros sont déplacés et invraisemblables dans des sujets historiques. Octave se laisse braver impunément par le Gaulois Clodomir, et laisse périr Cicéron qu'il peut sauver, et dont ensuite il déplore la perte qu'il n'a tenu qu'à lui d'empêcher. Il y a quelques vers d'un ton noble ; mais en général, cette pièce n'est qu'une ennuyeuse déclamation.

Je m'arrêterai davantage sur *Catilina,* non qu'il soit meilleur que les pièces dont je viens de parler : il s'en faut de beaucoup ; mais le succès étonnant qu'il eut en 1748, est une époque fameuse dans l'histoire littéraire, et l'un des plus mémorables scandales qu'ait jamais donnés l'esprit de parti. Cette vogue passagère, qui ne l'empêcha pas de tomber à la reprise, de manière qu'on ne l'a jamais revu, lui a pourtant conservé un reste de réputation, surtout auprès de ceux qui ne l'ont pas lu ; et les éloges qu'on était convenu de lui prodiguer ont duré jusqu'à nos jours. Si l'on abandonne à peu près les deux derniers actes, on persiste à soutenir que les trois premiers *sont trois chefs-d'œuvre ;* et dans une de ces diatribes polémiques * contre Voltaire, rassemblées par les éditeurs de Crébillon, l'on se récrie avec ce ton d'indignation que l'on prend contre ceux qui démentent une vérité reconnue : « Il ne « convient pas que les trois premiers actes de cette « pièce sont trois *chefs-d'œuvre*, et que le rôle de « Catilina est de *la plus grande force.* » Il faut donc voir ce que sont ces *chefs-d'œuvre* et cette *grande force.*

Il est impossible ici de séparer le dialogue de l'intrigue : outre que l'examen du style nous mènerait trop loin et ne produirait que de l'ennui, on ne peut bien marquer que par des citations le caractère particulier de cette pièce; et ce caractère est la démence la plus étrange et la plus continuelle, dans le langage comme dans la conduite des personnages.

Catilina, dans la première scène, rend compte de ses desseins à Lentulus. Il est venu avant le jour dans le temple de Tellus, où le sénat doit s'assembler ce jour même; il y cherche Probus, grand-prêtre de ce temple, et qui paraît être dévoué à Catilina et aux conjurés. Cependant ce pontife, à ce que dit Lentulus, est lié à Cicéron,

Par l'intérêt, le sang, *l'orgueil et l'amitié.*

On peut choisir. Mais d'un autre côté Catilina nous dit :

Probus, qu'à Cicéron je veux rendre infidèle,

* Ce sont des extraits des feuilles de Fréron.

> Me sert *à ménager des traités captieux,*
> Où sans rien terminer je les trompe tous deux.

Des traités entre Catilina et Cicéron! Mais Probus lui rend bien d'autres services : il a arrangé un rendez-vous de nuit dans ce temple entre Catilina et Tullie, fille de Cicéron.

> *Même ici par ses soins* je dois revoir Tullie.

Voilà, certes, un emploi bien digne d'un grand-prêtre. Catilina aime Tullie; et s'il faut l'en croire sur cet amour, d'abord

> C'est *l'ouvrage des sens, non le faible de l'âme.*

Ensuite :

> Cette flamme, où tu crois que tout mon cœur *s'applique,*
> Est *un fruit de ma haine et de ma politique.*
> Si je rends Cicéron favorable à mes feux,
> Rien ne peut désormais s'opposer à mes vœux.
> Je tiendrai sous mes lois et la fille et le père,
> Et j'y verrai bientôt la république entière.
> Je sais que ce consul me hait au fond du cœur,
> *Sans oser d'un refus insulter ma faveur ;*
> *Il craint en moi le peuple, et garde le silence.*

Ainsi, voilà Cicéron qui n'ose pas refuser sa fille à Catilina, et la fille de Cicéron qui vient seule, la nuit, trouver Catilina dans un temple; et le prêtre de ce temple a, *par ses soins,* ménagé cette entrevue de Catilina et de Tullie, comme *il ménage des traités captieux* entre Cicéron et Catilina. Telle est l'ouverture de cette pièce; et si l'on s'en rapporte au titre, cette action se passe dans Rome. Ce n'est rien encore : ne nous pressons pas de nous étonner. Il arrive, cet officieux Probus; et Catilina lui annonce que le souverain pontificat, place très importante chez les Romains, est accordé à César, au préjudice de ce même Probus qui le briguait. Catilina s'intéressait pour lui; mais la brigue de Cicéron l'a emporté. Cicéron a brigué pour César, contre ce Probus qui est lié à Cicéron *par l'intérêt, le sang, l'orgueil et l'amitié*. Il reste à savoir d'où est venu ce zèle de Cicéron pour César : Catilina nous en instruit dans la scène précédente :

J'ai parlé pour Probus, *en public*, au sénat,
Tandis que pour César, aidé de Servilie,
J'engageais Cicéron, trompé par Césonie.

C'est donc, comme on le voit, Cicéron qui, sans le savoir, a fait tout ce que voulait Catilina, et qui est *trompé par* une *Césonie!* Cela va bien : poursuivons. Probus prétend que cet affront retombe sur Catilina, sur

Vous (dit-il) qui jusqu'à ce jour, *armé d'un front terrible,*
Des cœurs audacieux fûtes le moins flexible ;
Qui d'un sénat *tremblant à votre fier aspect*
Forciez d'un seul regard l'insolence au respect.

Nous voyons dans l'histoire que Marius et Sylla, suivis de leurs légions et de leurs bourreaux, faisaient *trembler le sénat*; mais *forcer au respect l'insolence du sénat*, et *d'un seul regard*, cela était réservé à Catilina, du moins à celui de Crébillon. Il ne faut pas en être surpris. Il faut revenir à Probus, qui se jette aux genoux de Catilina, et lui fait une harangue pathétique pour l'engager à vouloir bien par pitié se rendre maître de la république. Catilina l'écoute gravement, et lui répond de même :

> Probus, ne tentez point *une indigne victoire*...
> Parmi *tous ces objets cités pour m'émouvoir*,
> Vous en oubliez un.
>
> PROBUS.
>
> Quel est-il ?
>
> CATILINA.
>
> Mon devoir.
> *A combien de désirs* il faut que l'on s'arrache,
> Si l'on veut conserver une *vertu sans tache* !

Cependant il n'est pas inflexible, et il finit par dire :

> Je sens que, malgré moi, *mes scrupules* vous cèdent.

Je ne sais qui était ce Probus; l'histoire ne nous en parle pas. Il fallait sans doute un personnage d'invention pour que Catilina parlât sérieusement devant lui de sa *vertu sans tache* et de ses *scrupules*. L'arrivée de Tullie interrompt cette incroyable conversation, et Probus veut s'en aller en confident discret. Mais Catilina le supplie, apparemment pour la bienséance, de ne pas *s'éloigner*, et ce grand prêtre *se retire* seulement dans *le fond du théâtre*. Alors Catilina adresse la parole à Tullie en ces termes :

> Quoi ! Madame, aux autels vous devancez l'aurore !
> Eh ! quel soin si pressant vous y conduit encore ?
> Qu'il m'est doux cependant de revoir vos beaux yeux,
> Et de pouvoir ici rassembler tous mes dieux !

TULLIE.

Si ce sont là les dieux à qui tu sacrifies,
Apprends qu'ils ont toujours abhorré les impies,
Et que, si leur pouvoir égalait leur courroux,
La foudre deviendrait le moindre de leurs coups.

CATILINA.

Tullie, expliquez-moi ce que je viens d'entendre.
Ma gloire et mon amour craignent de s'y méprendre :
Et si nous n'étions seuls, malgré ce que je voi,
Je ne croirais jamais que l'on s'adresse à moi.

Ce qu'on a peine *à croire, malgré ce qu'on voit*, c'est qu'un dialogue, un style de cette espèce, soit du XVIII⁰ siècle, et qu'on l'ait entendu pendant vingt représentations.

Catilina, indigné des reproches de Tullie, la prie de songer

Que l'amour est *déchu de son autorité*,
Dès qu'il veut *de l'honneur blesser la dignité*.

Tullie, pour le pousser à bout, fait paraître un esclave, qui accuse Catilina de conspirer contre la patrie. Il s'écrie à part et avec surprise : *C'est Fulvie!* Et en effet, cet esclave n'est autre que la courtisane Fulvie, qui a été la maîtresse de Catilina, et qui, furieuse de se voir quittée pour Tullie, s'est déguisée en homme et a été accuser son amant auprès de sa rivale. Tout cela n'est-il pas bien digne du théâtre tragique? et l'on ne peut pas dire que l'auteur ait prétendu donner à Fulvie un autre état que celui que tout le monde lui connaît dans l'histoire; car, dans le troisième acte, Tullie, pour s'excuser de s'être méprise sur ce faux esclave, dit à Catilina :

> Vous savez de mes mœurs *quelle est l'austérite;*
> Qu'enchaînée aux devoirs d'une innocente vie,
> Je n'ai jamais connu que le nom de Fulvie.

ce qui signifie clairement qu'elle a été trop bien élevée pour connaître une femme publique autrement que de nom. L'on peut juger par-là du respect qu'a montré l'auteur de *Catilina* pour les bienséances les plus vulgaires.

Catilina, pour achever cette scène comme elle a commencé, appelle Probus et remet Fulvie entre ses mains. Rien n'est plus conséquent, et l'on peut mettre une courtisane sous la garde d'un prêtre qui fait l'office d'entremetteur. Cette pièce n'est pourtant pas du temps de Hardy; elle est de nos jours.

Probus reparaît au second acte avec Fulvie, et, s'acquittant très bien de son métier, il tâche de la raccommoder avec son amant, et de lui persuader que les soins de Catilina pour Tullie ne sont qu'une feinte, et n'ont pour objet que de tromper le consul. Il reproche à Fulvie ses emportements :

> Vit-on jamais l'amour, *dans sa plus noire ivresse,*
> *Emprunter du dépit une langue traîtresse?*

Mais Fulvie n'est pas sa dupe :

> Cessez de me flatter qu'on peut m'aimer encore.
> J'ai trop vu la beauté que l'infidèle adore.
> Mes yeux, avant ce jour, ne la connaissaient pas ;

Mais vous me pairez ses funestes appas.
C'est vous qui leur gagnez sur moi la préférence.

Que dire de ce Probus, à qui l'on veut faire *payer les appas de Tullie,* parce qu'il *leur a gagné la préférence?* Il n'en paraît point du tout étonné. Catilina vient à son secours, et parle à la courtisane déguisée comme il a parlé à Tullie; c'est la même dignité et la même raison. Il se plaint que Fulvie, par une jalousie folle, veuille *sacrifier le premier des Romains. Le premier des Romains,* ce n'est ni César, ni Pompée, ni Cicéron, ni Caton ; c'est Catilina. N'est-ce pas là un noble orgueil? Il ajoute que c'est pour Fulvie qu'il voulait *conquérir un empire.* Elle lui répond que, *dans l'art de tromper,* elle en sait autant que lui-même ; elle rappelle tout ce qu'elle a fait pour lui :

Songe que *tu me dois,* et César, et Crassus,
Les enfants de Sylla, Cépion, Lentulus.

Pour ce qui est de César, Fulvie se vante un peu ; l'acquisition n'était pas complète. Enfin, sans vouloir d'autre *éclaircissement*

Qui puisse triompher d'un plus doux mouvement,

elle propose, pour gage de la paix, de donner un démenti à Tullie en plein sénat. Catilina, loin d'accepter cet accommodement, lui dit :

Si jamais vous osiez y démentir Tullie,
Un affront si sanglant *vous coûterait la vie.*
Tullie, *en me perdant, se rend digne de moi.*

Et comme Fulvie s'en est rendue indigne en le sa-

crifiant, il veut qu'elle *l'accuse au sénat*. Elle le lui promet bien, et s'en va : on ne la revoit plus, et il n'en est plus question dans la pièce. L'auteur, qui s'est apparemment souvenu d'elle aux derniers vers du quatrième acte, fait donner par Catilina l'ordre de la tuer ; mais il donne cet ordre comme en passant, et dans un moment où il est en train d'en donner de semblables, par exemple, contre ce Probus que nous avons vu aussi enthousiaste auprès de lui que Séide auprès de Mahomet. Tout ce zèle fanatique n'empêche pas que Catilina ne dise à Céthégus :

Probus ne m'a fait voir qu'un esprit chancelant :
Prévenons les retours d'un conjuré tremblant,
Et de la même main songe à punir Fulvie
De ses nouveaux forfaits et de sa perfidie.

Il est vrai qu'on ne nous dit pas au cinquième acte si cet ordre a été exécuté, et que la pièce finit sans qu'on sache ce que sont devenus Probus et Fulvie ; mais qu'importe ?

Il nous reste à entendre Cicéron : c'est dans ce rôle que l'auteur s'est surpassé :

C'est vous, Catilina, que je cherche en ces lieux,
Non comme un sénateur jaloux et furieux,
Mais comme un ennemi *qui sait régler sa haine*
Sur ce qu'en peut permettre une vertu romaine.

Il est impossible de décider si, dans ces trois vers, Cicéron parle de lui ou de Catilina ; mais qu'importe ? Ce qui suit est clair :

Enfin, depuis le jour que le sort des Romains,

Par le choix des tribus, fut remis en mes mains,
Vous ne m'avez point vu, *soigneux de vous déplaire*,
Braver l'inimitié *d'un si noble adversaire*.
Je remportai sur vous l'honneur du consulat
Sans acheter les voix du peuple et du sénat,
Et vous savez assez que cette préférence,
Qui flattait vos désirs, *passait mon espérance.*
Mais le sénat, toujours *en butte à vos mépris*,
Réunit sur moi seul les vœux et les esprits.

Sûrement l'auteur a voulu laver Cicéron du reproche de vanité qu'on lui a fait souvent; il ne peut pas pousser la modestie plus loin : ce sont *les mépris* de Catilina pour le sénat qui ont fait Cicéron consul. Nous allons voir comment le sénat se venge de ces *mépris*. Le consul poursuit :

On dit..... *mais je crois peu des bruits mal assurés,*
Qui vous osent nommer parmi les conjurés.
Tout défiant qu'il est, Caton ne l'ose croire.
Cependant le sénat, *jaloux de votre gloire,*
Pour étouffer des bruits qui, *dans un sénateur,*
Pourraient en vous blessant, blesser son propre honneur,
Dès hier vous nomma gouverneur de l'*Asie*.
Pompée et Pétréius, descendus vers Ostie,
L'un et l'autre chargés de vous y recevoir,
Remettront dans vos mains leur souverain pouvoir.

Cicéron, qui *croit peu des bruits mal assurés, qui nomment Catilina parmi des conjurés!* Caton qui *n'ose pas le croire!* Le sénat qui, *jaloux de la gloire de Catilina, le nomme gouverneur de l'Asie* et successeur de Pompée! Ce seul exposé suffit; je supprime toute réflexion; je m'en rapporte à celles qui se présentent d'elles-mêmes à quiconque a la plus légère idée de l'histoire romaine, et des vraisemblances de mœurs et de caractères essentielles à la tragédie.

Si l'on ne s'attendait pas à ces propositions de Cicéron et du sénat, on ne s'attend pas davantage à la manière dont Catilina reçoit l'offre de ce gouvernement d'Asie, qui avait été l'objet de l'ambition de Sylla, de Lucullus, de Pompée, et qui certainement aurait ôté à Catilina toute idée de conspiration, s'il eût été un moment dans le cas de prétendre à un commandement de cette importance, qui ne se donnait qu'aux premiers magistrats sortant de charge.

>Ainsi donc le sénat veut, sans me consulter,
>Me charger d'un emploi que je puis rejeter.
>Je ne sais s'il a cru *me forcer à le prendre;*
>Mais j'ignore comment *vous osez me l'apprendre.*

En effet, quel excès de hardiesse!

>Et *croire m'éblouir* jusqu'à me déguiser
>Tout *l'affront d'un honneur que je dois mépriser.*

Catilina est difficile à contenter.

>L'intérêt des Romains n'est pas ce qui vous guide;
>C'est le seul mouvement *d'une haine perfide*
>Que le fiel de Caton *sut toujours enflammer,*
>Et que mes *soins en vain ont tenté* de calmer.
>J'ai fait plus : j'ai brigué jusqu'à votre alliance;
>Et lorsque *Rome attend avec impatience*
>Un *hymen qui pourrait rassurer les esprits,*
>Vous osez le premier signaler *des mépris.*

Qui l'aurait cru, que *Rome attendît avec impatience* l'hymen de la fille de Cicéron avec Catilina, et que Cicéron *signalât des mépris* en lui offrant le gouvernement de l'Asie? Ce *mépris* serait-il dans ses discours? Il ne lui a parlé qu'avec un profond respect, et comme un client devant son supérieur. Il lui a dit :

Encor si quelquefois vous daigniez vous contraindre!
. . . .
A vos moindres chagrins vous voulez que tout tremble.
. . . .
Quel citoyen pour nous, *et le plus grand peut-être*,
S'il nous menaçait moins de nous donner *un maître!*

Catilina parle du moins comme s'il l'était déjà.

Alarmé *d'un pouvoir dont la grandeur vous blesse,*
L'ardeur d'en triompher vous occupe sans cesse.

La grandeur du pouvoir de Catilina! Ne dirait-on pas qu'il s'agit d'un Pompée? Il finit par défier le consul de produire cet esclave accusateur dont Cicéron ne lui a point parlé, et il veut bien par pitié lui apprendre que

Cet esclave est Fulvie,
Qui, jalouse en secret des charmes de Tullie,
A cru devoir troubler *quelques soins innocents*
Qu'exigeaient d'un grand cœur des charmes si touchants.
Vous rougissez, seigneur...

S'il est vrai que Cicéron *rougisse*, c'est apparemment d'entendre Catilina lui parler en confidence *des soins* qu'il rend à sa fille; c'est du moins ce que doit faire le Cicéron de la pièce, qui trouve fort bien, comme on va le voir, que Catilina rende *des soins* à Tullie. Mais s'il eût parlé ainsi au Cicéron de Rome, s'il eût dit que les *charmes touchants de Tullie exigeaient les soins innocents* de Catilina, Cicéron, dont la maison n'avait jamais été ouverte à un pareil homme, et dont la fille n'avait pu être vue de Catilina que dans les cérémonies publiques, aurait cru fermement que la tête lui avait tourné. La sienne n'est pas forte dans cette pièce, car elle paraît entièrement renversée par cette conversation :

Dans quel désordre il laisse mes esprits !
Quelle honte pour moi si je m'étais mépris !
Catilina pourrait ne pas être coupable...
Essayons cependant de *calmer la fureur*
Du perfide ennemi qui fait tout mon malheur.
S'il paraît au sénat et qu'il s'y justifie,
Son triomphe bientôt *me coûterait la vie:*
Malgré tous ses détours, *j'entrevois ce qu'il veut;*
Mais nous serions perdus s'il osait ce qu'il peut.
Employons sur son cœur le pouvoir de Tullie,
Puisqu'il faut que le mien jusque-là s'humilie.
Quel abîme pour toi, malheureux Cicéron !
Allons revoir ma fille et consulter Caton.

Encore une fois j'écarte les observations ; je n'ai pas le courage d'en faire. Mais figurons-nous Cicéron tout-à-coup transporté parmi nous, et assistant à une représentation de cette pièce ; que pourrait-il penser ? que pourrait-il dire ? « Ce peuple passe « pour l'un des plus instruits et des plus éclairés « qu'il y ait au monde, et ce théâtre en rassemble

« l'élite. Tout ce qui a reçu ici quelque éducation
« sait parfaitement l'histoire de mon pays et la
« mienne; ils ont appris mes ouvrages dès l'enfance,
« ils les savent par cœur : et c'est sur le théâtre
« dont cette nation se glorifie qu'on me fait tenir
« un langage qui réunit la plus ridicule stupidité à
« la plus basse infamie ? Serait-ce un spectacle sé-
« rieux ? N'est-ce pas plutôt une de ces farces bouf-
« fonnes où l'on se joue de ce qu'il y a de plus
« respectable, et dont l'auteur a voulu divertir
« le public aux dépens de Cicéron ? En ce cas,
« j'avoue qu'il ne pouvait pas mieux faire; mais
« je l'aurais dispensé de me choisir. » C'est à peu
près ainsi que Cicéron pourrait s'exprimer : quant
à la réponse qu'on pourrait lui faire, je m'en rapporte à vous, Messieurs, et j'achève l'exposé des *trois chefs-d'œuvre*.

De nouveaux acteurs viennent occuper la scène :
ce sont des ambassadeurs gaulois, Sunnon et Gontran, que *les Gaules ont daigné envoyer en ces lieux*, et qui se sont liés avec Catilina. Celui-ci,
qui vient de traiter avec Cicéron comme vous l'avez
vu, débute avec eux par ce vers :

De nos desseins secrets la trame est découverte.

Il faut donc que ce soit par une révélation surnaturelle ; car il s'est moqué de la déposition dont
Fulvie le menaçait :

Qu'aurais-je à redouter d'une femme infidèle ?
Où seront ses garants ? et d'ailleurs, que sait-elle ?
Quelques vagues projets dont l'imprudent Caton

Nourrit depuis long-temps la peur de Cicéron.
. . . .
Tandis *qu'un grand dessein échappe à ses lumières.*

De plus, cette Fulvie n'a parlé qu'à Tullie, et Tullie n'a parlé à personne ; elle va même dans l'instant demander pardon à Catilina de ses soupçons injustes. Ce n'est pas la pénétration de Cicéron qu'il peut craindre ; il a dit :

Maître de mes secrets, j'ai pénétré les siens,
Et Lentulus lui-même ignore tous les miens.

Puisque son principal confident *ignore tous ses secrets*, qui donc a pu en *découvrir la trame ?* Personne assurément ; car dans l'assemblée du sénat, qui a lieu au quatrième acte, nous verrons que Cicéron n'en sait pas plus qu'il n'en savait tout à l'heure. Mais encore une fois, qu'importe ? Catilina demande un asyle aux Gaulois en cas de malheur, et Sunnon lui demande sa *protection* pour les Gaulois. Voilà l'objet de la scène où Catilina parle encore de *sa vertu* comme il en a parlé à Tullie, à Fulvie, à Probus, à tout le monde ; et comme Probus et Fulvie ne reparaîtront plus, de même nous ne reverrons plus ni Sunnon, ni Gontran. Arrive Tullie, qui veut réparer ses injustices, et qui tremble d'*effroi* de *l'accueil* de Catilina ; elle se plaint qu'il n'ait pas daigné la désabuser :

Fallait-il exposer *une âme vertueuse*
A servir les fureurs *d'une âme impétueuse ?*

Elle conjure Catilina de ne point aller au sénat et de mépriser Fulvie :

Faisons-la de ces lieux sortir secrètement.

Nouvelle preuve qu'elle y est encore sous la garde de Probus, et qu'elle n'a pu parler à personne. Mais *la vertu* de Catilina rejette tous ces ménagements.

TULLIE.

Pourriez-vous de ma part craindre une perfidie?

CATILINA.

Non; mais on a trompé votre crédule amour,
Afin que vous puissiez me tromper à mon tour.
La plus légère peur corrompt les cœurs timides,
Et des plus vertueux fait souvent des perfides.

La fille de Cicéron, qui sans doute reconnaît son père dans ces *cœurs timides* dont *la peur fait des perfides*, se hâte de dire à son amant :

Du moins en ma présence *épargnez Cicéron;*

et un moment après :

Accordez à mes pleurs *la grace des Romains.*

En vérité, ce qui paraît le plus extraordinaire dans cette pièce, c'est que Catilina s'abaisse à une conspiration. Que peut-il vouloir? Il est *le premier des Romains;* tout le monde est à ses pieds. Le consul vient, de la part du sénat, lui offrir respectueusement le plus beau gouvernement de l'empire, et lui demande pour toute grace de se *contraindre quelquefois*, et de se faire un peu *moins craindre;* et lorsqu'à la fin de ce troisième acte on vient lui annoncer que le sénat s'assemble, il répond :

Je veux, *à commencer par le plus fier de tous,*

Les voir dans un moment tomber à mes genoux.
Aucun d'eux n'osera soutenir ma présence;

et il sort pour aller *leur annoncer un maître.* Il n'y a plus de milieu : ou c'est le roi du monde, et il a vingt légions à ses ordres; ou c'est le capitan Matamore de l'ancienne comédie. Il faut bien croire qu'en effet il est le *maître* comme il le dit, puisqu'au moment où il entre dans le sénat, l'auteur a soin de nous avertir que tout le monde *se lève à son aspect* (honneur qui ne se rendait jamais qu'aux consuls), et que, dans toute la scène, il parle aux sénateurs, d'abord comme un *maître* irrité qui menace ses esclaves, ensuite comme les dédaignant au point qu'il ne veut pas même d'eux pour esclaves. Enfin, il finit par en avoir pitié, et consent à les sauver. On pourrait en douter peut-être; il faut l'entendre :

Sylla vous méprisait; et moi, je vous déteste.
De nos premiers tyrans vous n'êtes qu'un vil reste.
Juges sans équité, magistrats sans pudeur,
Qui de vous commander voudrait se faire honneur?
Et vous me soupçonnez d'aspirer à l'empire,
Inhumains, acharnés sur tout ce qui respire,
Qui depuis si long-temps tourmentez l'univers !
Je hais trop les tyrans pour vous donner des fers.

Caton veut prendre la parole; Catilina l'interrompt :

Tais-toi,
Il est vrai qu'autrefois, plus jeune et *plus sensible*
(Vous l'avez ignoré, ce projet si terrible,
Vous l'ignorez encor), *je formai le dessein*

De vous plonger à tous un poignard dans le sein.
L'objet qui vous dérobe à ma juste colère
Ne parlait point alors en faveur de son père.
Mais un autre penchant plus digne d'un Romain
M'arracha tout-à-coup le glaive de la main.
Je sentis, malgré moi, l'amour de la patrie
S'armer *pour des ingrats indignes de la vie.*

Cicéron, qui devrait être touché de reconnaissance, puisque c'est sa fille seule qui le *dérobe* lui et les sénateurs *à la juste colère de Catilina*, se montre ici un de *ces ingrats indignes de la vie.* Il s'avise de lui dire, on ne sait pourquoi :

Vous êtes convaincu, le crime est avéré,

quoiqu'on n'ait pas encore articulé le moindre fait contre Catilina, ni produit aucune accusation. Aussi Catilina reprend dans son style ordinaire :

Je vais de ce discours réprimer *l'insolence.*
Vous pensez, je le vois, que tremblant pour mes jours,
A des subtilités je veuille avoir recours.
Et qu'ai-je à redouter de votre *jalousie ?*
Ainsi ne croyez pas que je me justifie.
Imprudents, savez-vous, si j'élevais la voix,
Que je vous ferais tous égorger à la fois ?
. . . .
Lorsque vous ne songez qu'à me faire périr,
Ingrats, sur vos malheurs je me sens attendrir.

Il n'y a pas moyen d'aller plus loin ; ce délire est trop fort, mais il fallait le mettre sous vos yeux. Vous n'en auriez pas supporté une critique sérieuse; et puisqu'il faut finir par s'exprimer nettement, et qu'aujourd'hui l'on ne doit plus rien qu'à la vérité, cette pièce est en effet un chef-d'œuvre d'extravagance, de ridicule et de barbarie ; et observez que, pour ce qu'on appelle action, intrigue, nœud dramatique, il n'y en a pas trace jusqu'ici, et qu'il serait impossible de dire de quoi il est question ; car la querelle entre Fulvie, Tullie et Catilina, tout insensée qu'elle est, s'est renfermée entre ces trois personnages, et s'est terminée au commencement du second acte. L'accusation n'a pas eu lieu ; Cicéron n'en dit pas un mot dans le sénat : Catilina en sort jutifié et remercié par le consul et par le sénat, et il est vaincu à la fin de la pièce, et se tue sans qu'il soit possible de se rendre compte de rien qui ait l'apparence d'une intrigue tragique*.

Résumons. Il paraît démontré que Crébillon n'était pas en état de traiter des sujets qui demandassent quelque connaissance de l'histoire, des mœurs des nations, et du caractère des personnages célèbres. Il avait très peu de littérature ; il lisait peu, si ce n'est les romans du dernier siècle, pour lesquels il avait un goût décidé. Cette lecture, faite avec précaution et jugement, peut n'être pas inutile à un poète tragique ; on y trouve des situations et de l'hé-

---

* Pour être complètement juste, La Harpe n'aurait pas dû oublier de dire que la première scène du IVe acte, celle où l'on voit le sénat qui délibère sur la conspiration de Catilina, commence par deux morceaux d'un ton ferme et vigoureux et où se retrouve par intervalle le talent énergique de Crébillon. C'est une harangue de Caton qui s'élève contre la décadence des mœurs et accuse la corruption des Romains de favoriser les projets criminels des ambitieux ; c'est une réponse de Crassus qui cherche à rassurer le sénat contre les craintes qu'on veut lui donner. Ces deux discours sont une imitation éloignée de ceux que Salluste prête en cette circonstance à Caton et à César.   H. PATIN.

roïsme, mais l'un et l'autre presque toujours hors de nature; et ce n'est pas là qu'on peut étudier le cœur humain, les vraies passions et leur langage, les convenances de toute espèce, la vraisemblance, le dialogue, le goût et la vérité d'expression. Aussi toutes ces qualités manquent absolument dans toutes les pièces de Crébillon, excepté dans les belles scènes de *Rhadamiste*, et dans quelques morceaux d'*Électre*. S'il est incontestable que c'est dans le plus grand nombre des ouvrages qu'un auteur a composés dans le temps de sa force qu'il faut chercher sa manière habituelle, on ne peut nier qu'*Idoménée*, *Atrée*, *Électre* presque tout entière, *Xercès*, *Sémiramis*, *Pyrrhus*, *Catilina*, ne soient de très mauvais romans où la nature et la raison sont entièrement méconnues, dans le plan comme dans le style. Les scélérats y sont extravagants et froids, les héros des fanfarons sentencieux, les amants langoureux et fades; les ressorts y sont faux et forcés, et les bienséances y sont violées à tout moment, dans les sentiments comme dans les dialogues; les moyens sont d'une monotomie qui accuse la stérilité. On a osé faire ce dernier reproche à Voltaire, le plus fécond et le plus varié de nos poètes, et l'on a établi cette imputation absurde sur ce qu'il a employé deux fois le moyen d'une lettre sans adresse. Si c'est un défaut, il a dumoins produit *Zaïre* et *Tancrède*; mais que dira-t-on de Crébillon, qui a fondé presque toutes ses pièces sur le même moyen, c'est-à-dire sur le déguisement des principaux personnages? A commencer par *Rhadamiste*, Zénobie y paraît sous le nom d'Isménie; dans *Électre,* Oreste est caché sous celui de Tydée ; Pyrrhus, dans la pièce de ce nom, l'est sous celui d'Hélénus; Ninias, dans *Sémiramis*, sous celui d'Agénor; le fils de Thyeste, sous celui du fils d'Atrée; Sextus, dans le *Triumvirat,* sous celui de Clodomir ; et dans *Catilina* même, Fulvie se déguise en esclave. Ne reconnaît-on pas là le goût romanesque, qui était le principal caractère de l'esprit de Crébillon ? — Mais il a fait *Rhadamiste;* et vous avez vous-même établi en principe que la postérité ne classait un auteur que sur ce qu'il avait fait de bon. — Fort bien : la conséquence de ce principe est que, malgré tant de mauvais ouvrages, l'homme qui a fait *Rhadamiste*, dont le plan est beau et l'exécution quelquefois très belle, mérite une place très honorable parmi nos poètes tragiques. Mais s'en suit-il qu'il doive être mis au nombre des grands maîtres de l'art ? On peut démontrer que non. D'abord le principe dont il s'agit leur est bien différemment applicable : il signifie en lui-même que quand un auteur, dans le plus grand nombre des productions qui ont précédé la décadence de l'âge, a laissé l'empreinte d'un talent supérieur, la postérité oublie ses fautes et ne compte que ses chefs-d'œuvre. C'est ce qui est arrivé à Corneille, qui, depuis le *Cid* jusqu'à *Héraclius*, a montré un grand génie dans tout ce qu'il a fait. Depuis *Pertharite* jusqu'à son *Attila,* ce n'est plus lui; la vieillesse lui avait ôté ses forces. Pour Racine, qui malheureusement n'a pas vécu jusqu'à la vieillesse, et a cessé d'écrire dans la maturité, on ne peut séparer de ses excellentes compositions que les deux essais de sa jeunesse, les *Frères ennemis* et *Alexandre*; et l'on ne peut compter son *Esther*, qui n'était pas destinée au théâtre. Il reste donc à ces deux poètes des monuments nombreux; ceux de Voltaire le sont encore davantage. Il n'en reste qu'un seul à Crébillon; d'où vient cette différence? La raison en est sensible. De même que dans ces grands hommes la foule des chefs-d'œuvre prouve la fécondité d'un beau talent, la richesse de l'imagination, les ressources de l'art, l'étendue de l'esprit, et la variété des vues et des idées; de même, si Crébillon, dans le cours d'une très longue carrière, n'a eu qu'une seule conception heureuse et sûre, n'est-ce pas une preuve que, né avec du génie, il n'avait d'ailleurs rien de ce qui peut le fortifier, l'étendre, l'enrichir, le guider; qu'incertain dans ses efforts, égaré dans sa marche, il n'a bien rencontré qu'une fois; qu'incapable de féconder le fond qu'il avait reçu de la nature, il n'a pu mûrir qu'une seule production, et n'a pu laisser d'ailleurs que des fruits malheureux et avortés? Et qu'est-ce que cette différence entre eux et lui, si ce n'est celle de la force à l'impuissance, de l'abondance à la stérilité, des grandes lumières aux vues bornées, de la supériorité d'esprit et de goût à des facultés très imparfaites? En un mot, quel est, parmi les peintres et les statuaires du premier ordre, celui qui n'a fait qu'un beau tableau ou une belle statue?

De ces principes généraux, si nous descendons aux considérations particulières, cette pièce même de *Rhadamiste* peut-elle, sous tous les rapports, soutenir le parallèle avec ce que Racine et Voltaire ont produit de plus parfait? Admettons qu'elle se soutienne au théâtre : à la lecture, si décisive pour la réputation, à la lecture, qui consacre les ouvrages, et qui est l'irrévocable sceau de leur mérite, peut-elle soutenir la comparaison? Otez-en quelques morceaux qui sont d'une grande beauté, elle est généralement mal écrite, et vous avez vu, Messieurs, ce qu'était le style du premier acte. Or c'est ici un principe incontestable, que, dans un siècle où la langue et le goût sont fixés, et qui a des modèles en tout genre, un auteur qui écrit mal, manque, surtout en poésie, d'une des qualités les plus essentielles, et par conséquent ne saurait être au premier rang. On n'est point grand poète sans le style, à moins que l'on ne soit, ainsi que Corneille, le premier à former la langue et le style de sa nation. Je crois bien que de ce côté l'infériorité ne sera pas contestée; mais même dans les autres parties, prétendra-t-on que l'auteur de *Rhadamiste* soit au niveau de Racine et de Voltaire? Égale-t-il le premier pour l'entente des scènes et du dialogue, et le second pour l'effet théâtral? On nous dit «qu'il a un «genre à lui, qu'il est le créateur d'une partie qui «lui appartient en propre, de cette terreur qui cons- «titue la véritable tragédie ; » ces assertions sont bonnes pour ceux qui ne réfléchissent pas; elles sont fausses à l'examen. D'abord, une quantité de mauvais ouvrages ne forme pas un *genre;* c'est abuser des mots. J'ai démontré qu'*Atrée* n'était point le modèle de *la terreur tragique*, et que ce modèle existait long-temps auparavant dans le cinquième acte de *Rodogune*. Il n'est pas non plus dans *Électre;* elle est trop affaiblie et trop défigurée par la froideur des épisodes et la fadeur de la galanterie. Il faut donc revenir encore à *Rhadamiste;* il y en a ici, de la terreur, dans une juste mesure, et mêlée de pitié; c'est la vraie tragédie. Mais il y a des degrés dans tout; et si j'ose dire ce que j'en pense, le plus beau modèle de cette partie dramatique est dans le cinquième acte de *Zaïre* et dans le quatrième de *Mahomet.* Si l'on me demande pourquoi : c'est qu'à cette terreur portée au comble se joint la plus attendrissante pitié; c'est que le cœur, serré par l'effroi, est soulagé par les larmes; et c'est là, si je ne me trompe, le dernier effort de l'art, le plus beau triomphe de la tragédie.

Pour conclure, nous avons trois grands tragiques entre lesquels il serait très difficile de prononcer une primauté absolue : du moins ce n'est certainement pas moi qui l'entreprendrai. La saine critique peut seulement reconnaître que chacun d'eux l'emporte dans les parties qui le distinguent particulièrement : Corneille, par la force d'un génie qui a tout créé, et par la sublimité de ses conceptions; Racine, par la sagesse de ses plans, la connaissance approfondie du cœur humain, et sur-tout par la perfection de son style; Voltaire, par l'effet théâtral, la peinture des mœurs, l'étendue et la variété des idées morales adaptées aux situations dramatiques. Je doute que les générations futures, en admirant ces trois hommes rares, soient jamais d'accord sur le rang qui leur est dû. Mais je ne suis pas surpris qu'il y ait aujourd'hui des juges plus hardis : ce ne sont sûrement pas des artistes ; ce sont ceux qui, dans des feuilles et dans des dictionnaires, décident sur tout ce qu'ils n'ont pas étudié ; les uns décernant à Crébillon *la troisième statue**, les autres ne reconnaissant *de poète tragique que lui seul*, et ne daignant pas même nommer Voltaire, tous se faisant tour à tour les instruments de la haine et de l'envie, et les échos de l'ignorance, sont très bien caractérisés dans ces vers de ce même Voltaire, qu'ils aimaient d'autant moins, qu'il les connaissait mieux :

Animaux malfaisants, semblables aux Harpies,
De leurs ongles crochus et de leur souffle affreux,
Gâtant un bon dîner qui n'était pas pour eux**.

La Harpe, *Cours de Littérature*.

CRÉBILLON (Claude Prosper JOLYOT de), fils du précédent, naquit à Paris, le 12 février 1707. Auteur de plusieurs ouvrages plutôt licencieux que

---

* Crébillon fils allait plus loin, et celui-là du moins était excusable. On lui disait un jour, au foyer de la Comédie-Française : « On a beau faire, « votre père sera toujours le troisième de nos tragiques. — Dites : sera tou-« jours un des trois. »

** On doit regretter que La Harpe, dans l'intérêt de la gloire de Voltaire, injustement rabaissé par ses ennemis au-dessous de Crébillon, se laisse souvent emporter dans l'examen des compositions de ce dernier, à une véhémence qui ôte quelque crédit à sa critique, en général pleine de sens, mais où la louange et le blâme ne se trouvent pas toujours dans la proportion que réclamait la justice. H. Patin.

galants, il donnerait à croire que ses mœurs devaient être analogues à celles qu'il a tracées dans ses romans. On se tromperait pourtant si on le jugeait d'après ses écrits : doué d'un esprit gai, d'un cœur probe, sa conduite fut toujours celle d'un honnête homme, et l'on ne peut reprocher à ses mœurs aucun des écarts que par une dépravation d'esprit, il s'est plu à peindre dans tous ses ouvrages. Une tendre amitié l'unissait à son père, et ils vécurent toujours dans la plus parfaite intelligence : ce qui donne un démenti complet aux imputations calomnieuses de quelques conteurs d'anecdotes. Malin, mais sans trop de causticité, il ne fut pas un des convives les moins joyeux de cette société des *Dominicaux* et de celle du *Caveau*, où tant de chansonniers et d'écrivains aimables allaient oublier leurs prétentions littéraires, et mettre en commun leur esprit et leur gaieté.

Les ouvrages de Crébillon fils eurent de la vogue à leur apparition, comme en ont toujours eu et comme en auront toujours les productions qui, sous un voile agréable, laissent entrevoir des tableaux licencieux. Plusieurs écrivains, et entre autres d'Alembert, ont prétendu le justifier en disant qu'il avait peint fidèlement les mœurs et le langage de la société à cette époque. D'accord : mais seulement les mœurs et le langage, non point de la bonne compagnie, mais bien de quelques coteries de libertins, de femmes éhontées; et si le jargon qu'il leur prête était reçu, ce n'était certainement que dans les cercles qu'ils fréquentaient.

Le meilleur et le plus piquant des romans de Crébillon fils est sans contredit *les Égarements du cœur et de l'esprit*, 1736, in-12. Des scènes préparées avec art, un dialogue naturel, et sur-tout une foule de traits heureux font regretter que l'auteur n'en ait pas élagué plusieurs tableaux cyniques, et plus d'une apologie très subtile de principes un peu plus que galants. Les autres ouvrages de Crébillon fils sont *Tanzaï et Néadarné*, 1734, 2 vol. in-12; ce roman fit mettre l'auteur à la Bastille, parce qu'on crut y découvrir beaucoup d'allusions satyriques : *le Sopha*, conte moral, 1745, 1749, 2 vol. in-12; il est singulier que l'auteur ait donné la qualification de *moral*, au plus obscène de tous ses romans : *Lettres de la marquise de *** au comte de ****, 1732, 2 vol in-12 : *Lettres d'Alcibiade*, 1771, 4 vol. in-12 : *Ah! quel conte!* 1764, 2 vol. in-12; et quelques autres romans dont la licence et la malignité font le principal caractère, et dignes en tout point de l'oubli dans lequel le mépris les a plongés. On lui attribue les *Lettres de la marquise de Pompadour*, roman qui eut le plus grand succès ; mais qu'il en soit ou non l'auteur, cet ouvrage faible et sans couleur n'ajouterait rien à sa réputation.

On est étonné qu'un écrivain qui dans tous ses ouvrages a insulté à la morale et à la pudeur, ait été choisi pour censurer les écrits de ses contemporains. On rapporte que Maréchal, ayant été obligé de présenter, avant l'impression, le recueil de ses *Odes érotiques* à Crébillon fils, chargé, en sa qualité de censeur, de les examiner, l'auteur du *Sopha* lui dit : « Il faudrait retrancher le mot *boudoir*, partout où

« il se trouve dans votre manuscrit. Eh! Monsieur,
« reprit Maréchal, où placerai-je votre *Sopha*, si
« vous m'ôtez mon *boudoir?* »

Crébillon fils mourut le 12 avril 1777. Ses *œuvres*
ont été recueillies en 7 vol. in-12, 1779.

PH. TAVIAND.

JUGEMENT.

Il semblerait que ce fût au fils de l'auteur de *Rhadamiste* et d'*Atrée* à faire les romans de l'abbé Prévost, plutôt que *le Sopha* et *Tanzaï*. Mais ces productions agréables et frivoles eurent l'avantage de l'à-propos. Elles parurent dans un temps où les mauvaises mœurs étaient de mode dans un certain monde qui donnait le ton. *Tanzaï*, qui n'est en ce genre qu'un libertinage d'esprit, eut de plus, dans sa naissance, le piquant de l'allusion et de la satire. On crut y voir l'allégorie d'une bulle fameuse dont on a tant parlé, et dont on ne parle plus, et la critique du style de Marivaux, que l'auteur parut contrefaire très heureusement dans la fée Moustache; car il est aussi aisé de contrefaire le mauvais style que difficile d'imiter le bon. Le Versac des *Égarements* était calqué, dit-on, sur plus d'un personnage de la cour. Les romans de Crébillon, où la corruption était érigée en système, et l'indécence en bon air, eurent d'autant plus de vogue, qu'ils peignaient en effet quelques originaux célèbres, qui joignant de l'esprit et des graces à ce libertinage hardi que la régence avait mis à la mode, s'étaient réunis avec quelques femmes de la cour pour afficher la débauche, et l'accréditer par l'exemple et l'autorité des grands noms et l'espérance des mêmes succès. Mais cette contagion fut passagère, et les ouvrages qu'elle avait fait réussir ont depuis perdu beaucoup. Où trouverait-on aujourd'hui l'original de Versac? On ne voit point, dans la bonne compagnie, de femme qui se fasse une gloire d'être effrontée, ni d'homme qui se donne pour le précepteur du vice. En général, les mœurs sont au moins plus décentes, si elles ne sont pas plus pures; et l'on respecte la pudeur publique, unique et dernier reste d'honnêteté qu'il serait dangereux de détruire, parce que tout serait perdu s'il fallait que la vertu se cachât, et que le vice seul eût droit de se montrer. Aussi ces peintures mensongères et révoltantes ne se trouvent-elles plus que dans de maladroites imitations des romans de Crébillon, telles que *les malheurs de l'inconstance, les Sacrifices de l'amour**, ouvrages où tout est faux, et où les personnages et le style sont également hors de nature.

Si les jeunes gens, les hommes oisifs, lisent encore quelquefois par désœuvrement *le Sopha*, *Tanzaï*, *les Égarements*, ces productions futiles inspirent peu d'estime. Sans le personnage de Schabaam, qui est plaisant, *le Sopha* n'aurait pas d'autre mérite que celui de *Tanzaï*, l'art si facile de gazer des obscénités. C'est d'ailleurs bien peu de chose que l'idée de faire raconter des aventures amoureuses par un homme qui a été sopha. Ces aventures sont communes, et le langage est très incorrect. Il n'y a dans

---

* Romans de T. Dorat.

cet ouvrage, et dans les autres du même auteur, ni invention, ni intérêt, ni style. Le seul qui offre un commencement d'intrigue, est le roman des *Égarements*. Aussi n'a-t-il jamais pu l'achever. Il ne faut pas parler des autres brochures de Crébillon, du *Sylphe*, d'*Ah! quel conte!* des *Lettres de la duchesse*, des *Lettres athéniennes*, etc., etc., toutes productions oubliées. On a cru le louer en l'appelant le philosophe des femmes. Je ne sais pas ce que signifie ce mot, et il n'y a dans Crébillon de philosophie d'aucune espèce.

La Harpe, *Cours de Littérature*.

CRÉVIER (Jean-Baptiste-Louis) naquit à Paris en 1693. Il était fils d'un ouvrier imprimeur. D'excellentes études qu'il avait faites sous le célèbre Rollin, l'appelèrent à la place de professeur de rhétorique au collège de Beauvais, qu'il occupa avec succès pendant plus de vingt ans. C'est dans les loisirs que lui laissaient ces pénibles fonctions, qu'il s'occupa de divers ouvrages plus utiles que brillants. Après la mort de Rollin, il continua l'*Histoire romaine*, dont il publia les huit derniers volumes. « Dans cette continuation, dit M. Noël, on trouve
« un ensemble mieux tissu, des matériaux mieux
« disposés, des réflexions plus habilement fondues
« dans le corps de l'histoire, et moins de digres-
« sions étrangères au sujet; mais le disciple est bien
« inférieur au maître pour la noblesse de la diction
« et le charme du style. *L'Histoire des Empereurs*,

« *jusqu'à Constantin*, offre les mêmes défauts. Cré-
« vier n'est pas toujours heureux dans le choix des
« détails, et son style diffus et sans grace, n'offre
« que trop de latinismes; mais la critique aurait dû
« remarquer l'ordre et l'enchaînement des faits, des
« réflexions sages, des sentiments vertueux, et sur-
« tout faire valoir le parti que l'auteur a tiré des
« matériaux ingrats qu'il avait à mettre en œuvre.
« En effet, s'il est soutenu par Tacite dans l'histoire
« des premiers Césars, il n'a bientôt d'autres guides
« que les écrivains sans critique et sans talent qui
« composèrent l'*Histoire d'Auguste*. »

C'est sur ces deux ouvrages qu'est principalement fondée la réputation de Crévier. On lui doit encore *Titi Livii Patavini historiarum*, *libri XXXV, cum notis*, 1748, 6 vol. in-8°. Cette édition qu'il a enrichie de recherches savantes et de notes judicieuses, est précédée d'une préface remarquable par l'élégance du style, mais à laquelle on doit reprocher une forme trop oratoire. Son *Histoire de l'Université de Paris*, depuis son origine jusqu'en 1600, 7 vol. in-12, qui contient des observations et des recherches curieuses, serait plus estimée si elle n'était pas écrite avec une négligence qui va jusqu'à la familiarité. Il a aussi publié des *Observations sur l'Esprit des lois*; mais juger Montesquieu était une entreprise au-dessus des forces de Crévier; et, tout en rendant justice au but louable qui le dirigeait, on ne peut que regarder cet essai comme une critique trop superficielle pour un ouvrage si profond. Il a été plus heureux dans ses

Remarques sur le Traité des études de Rollin, Paris, 1780, in-12. Sa *Rhétorique française*, Paris, 1765, 2 vol. in-12, passe pour une des meilleures que nous possédions : le choix des exemples est généralement heureux, et la clarté, la précision de sa méthode en font un livre précieux pour la jeunesse. Crévier a coopéré à la révision de l'*Anti-Lucrèce*, avec Coffin et Lebeau. Les travaux de sa vie entière tendirent à perfectionner l'éducation ; tous ses écrits eurent pour but l'instruction de la jeunesse. Quoique des motifs si louables n'aient pas fait obtenir à ses ouvrages tout le succès qu'il avait droit d'espérer, de telles considérations auraient dû au moins désarmer la sévérité des critiques qui l'ont souvent jugé avec trop de rigueur. Cet écrivain laborieux et estimable est mort à Paris, le 1er décembre 1765.

Pн. Taviand.

CRITIQUE. On peut la considérer sous deux points de vue généraux. D'abord on appelle critique ce genre d'étude à laquelle nous devons la restitution de la littérature ancienne. Pour juger de l'importance de ce travail, il suffit de se peindre le chaos où les premiers commentateurs ont trouvé les ouvrages les plus précieux de l'antiquité. De la part des copistes ; des caractères, des mots, des passages altérés, défigurés, omis ou transposés dans les divers manuscrits : de la part des auteurs ; toutes ces figures de mots qu'on appelle *tropes*, toutes ces finesses de langue et de style qui supposent un lecteur à demi instruit : quelle confusion à démêler, après que la révolution des siècles, les changements qu'elle avait faits dans les opinions, les mœurs et les usages, et sur-tout ce vaste intervalle de barbarie et d'ignorance qui séparait le temps de la renaissance des lettres des temps où elles avaient fleuri, semblaient avoir coupé toute communication entre nous et l'antiquité.

Les restituteurs de la littérature ancienne n'avaient guère qu'une voie, encore très incertaine : c'était de rendre les auteurs intelligibles l'un par l'autre et à l'aide des monuments. Mais pour nous transmettre cet or antique, il a fallu périr dans les mines. Avouons-le, nous traitons cette espèce de critique avec trop de mépris, et ceux qui l'ont exercée si laborieusement pour eux et si utilement pour nous, avec trop d'ingratitude. Enrichis de leurs veilles, nous faisons gloire de posséder ce que nous voulons qu'ils aient acquis sans gloire. Il est vrai que le mérite d'une profession étant en raison de son utilité et de sa difficulté combinées, celle d'érudit a dû perdre de sa considération à mesure qu'elle est devenue plus facile et moins importante : mais il y aurait de l'injustice à juger de ce qu'elle a été par ce qu'elle est. Les premiers laboureurs ont été mis au rang des dieux, avec bien plus de raison que ceux d'aujourd'hui ne sont mis au-dessous des autres hommes.

Cette partie de la critique comprendrait encore la vérification des calculs chronologiques, si ces calculs pouvaient se vérifier ; mais il faut savoir ignorer ce qu'on ne peut connaître : or il est vraisemblable que ce qui n'est pas connu dans la science des temps ne le sera jamais; et l'esprit humain y perdra peu de chose.

Le second point de vue de la critique est de la considérer comme un examen éclairé et un jugement équitable des productions humaines. Toutes les productions humaines peuvent être comprises sous trois chefs principaux : les sciences, les arts libéraux, et les arts mécaniques : sujet immense, que je n'ai pas la témérité de vouloir embrasser. Je me bornerai à établir quelques principes généraux, que tout homme capable de sentiment et de réflexion est en état de concevoir.

Critique dans les sciences. Les sciences se réduisent à trois points : à la démonstration des vérités anciennes, à l'ordre de leur exposition, à la découverte des nouvelles vérités.

Les vérités anciennes sont ou de fait ou de spéculation. Les faits sont ou moraux ou physiques. Les faits moraux composent l'histoire des hommes, dans laquelle souvent il se mêle du physique, mais toujours relativement au moral.

Comme l'histoire sainte est révélée, il serait impie de la soumettre à l'examen de la raison; mais il est une manière de la discuter pour le triomphe même de la foi. Comparer les textes et les concilier entre eux; rapprocher les évènements des prophéties qui les annoncent; faire prévaloir l'évidence morale sur l'impossibilité physique; vaincre la répugnance de la raison par l'ascendant des témoignages; prendre la tradition dans sa source, pour la présenter dans toute sa force; exclure enfin du nombre des preuves de la vérité tout argument vague, faible, ou non concluant, espèce d'armes communes à toutes les religions, que le faux zèle emploie, et dont l'impiété se joue : tel serait l'emploi du critique dans cette partie. Plusieurs l'ont entrepris, parmi lesquels Pascal occupe la première place, pour la céder à celui qui exécutera ce qu'il n'a fait que méditer.

Dans l'histoire profane, donner plus ou moins d'autorité aux faits, suivant leur degré de possibilité, de vraisemblance, de célébrité, et suivant le poids des témoignages qui les confirment; examiner le caractère et la situation des historiens; s'ils ont été libres de dire la vérité, à portée de la connaître, en état de l'approfondir, sans intérêt de la déguiser; pénétrer après eux dans la source des évènements, apprécier leurs conjectures, les comparer entre eux, les juger l'un par l'autre : quelles fonctions pour un critique! et, s'il veut s'en acquitter dignement, combien de connaissances à acquérir! Les mœurs, le naturel des peuples, leur éducation, leurs lois, leur culte, leur gouvernement, leur police, leur discipline, leurs intérêts, leurs relations, les ressorts de leur politique, leur industrie, leur commerce, leur population, leur force et leur richesse; les talents, les vertus, les vices de ceux qui les ont gouvernés; leurs guerres au dehors, leurs troubles domestiques, leurs révolutions, leurs succès, leurs revers, et les causes de leur prospérité et de leur décadence; enfin tout ce qui, dans les hommes, les choses, les lieux et les temps, peut concourir à former la chaîne des évènements et les vicissitudes des fortunes humaines, doit entrer dans le plan d'après lequel un savant discute l'histoire. Combien un seul trait, dans cette partie, ne demande-t-il pas souvent, pour être éclairci, de réflexions et de lumières ! Qui osera décider si pour l'intérêt de Rome il était à souhaiter que Carthage fût détruite, comme le voulait Caton, ou qu'on la laissât subsister, selon l'avis de Scipion Nasica ?

Les faits purement physiques composent l'histoire naturelle, et la vérité s'en démontre de deux manières : ou en répétant les observations et les expériences, ou en pesant les témoignages si l'on n'est pas à portée de les vérifier. C'est faute d'expérience qu'on a regardé comme des fables une infinité de faits que Pline rapporte, et qui se confirment de jour en jour par les observations de nos naturalistes.

Les anciens avaient soupçonné la pesanteur de l'air; Torricelli et Pascal l'ont démontrée. Newton avait dit : La terre est aplatie ; des savants sont allés vers le pôle et sous l'équateur voir si Newton avait dit vrai. Le miroir d'Archimède passait pour une fable, et nous l'avons vu reproduit. Mais qui reproduira les prodiges de mécanique de ce même Archimède au siége de Syracuse; ou qui démontrera que c'étaient des fables inventées par les Romains pour excuser aux yeux de Rome l'impuissance de leurs efforts ? Voilà comme on doit critiquer les faits. Mais, suivant cette méthode, les sciences auront peu de critiques. Il est facile de nier ce qu'on ne comprend pas; mais est-ce à nous de marquer les bornes des possibles, à nous qui voyons chaque jour imiter la foudre, et qui touchons peut-être au secret de la diriger ou de l'extraire des nuages; à nous qui venons d'inventer le moyen de naviguer dans l'air?

Ces exemples doivent rendre un critique bien circonspect dans ses décisions. La crédulité est le partage des ignorants; l'incrédulité décidée, celui des demi-savants; le doute méthodique, celui des sages. Dans les traditions historiques un philosophe explique ce qu'il peut, admet ce qui est possible, croit ce qui est vraisemblable, rejette ce qui répugne au bon sens et à l'évidence, et suspend son jugement sur tout le reste.

Il est des vérités que la distance des lieux et des temps rend inaccessibles à l'expérience, et qui, n'étant pour nous que dans l'ordre des possibles, ne peuvent être observées que des yeux de l'esprit. Ou ces vérités sont les principes des faits qui les attestent, et le critique doit y remonter par l'enchaînement de ces faits; ou elles en sont des conséquences, et par les mêmes degrés il doit descendre jusqu'à elles.

Souvent la vérité n'a qu'une voie par où l'inventeur y est arrivé, et dont il ne reste aucun vestige : alors il y a peut-être plus de mérite à retrouver la route qu'il n'y en a eu à la découvrir. L'inventeur n'est quelquefois qu'un aventurier que la tempête a jeté dans le port; le critique est un pilote habile que son art seul y conduit, si toutefois il est permis d'appeler art une suite de tentatives incertaines et

CRITIQUE. 399

de rencontres fortuites où l'on ne marche qu'à pas tremblants. Pour réduire en règles l'investigation des vérités physiques, le critique devrait tenir le milieu et les extrémités de la chaîne : un chaînon qui lui échappe est un échelon qui lui manque pour s'élever à la démonstration. Cette méthode sera long-temps impraticable. Le voile de la nature est pour nous comme le voile de la nuit, où dans une immense obscurité brillent quelques points de lumière ; et il n'est que trop prouvé que ces points lumineux ne sauraient se multiplier assez pour éclairer leurs intervalles. Que doit donc faire le critique? Observer les faits connus; en indiquer, s'il se peut, les rapports et les conséquences; rectifier les faux calculs et les observations défectueuses; en un mot, convaincre l'esprit humain de sa faiblesse, pour lui faire employer utilement le peu de force qu'il épuise en vain, et oser dire à celui qui veut plier l'expérience à ses idées : « Ton métier est « d'interroger la nature, non de la faire parler. »

Le désir de connaître est souvent stérile par trop d'activité. La vérité veut qu'on la cherche, mais qu'on l'attende; qu'on aille au-devant d'elle, rarement au-delà. C'est au critique, en guide sage, d'obliger le voyageur à s'arrêter où finit le jour, de peur qu'il ne s'égare dans les ténèbres. L'éclipse de la nature est continuelle, mais elle n'est pas totale; et de siècle en siècle elle nous laisse apercevoir quelques nouveaux points de son disque immense, pour nourrir en nous, avec l'espoir de la connaître, la constance de l'étudier. Nous venons d'analyser l'air, et nous commençons à le manipuler comme les fluides palpables.

Lucrèce, saint Augustin, le pape Boniface, le pape Zacharie étaient debout sur notre hémisphère, et ne concevaient pas que leurs semblables pussent être dans la même situation sur un hémisphère opposé : *Ut per aquas quæ nunc rerum simulacra videmus*, dit Lucrèce, pour exprimer *qu'ils auraient la tête en bas.* On a reconnu la tendance des graves vers un centre commun; et l'opinion des antipodes n'a plus révolté personne.

Les anciens voyaient tomber une pierre, et les flots de la mer s'élever; ils étaient bien loin d'attribuer ces deux effets à la même cause. Le mystère de la gravitation nous a été révélé : ce chaînon a lié les deux autres; et la pierre qui tombe, et les flots qui s'élèvent, nous ont paru soumis aux mêmes lois.

Le point essentiel, dans l'étude de la nature, est donc de découvrir les milieux des vérités connues, et de les placer dans l'ordre de leur enchaînement. On trouvait des carrières de marbre dans le sein des plus hautes montagnes, on en voyait se former sur les bords de l'Océan par le ciment du sel marin, on connaissait le parallélisme des couches de la terre; mais répandus dans la physique, ces faits n'y jetaient aucune lumière; ils ont été rapprochés, et l'on y reconnaît les monuments de l'immersion totale ou successive de ce globe. C'est à cet ordre lumineux que le critique devrait sur-tout contribuer.

Il est pour les découvertes un temps de maturité, avant lequel les recherches semblent infructueuses.

Une vérité attend, pour éclore, la réunion de ses éléments. Ces germes ne se rencontrent et ne s'arrangent que par une longue suite de combinaisons : ainsi ce qu'un siècle n'a fait que couver, s'il est permis de le dire, est produit par le siècle qui lui succède; ainsi le problème des trois corps, proposé par Newton, n'a été résolu que de nos jours, et l'a été par trois hommes en même temps. C'est cette espèce de fermentation de l'esprit humain, cette digestion de nos connaissances, que le critique doit observer avec soin. Ce serait à lui de suivre pas à pas la science dans ses progrès; de marquer les obstacles qui l'ont retardée, comment ces obstacles ont été levés, et par quel enchaînement de difficultés et de solutions elle a passé du doute à la probabilité, de la probabilité à l'évidence. Par là il imposerait silence à ceux qui ne font que grossir le volume de la science, sans en augmenter le trésor : il marquerait le pas qu'elle aurait fait dans un ouvrage, ou renverrait l'ouvrage au néant, si l'auteur la laissait où il l'aurait prise. Tels seraient dans cette partie l'objet et le fruit de la critique. Combien cette réforme nous restituerait d'espace dans nos bibliothèques! Que deviendraient cette foule épouvantable de faiseurs d'éléments en tout genre; ces prolixes démonstrateurs de vérités dont personne ne doute; ces physiciens romanciers, qui, prenant leur imagination pour le livre de la nature, érigent leurs songes en systèmes suivis; ces amplificateurs ingénieux qui délayent un fait en vingt pages de superfluités puériles, et qui tourmentent à force d'esprit une vérité claire et simple, jusqu'à ce qu'ils l'aient rendue obscure et compliquée? Tous ces auteurs qui causent sur la science, au lieu d'en raisonner, seraient retranchés du nombre des livres utiles : on aurait beaucoup moins à lire, et beaucoup plus à recueillir.

Cette réduction serait encore plus considérable dans les sciences abstraites que dans la science des faits. Les premières sont comme l'air qui occupe un espace immense lorsqu'il est libre de s'étendre, et qui n'acquiert de la consistance qu'à mesure qu'il est pressé.

L'emploi du critique dans cette partie serait donc de ramener les idées aux choses, la métaphysique et la géométrie à la morale et à la physique; de les empêcher de se répandre dans le vide des abstractions, et, s'il est permis de le dire, de retrancher de leur surface pour ajouter à leur solidité. Un métaphysicien ou un géomètre qui applique la force de son génie à de vaines spéculations, ressemble à ce lutteur que nous peint Virgile.(Éneid. V.)

Alternaque jactat
Brachia protendens, et verberat ictibus auras.

M. de Fontenelle, qui a porté si loin l'esprit d'ordre, de précision et de clarté, eût été un critique supérieur, soit dans les sciences abstraites, soit dans celle de la nature; et Bayle (que je considère seulement comme littérateur) n'avait besoin, pour exceller dans sa partie, que de plus d'indépendance, de tranquillité et de loisir. Avec ces trois conditions essentielles à un critique, il aurait dit ce qu'il pensait, et l'aurait dit en moins de volumes.

Critique dans les arts libéraux ou les beaux arts. Tout homme qui produit un ouvrage dans un genre auquel nous ne sommes point préparés excite aisément notre admiration. Nous ne devenons admirateurs difficiles que lorsque les ouvrages dans le même genre venant à se multiplier, nous pouvons établir des points de comparaison, et en tirer des règles plus ou moins sévères, suivant les nouvelles productions qui nous sont offertes. Celles de ces productions où l'on a constamment reconnu un mérite supérieur servent de modèles. Il s'en faut beaucoup que ces modèles soient parfaits; ils ont seulement, chacun en particulier, une ou plusieurs qualités excellentes qui les distinguent. L'esprit, faisant alors ce qu'on nous dit d'Apelle, se forme d'une multitude de beautés éparses un tout idéal qui les rassemble. Ce composé, dit Cicéron, n'est aperçu par aucun de nos sens : il n'existe que dans la pensée, « quod neque oculis, neque auribus, ne-« que ullo sensu percipi potest; cogitatione tan-« tùm, et mente complectimur (Cic.., *Orat.*, II). » Quoique les statues de Phidias, ajoute-t-il, soient ce que nous voyons de plus parfait, nous pouvons en imaginer de plus belles encore; et Phidias lui-même, lorsqu'il modelait la figure de Jupiter ou de Minerve, n'avait devant les yeux personne dont il prît la ressemblance; mais il avait dans l'esprit une certaine image de la beauté par excellence, sur laquelle étaient comme attachés les yeux de sa pensée, et dont son art et ses mains s'appliquaient à rendre les traits : « Et Phidiæ simulacris, quibus nihil in « illo genere perfectius videmus, cogitare tamen « possumus pulchriora. Nec verò ille artifex, cùm « faceret Jovis formam aut Minervæ, contempla- « tur aliquem, è quo similitudinem duceret. Sed « ipsius in mente insidebat species pulchritudinis « eximia quædam, quam intuens, eique defixus, ad « illius similitudinem artem et manum dirigebat « (*Orat.*, II). » C'est à ce modèle intellectuel, au-dessus de toutes les productions existantes, que l'on doit rapporter tous les ouvrages de génie en tous genres. Le critique supérieur doit donc avoir dans son imagination autant de modèles qu'il y a de genres différents. Le critique subalterne est celui qui, n'ayant pas de quoi se former des modèles transcendants, rapporte tout, dans ses jugements, aux productions existantes. Le critique ignorant est celui qui ne connaît point ou qui connaît mal ces objets de comparaison. C'est le plus ou le moins de justesse, de force, d'étendue dans l'esprit, de sensibilité dans l'âme, de chaleur dans l'imagination, qui marque les degrés de perfection entre les modèles, et les rangs parmi les critiques. Tous les arts n'exigent pas ces qualités réunies dans une égale proportion : dans les uns l'organe décide, l'imagination dans les autres, le sentiment dans la plupart; et l'esprit, qui influe sur tous, ne préside sur aucun.

Dans l'architecture et l'harmonie, le type intellectuel que le critique est obligé de se former exige une étude d'autant plus profonde des possibles, et pour en déterminer le choix une connaissance d'autant plus précise du rapport des objets avec nos organes, que les beautés physiques de ces deux arts n'ont pour arbitre que le goût, c'est-à-dire ce tact de l'âme, cette faculté, innée ou acquise, de saisir et de préférer le beau, espèce d'instinct qui juge les règles et qui n'en a point. Il n'en a point en harmonie : la résonnance du corps sonore indique les proportions; mais c'est à l'oreille à nous guider dans le choix des modulations et le mélange des accords. Il n'en a point en architecture : tant qu'elle s'est bornée à nos besoins, elle a pu se modeler sur les productions naturelles; mais dès qu'on a voulu joindre la décoration à la solidité, l'imagination a créé les formes, et l'œil en a fixé le choix. La première cabane, qui ne fut elle-même qu'un essai de l'industrie éclairée par le besoin, avait, si l'on veut, pour appui quelques pieux enfoncés dans la terre, ces pieux soutenaient des traverses, et celles-ci portaient des chevrons chargés d'un toit. Mais de bonne foi peut-on tirer de ce modèle brut les proportions du temple de Minerve à Athènes, ou de l'église de Saint-Pierre de Rome ?

Le sentiment du beau physique, soit en architecture, soit en harmonie, dépend donc essentiellement du rapport des objets avec nos organes ; et le point essentiel pour le critique est de s'assurer du témoignage de ses sens. Le critique ignorant n'en doute jamais. Le critique subalterne consulte ceux qui l'environnent, et croit bien voir et bien entendre lorsqu'il voit et entend comme eux. Le critique supérieur consulte le goût des peuples cultivés; il les trouve divisés sur des ornements de caprice; il les voit réunis sur des beautés essentielles, qui ne vieillissent jamais, et dont les débris ont encore le charme de la nouveauté : il se replie sur lui-même; et par l'impression plus ou moins vive qu'ont faite sur lui ces beautés, il s'assure ou se défie du témoignage de ses organes. Dès lors il peut former son modèle intellectuel de ce qui l'affecte le plus dans les modèles existants, suppléer au défaut de l'un par les beautés de l'autre, et se disposer ainsi à juger non-seulement des faits par les faits, mais encore par les possibles. Dans l'architecture, il dépouillera le gothique de ses ornements puérils; mais il adoptera la coupe hardie, majestueuse et légère de ses voûtes, l'élégance, la délicatesse, la variété de ses profils. Dans l'architecture grecque, il observera les licences heureuses que les grands artistes se sont permises; il observera les beautés qui résultent de ces licences; et il reconnaîtra qu'on doit aux règles un attachement raisonnable, et non pas servile. Il aura recours au compas et au calcul pour proportionner les hauteurs aux bases, et les supports aux fardeaux; mais dans le détail des ornements, il se souviendra qu'un œil exercé est le meilleur de tous les juges; et que l'élégance, la grace, la noblesse sont préférables à ce que le vulgaire appelle régularité : ancien caprice de l'usage, perpétué par l'habitude, et que l'exemple a érigé en loi.

Il usera de la même liberté dans la composition de son modèle en harmonie : il tirera du phénomène donné par la nature la théorie des accords; il les suivra dans leur génération, il observera leurs progrès; mais laissant l'âme et l'oreille juges de la beauté du chant et de l'expression musicale, il subordonnera la théorie à la pratique; il sacrifiera les détails à l'ensemble, et les règles au sentiment.

L'harmonie, réduite à la beauté physique des accords, et bornée à la simple émotion de l'organe, n'exige, comme l'architecture, qu'un sens exercé par l'étude, éprouvé par l'usage, et docile à l'expérience. Mais dès que la mélodie vient donner de l'âme et du caractère à l'harmonie, au jugement de l'oreille se joint celui de l'imagination, du sentiment, quelquefois de l'esprit. La musique devient un langage expressif, une imitation vive et touchante : dès lors c'est avec la poésie que ses principes lui sont communs, et l'art de les juger est le même. Des sons articulés dans l'une, dans l'autre des sons modulés, dans toutes les deux le nombre et le mouvement servent à exprimer, à peindre la nature; et si l'on demande quelle est la musique et la poésie par excellence, c'est la poésie ou la musique qui peint le plus et qui exprime le mieux. *Voyez* AIR, CHANT, RÉCITATIF, etc.

Dans la sculpture et la peinture, c'est peu d'étudier la nature en elle-même, modèle toujours imparfait; c'est peu d'étudier les productions de l'art, modèles toujours plus froids que la nature : il faut prendre de l'un ce qui manque à l'autre, et se former un ensemble des différentes parties où ils se surpassent mutuellement. Or, sans parler des sources où l'artiste et le connaisseur doivent puiser l'idée du beau, relative au choix des sujets, au caractère des passions, à la composition et à l'ordonnance, combien la seule étude du physique dans ces deux arts ne suppose-t-elle pas d'épreuves et d'observations! que d'études pour la partie du dessin! Qu'on demande à nos prétendus connaisseurs où ils ont observé, par exemple, le mécanisme du corps humain, la combinaison et le jeu des nerfs, le gonflement, la tension, la contraction des muscles; ils seront aussi embarrassés dans leurs réponses qu'ils le sont peu dans leurs décisions. Qu'on leur demande où ils ont observé tous les reflets, tous les mélanges, toutes les gradations de la couleur, tous les jeux, tous les tons, tous les effets de la lumière, étude sans laquelle on est hors d'état de parler du coloris. Et si un artiste, accoutumé à épier et à surprendre la nature, a tant de peine à l'imiter, quel est le connaisseur qui peut se flatter de l'avoir assez bien vue pour en critiquer l'imitation? C'est une chose étrange que la hardiesse avec laquelle on se donne pour juge de la belle nature, dans quelque situation que le peintre ou le sculpteur ait pu l'imaginer et la saisir. Celui-ci, après avoir employé la moitié de sa vie à l'étude de son art, n'ose se fier aux modèles que sa mémoire a recueillis, et que son imagination lui retrace; il a cent fois recours à la nature, pour se corriger d'après elle; vient un critique plein de confiance, qui l'apprécie d'un coup d'œil. Ce critique a-t-il étudié l'art ou la nature? Aussi peu l'un que l'autre. Mais il a des statues et des tableaux; et en les achetant, il croit avoir acquis le droit de les juger et le talent de s'y connaître. On voit de ces connaisseurs se pâmer devant un ancien tableau dont ils admirent le clair-obscur : le hasard fait qu'on lève la bordure, le vrai coloris mieux conservé se découvre dans un coin; et ce ton de couleur si admiré, se trouve une couche de fumée.

Je sais qu'il est des amateurs versés dans l'étude des grands maîtres, qui en ont saisi la manière, qui en connaissent la touche, qui en distinguent le coloris : c'est beaucoup pour qui ne veut que jouir ; mais c'est bien peu pour qui ose juger. On ne juge point un tableau d'après des tableaux. Quelque plein qu'on soit de Raphaël, on sera neuf devant le Guide. Je dis plus, les forces du Guide, malgré l'analogie du genre, ne seront point une règle sûre pour critiquer le Milon du Puget, ou le gladiateur mourant. La nature varie sans cesse; chaque position, chaque action différente la modifie diversement : c'est donc la nature qu'il faut avoir étudiée sous telle et telle face, dans tel et tel moment, pour en juger l'imitation. Mais la nature elle-même est imparfaite; il faut donc aussi avoir étudié les chefs-d'œuvre de l'art, pour être en état de critiquer en même temps et l'imitation et le modèle.

Cependant les difficultés que présente la critique dans les arts dont nous venons de parler n'approchent pas de celles que réunit la critique littéraire.

Dans l'histoire, aux lumières profondes que nous avons exigées du critique pour la partie de l'érudition, se joint, pour la partie purement littéraire, l'étude moins étendue, mais non moins réfléchie, de la majestueuse simplicité du style, de la netteté, de la décence, de la rapidité de la narration, de l'à-propos et du choix des réflexions et des portraits, ornements frivoles dès qu'on les affecte, importuns dès qu'on les prodigue; de cette élocution mâle, précise et simple, qui ne peint les grands hommes et les grandes choses que de leurs couleurs naturelles; et de plus l'étude du caractère propre à chaque historien, et de la touche qui le distingue. C'est de cet assemblage de connaissances et de goûts que se forme le critique supérieur dans la partie de l'histoire. Que serait-ce si le même homme prétendait embrasser en même temps la partie de l'éloquence et celle de la philosophie morale?

Ces deux genres, soit que, renfermés en eux-mêmes, ils se nourrissent de leur propre substance, soit qu'ils se pénètrent l'un l'autre et s'animent mutuellement, soit que, répandus dans les autres genres de littérature comme un feu élémentaire, ils y portent la vie et la fécondité; ces deux genres, dans tous les cas, ont pour objet de rendre la vérité sensible et la vertu aimable.

C'est un talent donné à peu de personnes, et que peu de personnes sont en état de critiquer. L'esprit n'en est qu'un demi-juge. Il connaît l'art de convaincre, non celui de persuader; l'art de séduire, non celui d'émouvoir. L'esprit peut critiquer le rhéteur, le sophiste; mais le cœur seul peut juger l'orateur. Le critique en morale, ainsi qu'en éloquence, doit avoir en lui ce principe de sensibilité et de droiture qui fait concevoir et produire avec force les vérités dont on se pénètre; ce principe de noblesse et d'élévation qui excite en nous l'enthousiasme de la vertu, et qui seul embrasse tous les possibles dans l'art d'intéresser pour elle. Si la vertu pouvait se rendre visible aux hommes, a dit un philosophe, elle paraîtrait si touchante et si belle, que personne ne pourrait lui résister : c'est ainsi que doit la concevoir et celui qui la peint, et celui qui en examine la peinture.

La fausse éloquence est également facile à professer et à pratiquer: des figures entassées, de grands mots qui ne disent rien de grand, des mouvements empruntés qui ne partent jamais du cœur et qui n'y arrivent jamais, ne supposent, ni dans l'auteur ni dans son admirateur, aucune élévation dans l'esprit, aucune sensibilité dans l'âme. Mais la vraie éloquence étant l'émanation d'une âme à la fois simple, forte, grande et sensible, il faut réunir toutes ces qualités pour y exceller, et pour savoir comment on y excelle. Il s'ensuit qu'un grand critique en éloquence doit pouvoir être éloquent lui-même. Osons le dire à l'avantage des âmes sensibles, celui qui se pénètre vivement du beau, du touchant, du sublime, n'est pas loin de l'exprimer; et l'âme qui en reçoit le sentiment avec une certaine chaleur pourrait à son tour le produire. Cette disposition à la vraie éloquence ne comprend ni les avantages de l'élocution, ni cette harmonie entre le geste, le ton et le visage, qui compose l'éloquence extérieure. Il s'agit ici d'une éloquence interne et comme spontanée, qui se fait jour à travers l'extérieur le plus inculte; il s'agit de l'éloquence du paysan du Danube, dont la rustique sublimité fait si peu d'honneur à l'art, et en fait tant à la nature; de cette faculté sans laquelle l'orateur n'est qu'un déclamateur, et le critique qu'un froid Aristarque.

Par la même raison, un critique en morale doit avoir en lui, sinon les vertus pratiques, du moins le germe de ces vertus. Il n'arrive que trop souvent que les mœurs d'un homme éclairé sont en contradiction avec ses principes, quelquefois avec ses sentiments. Il n'est donc pas essentiel au critique en morale d'être vertueux; il suffit qu'il soit né pour l'être. Mais alors quel métier que celui du critique! à chaque ligne, ce sera sa propre condamnation qu'il prononcera, en faisant l'éloge des gens de bien. Cependant il ne serait pas à souhaiter que le critique en morale fût exempt de passions et de faiblesses : il faut juger les hommes en homme vertueux, mais en homme; se connaître, connaître ses semblables, et savoir ce qu'ils peuvent, avant d'examiner ce qu'ils doivent; concilier la nature avec la société, mesurer leurs droits et en marquer les limites, rapprocher l'intérêt personnel du bien général, être enfin le juge, non le tyran de l'humanité. Tel serait l'emploi d'un critique supérieur dans cette partie : emploi difficile et important, sur-tout dans l'examen de l'histoire. Plutarque, dans ses parallèles est presque l'homme que je demande.

C'est là qu'il serait à souhaiter qu'un philosophe

CRITIQUE. 413

aussi courageux qu'éclairé osât appeler au tribunal de la vérité des jugements que la flatterie et l'enthousiasme ont prononcés dans tous les siècles. Rien n'est plus commun dans les annales du monde que les vices et les vertus contraires mis au même rang. La modération d'un roi juste, et l'ambition effrénée d'un usurpateur; la sévérité de Brutus envers son fils, et l'indulgence de Fabius envers le sien; la soumission de Socrate aux lois de l'Aréopage, et la hauteur de Scipion devant le peuple romain, ont eu leurs apologistes et leurs censeurs. Par là l'histoire, dans sa partie morale, est une espèce de labyrinthe où l'opinion du lecteur ne cesse de s'égarer. C'est un bon guide qui lui manque. Or, ce guide serait un critique capable de distinguer la vérité d'avec l'opinion, le devoir d'avec l'intérêt, et la vertu d'avec la gloire; en un mot, de réduire l'homme, quel qu'il fût, à la condition sociale : condition qui est la base des lois, la règle des mœurs, et dont aucun homme, vivant avec des hommes, n'a jamais eu le droit de s'affranchir.

Le critique doit aller plus loin contre le préjugé : il doit considérer non-seulement chaque homme en particulier, mais encore chaque république comme citoyenne de la terre, et attachée aux autres parties de ce grand corps politique, par les mêmes devoirs qui lui attachent à elle-même les membres dont elle est formée : il ne doit voir la société en général que comme un arbre immense, dont chaque homme est un rameau, chaque république une branche, et dont l'humanité est le tronc. De là le droit particulier et le droit public, que l'ambition seule a distingués, et qui ne sont, l'un et l'autre, que le droit naturel plus ou moins étendu, mais soumis aux mêmes principes. Ainsi le critique jugerait non seulement chaque homme en particulier, suivant les mœurs de son siècle et les lois de son pays; mais encore les lois et les mœurs de tous les pays et de tous les siècles, suivant les principes invariables de l'équité naturelle.

Quelle que soit la difficulté de ce genre de critique, elle serait bien compensée par son utilité. Quand il serait vrai, comme Bayle l'a prétendu, que l'opinion n'influât point sur les mœurs privées, il est du moins incontestable qu'elle décide des actions publiques. Il n'est point de préjugé plus généralement ni plus profondément enraciné dans l'opinion des hommes que la gloire attachée au titre de conquérant; et de là cette maladie des conquêtes qui a désolé le monde. Mais si, dans tous les temps, les philosophes, les historiens, les orateurs, les poètes, en un mot les dépositaires de la réputation et les dispensateurs de la gloire s'étaient réunis pour attacher aux horreurs d'une guerre injuste le même opprobre qu'au larcin et qu'à l'assassinat, on eût peu vu de brigands illustres. Malheureusement les vrais sages ne connaissent pas assez leur ascendant sur les esprits : divisés, ils ne peuvent rien; réunis, ils peuvent tout à la longue : ils ont pour eux la vérité, la justice, la raison, et, ce qui est plus fort encore, l'intérêt de l'humanité, dont ils défendent la cause.

Montaigne, moins irrésolu, eût été un excellent critique dans la partie morale de l'histoire; mais peu ferme dans ses principes, il chancelle dans les conséquences : son imagination trop féconde était pour sa raison ce qu'est pour les yeux un cristal à plusieurs faces, qui rend douteux l'objet véritable à force de le multiplier. L'homme qui dans cette partie a montré le sens le plus droit et le plus profond, c'est Plutarque : encore est-il quelquefois trop timide, quelquefois aussi trop imbu des opinions de son temps.

L'auteur de l'*Esprit des Lois* est le critique dont l'histoire moderne aurait besoin : je le cite quoique vivant, car il serait trop pénible et trop injuste d'attendre la mort des grands hommes pour parler d'eux en liberté *.

Quoique le type intellectuel d'après lequel un critique supérieur juge la morale et l'éloquence entre essentiellement dans le modèle auquel doit se rapporter la poésie, il s'en faut bien qu'il suffise à la perfection de celui-ci : combien l'idée collective et complète de la poésie n'embrasse-t-elle pas de genres différents et de modèles particuliers ! Bornons-nous au poème dramatique et à l'épopée.

Dans la comédie, quel usage du monde, quelle connaissance de tous les états! combien de vices, de passions, de travers, de ridicules à observer, à analyser, à combiner, dans tous les rapports, dans toutes les situations, sous toutes les faces possibles! combien de caractères! combien de nuances dans

* Montesquieu vivait quand cet article fut écrit.

le même caractère! combien de traits à recueillir, de contrastes à rapprocher! quelle étude pour former le seul tableau du Misanthrope ou du Tartufe! quelle étude pour être en état de le juger! Ici les règles de l'art sont la partie la moins importante : c'est à la vérité de l'expression, à la force des touches, au choix des situations et des oppositions, que le critique doit s'attacher : il doit donc juger la comédie d'après les originaux ; et ses originaux ne sont pas dans l'art, mais dans la nature. L'Avare de Molière n'est point l'Avare de Plaute ; ce n'est pas même un avare en particulier, mais un assemblage de traits répandus dans cette espèce de caractère ; et le critique a dû les recueillir pour juger l'ensemble, comme l'auteur pour le composer. *Voyez* COMÉDIE.

Dans la tragédie, à l'observation de la nature se joignent, dans un plus haut degré que dans la comédie, l'imagination et le sentiment ; et le sentiment y domine. Ce ne sont plus des caractères communs, ni des évènements familiers, que l'auteur s'est proposé de rendre ; c'est la nature dans ses plus grandes proportions, et telle qu'elle a été quelquefois, lorsqu'elle a fait des efforts pour produire des hommes et des choses extraordinaires. *Voyez* TRAGÉDIE. Ce n'est point la nature reposée, mais la nature en contraction, et dans cet état de souffrance où la mettent les passions violentes, les grands dangers et l'excès du malheur. Où en est le modèle? Est-ce dans le cours tranquille de la société? un ruisseau ne donne point l'idée d'un torrent; ni le calme, l'idée de la tempête. Est-ce dans les tragédies existantes ? il n'en est aucune dont les beautés forment un modèle générique : on ne peut juger *Cinna* d'après *OEdipe*, ni *Athalie* d'après *Cinna*. Est-ce dans l'histoire? outre qu'elle nous présenterait en vain ce modèle, si nous n'avions en nous de quoi le reconnaître et le saisir, tout évènement, toute situation, tout personnage héroïque ne peut avoir qu'un caractère qui lui est propre, et qui ne saurait s'appliquer à ce qui n'est pas lui; à moins cependant que, remplis d'un grand nombre de modèles particuliers, l'imagination et le sentiment n'en généralisent en nous l'idée. C'est de cette étude consommée que s'exprime, pour ainsi dire, le chyle dont l'âme du critique se nourrit, et qui, changé en sa propre substance, forme en lui ce modèle intellectuel, digne production du génie. C'est sur-tout dans cette partie que se ressemblent l'orateur, le poète, le musicien, et par conséquent les critiques supérieurs en éloquence, en poésie et en musique : car on ne saurait trop insister sur ce principe, que le sentiment seul peut juger le sentiment, et que soumettre le pathétique aux analyses de l'esprit, c'est vouloir rendre l'oreille arbitre des couleurs, et l'œil juge de l'harmonie.

Le même modèle intellectuel auquel un critique supérieur rapporte la tragédie doit s'appliquer à la partie dramatique de l'épopée : dès que le poète épique fait parler ses personnages, l'épopée ne différant plus de la tragédie que par le tissu de l'action, les mœurs, les sentiments, les caractères sont les mêmes que dans la tragédie, et le modèle en est commun. Mais lorsque le poète paraît et prend la place de ses personnages, l'action devient purement épique, c'est un homme inspiré aux yeux duquel tout s'anime : les êtres insensibles prennent une âme; les abstraits, une forme et des couleurs; le souffle du génie donne à la nature une vie et une face nouvelles; tantôt il l'embellit par ses peintures, tantôt il la trouble par ses prestiges et en renverse toutes les lois; il franchit les limites du monde; il s'élève dans les espaces immenses du merveilleux; il crée de nouvelles sphères; les cieux ne peuvent le contenir; il faut avouer que le génie de la poésie, considéré sous ce point de vue, est le moins absurde des dieux qu'ait adorés l'antiquité païenne. Qui osera le suivre dans son enthousiasme, si ce n'est celui qui l'éprouve? Est-ce à la froide raison à guider l'imagination dans son ivresse? Le goût timide et tranquille viendra-t-il lui présenter le frein? O vous, qui voulez voir ce que peut la poésie dans sa chaleur et sa force, laissez bondir en liberté ce coursier fougueux : il n'est jamais si beau que dans ses écarts; le manège ne ferait que rallentir son ardeur et contraindre l'aisance noble de ses mouvements : livré à lui même, il se précipitera quelquefois; mais il conservera, même dans sa chute, cette fierté et cette audace qu'il perdrait avec la liberté. Prescrivez au sonnet et au madrigal des règles gênantes; mais laissez à l'épopée une carrière sans bornes; le génie n'en connaît point. C'est en grand qu'on doit critiquer les grandes choses : il faut donc les concevoir en grand, c'est-à-dire avec la même force, la même élévation, la même chaleur qu'elles ont été produites. Pour cela il faut en puiser le modèle non dans les beautés de la nature, non dans les productions de l'art, mais dans l'un et l'autre savamment approfondis, et sur-tout dans une âme vivement pénétrée du beau, dans une imagination assez active et assez hardie pour parcourir la carrière immense des possibles dans l'art de plaire et de toucher.

Il suit des principes que nous venons d'établir qu'il n'y a de critique universellement supérieur que le public, plus ou moins éclairé suivant les pays et les siècles, mais toujours respectable, en ce qu'il comprend les meilleurs juges dans tous les genres, dont les voix, d'abord dispersées, se réunissent à la longue pour former l'avis général. L'opinion publique est comme un fleuve qui coule sans cesse et qui dépose son limon. Le temps vient où ses eaux épurées sont le miroir le plus fidèle que puissent consulter les arts.

Cicéron, en fait d'éloquence, n'hésite pas à décider que le public est le juge suprême; et il ajoute : « Hoc affirmo, qui vulgi opinione disertissimi ha- « biti sint, eosdem intelligentium quoque judicio « fuisse probatissimos *. » (De clar. Orat. ch. 51.) Il en est de même, à la longue, de tous les arts chez tous les peuples cultivés.

* « Je ne crains pas de l'affirmer, ceux que l'opinion publique a placés au premier rang, ont vu toujours leur prééminence confirmée par le suffrage éclairé des gens de goût. » (Trad. de M. Burnouf. Cic. de J V. Le Clerc.)

A l'égard des particuliers qui n'ont que des prétentions pour titres, la liberté de se tromper avec confiance est un privilège auquel ils doivent se borner, et nous n'avons garde d'y porter atteinte. Mais le critique de profession, n'aspirât-il qu'à être médiocre, serait encore obligé d'être instruit, et s'il arrivait que des hommes qui de leur vie n'auraient pensé à se former l'esprit, qui de leur vie n'auraient fait preuve ni de talents ni de lumières, et qui n'auraient pas même été au nombre des écrivains les plus obscurs ; s'il arrivait que de tels hommes, ayant fait de la critique un métier vil et mercénaire, eussent, à force d'effronterie et de malignité, obtenu du crédit et de la faveur près de la multitude, ce serait la honte du siècle où ils auraient été les arbitres du goût.

On peut me demander si, sans toutes les qualités que j'exige, les arts et la littérature n'ont pas eu d'excellents critiques. C'est une question de fait sur les arts, et je m'en rapporte aux artistes. Quant à la littérature, j'ose répondre qu'elle a eu peu de critiques supérieurs, et qu'elle en a eu moins encore qui aient excellé en différentes parties.

Il ne m'appartient pas d'en marquer les classes. Je viens d'exposer les principes ; c'est au lecteur à les appliquer : il sait à quel poids il doit peser Cicéron, Longin, Pétrone, Quintilien, en fait d'éloquence ; Aristote, Horace, et Pope, en fait de poésie. Mais ce que j'aurai le courage d'avancer, quoique bien sûr d'être contredit par le bas peuple de la littérature, c'est que Boileau, à qui la versification et la langue sont en partie redevables de leur pureté, Boileau, l'un des hommes de son siècle qui avait le plus étudié les anciens, et qui possédait le mieux l'art de mettre leurs beautés en œuvre, Boileau, sur les choses de sentiment et de génie, n'a jamais bien jugé que par comparaison. De là vient qu'il a rendu justice à Racine, l'heureux imitateur d'Euripide; qu'il a méprisé Quinault et loué froidement Corneille, qui ne ressemblaient à rien; sans parler du Tasse, qu'il ne connaissait point, ou qu'il n'a jamais bien senti. Et comment Boileau, qui a si peu imaginé, aurait-il été un bon juge dans la partie de l'imagination? comment aurait-il été un vrai connaisseur dans la partie du pathétique, lui à qui il n'est jamais échappé un trait de sentiment dans tout ce qu'il a pu produire? Qu'on ne dise pas que le genre de ses œuvres n'en était pas susceptible. Ni l'un ni l'autre de ces dons ne reste enfoui dans une âme; et lorsqu'il domine, il abonde. L'imagination de Malebranche l'a entraîné malgré lui dans ce qu'il appelait *la Recherche de la vérité*, et il n'a pu s'empêcher de s'y livrer dans le genre d'écrire où il était plus dangereux de la suivre. Les fables mêmes de La Fontaine, de ce poëte divin dont Boileau n'a pas dit un mot dans son art poétique, sont semées de traits aussi touchants que délicats*.

* Malgré l'espèce d'anathème que prononce d'avance Marmontel contre ceux qui ne souscriront pas à son jugement sur Boileau, nous ne laisserons point passer, sans les relever, de si étranges assertions. Quoi! l'auteur du *Lutrin* manquait d'imagination! le poète qui a exprimé en si beaux vers son admiration pour les beautés touchantes d'*Iphigénie* et de *Phèdre*, n'était point juge du pathétique! Il ne le sentait pas, il en jugeait par compa-

Les critiques qui n'ont pas eu en eux-mêmes les facultés analogues aux productions de l'art, trop faibles pour se former des modèles intellectuels, ont tout rapporté aux modèles existants. Homère, Sophocle, Virgile ont réuni les suffrages de tous les siècles; on en conclut qu'on ne peut plaire qu'en suivant la route qu'ils ont tenue. Mais chacun d'eux a suivi une route différente : qu'ont fait les critiques ? « Ils ont fait, dit l'auteur de *la Henriade*, « comme les astronomes, qui inventaient tous les « jours des cercles imaginaires, et créaient ou anéan- « tissaient un ciel ou deux de cristal, à la moindre

raison; il n'admirait Racine que parce qu'il le trouvait conforme à Euripide! Mais cela suppose qu'il n'était pas insensible au pathétique du poète grec; or, pourquoi celui du poète français ne l'aurait-il pas ému de même? Pourquoi aurait-il atteint directement à l'un, et n'aurait-il pu atteindre à l'autre sans intermédiaire? Mais, il n'y a point de pathétique dans ses ouvrages! y en a-t-il beaucoup plus dans Horace, dans Juvénal, dans Regnier, dans Gilbert? ne faut-il pas, quoi qu'en dise Marmontel, tenir compte du genre où s'exerce un auteur; et est-il raisonnable de demander de l'attendrissement à un satirique? Boileau qui attachait tant de prix à la correction du langage et à la pureté du goût, a pu être choqué dans le Tasse de quelques ornements affectés, dans Corneille de ses nombreuses négligences, dans Quinault de ces lieux communs amoureux qu'on rencontre souvent dans ses ouvrages; il a pu même, par une distraction inexplicable, oublier la fable et La Fontaine dans *l'Art Poétique*. Faut-il conclure de là qu'il était incapable d'apprécier et le Tasse et Corneille, et Quinault et La Fontaine? faut-il vouloir rayer du nombre des grands critiques, celui qui, par l'autorité de sa raison et de ses exemples a si puissamment contribué à décréditer le mauvais goût, alors tout puissant, admiré, protégé, pensionné; à établir en sa place ce goût du vrai beau qui éleva le siècle de Louis XIV à la hauteur des siècles de Périclès et d'Auguste. Nous ne pouvons donner à ces idées tout le développement qu'elles demanderaient, et contents de les avoir indiquées, nous renvoyons nos lecteurs à l'excellent morceau où La Harpe a réfuté avec cette vigueur de bon sens qui caractérise sa critique, les détracteurs de Boileau. *Voyez* l'article BOILEAU.   H. PATIN.

« difficulté. » Combien l'esprit didactique, si on voulait l'en croire, ne rétrécirait-il pas la carrière du génie? « Allez au grand, vous dira un critique su-
« périeur, il n'importe par quelle voie. » Non qu'il permette de négliger l'étude des modèles anciens, ni qu'il la néglige lui-même : il vous dira avec Horace, (*De Art. poet.*) :

Vos exemplaria græca
Nocturnâ versate manu, versate diurnâ.

Mais avec Horace il vous dira aussi (*Epist.* I, 20.):

O imitatores, servum pecus !

Il ne vous dira pas : Que l'action de votre pièce ne change point de lieu; mais il vous dira : Que le changement de lieu soit possible d'un acte à l'autre. Il ne vous dira pas : Que l'action de votre poème ne dure pas moins de quarante jours, ni plus d'un an, car celle de l'*Iliade* dure quarante jours, et l'on peut borner à un an celle de l'*Odyssée*; mais il vous dira : Que votre narration soit claire et noble; que le tissu de votre poème n'ait rien de forcé; que les extrémités et le milieu se répondent; que les caractères annoncés se soutiennent jusqu'au bout. Écartez de votre action tout détail froid, tout ornement superflu. Intéressez par la suspension des évènements ou par la surprise qu'ils causent; parlez à l'âme, peignez à l'imagination; pénétrez-vous pour nous toucher. Puisez dans les modèles le sentiment du vrai, du grand, du pathétique; mais en les employant, suivez l'impulsion de votre génie et la disposition de vos sujets. Dans la tragédie, l'illusion et l'intérêt, voilà vos règles; sacrifiez tout le reste à la noblesse du dessin et à la hardiesse du pinceau. Laissez louer les Grecs de n'y avoir pas employé l'amour, et prenez soin seulement que l'amour y soit souffrant, passionné, terrible. Dans le poème épique, passez-vous du merveilleux comme Lucain, si comme lui vous avez de grands hommes à faire parler et agir; imitez l'élévation de son style, évitez son enflure, et laissez dire que celui qui a peint César, Cornélie et Caton, comme il l'a fait, n'était pas né poète. Faites durer votre action le temps qu'elle a dû naturellement durer : pourvu qu'elle soit une, pleine et intéressante, elle finira trop tôt. Fondez la grandeur de vos personnages sur leur caractère, et non sur leurs titres : un grand nom n'ennoblit point une action commune; une action héroïque ennoblira le nom le plus obscur. En un mot, tâchez de réunir les qualités de ces grands génies, d'après lesquels on a fait les règles, et qui n'ont acquis le droit de commander que parce qu'ils n'ont point obéi. Il en est tout autrement en littérature qu'en politique; le talent qui a besoin de subir des lois n'en donnera jamais.

C'est ainsi que le critique supérieur laisse au génie toute sa liberté : il ne lui demande que de grandes choses, et l'encourage à les produire. Le critique subalterne l'accoutume au joug des règles; il n'en exige que l'exactitude, il n'en tire qu'une obéissance froide et qu'une servile imitation. C'est de cette espèce de critique qu'un auteur, que nous ne saurions assez citer en fait de goût, a dit : « Ils

« ont laborieusement écrit des volumes sur quel-
« ques lignes que l'imagination des poètes a créées
« en se jouant. » (VOLTAIRE.)

Qu'on ne soit donc plus surpris si, à mesure que le goût devient plus difficile, l'imagination devient plus timide et plus froide, et si presque tous les grands génies, depuis Homère jusqu'à Lucrèce, depuis Lucrèce jusqu'à Corneille, semblent avoir choisi, pour s'élever, le temps où l'ignorance leur laissait une libre carrière. Je ne citerai qu'un exemple des avantages de cette liberté. Corneille eût sacrifié la plupart des beautés de ses pièces, comme le dénouement de *Rodogune*; il eût même abandonné quelques-uns de ses plus beaux sujets, tels que celui des *Horaces*, s'il eût été aussi timide dans sa composition qu'il l'a été dans ses examens; mais heureusement il composait d'après lui, et se jugeait d'après Aristote.

Le bon goût, nous dira-t-on, est donc un obstacle au génie? Non, sans doute; car le bon goût est un sentiment courageux et mâle qui aime sur-tout les grandes choses, et qui échauffe le génie en même temps qu'il l'éclaire. Le goût qui le gêne et qui l'amollit est un goût craintif et puéril, qui veut tout polir et qui affaiblit tout. L'un veut des ouvrages hardiment conçus, l'autre en veut de scrupuleusement finis; l'un est le goût du critique supérieur, l'autre est le goût du critique subalterne.

Mais autant que le critique supérieur est au-dessus du critique subalterne, autant celui-ci l'emporte sur le critique ignorant. Ce que ce dernier sait d'un genre est, à son avis, tout ce qu'on en peut savoir : renfermé dans sa sphère, sa vue est pour lui la mesure des possibles : dépourvu de modèles et d'objets de comparaison, il rapporte tout à lui-même : par là tout ce qui est hardi lui paraît hasardé, tout ce qui est grand lui paraît gigantesque. C'est un nain contrefait, qui juge d'après ses proportions une statue d'Antinoüs ou d'Hercule. Les derniers de cette dernière classe sont ceux qui « attaquent « tous les jours ce que nous avons de meilleur, qui « louent ce que nous avons de plus mauvais, et qui « font de la noble profession des lettres un métier « aussi lâche et aussi méprisable qu'eux-mêmes. » (Volt.) Cependant comme ce qu'on méprise le plus n'est pas toujours ce qu'on aime le moins, on a vu le temps où ils ne manquaient ni de lecteurs ni de Mécènes. Les magistrats eux-mêmes, cédant au goût d'un certain public, avaient la faiblesse de laisser à ces brigands de la littérature une pleine et entière licence. Il est vrai qu'on accordait aux auteurs poursuivis la liberté de se défendre, c'est-à-dire d'illustrer leurs critiques, et de s'avilir; mais peu d'entre les hommes célèbres ont donné dans ce piège. Le sage Racine disait *de ces petits auteurs infortunés* (car il y en avait aussi de son temps) : « Ils attendent toujours l'occasion de quelque ou- « vrage qui réussisse, pour l'attaquer; non point « par jalousie, car sur quel fondement seraient-ils « jaloux? mais dans l'espérance qu'on se donnera « la peine de leur répondre, et qu'on les tirera de « l'obscurité où leurs propres ouvrages les auraient

« laissés toute leur vie. » Sans doute ils seront obscurs dans tous les siècles éclairés : mais dans les temps où règnera l'ignorance orgueilleuse et jalouse, ils auront pour eux le grand nombre et le parti le plus bruyant; ils auront sur-tout pour eux cette espèce de personnages stupides et vains, qui regardent les gens de lettres comme des bêtes féroces destinées à l'amphithéâtre pour leur amusement; image qui pour être juste n'aurait besoin que d'une inversion. Cependant si les auteurs outragés sont trop au-dessus des insultes pour y être sensibles, s'ils conservent leur réputation dans l'opinion des vrais juges, au milieu des nuages dont la basse envie s'efforce de l'obscurcir, la multitude n'en recevra pas moins l'impression du mépris qu'on aura voulu répandre sur les talents; et l'on verra peu à peu s'affaiblir dans les esprits cette considération universelle, la plus digne récompense des travaux littéraires, le germe et l'aliment de l'émulation.

Je parle ici de ce qui est arrivé dans les différentes époques de la littérature, et de ce qui arrivera sur-tout lorsque le beau, le grand, le sérieux en tout genre, n'ayant plus d'asyle que dans les bibliothèques et auprès d'un petit nombre de vrais amateurs, laisseront le public en proie à la contagion des froids romans, des farces insipides, et des sottises polémiques.

Quant à ce qui se passe de nos jours, plus j'ai eu à me plaindre des journalistes, plus je dois me tenir en garde contre mon propre ressentiment : les plus malhonnêtes n'ont eu de moi que mon silence pour réponse ; et en cela j'ai pris pour règle l'exemple d'un grand nombre d'hommes de lettres recommandables. Mais si quelque trait de cette barbarie que je viens de peindre peut s'appliquer à quelques-uns de nos contemporains, loin de me rétracter, je m'applaudirai d'avoir présenté ce tableau à quiconque rougira ou ne rougira point de s'y reconnaître ; et sans acception des temps ni des personnes, je répèterai ce qu'a dit un homme célèbre en parlant de cette foule d'écrits hebdomadaires dont le public est inondé depuis un demi-siècle. « Tous ces papiers « sont la pâture des ignorants, la ressource de ceux « qui veulent parler et juger sans lire, le fléau et le « dégoût de ceux qui travaillent. Ils n'ont jamais fait « produire une bonne ligne à un bon esprit, ni « empêché un mauvais auteur de faire un mauvais « ouvrage. » (DIDEROT.)

Qu'il me soit permis de terminer cet article par un souhait que l'amour des lettres m'inspire, et que j'ai fait autrefois pour moi-même. On voyait à Sparte les vieillards assister aux exercices de la jeunesse, l'animer par l'exemple de leur vie passée, la corriger par leurs reproches, et l'instruire par leurs leçons. Quel avantage pour la république littéraire, si des auteurs blanchis dans de savantes veilles, après s'être mis par leurs travaux au-dessus de la rivalité et des faiblesses de la jalousie, daignaient présider aux essais des jeunes gens et les guider dans la carrière ; si ces maîtres de l'art en devenaient les critiques ; si, par exemple, les auteurs de *Rhada-*

miste et d'*Alzire** voulaient bien examiner les ouvrages de leurs élèves qui annonceraient quelque talent ! Au lieu de ces extraits mutilés, de ces analyses sèches, de ces décisions ineptes, où l'on ne voit pas même les premières notions de l'art, on aurait des jugements éclairés par l'expérience et prononcés par la justice. Le nom seul du critique inspirerait du respect ; l'encouragement serait à côté de la correction : l'homme consommé verrait d'où le jeune homme est parti, où il a voulu arriver, s'il s'est égaré dès le premier pas ou sur la route, dans le choix ou dans la disposition du sujet, dans le dessein ou dans l'exécution ; il lui marquerait le point où a commencé son erreur ; il le ramènerait sur ses pas ; il lui ferait apercevoir les écueils où il s'est brisé, et les détours qu'il avait à prendre ; enfin il lui enseignerait non-seulement en quoi il a mal fait, mais comment il eût pu mieux faire ; et le public profiterait des leçons données au poète. Cette espèce de critique, loin d'humilier les auteurs, serait une distinction flatteuse pour leurs ouvrages ; on y verrait un père qui corrigerait son enfant avec une tendre sévérité, et qui pourrait écrire à la tête de ses conseils :

Disce, puer, virtutem ex me verumque laborem.
MARMONTEL, *Éléments de Littérature*.

* Ils étaient vivants lorsqu'on écrivait cet article.

MÊME SUJET.

La vraie critique est l'application du goût et du bon sens aux beaux-arts. L'objet qu'elle se propose est de distinguer ce qui est louable de ce qui est défectueux dans toute espèce de composition; de s'élever des exemples particuliers aux principes généraux; et de former ainsi des règles ou conclusions relatives aux différents genres de beauté dans les ouvrages de génie.

Les règles de la critique ne sont établies sur aucune induction *à priori*, pour me servir de l'expression consacrée ; c'est-à-dire qu'elles ne sont pas établies sur une suite de raisonnements abstraits, indépendants des faits et des observations. La critique est un art entièrement fondé sur l'expérience et sur l'observation des beautés qui ont le plus généralement obtenu le suffrage des hommes. Par exemple, les règles d'Aristote sur l'unité d'action dans les compositions épiques et dramatiques n'avaient pas été découvertes immédiatement par des raisonnements logiques, et ensuite appliquées à la poésie; mais elles avaient été tirées de la pratique d'Homère et de Sophocle; elles étaient fondées sur l'observation du plaisir que nous éprouvons au récit d'une action qui est une et entière, plaisir bien supérieur à celui que nous donne la narration de faits isolés et sans liaison. De telles observations, nées d'abord du sentiment et de l'expérience, ont été trouvées à l'examen si conformes à la raison et aux principes de la nature humaine qu'elles ont passé en règles établies, et ont été convenablement appliquées pour apprécier le mérite de toute composition. Telle est l'idée la plus naturelle de l'origine de la critique.

Blair, *Cours de Rhétorique*.

CTÉSIAS, contemporain de Xénophon, naquit à Gnide. Il se livra de bonne heure à l'étude de la médecine, qui était héréditaire dans la famille des Asclépiades, à laquelle il appartenait. Ayant été fait prisonnier à la bataille que Cyrus le jeune livra à son frère Artaxerce Mnémon, il guérit celui-ci d'une blessure qu'il avait reçue pendant le combat, et resta attaché à la cour de Perse en qualité de médecin. Pendant dix-sept ans qu'il demeura dans ce pays, il fut employé à diverses négociations auprès des Grecs, et écrivit en vingt-trois livres, l'histoire des Assyriens, des Mèdes et des Perses. Il prétendait avoir puisé les matériaux de cette histoire dans les archives des rois de Perse; mais outre que l'existence de ces archives est douteuse, les anciens eux-mêmes ont reconnu que les écrits de Ctésias sont pour la plupart fabuleux. Diodore de Sicile et Trogue Pompée ont cependant tiré des six premiers livres de Ctésias l'histoire des anciens empires de l'Asie.

On trouve les fragments qui nous restent de Ctésias à la suite de plusieurs éditions d'Hérodote. Larcher les a traduits en français dans la seconde édition de sa traduction de cet historien.

CUVIER (George, le baron), l'un des naturalistes les plus distingués de notre époque, naquit à Montbéliard (Doubs), le 25 août 1769. Il fut élevé dans la croyance luthérienne que professaient ses parents qui, profitant des dispositions heureuses et de l'intelligence précoce que montrait leur fils, donnèrent tous leurs soins à son éducation. Il fut mis au collège de Montbéliard d'où il sortit, à quatorze ans, après avoir terminé ses humanités par de brillants succès qui laissaient déjà prévoir que l'élève qui les avait remportés ne serait pas un homme ordinaire. Les moments de loisir de ses travaux classiques avaient été employés à l'étude du dessin, qu'il cultivait déjà d'une manière remarquable. Son père, officier dans le régiment suisse de Waldner, aurait désiré qu'il suivît la même carrière; mais M. Cuvier, d'une santé faible, et n'ayant point les goûts militaires, mit dans l'état ecclésiastique toutes ses espérances. Il ambitionnait une bourse à l'université de Tubingen : il concourut pour l'obtenir; il la méritait : mais la partialité d'un maître vint changer sa carrière. Pour réparer l'injustice dont il avait été victime, le prince lui accorda une bourse dans l'école militaire qu'il avait formée à Stuttgard. De cet établissement sont sortis bien des sujets distingués : M. Cuvier y trouva pour condisciple le célèbre Schiller. L'étude du droit et de l'histoire naturelle fut l'objet principal de ses travaux; ses progrès furent rapides, et les succès qu'il mérita ne furent pas moins remarquables que ceux qu'il avait obtenus dans un âge plus tendre. A dix-huit ans, il avait déjà rassemblé un herbier considérable, et avait peint avec beaucoup de soin les insectes qu'il avait été à portée d'observer. C'est à cette époque qu'il sortit de l'école. Le peu de fortune de ses parents lui fit accepter une place de précepteur, chez M. le comte d'Héricy, en Normandie. Il profita des loisirs que lui laissait cet emploi pour agrandir ses connaissances en histoire naturelles : le voisinage de la mer lui donna l'idée d'en examiner les productions, et de jeter les fondements d'une classification nouvelle des animaux nombreux et variés que Linnéus et ses successeurs avaient confondus sous le nom de *vermes*. M. Cuvier vint à Paris dans les premières années de la révolution ; et ses premiers essais publics le placèrent de suite au rang des naturalistes dont les talents honoraient la France. En 1801, il fut appelé à la première classe de l'Institut et aux écoles centrales, pour lesquelles il publia son *Tableau élémentaire de l'histoire naturelle des animaux*, ouvrage qui le place à la tête des zoologistes. Il fut ensuite appelé à suppléer M. Mertrud, à la chaire d'anatomie comparée du Muséum, et successivement aux fonctions les plus importantes de l'instruction publique. Outre l'ouvrage dont on vient de parler, M. Cuvier a publié : *Leçons d'anatomie comparée*, 1800—1805, 5 vol. in-8° ; *Recherches anatomiques sur les reptiles regardés encore comme douteux*, 1807, in-4° ; *Recherches sur les ossements fossiles des quadrupèdes*, 1812, 4 vol. in-4° ; *Mémoires pour servir à l'histoire de l'anatomie des mollusques*, 1 vol. in-4° ; quelques *Mémoires* sur d'autres parties de l'histoire naturelle ; et un recueil d'*Éloges* prononcés par lui, comme secrétaire perpétuel de l'Académie des sciences. Parmi les notes nombreuses dont M. Cuvier a enrichi beaucoup d'ouvrages modernes, on distinguera celles des trois premiers chants du poème des *Trois Règnes de la nature*, de Delille.

Ph. T.

CYPRIEN (saint), THASCIUS COECILIUS CYPRIANUS. On présume qu'il naquit à Carthage, puisqu'il y a passé les premières années de son enfance. Le diacre Ponce, qui a écrit la vie de saint Cyprien, et qui lui était particulièrement attaché, pouvait mieux que personne éclaircir ce fait et préciser l'époque de sa naissance : néanmoins il garde le silence sur tout ce qui s'est passé avant la conversion de saint Cyprien. On sait seulement que lorsqu'il professait la religion païenne, il donna, avec beaucoup de succès, des leçons d'éloquence dans la ville de Carthage. Lié intimement avec le prêtre Coecilius, il reconnut bientôt l'excellence de la religion chrétienne et les absurdités du paganisme. L'an 246, il reçut le baptême ; et quoiqu'il ne fût que néophite, il fit vœu de continence, vendit ses biens, en distribua la valeur aux pauvres, et se livra à l'étude des livres saints. A la mort de Donat, évêque de Carthage, saint Cyprien, deux ans après son baptême, fut appelé à lui succéder par le suffrage unanime du peuple et du clergé. Sa modestie lui faisant envisager cet honneur comme

CYPRIEN (SAINT). 435

au-dessus de ses forces, il refusait de l'accepter mais le vœu général le plaça, malgré ses oppositions, sur la chaire de Carthage. Dès qu'il fut évêque, il s'occupa sans relâche de l'instruction de son peuple et du bien de la religion, tant par la parole que par ses écrits : il fut le père des pauvres, et la lumière du clergé.

La persécution que l'empereur Dèce fit peser sur les chrétiens, en 250, força saint Cyprien de s'éloigner de Carthage : il avait été dénoncé aux magistrats, et on avait même demandé en plein théâtre qu'il fût livré aux lions. Mais de loin comme de près il ne cessa de veiller sur les chrétiens par ses soins et par ses exhortations. Lorsque l'orage fut dissipé, saint Cyprien, de retour à Carthage, se signala par la fermeté avec laquelle il résista à ceux des chrétiens dont la foi avait fléchi pour se soustraire au martyre, et assembla un concile pour régler la conduite que l'on devait tenir à l'égard des *tombés*; car c'est ainsi qu'on les appelait : ce concile eut lieu en 251.

En 257, sous l'empereur Valérien, le feu de la persécution se ralluma. Saint Cyprien, mandé devant le proconsul Cespasius Paternus, avoua sa croyance, et fut exilé à Currube, à douze lieues de Carthage. Au bout de onze mois, on lui ordonna d'aller habiter les jardins qu'il possédait près de cette dernière ville ; mais peu de temps après, des soldats vinrent l'en arracher, et il comparut devant Maxime. Ce magistrat, de la part de l'empereur, lui intima l'ordre de sacrifier. Saint Cyprien s'y étant refusé, fut conduit au supplice. Il eut la tête tranchée le 14 septembre 258, le même jour précisément qu'en 257, il avait prédit qu'il subirait le martyre dans un an. « Il fut regretté, dit un his-« torien, par les paiens même, qui s'étaient bien « emportés contre lui dans les accès de leur fanatis-« me; mais qui se souvinrent bientôt, les larmes aux « yeux, que toujours il les avait confondus dans ses libé-« ralités charitables, avec ses ouailles les plus chères. »

Des ambassadeurs de Charlemagne, revenant de Perse, obtinrent du roi mahométan d'Afrique, la permission d'ouvrir le tombeau de saint Cyprien, et d'emporter ses reliques en France. Elles furent déposées dans la ville d'Arles, et transportées ensuite à Lyon. On a, sur cette translation, un poème composé par Leidrade, archevêque de cette dernière ville. Charles-le-Chauve les fit enfin placer dans l'abbaye de Saint-Corneille, qu'il venait de faire bâtir à Compiègne.

Les ouvrages de saint Cyprien consistent en lettres et en divers traités. Les principaux sont : *De l'Habit des Vierges; des Tombés; de l'Unité de l'Église; de l'Oraison Dominicale; de la Mortalité; du Bien de la Patience; de l'Envie et de la Jalousie; trois livres de Témoignages contre les Juifs, et un livre en l'Honneur des Martyres.*

Parmi les différentes éditions des œuvres de ce père, on distingua celle d'Oxford, qui parut en 1682, et qui est due aux soins de deux évêques anglais. Mais on préfère avec raison celle commencée par Baluze et achevée par D. Maran, imprimée au Louvre, 1726, in-fol., et enrichie d'une préface et de la vie de saint Cyprien. On en a une traduction française, par Lombert, 1672, in-4°, avec des notes savantes et dans un ordre nouveau, d'après les mémoires du célèbre Le Maître.

Pʜ. T.

JUGEMENTS.

I.

L'éloquence de saint Cyprien est si grande qu'il en faudrait presque avoir autant que lui pour la représenter dignement. Or, comme je m'en reconnais très incapable, je m'adresserai à ceux qui en avaient eux-mêmes beaucoup, et qui l'ont louée sans lui faire tort. Et premièrement qui ne sait cette parole célèbre de saint Jérôme, « que les ouvrages de saint « Cyprien sont plus éclatants que le soleil? » Et ailleurs, après avoir dit de Tertullien qu'il est plein de beaux traits, mais qu'il s'exprime durement : « Ter« tullianus creber est in sententiis, sed difficilis in « loquendo, » il ajoute : « Saint Cyprien ressemble à « une source d'eau très pure dont le cours est doux « et paisible. » Par où l'on voit que le disciple valait bien pour le moins le maître. Car au rapport du même saint Jérôme, saint Cyprien ne passait jamais un jour sans lire quelque passage de Tertullien, et lorsqu'il le demandait à son secrétaire il lui disait : *Da Magistrum*, donnez-moi le maître. Aussi a-t-il imité beaucoup de choses de lui; mais il les a tellement embellies et rehaussées par cette manière nette et aisée qui lui était si naturelle, qu'il les a rendues siennes; ensorte que les mêmes matières qui paraissent sèches et comme brutes dans Tertullien, sont tellement brillantes et fleuries dans notre auteur qu'elles ne sont pas reconnaissables. Lactance qui, pour la beauté et la pureté de son style, a mérité le titre de Cicéron chrétien, n'en parle pas moins avantageusement que saint Jérôme : « Saint Cyprien, « dit-il, s'était acquis beaucoup de réputation dans « la profession d'orateur, et il a écrit quantité de « choses admirables en leur genre. Car il avait un « esprit facile, abondant, agréable et une grande « netteté, ce qui est une des plus belles qualités du « discours; son style est orné, son expression facile, « son raisonnement plein de force et de vigueur. Il « plaît, instruit, persuade, et possède ces trois qua- « lités à un si haut degré qu'il serait difficile de « dire dans laquelle il excelle le plus. »

C'est donc avec raison que saint Augustin l'appelle un grand orateur, *Magnus orator Cyprianus*, et qu'il propose ses écrits comme un modèle des trois genres d'éloquence. Car, dans son quatrième livre *de la Doctrine chrétienne*, après avoir parlé de l'éloquence de l'écriture qui est d'un autre ordre, il met en tête des orateurs chrétiens saint Cyprien, et rapporte plusieurs exemples qu'il tire de ses ouvrages comme des règles d'une éloquence vraiment ecclésiastique. Ailleurs même il ne feint point de le mettre sous ce rapport au-dessus de lui, quoiqu'on sache combien saint Augustin est éloquent, et de dire qu'il n'oserait comparer ses écrits avec plusieurs de ses lettres : « Ejus viri, cujus laudem « consequi non valeo, cujus multis litteris mea scripta

« non comparo, cujus ingenium diligo, cujus ore
« delector. »

Mais cette éloquence qui fait une partie de sa gloire, et qui est si belle dans l'original, est ce qui rend la traduction de ses œuvres plus difficile. Car le génie des langues est si différent, que ce qu'on admire en latin serait souvent froid et languissant en français, si l'on voulait suivre son auteur pas à pas et en rendre toutes les paroles. Ajoutez à cela que le style de saint Cyprien est quelquefois un peu trop fleuri et trop étendu. Et quoiqu'il soit plus régulier dans ses autres pièces que dans sa lettre à Donat, néanmoins, comme un homme ne peut pas entièrement changer d'esprit, elle se ressentent toujours de cette abondance de paroles que saint Augustin appelle *spumosus verborum ambitus*.

LOMBERT, *Trad. des Œuvres de saint Cyprien.*

II.

Quoique son style et sa diction sentent l'enflure de son temps et la dureté africaine, il a pourtant beaucoup de force et d'éloquence : on voit partout une grande âme, une âme éloquente, qui exprime ses sentiments d'une manière noble et touchante; on y trouve en quelques endroits des ornements affectés, par exemple dans l'épître à Donat, que saint Augustin * cite néanmoins comme une épître pleine d'éloquence. Ce père dit que Dieu a permis que ces traits d'une éloquence affectée aient échappé à saint Cyprien, pour apprendre à la postérité combien l'exactitude chrétienne a châtié dans tout le reste

* De doct. Christ.

de ses ouvrages ce qu'il y avait d'ornements superflus dans le style de cet orateur, et qu'elle l'a réduit dans les bornes d'une éloquence plus grave et plus modeste. C'est, continue saint Augustin, ce dernier caractère marqué dans toutes les lettres suivantes de saint Cyprien, qu'on peut aimer avec sûreté, et chercher suivant les règles de la plus sévère religion, mais auquel on ne peut parvenir qu'avec beaucoup de peine. Dans le fond, l'épître de saint Cyprien à Donat, quoique trop ornée, au jugement de saint Augustin, mérite d'être appelée éloquente : car, encore qu'on y trouve, comme il dit, un peu trop de fleurs semées, on voit bien néanmoins que le gros de l'épître est très sérieux, très vif, et très propre à donner une haute idée du christianisme à un païen qu'on veut convertir. Dans les endroits où saint Cyprien s'anime fortement, il laisse là tous les jeux d'esprit ; il prend un tour véhément et sublime.

FÉNELON, *IIIe Dialogue sur l'Éloquence.*

CYRILLE (SAINT), patriarche d'Alexandrie, fut élevé parmi les solitaires de Nitrie : né avec un esprit subtil et pénétrant, il joignit la connaissance des auteurs profanes à l'étude approfondie des écrivains sacrés. Théophile, son oncle, alors patriarche d'Alexandrie, lui permit de prêcher l'évangile et d'instruire les catéchumènes qui ne recevaient le baptême qu'après deux ans d'épreuves. L'éloquence de saint Cyrille lui fit bientôt une si grande réputation, que de toutes parts on accourait pour l'en-

CYRILLE (SAINT). 441

tendre et l'applaudir. En 403, il assista au conciliabule du Chesne, qui condamna saint Chrysostome; mais après la mort de son oncle à qui il succéda, en 412, il rétablit la mémoire de cet illustre prélat. Saint Cyrille mourut le 28 juin 444, après avoir gouverné l'église d'Alexandrie pendant quarante-deux ans. Il sera toujours regardé comme un des plus ardents défenseurs de la vérité, malgré quelques écrivains protestants qui ont cherché à ternir sa mémoire.

Saint Cyrille écrivait avec beaucoup de facilité; et quoiqu'il prodigue l'érudition, il abonde en réflexions judicieuses et solides. Photius observe qu'il s'était fait un style singulier; que l'élégance, le choix des expressions ne sont pas le caractère distinctif de ses écrits; mais que pourtant, malgré la privation de ces avantages, ils méritent une place distinguée par la justesse et la précision avec lesquelles ils expliquent les dogmes sacrés. Les plus estimés sont *le Traité de la Trinité* intitulé *le Trésor*, et les *livres* contre Nestorius et Julien l'apostat. Les autres ouvrages de saint Cyrille sont : *Traité de l'adoration*; treize *livres* appelés *Glaphyres*, c'est-à-dire *profonds et agréables*; des *Commentaires sur Isaïe, sur les douze petits prophètes, et sur l'Évangile de saint Jean*; trois *Traités sur la Foi*; les douze *Anathématismes*; *Livre contre les Anthropomorphites*; vingt-neuf *Homélies sur la Pâque*, et des *Lettres canoniques*. La meilleure édition de ses œuvres est celle de Jean Aubert, chanoine de Laon, en grec et en latin, 1638, 6 vol. in-fol.

DACIER (André), fils d'un avocat, naquit à Castres, le 6 avril 1651. Quand ses études furent terminées, son père l'envoya à l'Académie de Saumur, pour suivre les leçons du célèbre Tanneguy-Lefèvre, qui, charmé de ses heureuses dispositions, l'associa aux études de sa fille. Le jeune littérateur en devint bientôt épris; mais la mort de Lefevre l'obligea de s'en séparer et de retourner chez son père. Le désir de s'instruire encore, et de se distinguer dans la littérature, amena bientôt le jeune Dacier à Paris. Présenté au duc de Montausier à qui il avait été particulièrement recommandé, il fut admis au nombre des *interprètes dauphins*, et chargé de faire un commentaire sur *Pomponius-Festus*. La tâche était difficile; il sortit pourtant de l'épreuve avec honneur; et cet ouvrage qui fut imprimé à Paris, en 1681, l'annonça de la manière la plus avantageuse. Ce fut vers ce temps qu'il retrouva à Paris l'ancienne compagne de ses études, mademoiselle Lefèvre, qui venait de donner son excellente édition de *Callimaque*; leurs premiers sentiments se réveillèrent, et la conformité de leurs travaux acheva de les lier. Leur mariage eut lieu au commencement de 1683. Deux ans après, ils abjurèrent solennellement la religion protestante, et plusieurs mois avant qu'il fut question de la révocation de l'édit de Nantes. Aucune vue d'ambition ou de fortune ne les décida à cette renonciation, comme on pourrait le supposer : ils vivaient tranquilles et assez retirés, exclusivement occupés de leurs travaux littéraires. Les sociétés savantes ouvrirent leurs portes à Dacier : l'Académie française l'admit au nombre de ses membres en 1695, et il en devint par la suite le secrétaire perpétuel. Voltaire caractérise Dacier«homme plus savant qu'écrivain élégant *mais « à jamais utile par ses traductions et par quelques-« unes de ses notes. » Il n'a jamais donné que des traductions d'auteurs grecs et latins; et son enthousiasme pour ces langues était porté à un si haut degré qu'il ne pouvait se résoudre à trouver des torts ou des défauts à leurs écrivains, et, pour justifier ceux qu'on leur reprochait, il soutenait les plus étranges paradoxes. Sa traduction des *OEuvres d'Horace*, Paris, 10 vol. in-12. 1681-89, avec des notes historiques et critiques est bien loin de nous retracer la grace et l'élégance de ce poète; mais l'érudition des remarques peut, dans quelques parties, être d'un grand secours pour l'intelligence de l'auteur. On trouve généralement supérieure sa traduction de la *Poétique d'Aristote*. Paris, 1692, 1 vol. in-4° et in-12, avec des notes explicatives et une préface justement admirée. Les *Vies de Plutarque*, Paris, 1721, 8 vol. in-4° qu'il a aussi traduites offrent une version plus fidèle que celle d'Amyot; elle est cependant beaucoup moins lue, parce que son style lourd et recherché est bien inférieur aux graces et à la simplicité du vieux langage d'Amyot. « Il connaissait tout des « anciens, dit un homme d'esprit, hors la grace et « la finesse. »

Dacier a encore traduit les *Réflexions morales de*

* Boileau disait, en parlant de Dacier, « Il fuit les graces et les graces « le fuient. » F.

l'empereur Marc-Antonin, avec des remarques et la vie de ce prince, Paris, 1690, 2 vol. in-12, l'*OEdipe* et l'*Électre* de Sophocle, avec des remarques, 1692, 1 vol. in-12. Les *OEuvres d'Hippocrate*, 1697, 2 vol. in-12; quelques fragments des *OEuvres de Platon*, 1699, 2 vol. in-12. Le *Manuel d'Épictète*, 1715, 2 vol. in-12, etc.

Il avait été nommé garde du cabinet du Louvre; c'est là qu'il mourut le 18 septembre 1722, deux ans après son épouse dont il regrettait vivement la perte. *Voyez* PLUTARQUE.

Ph. T.

DACIER (Anne LEFEVRE), épouse du précédent, naquit à Saumur en 1651. Tanneguy-Lefèvre, son père, célèbre professeur à l'Académie de cette ville, n'avait point l'intention de donner à sa fille l'éducation d'une savante. Exclusivement livré à l'instruction de son jeune fils, il lui donnait souvent des leçons en présence de sa fille, qui, occupée de quelque ouvrage de son sexe, paraissait ne porter aucune attention à des études souvent abstraites. Un jour le jeune écolier, embarrassé d'une question un peu difficile, hésitait et ne pouvait répondre. Sa sœur, pour le tirer de peine, lui glissa tout bas la réponse. Surpris et charmé de cette découverte, Lefèvre partagea ses soins entre ses deux enfants, et bientôt les progrès de l'écolière étonnèrent le maître lui-même. En peu de temps, elle apprit le latin et le grec de manière à pouvoir lire très facilement Horace, Térence, Anacréon et Homère. C'est vers le temps de ses études que le jeune Dacier, admis à partager les leçons du célèbre professeur, lui inspira les sentiments les plus tendres : mademoiselle Lefèvre l'épousa après la mort de son père (*Voyez* l'article précédent). Lorsqu'elle arriva à Paris, le duc de Montausier lui proposa de travailler à quelques-uns des auteurs latins destinés à l'éducation du dauphin : sa modestie lui fit d'abord refuser une tâche qu'elle regardait comme au-dessus de ses forces ; mais de nouvelles instances la décidèrent, et elle se chargea de commenter *Aurelius Victor*, *Florus*, *Dictys Cretensis* et *Dares Phrygius*. Le succès qu'obtinrent ces ouvrages l'encouragea, et bientôt elle donna sa traduction des *Poésies d'Anacréon et de Sapho*, avec des remarques, Paris, 1681, in-12. Boileau disait, en parlant de cette traduction, qu'elle devait faire tomber la plume des mains à tous ceux qui entreprendraient de traduire ces poésies en vers. Elle publia ensuite une traduction des trois comédies de Plaute, l'*Amphitryon*, le *Rudens* et l'*Epidicus*, Paris, 1683, 3 vol. in-12*. Elle fût suivie de celle du *Plutus* et des *Nuées* d'Aristophane, avec des remarques et un examen de chaque pièce, 1684, in-12. C'est la première traduction française que l'on ait essayée de ce fameux comique. Madame Dacier traduisit ensuite l'*Iliade* et l'*Odyssée* d'Homère : elle y joignit une préface

---

* Lorsque Molière fit jouer sa comédie d'*Amphitryon*, madame Dacier composa une dissertation pour prouver qu'il était resté fort au-dessous de Plaute ; mais ayant appris que notre grand comique travaillait à une comédie des *Femmes savantes*, elle supprima sa dissertation.

et des notes pleines d'érudition. Ces deux ouvrages ont été réimprimés en 1756, 8 vol. in-12. Cette traduction fit naître une dispute entre madame Dacier et La Motte, détracteur outré des anciens, autant que madame Dacier en était enthousiaste. Dans ses *Considérations sur les causes de la corruption du goût*, publiées en 1714, elle soutint la cause d'Homère avec un emportement un peu fanatique. La Motte ne lui opposa que de l'esprit. « Son ouvrage, dit un écrivain ingénieux, semblait « avoir été écrit par une femme aimable et spiri- « tuelle, et celui de madame Dacier par un pédant « de collège. » Cette attaque fut le signal de cette guerre célèbre des anciens et des modernes, où Boileau prit une part si active, et dont il contribua sur-tout à déterminer le succès. Aussi ce grand critique, cet admirateur si éclairé des anciens, faisait-il un cas particulier de madame Dacier, qu'il plaçait, dans son estime, infiniment au-dessus de son mari.

On doit encore à madame Dacier une traduction de *Callimaque*, Paris, 1674, et des *Comédies de Térence*, 1688, 3 vol. in-12. Elle a aussi publié : *Homère défendu contre l'apologie du R. P. Hardoin*, Paris, 1716, in-12. C'est encore un factum en faveur de son poète chéri. On doit lui savoir gré du courage qu'elle montra pour soutenir une cause qui avait alors grand besoin d'appui; et l'on ne peut se dissimuler que son opinion, aussi savamment appuyée, servit à faire pencher la balance. Bien loin de tirer vanité des avantages flatteurs que ses rares connaissances lui attiraient de tous côtés, madame Dacier n'était en société remarquable que par sa modestie : elle évitait avec soin les conversations savantes, et ceux qui ne la connaissaient pas ne pouvaient voir en elle qu'une femme simple et très ordinaire. L'intérieur de sa maison l'occupait beaucoup. Bien différente de ces femmes qui, fières d'un peu d'instruction, négligent leur ménage et leurs enfants comme des occupations indignes d'elles, madame Dacier consacrait tous ses soins à l'éducation de ses deux filles, et d'un fils qui promettait, par ses brillantes dispositions, de se rendre digne de sa mère. Malheureusement il mourut, à peine âgé de onze ans. L'aînée de ses filles se fit religieuse à l'abbaye de Longchamps, et la seconde mourut à dix-huit ans. On ne peut lire sans attendrissement les regrets que sa mère a consacrés à sa mémoire dans la préface de son *Iliade*. Madame Dacier, en 1684, avait été admise au nombre des membres de l'Académie des *Ricovrati* de Florence; et la survivance de son époux à la place de bibliothécaire du roi lui avait été accordée; distinction honorable dont sa mort, arrivée le 17 août 1720, l'empêcha de jouir.

Ph. T.

JUGEMENT.

Nous devons à madame Dacier la traduction d'Homère la plus fidèle par le style, quoiqu'elle manque de force, la plus instructive par les notes, quoiqu'on y désire la finesse du goût. On remarque sur-tout qu'elle n'a jamais senti que ce qui devait plaire aux Grecs dans ces temps grossiers, et ce qu'on respectait déjà comme ancien dans des temps postérieurs plus éclairés, aurait pu déplaire, s'il avait été écrit du temps de Platon et de Démosthène; mais enfin, nulle femme n'a rendu plus de services aux lettres. Madame Dacier est un des prodiges du siècle de Louis XIV. Le duc de Montausier la fit travailler à l'un de ces livres que l'on nomme *Dauphins*, pour l'éducation de Monseigneur. Le *Florus* avec des notes latines est d'elle. Ses traductions de *Térence* et d'*Homère* lui font un honneur immortel. On ne pouvait lui reprocher que trop d'admiration pour tout ce qu'elle avait traduit. La Motte ne l'attaqua qu'avec de l'esprit, et elle ne combattit qu'avec de l'érudition. (*Voyez* HOMÈRE).

VOLTAIRE, *Siècle de Louis XIV.*

DACTYLE. L'un des pieds de la poésie métrique, composé d'une syllabe longue et de deux brèves, comme dans ce mot, cārmĭnĕ.

Les vers français les plus nombreux sont ceux où le rhythme du dactyle est le plus fréquemment employé. Les poètes qui composent dans le genre épique, où il importe sur-tout de donner aux vers la cadence la plus marquée, doivent avoir l'attention d'y faire entrer le dactyle le plus souvent qu'il est possible. Les anciens nous en ont donné l'exemple, puisque dans le vers asclépiade, qui répond à notre vers de douze syllabes, ils se sont fait une règle invariable d'employer trois fois le dactyle : au second pied avant l'hémistiche, et aux deux pieds qui terminent le vers.

Sūblīmī fĕrĭăm sīdĕrā vērtĭcĕ.

Il est vrai que dans notre langue les dactyles sont rares; mais les dactyles renversés, les anapestes, ᴜᴜ-, y sont fréquents; et la rapidité en est la même, avec moins de légèreté : car le dactyle appuie sur la première syllabe et coule sur les deux dernières; au lieu que l'anapeste, après avoir passé rapidement les deux premières, a la dernière pour appui. Ainsi le dactyle s'élance, et l'anapeste se précipite. Mais ce renversement lui-même est favorable à la poésie héroïque; et le vers asclépiade pur, c'est-à-dire avec trois dactyles, n'aurait peut-être pas assez de gravité pour l'épopée et pour la tragédie. L'avantage de l'anapeste sur le dactyle est le même, à cet égard, que celui de l'iambe sur le chorée. *Voyez* NOMBRE.

MARMONTEL., *Éléments de Littérature*.

DANCHET (ANTOINE), poète français, naquit à Riom, en Auvergne, le 7 septembre 1671, de parents pauvres qui ne purent subvenir aux frais de son éducation.

Plein du désir de s'instruire, il vint à Paris, où il fut obligé de donner des leçons pour se créer quelques ressources. Il enseignait pour apprendre, et la modique rétribution que lui payaient ses écoliers l'aidait à prendre les leçons des meilleurs professeurs.

Danchet ne tarda pas à rivaliser avec ses maîtres. En 1691, étant encore élève au collége de Louis-le-Grand, il fit, sur la prise de Nice et de Mons, une pièce de vers latins qui lui valut la chaire de rhétorique à Chartres. Après l'avoir occupée pendant quatre ans, il revint à Paris, où l'appelait son goût décidé pour la poésie dramatique. Il abandonna l'instruction publique, et se livra tout entier au théâtre. Il composa quatre tragédies médiocres : *Cyrus*, *les Tyndarides*, *les Héraclides*, et *Nitétis*. Ses opéra eurent plus de succès. *Hésione*, *Aréthuse*, *Tancrède*, *les Muses*, *Télémaque*, *Alcine*, *les Fêtes-Vénitiennes*, *Idoménée*, *les Amours de Mars et de Vénus*, *Téléphe*, *Camille*, *Achille et Déïdamie*, furent ses titres d'admission à l'Académie française, en 1712. Son opéra d'*Hésione*, joué la première année du XVIIIe siècle, lui mérita principalement sa réputation comme poète lyrique.

Danchet mourut à Paris, le 21 février 1748, âgé de soixante-dix-sept ans. Il avait été reçu à l'Académie des inscriptions en 1706, et avait occupé une place à la bibliothèque du roi. Son théâtre, avec quelques poésies diverses peu remarquables, a été imprimé en 4 vol. in-12. Paris, 1751.

Voici un de ses madrigaux qui, sous le rapport de la pensée, offre un mélange gracieux du sacré et du profane :

>   Et la fable et la vérité
>   Font voir ce que peut la beauté.
>   Adam, trop épris de ses charmes,
>   Renonce à de célestes biens.
>   Pâris met l'Asie en alarmes,

DANCOURT.

> Et fait périr tous les Troyens.
> C'est une pomme infortunée,
> Qui d'une affreuse destinée
> Fait tomber sur eux le courroux....
> En voyant ces attraits si doux,
> Dont les graces vous ont ornée
> Adam l'aurait prise de vous,
> Et Pâris vous l'aurait donnée.

Voltaire fit à Danchet, pour son admission à l'Académie, l'application du *beati pauperes spiritu*. (Math., c. 5, v. 3.)

> Danchet, si méprisé jadis,
> Apprend aux pauvres de génie
> Qu'on peut gagner l'Académie,
> Comme on gagne le Paradis.

Et Piron a composé un petit poème badin intitulé : *Danchet aux champs Élysées*.

D'AGUESSEAU. *Voyez* AGUESSEAU.

D'ALEMBERT. *Voyez* ALEMBERT.

DANCOURT (FLORENT CARTON, sieur), acteur et auteur comique français, naquit d'une famille noble, à Fontainebleau, le 1er novembre 1661.

Il fit de bonnes études à Paris sous le père Charles Delarue, célèbre jésuite, qui voulut l'engager dans la compagnie de Jésus. Mais une vocation bien différente l'empêchait de seconder les projets de son maître.

Reçu avocat au parlement de Paris, il exerça

quelque temps avec distinction cette honorable profession; mais l'amour changea bientôt sa destinée. Éperdument épris de Thérèse Lenoir, fille du comédien La Thorillière, il l'enleva, l'épousa en 1680, et se fit admettre avec elle dans la troupe des comédiens du roi, à la rentrée de Pâques 1685.

Dancourt ne voulait pas se borner au rôle d'interprète; il devint auteur, et obtint de nouveaux succès, que sa facilité de composition ne se lassa pas de multiplier pendant trente-trois ans.

Sa première pièce, le *Notaire obligeant* ou *les Fonds perdus*, suivit de près ses débuts. Elle eut treize représentations de suite.

Parmi ses ouvrages dramatiques, qui sont au nombre de soixante environ, presque tous en prose, on remarque *le Chevalier à la mode*, *les Bourgeoises à la mode*, *les Vendanges de Suresnes*, *les Vacances*, *les Bourgeoises de qualité*, *le Mari retrouvé*, *les Trois Cousines*, et *le Galant Jardinier*.

Saint-Yon passe pour être le principal auteur du *Chevalier* et des *Bourgeoises à la mode*. Il paraît qu'ayant prié Dancourt de leur servir d'introducteur à la scène, ce dernier les aurait présentés sous son nom. Saint-Yon réclama la paternité des *Bourgeoises*, mais en avouant qu'elles devaient beaucoup de reconnaissance à leur père adoptif.

Dancourt exploitait habilement, dans ses pièces, la chronique scandaleuse de la ville et de la cour. On peut dire qu'il a créé le genre villageois, et qu'il a su retracer avec une grande fidélité la malice et la naïveté des paysans.

Il s'est essayé dans le genre tragique; mais il n'a pas été heureux. Les frères Parfaict lui attribuent la *Mort d'Alcide*, et prétendent que cette tragédie fut représentée six fois en 1704, mais qu'elle n'est pas imprimée. La *Bibliothèque française* dit au contraire que la *Mort d'Alcide* a été imprimée, mais qu'elle n'est pas de Dancourt.

La meilleure édition de ses œuvres est de 1760, 12 vol. in-12, contenant cinquante-trois pièces, avec la musique des couplets et ariettes. On ne trouve pas dans ses œuvres *les Nouvellistes de Lille*, 1683, ni *le Bon Soldat*, comédie de R. Poisson, qu'il avait retouchée.

Quelques bibliographes lui attribuent : *Angélique et Médor*, *Merlin Déserteur*, *le Médecin de Chaudray*, *l'Éclipse*, comédie en un acte, *la Dame à la mode*, *le Carnaval de Venise*, et *la Belle-Mère*, comédie en cinq actes. La préface de la *Force du Sang*, comédie de Brueys, offre des documents sur cette dernière. On a donné les chefs-d'œuvre de Dancourt, 1783, 4 vol. in-12, et ses œuvres choisies, Paris, Didot, 1810, 5 vol. in-18. En 1718, Dancourt quitta le théâtre. Il se retira dans sa terre de Courcelle-le-Roi, en Berry, où il vécut comme un hermite, et composa une *Traduction des Psaumes*, et une *tragédie sacrée* dont le titre est inconnu.

Le 11 mai 1725, il perdit sa femme, qui était à peu près de son âge. Il ne lui survécut pas longtemps, et mourut le 6 décembre 1726. Son corps fut déposé dans un tombeau qu'il avait fait construire dans la chapelle de Courcelle-le-Roi.

Ils laissèrent deux filles qui se distinguèrent également dans la carrière théâtrale. La cadette, Mimi-Dancourt, femme d'esprit, était une excellente soubrette. Son père la consultait habituellement sur ses comédies, et trouvait en elle un juge sévère. Toutes deux firent un mariage honorable.

Lorsqu'une pièce nouvelle de Dancourt était mal accueillie du public, il allait souper chez le traiteur Chéret, à la Cornemuse, avec trois ou quatre amis qui le consolaient à ses dépens. Un matin, après la répétition de sa comédie des *Agioteurs*, il s'avisa de demander à sa fille Mimi, qui n'avait pas alors dix ans, ce qu'elle pensait de sa pièce. « Ah! « mon papa, répondit-elle, je pense que ce soir « vous irez souper à la Cornemuse. »

JUGEMENTS.

I.

Dancourt marche bien loin après Dufrény, et pourtant doit avoir son rang parmi les comiques du troisième ordre; ce qui est encore quelque chose. Son théâtre est composé de douze volumes, dont les trois quarts sont comme s'ils n'étaient pas; car s'il est facile d'accumuler les bagatelles, il n'est pas aisé de leur donner un prix. Cet auteur courait après l'historiette ou l'objet du moment, pour en faire un vaudeville qu'on oubliait aussi vite que le fait qui l'avait fait naître. De ce genre, sont *la Foire de Bezons, la Foire de Saint-Germain, la Déroute du Pharaon, la Désolation des Joueuses, l'Opérateur Barry, le Vert-Galant, le Retour des Officiers, les Eaux de*

Bourbon, *les Fêtes du Cours*, *les Agioteurs*, etc. Ses pièces, même les plus agréables, celles où il a peint des bourgeois et des paysans, ont toutes un air de ressemblance. Mais il n'en est pas moins vrai que *le Galant Jardinier, le Mari retrouvé, les Trois Cousines;* et *les Bourgeoises de qualité** seront toujours au nombre de nos petites pièces qu'on revoit avec plaisir. Il y a dans son dialogue, de l'esprit qui n'exclut pas le naturel : il rend ses paysans agréables sans leur ôter la physionomie qui leur convient, et il saisit assez bien quelques-uns des ridicules de la bourgeoisie.

LA HARPE, *Cours de Littérature*.

II.

Le Chevalier à la mode, les Bourgeoises de qualité, les Trois Cousines, le Galant jardinier, et quelques autres pièces de cet auteur fécond, sont remplies de gaieté, et ne sont pas indignes d'être représentées, même après les chefs-d'œuvre de Molière**.

Le Dialogue de Dancourt est très vif et très enjoué; mais l'auteur s'écarte souvent de l'objet de sa scène, pour montrer de l'esprit et pour courir après un bon mot. C'est pécher contre le naturel, dont la comédie ne saurait trop se rapprocher, et dans

---

* Pour compléter cette énumération, il faut y ajouter le *Chevalier à la mode*, regardé comme le chef-d'œuvre de son auteur, et celle de ses pièces qui se joue encore le plus souvent. H. P.

** Ce que Regnard était à l'égard de Molière dans la haute comédie, le comédien Dancourt l'était dans la farce. Beaucoup de ses pièces attirent encore un assez grand concours ; elles sont gaies ; le dialogue en est naïf.

VOLTAIRE, *Siècle de Louis XIV*.

laquelle toute plaisanterie qui n'est pas amenée par le sujet même, nuit à l'illusion précisément parce qu'elle est déplacée.

Malheureusement toutes les pièces de l'auteur se ressemblent un peu trop. Il n'a guère peint que des femmes d'intrigue et des chevaliers d'industrie : mais ce n'est pas un médiocre mérite que de les avoir peints d'une manière vraie et naturelle, tels enfin qu'on les voyait dans la société. Dancourt, par ce caractère de vérité qu'il a su donner à ses personnages, peut être regardé en quelque sorte comme le Ténier de la comédie.

PALISSOT, *Mémoires sur la Littérature.*

DANIEL (GABRIEL) né à Rouen le 8 février 1649, entra au noviciat des Jésuites de Paris en 1667. Il prononça ses derniers vœux en 1683, à Rennes, où il enseignait la théologie. Ayant été ensuite nommé professeur à Rouen, il fut chargé par Colbert, archevêque de cette ville, de donner un abrégé de théologie; mais un nouvel ordre l'empêcha de continuer cet ouvrage qui ne fut jamais terminé. C'est alors qu'il conçut le projet d'écrire son *Histoire de France.* Un séjour de plusieurs années qu'il fit à Rouen lui donna les moyens d'apporter tous ses soins à une entreprise si difficile : il s'en occupait avec ardeur, lorsqu'il fut envoyé à la maison professe de Paris, en qualité de bibliothécaire. C'est dans les loisirs que lui laissait cet emploi qu'il a composé un grand nombre d'ouvrages philosophiques, théologiques et historiques. Ses talents lui méritèrent de Louis XIV une pension de deux mille livres, avec le titre d'historiographe de France. Il mourut à Paris, d'une attaque d'apoplexie, le 23 juin 1728.

Ses principaux ouvrages sont : *Voyage autour du monde de Descartes*, publié en 1690; c'est une réfutation ingénieuse du système des tourbillons; elle a été traduite en latin, en italien et en anglais; il en a paru une suite en 1696, qui fut réimprimée en 1739, 2 vol. in-12 : *Entretiens de Cléante et d'Eudoxe sur les Lettres Provinciales*, 1694, in-12 : *Histoire de la milice française*, Paris 1721, 2 vol. in-4°, ouvrage original pour les recherches, et sous le rapport de l'exactitude militaire, mérite rare et étonnant dans un théologien. L'ouvrage le plus considérable du P. Daniel et celui qui a donné à son nom une juste célébrité, est son *Histoire de France*. Il y en a eu plusieurs éditions : la première en trois vol. in-fol. qui parut en 1713, fut dédiée et présentée à Louis XIV; la meilleure est certainement la dernière donnée et augmentée par le P. Griffet, 17 vol. in-4°, Paris, 1755—1760, ou 24 vol. in-12, Amsterdam, 1758. Quoique Voltaire, Mably, Millot, Lenglet-Dufresnoy aient amèrement critiqué cette *Histoire*, on doit avouer cependant que si plusieurs de leurs reproches sont fondés, beaucoup d'autres sont injustes : le P. Daniel raconte avec netteté et justesse; il est méthodique, simple, clair, et plus exact, plus impartial qu'on ne le croit communément.

JUGEMENTS.

I.

Le père Daniel rectifia les nombreuses erreurs où était tombé, dans les premières races, Mézeray, qui n'avait point puisé dans les meilleures sources. Mais c'est à peu près le seul mérite de cette grande histoire de Daniel, qui fut d'abord en vogue, et qui est depuis long-temps dans le rang des compositions qu'il ne faut consulter qu'avec défiance, et qu'on ne peut guère lire sans ennui. Daniel, à compter de la troisième race, et sur-tout du siècle de Louis XI, manque de véracité, dissimule ou dénature ce qu'il y a de plus essentiel : et du moment où les jésuites paraissent sur la scène du monde, il écrit moins les annales de chaque règne que le panégyrique ou l'apologie de son ordre, sur-tout dans ce qui concerne les temps de la Ligue et de notre Henri IV. Sa diction, d'ailleurs, manque trop souvent d'élégance et de noblesse.

La Harpe, *Cours de Littérature.*

II. Parallèle de Daniel et de Mézeray.

On peut dire de Mézeray et de Daniel, ce que Quintilien a dit de Salluste et de Tite-Live, *pares magis quam similes*. Mézeray a beaucoup plus le génie, le caractère et le style d'un historien ; on sent de la force, du nerf et de la supériorité dans sa manière d'écrire. Si sa diction n'est pas pure, il sait au moins penser noblement. Ses réflexions sont courtes et sensées, ses expressions quelquefois grossières, mais énergiques, et son histoire est semée de traits qui pourraient faire honneur aux meilleurs historiens de l'antiquité. Le père Daniel écrit d'une manière différente, son style sent le dissertateur plutôt que l'historien. Mézeray pense plus qu'il ne dit, et le père Daniel dit plus qu'il ne fournit à penser : mais d'un autre côté, celui-ci a beaucoup plus d'ordre, d'arrangement, de clarté dans la suite des faits. Il a débrouillé mieux que personne le chaos de la première race; sa composition, ou, pour parler en termes de peinture, son ordonnance est beaucoup meilleure que celle de Mézeray; et, puisque j'ai commencé une fois à me servir de cette image, le père Daniel est un Poussin pour la partie de la composition, mais il pèche comme ce peintre par la couleur; au lieu que Mézeray est un Rubens qui frappe les yeux par la force des traits et la vivacité du coloris, mais qui est quelquefois confus dans sa disposition.

D'AGUESSEAU, *IIe Instruction*.

DANTE ALLIGHIERI, poète florentin, qu'il suffit de nommer pour rappeler un homme qui, mêlé à tous les grands intérêts de l'époque où il a vécu, en a immortalisé le souvenir en imprimant à l'histoire et aux opinions de son siècle, le secours d'un génie puissant et créateur. Il naquit à Florence, au mois de mai 1265, d'une famille ancienne, riche et considérée, attachée au parti des Guelfes. *Durante* fut le nom qu'il reçut en naissant : on s'habitua, pendant son jeune âge, à y substituer le petit nom de *Dante* qu'il a toujours conservé. L'astrologie jouissait alors d'une grande faveur dans tous les esprits : Brunetto Latini, qui avait la réputation d'un savant astrologue, tira l'horoscope de l'enfant, à qui il pronostiqua une destinée glorieuse que lui mériteraient ses talents littéraires. Je ne sais jusqu'où pouvait aller le savoir de Brunetto ; mais il est certain que Dante a pleinement vérifié sa prédiction. Il perdit son père de bonne heure ; sa mère, qui le chérissait tendrement, confia son éducation aux soins de ce même Brunetto Latini, qui sans doute intéressé à ne pas faire mentir ses prédictions, lui fit faire des progrès rapides en grammaire, en philosophie, et dans les belles-lettres.

Une circonstance singulière qui a influé sur toute la vie du Dante, et particulièrement sur son talent, lui inspira ses premiers vers. Il n'avait guère que neuf ans, quand le hasard, dans une réunion de famille, lui fit rencontrer une jeune personne du même âge, de la famille des Portinary, que ses parents nommaient *Bice*, diminutif du nom de Béatrix. Elle inspira à Dante une de ces amitiés d'enfance que l'âge transforme souvent en passions. Dans un de ses ouvrages (*la Vita nuova*) il a décrit les petits évènements de ce premier amour qui ne s'effaça jamais de sa mémoire, et dont une mort prématurée lui enleva l'objet. Ils n'avaient que vingt-cinq ans l'un et l'autre, quand Béatrix mourut. Dante lui a élevé, dans son grand poème, un monument que le temps ne peut effacer.

Né d'une famille du parti des Guelfes, Dante en

avait adopté les opinions, avec toute l'ardeur de son caractère : aussi prit-il les armes dans une expédition que firent les Guelfes de Florence contre les Gibelins d'Arezzo. En 1289, il était à la bataille de Campaldino, où il se fit remarquer par sa bravoure : l'année suivante, il servit encore contre le Pisans, et assista au siège et à la prise du château de Caprona. Ce fut cette même année qu'il perdit sa Béatrix ; il revint à Florence, et chercha quelque allègement à sa douleur dans un mariage que lui fit contracter sa famille, et où il ne trouva que de nouveaux chagrins. Il épousa une descendante de l'illustre famille des *Donati*, nommée Gemma ; mais ils ne vécurent pas long-temps en bonne intelligence ; ils se séparèrent, et rien ne put jamais les réunir.

A l'âge de trente-cinq ans, Dante fut élu l'un des magistrats supérieurs de Florence, qui portaient alors le titre de *prieurs des arts* ; cet honneur qui lui fut déféré devint la source de tous les malheurs qui l'assaillirent. Les Gibelins ayant été chassés de Florence, les Guelfes en étaient restés maîtres ; mais il s'éleva bientôt des rivalités entre deux familles de ce parti ; les Cerchi et les Donati. De semblables troubles avaient lieu en même temps à Pistoie, entre les blancs et les noirs : les chefs de ces deux factions prirent les Florentins pour arbitres de leurs divisions ; et ceux-ci qui ne pouvaient s'accorder eux-mêmes, voulurent essayer cette entreprise difficile. Les Guelfes furent donc encore séparés en blancs et en noirs. Dante se rangea du parti des blancs, peut-être, dit Ginguené, parce que la famille de sa femme était de celui des noirs. Ces nouvelles dissentions excitèrent un tel tumulte à Florence, que les rixes fréquentes qui s'ensuivaient étaient parfois ensanglantées. Pour y mettre fin, les noirs appelèrent à Florence, Charles de Valois, frère de Philippe-le-Bel. Les blancs, irrités de cette démarche, prirent les armes par le conseil de Dante; mais Charles, en se rendant à son expédition de Sicile, entra dans la ville, protégea la faction des noirs: les chefs du parti opposé furent bannis; et Dante, comme un des moteurs principaux des derniers soulèvements, fut, par un premier jugement, condamné à l'exil et à la confiscation de ses biens, et par un second, à être brûlé vif, lui et tous ses partisans.

Dante se rendit d'abord à Sienne, et partit ensuite pour Arezzo où il se réunit à ceux des blancs qui comme lui étaient bannis de Florence. En 1304, ils firent une tentative à main armée pour essayer de rentrer dans leur patrie. Ayant rassemblé une troupe assez nombreuse, ils arrivèrent aux portes de la ville, où ils jetèrent l'épouvante; mais la confusion s'étant mise dans leurs rangs, l'expédition échoua. Dante se retira d'abord à Padoue, puis à Vérone; il changea souvent de résidence, par une inquiétude d'esprit bien naturelle dans la position malheureuse où il se trouvait. Son poëme l'occupait alors tout entier; il y travaillait dans les différentes villes qu'il parcourait: aussi plusieurs se disputent la gloire d'avoir donné le jour à l'ouvrage qui pendant long-temps a le plus honoré l'Italie.

Ce fut vers 1313 que Dante vint à Paris; il fréquenta l'université, et soutint publiquement une thèse sur plusieurs questions de théologie. De retour en Italie, il recommença sa vie errante. A Ravenne, s'étant arrêté chez Guido Novello, seigneur qui aimait les lettres et les protégeait, il en fut si bien accueilli, qu'il s'y fixa. Il goûta quelque repos dans cette position: plutôt l'ami que le protégé de Guido, il se vit bientôt entouré des égards et de la considération que méritaient ses talents et ses malheurs; mais il ne put jouir long-temps de cette situation heureuse : une maladie subite l'enleva aux lettres le 14 septembre 1321, à l'âge de cinquante-six ans. Guido lui rendit tous les honneurs dus à son immortel génie : ses funérailles furent somptueuses; et ce prince, après la cérémonie, prononça, dans son palais, l'éloge du grand poète qu'il avait honoré et chéri dans son infortune. Un siècle après sa mort, les Florentins firent plusieurs tentatives pour obtenir des habitants de Ravenne les cendres du grand homme qu'ils avaient persécuté; mais leurs instances n'eurent aucun succès, et Ravenne a toujours gardé les restes du poète qui, au milieu de ses disgraces, avait reçu dans ses murs honneur et protection.

Les poésies lyriques ou *Rimes* du Dante, quoique inférieures à son grand poème, méritent néanmoins quelque célébrité. La plupart ont été composées dans sa jeunesse. Ses sonnets ne sont pas tous généralement bons; on ne peut guère en remarquer que deux ou trois; mais « ses *Canzoni*, dit Ginguené, « sont ce que la poésie italienne avait produit de « plus fort et de plus élevé avant Pétrarque. Elles

« sont d'un philosophe autant que d'un poète : on
« y aperçoit un style plus ferme, des pensées plus
« grandes et plus claires, plus d'images, de com-
« paraisons, en un mot de poésie, que dans les vers
« de ses contemporains ; et quand il n'eût pas fait
« sa *Divina Commedia*, il serait encore au premier
« rang parmi les poètes du même âge. Ce n'est pas
« que dans sa manière de traiter l'amour, il ne se
« perde quelquefois comme en jeux d'esprit, et en
« vaine recherche d'expressions ; il s'étend avec
« complaisance sur des détails que le goût doit abré-
« ger ; mais le goût n'était pas né encore. »

Les *OEuvres du Dante* données par Pasquali, 1741, et par Zatta, 1758, contiennent ses ouvrages en prose. Le plus intéressant est celui qu'il a intitulé : *Vie nouvelle* (Vita nuova). Il y retrace des particularités de ses premières amours, de ses premières années ; on y trouve des poésies qu'il a composées pour sa Béatrix, et qui ne sont point comprises dans le recueil des *Canzoni*.

La première édition du poème du Dante est celle de 1472 ; elle ne contient que le texte sans commentaires, et porte ce titre : *La commedia di Dante Alighieri, delle pene e punizioni dé vizj, e premj delle virtù*. Il en a été fait, depuis ce temps, un grand nombre. Les meilleures sont celles de Rome, 1791, avec les commentaires du P. Lombardi, 3 vol. in-4°; le texte y est conforme à celui de la rare et précieuse édition de Milan, 1478 : et celle de Milan, 1804, collection des auteurs classiques, 3 vol. in-8°. Le plus ancien commentaire qui existe sur la *Di-*

vina Commedia est celui de Boccace, qui fut nommé par un décret de la république de Florence, pour expliquer publiquement ce poème; ses explications qui durèrent deux ans, ne furent cependant poussées que jusqu'au XVIIe chant de *l'Enfer*. Après Boccace, d'autres furent nommés pour le remplacer, et on compte parmi eux des écrivains d'un très grand mérite. Mais, par malheur, la plupart de ces commentateurs se contredisent, et ce serait un bon moyen pour ne point entendre le Dante que de les consulter tous.

La meilleure traduction française qui ait été faite de la *Divina Commedia*, est celle de M. Artaud; les trois parties de ce poème ont été publiées successivement; *le Paradis*, en 1811, *l'Enfer*, en 1812, et *le Purgatoire*, en 1813. Elle est accompagnée de notes explicatives très utiles pour l'intelligence du texte et des allégories. Rivarol en a aussi donné une traduction en vers français, qui n'est pas sans mérite.

Ph. Taviand.

JUGEMENTS.

I.

Doué d'un génie vaste, d'un esprit pénétrant et d'une imagination ardente, le Dante joignit à des connaissances étendues une vivacité de pensée, une profondeur de sentiment, un art d'employer d'une manière neuve des expressions communes, et d'en inventer de nouvelles, un talent de peindre et d'imiter, un style serré, vigoureux, sublime, qui, malgré les défauts qu'on ne doit imputer qu'au temps où il vécut, lui ont toujours conservé la place que lui décerna l'admiration de son siècle *.

Dante s'élève tout-à-coup comme un géant parmi des pygmées. Non-seulement il efface tout ce qui l'avait précédé, mais il se fait une place qu'aucun de ceux qui lui succèdent ne peut lui ôter. Pétrarque lui-même, le tendre, l'élégant, le divin Pétrarque, ne le surpasse point dans le genre gracieux, et n'a rien qui en approche dans le grand ni dans le terrible. Sans doute le principal caractère du Dante n'est pas cette mélodie pure qu'on admire avec tant de raison dans Pétrarque; sans doute la dureté, l'âpreté de son style choque souvent les oreilles sensibles à l'harmonie, et blesse cet organe superbe que Pétrarque flatte toujours; mais dans ses tableaux énergiques où il prend son style de maître, il ne conserve de cette âpreté que ce qui est imitatif, et dans les peintures plus douces elle fait place à tout ce que la grace et la fraîcheur du coloris ont de plus suave et de plus délicieux. Le peintre terrible d'Ugolin est aussi le peintre touchant de Françoise Rimini. Mais, de plus, combien dans toutes les parties de son poème n'admire-t-on pas de comparaisons, d'images, de représentations naïves des objets les plus familiers, et sur-tout des objets champêtres où la douceur, l'harmonie, le charme poétique, sont au-dessus de tout ce qu'on peut se figurer, si on ne

* Les beautés de cette production bizarre (la *Divina commedia*) découlent presque entièrement du christianisme ; ses défauts tiennent au siècle et au mauvais goût de l'auteur. Dans le pathétique et dans le terrible, le Dante a peut-être égalé les plus grands poètes.

CHATEAUBRIAND, *Génie du Christianisme.*

les lit pas dans la langue originale ! Et ce qui lui donne encore dans ce genre un grand et précieux avantage, c'est qu'il est toujours simple et vrai ; jamais un trait d'esprit ne vient refroidir une expression de sentiment ou un tableau de nature. Il est naïf comme la nature elle-même, et comme les anciens, ses fidèles imitateurs.

On a mal jugé son poème comme son caractère, sans faire attention au temps où il écrivait, aux objets qui avaient alors un intérêt général, et qui n'en ont plus, à la hardiesse, à la nouveauté de ses inventions et de son plan. Ce plan est difficile à saisir et à suivre : il est sur-tout impossible d'en donner l'idée en peu de mots. L'intelligence parfaite des détails a souvent aussi ses difficultés, qui naissent principalement des fréquentes allégories et des traits d'histoire contemporaine dont il est semé. Témoin de la plupart de ces évènements, et victime de plusieurs, Dante ne devina point qu'ils perdraient un jour leur importance. Il en est un assez grand nombre dont il a seul conservé le souvenir. Il les jeta tous, non pas confusément, mais avec un ordre, et l'on dirait presque avec une économie admirable, dans un plan qui est au-dessus des plus vastes proportions. L'enfer, le purgatoire, et le paradis, dont toutes les imaginations étaient alors préoccupées, s'ouvrirent devant son génie, et lui offrirent, l'un ses supplices sans fin et sans espérance, l'autre ses peines expiatoires, et le troisième son éternelle félicité, pour punir et pour récompenser ses ennemis et ses amis, les ennemis et les amis, les oppresseurs et les soutiens de la liberté de sa patrie, et en général, les méchants et les bons, qui avaient de son temps influé en mal et en bien sur les affaires et sur les destinées de l'Italie. La structure imposante de cette triple machine, la communication extraordinaire de l'une à l'autre des trois parties qui la composent, leurs subdivisions créées par le poète, conformes à son but et favorables à son talent d'imaginer et de peindre, la variété prodigieuse des tableaux qu'il y place, et des couleurs dont il les peint; l'inimitable énergie des uns, la douceur, la grace des autres, leur précieuse simplicité, leur teinte originale et primitive; enfin, la création continuelle d'une langue qui n'existait pas avant lui, et qui depuis n'a presque plus changé qu'à sa perte; voilà ce qui assure au poème du Dante une place que ni les défauts dont il est rempli, ni les variations du goût, ni les caprices de la mode ne peuvent lui ôter. Au milieu de la nuit qui couvrait l'Europe à la fin du treizième siècle, c'est une apparition prodigieuse qui, même dans la lumière des siècles suivants, a conservé son éclat et tient encore du prodige. Il ne faut point le juger d'après les données communes; aucun poème ancien n'en fut le modèle; aucune poétique ne lui convient; la conception en est unique et ne peut plus s'adapter à rien; mais l'exécution est presque partout admirable, et si l'on examine bien le temps où le style poétique italien conserva sa plus grande force et ceux où il la perdit, les poètes qui contribuèrent à la maintenir ou à la lui rendre, et ceux qui la firent déchoir, on trouvera dans un rapport presque toujours exact, l'une et l'autre de ces vicissitudes, avec l'admiration que l'on eut pour le Dante, et le mépris où il tomba, avec l'étude que l'on en fit et son oubli.

Ginguené, *Histoire littéraire d'Italie*,
et *Biographie universelle*.

II.

La descente du Dante en enfer, son passage au purgatoire, et son ascension en paradis, ont une importance vraiment épique. L'auteur de l'entreprise s'y montre aussi en personne, mais afin d'imprimer une réalité plus apparente à son action toute imaginaire : vous le suivez dans les périls de son hardi voyage au milieu des supplices et des béatitudes : il n'est pas là le héros des aventures qu'il raconte, il en est le témoin qui les certifie : son âme s'offre à vous comme un miroir vivant qui réfléchit les objets dont le tableau vous épouvante, vous rassure, ou vous console. Vous tremblez, vous frémissez, vous soupirez, vous tressaillez d'espoir et de joie avec lui : ses impressions profondes sont celles de tous les esprits, de tous les cœurs, dès l'enfance remplis des menaces et des promesses de la justice divine.

Le plan formé par le Dante, n'admettait que trois divisions principales. Une suite uniforme de chants sont traînés de cercles en cercles dans son immense enfer : Son génie ne peut y modifier les images que par la progression des crimes auxquels se proportionnent les supplices. Ici la même couleur attriste un grand nombre de chants. Plus loin il arrive à son purgatoire où des expiations continuelles font durer une lamentable monotomie; enfin il monte vers son paradis, où l'imagination ne tarde pas à se fatiguer, autant des torrents de lumières dans lesquels nagent les bienheureux, que de la longue horreur des ténèbres ou gémissent les damnés. Il ne fallait pas moins que la vigueur du coloris, l'énergie du dessin qui relève tant de tableaux du même goût, pour en faire admirer l'innombrable et étonnante galerie.

Moins pur, mais plus fort et plus varié que le Tasse dans ses innombrables fictions, le Dante y répand toutes les sortes de sublime : dès le premier pas il vous fait toucher au seuil de l'enfer, et quand vous allez le franchir, tout-à-coup il en personnifie la porte, qui prend une voix, et qui vous frappe de cette foudroyante et mémorable apostrophe. « Par « moi l'on va dans la cité des lamentations; par moi « l'on va aux éternelles douleurs; par moi l'on va « chez la nation réprouvée ; laissez-là toute espé- « rance, ô vous qui entrez! » Paroles menaçantes qui ont retenti dans tout le monde poétique, et qui signalent d'abord le sombre génie du poète florentin : tour-à-tour attendrissant, terrible, naïf, il puise en sa forte imagination la forme de tous les vices, l'image de tous les châtiments; et non moins pathétique dans les plaintes amoureuses de Rimini, qu'effrayant dans les discours qu'Ugolin affamé, pâle de rage, adresse à son petit Anselme expirant, qui va lui servir de pâture; son génie prend un si surprenant essor avec la céleste Béatrix, qu'à peine le pouvez-vous suivre en son vol qui plane d'un aile si bien déployée au séjour des anges et de la béatitude. Heureux si la bizarrerie de ses inventions ne défigurait pas quelquefois leur beauté; la plupart d'entre elles sont pourtant si frappantes qu'on s'étonne que la critique de ses contemporains ait long-temps prévalu contre l'évidence de leur grandeur. On ne peut accuser de l'injustice dont il se défendit lui-même, que l'aveugle envie qu'il représente, dans son purgatoire, les paupières cousues d'un fil de fer en punition d'avoir fermé les yeux devant les beautés les plus visibles. Ses conceptions originales lui ont valu le titre d'inventeur comme à Homère, non qu'une égale perfection le place au même niveau, mais parce qu'il a mérité de s'asseoir aussi dans un premier rang, en créant comme lui un merveilleux tout neuf tiré des symboles de la nature, et des traditions théologiques de son crédule siècle. « Il n'y a sans « doute aucune comparaison à faire entre l'*Iliade* « et *la divine Comédie*, écrit le docte M. Ginguené; « mais, ajoute-t-il spirituellement, c'est parce qu'il « n'y a aucun rapport entre ces deux poèmes, qu'il « y en a un grand entre ces deux poètes, celui de « l'invention poétique et du génie créateur. » Pour moi, je pense que le bon goût aurait droit de louer le Dante sans restriction, s'il eût mieux réglé la marche de sa muse sur les pas du guide qu'il a pris en sa descente dans l'enfer. Le divin cygne de Mantoue, qui se soutient toujours au souvenir d'un brillant idéal, l'eût détourné des horreurs parmi lesquelles il se plonge; il l'eût retiré des amas fangeux de monstruosités sur lesquelles son imagination se roule, se salit, se fatigue, et s'égare. L'extraordinaire et le terrible produisent souvent le sublime; mais l'horrible et le bizarre n'en offrent jamais que la fausse apparence.

Lemercier, Cours analytique de Littérature.

MORCEAUX CHOISIS.

I. Françoise de Rimini.

Je descends, et je vois une retraite obscure,
Où l'écho retentit d'un funèbre murmure;
Tels mugissent les flots par les vents agités.
L'infernal tourbillon, errant de tous côtés,
Roule tumultueux dans ces profonds abîmes,
Et d'un choc éternel fatigue ses victimes.
Sur les âpres parois de ce séjour d'horreur
Sans cesse l'ouragan les pousse avec fureur,
Les ressaisit soudain; et les âmes froissées
Blasphèment en hurlant, dans les airs balancées.

Là, sont tous ces mortels, tyrans de leur raison,
Que des plaisirs d'amour enivra le poison.
La tempête s'attache aux ombres des coupables;
Partout, des pleurs de rage et des cris lamentables.
Comme on voit ces oiseaux dont les naissants frimas
Précipitent l'essor vers de plus doux climats,
Ou comme, en longue file, un bataillon de grues
De ses lugubres chants attriste au loin les nues;
Tels ces infortunés, dans leur vol douloureux,
Implorent un espoir qui n'est plus fait pour eux.

« Virgile, ô toi qui viens guider ma course errante,
« Dis-moi les criminels que l'ouragan tourmente.
Je parlais, il répond : « L'ombre qui près de nous

« Du souffle impétueux fuit en vain le courroux,
« De l'antique Ninus déshonora le trône ;
« Long-temps Sémiramis fit rougir Babylone.
« Vois Cléopâtre, Hélène, et reconnais Didon :
« O veuve de Sichée, il n'est plus de pardon !
« Étonné de sa honte, Achille même, Achille
« Frémit d'avoir rampé sous une loi servile.
« Vois Pâris, vois Tristan, mille autres que l'amour
« Dans le piège homicide entraîna sans retour.
— « O douleur! Mais, dis-moi, chantre de l'Ausonie,
« De ce couple d'amants puis-je apprendre la vie?
— « Tu le peux, attendons que leurs spectres mouvants
« Jusqu'à nous soient portés sur les ailes des vents :
« Implore-les au nom de leur amour fidèle. »
Ils approchent tous deux, et ma voix les appelle :
« Au nom de votre amour, vous dont je plains les maux,
« Arrêtez, si l'enfer vous permet le repos. »
Tels deux jeunes ramiers qui s'envolent ensemble
Vers le nid solitaire où l'amour les rassemble,
Tels, à ce mot chéri que répète leur voix,
Les fantômes vers nous s'élancent à la fois.

« O toi, me dit l'un d'eux, qui dans ces gouffres sombres
« Visites sans pâlir de criminelles ombres,
« Si Dieu qui nous punit n'était sourd à nos vœux,
« Ma prière pour toi monterait vers les cieux.
« Voyageur bienfaisant, ami sensible et tendre,
« Tu viens nous consoler, tu voudrais nous entendre ;
« A ta voix l'air vengeur fait taire son courroux :
« Apprends notre infortune, et gémis avec nous.
« Aux lieux où l'Éridan apporte aux mers profondes
« De vingt fleuves unis les tributaires ondes,
« J'étais heureuse : Amour vint causer mon tourment !
« Ah! d'un cœur généreux qu'il s'empare aisément !

« La funeste beauté dont brillait ma jeunesse,
« Du mortel que tu vois éveilla la tendresse,
« Il m'aima... j'en frémis... Au cœur qu'on a charmé
« Vainement on résiste, hélas ! et je l'aimai.
« Un traître ensanglanta ces trompeuses délices ;
« La mort nous attendait, la mort et les supplices !
« Tremble, ton heure approche, auteur de mon trépas ;
« L'abîme de Caïn est ouvert sous tes pas. »

Après l'affreux récit de cette ombre éperdue,
Je l'écoutais encore, et je baissais la vue.
« Quel effroi, dit mon guide, a maîtrisé tes sens ?
— « Je pense à leurs plaisirs, je pense à leurs tourments ;
« A peine du bonheur ils connaissaient les charmes,
« Le même instant les plonge en ce gouffre de larmes !
« Déplorable victime, aux cris de ta douleur
« J'ai senti de pitié se déchirer mon cœur.
« Mais, dis-moi, cet amour, à la simple innocence
« Comment dévoila-t-il sa nouvelle science ?
« Et qui de vous, au temps de vos premiers désirs,
« Du mystère fatal devina les plaisirs ?

« Du bonheur qui n'est plus notre malheur s'augmente,
« Tu le sais, répondit l'inconsolable amante ;
« Un si cher souvenir aigrit mon désespoir.
« Mais enfin tu le veux ; eh bien, tu vas savoir
« De nos maux éternels la source empoisonnée,
« Tu vas pleurer encor sur une infortunée.
« Moi-même, les sanglots étouffent mes discours.

« Seuls, du bon Lancelot nous lisions les amours.
« Notre cœur au plaisir se livrait sans alarmes ;
« Souvent déjà nos yeux s'étaient mouillés de larmes ;
« Nous avions, enivrés d'une imprudente erreur,

« Et frissonné d'amour et pâli de terreur..
« Mais alors que Ginève, avec un doux sourire,
« Paie enfin d'un baiser le plus tendre délire,
« Mon amant (oui, nos feux nous suivent chez les morts)
« Du noble chevalier partage les transports ;
« Il cède à la fureur de son âme brûlante ;
« Il imprime un baiser sur ma bouche tremblante ;
« Sans pitié pour tous deux, se penche sur mon sein...
« Et le livre coupable échappe de ma main.
« Là, finit pour ce jour la lecture funeste...
« Hélas ! le songe a fui, l'éternité nous reste ! »

Elle dit : son amant la reçoit dans ses bras,
Avec de longs soupirs que le Ciel n'entend pas.
Moi, je frémis d'horreur ; cette effrayante image
De tous mes sens vaincus a suspendu l'usage,
Et ma bouche est muette, et mon œil s'est fermé ;
Sur la terre des morts je tombe inanimé.

L'Enfer, ch. V, *trad. par* J. V. Le Clerc.

II. Le comte Ugolin*.

J'avais franchi l'enfer ; j'arrive avec mon guide
Aux lieux où sont punis la fraude et l'homicide.

---

* Delille, dans son poème de *l'Imagination*, ch. V, a consacré les vers suivants au peintre terrible d'Ugolin :

>..... Ainsi parut le Dante ;
> Le Dante, qui mêla dans sa vie et ses vers
> Les beautés, les défauts, les succès, les revers ;
> Qui monte, qui descend, inégal, mais sublime,
> Du noir abîme aux cieux, des cieux au noir abîme.
> D'une affreuse beauté son style étincelant
> Est, comme son enfer, profond, sombre et brûlant ;
> Soit qu'aux portes du gouffre où règne la vengeance,
> Il écrive ces mots : Il plus d'espérance ;

J'aperçois à travers leur ténébreuse horreur
Un mortel dont la bouche, écumant de fureur,
(Cet aspect glace encor mon ame épouvantée)
Rongeait d'un malheureux la tête ensanglantée :
Tel autrefois Tydée osa sur un Thébain
Assouvir de son cœur la sacrilège faim.
« Coupable ! m'écriai-je, arrête... quel outrage,
« Quel crime excuserait ta vengeance et ta rage ?
« Réponds, et que ma voix apprenne à l'univers
« Des secrets que l'abîme aurait toujours couverts. »

Il frémit, et sur moi levant un œil farouche,
Des cheveux dégoûtants il essuya sa bouche :
« Moi, retracer, dit-il, d'affreux évènements
« Dont la seule pensée entretient mes tourments !
« J'aime mieux les cacher... Je le devrais peut-être...
« Mais non, dis aux mortels les forfaits de ce traître;
« L'opprobre qui l'attend charmera mes douleurs...
« Je vais parler, je vais répandre encor des pleurs.

« J'ignore tes destins, et quelles mains propices
« Vivant t'ont pu conduire aux séjour des supplices ;

Soit que du noir cachot où rugit Ugolin,
Au milieu de ses fils qui demandent du pain,
Et dont un feu cruel dévore les entrailles,
Il ferme sans retour les fatales murailles
Où l'affreux désespoir se renferme avec eux.
Ah ! de quels traits il peint ce père malheureux,
Ses soupirs étouffés, son horrible constance,
Cette douleur sans larmes et ce morne silence,
Tandis que l'un sur l'autre il voit tomber ses fils !
O murs, écroulez-vous à ces affreux récits !
Non, Oreste fuyant les déesses sévères,
Ces scènes qui hâtaient l'enfantement des mères,
N'effrayaient point autant l'oreille ni les yeux.

F.

« Mais, à tes doux accents, je te crois Florentin.
« Sans doute en ces climats tu connus Ugolin,
« C'est moi. Te souviens-tu que le prélat de Pise,
« Le perfide Roger m'immola par surprise!
« Ce crime fut public; mais ce qu'on ne sut pas,
« C'est l'horreur dont le monstre entoura mon trépas...
« Oui, de mes quatre fils il proscrivit l'enfance :
« Écoute.... gloire à Dieu qui permet la vengeance !

« Dans la tour de la Faim, cette antique prison
« Qui doit à mes malheurs son détestable nom,
« Au fond de ce cachot, où d'un jour pâle et sombre
« L'effrayante lueur s'insinuait dans l'ombre,
« J'avais langui deux mois, gémissant, enchaîné,
« Quand d'un songe fatal mon cœur fut consterné.
« Je crus voir mon tyran, sur les hautes montagnes
« Qui de Lucque et de Pise ombragent les campagnes,
« Avec de fiers chasseurs et des chiens dévorants,
« Presser, poursuivre un loup et ses faibles enfants;
« Je le vis, maître enfin de sa mourante proie,
« Dans leur sang confondu se baigner avec joie.

« Je m'éveille; mes fils, tendant vers moi la main,
« Dans leur sommeil troublé me demandaient du pain...
« Vois-tu quel avenir s'offrit à ma pensée?
« Ton âme à ces seuls mots n'est-elle pas glacée?
« Et de quoi pleures-tu, si tu n'en pleures pas ?
« Mes enfants inquiets attendent leur repas;
« On l'apportait toujours au lever de l'aurore...
« L'heure avance, s'écoule... et nous doutions encore...
« Soudain la porte crie, et les cruels verroux
« A jamais, à jamais se sont fermés sur nous.

« Mes fils versent des pleurs; moi, je n'en puis répandre,
« Mais j'arrête sur eux un regard morne et tendre.

« Qu'as-tu, me dit Anselme, et pourquoi soupirer?
« Je ne pus lui répondre, et pas même pleurer.
« Après ce jour de deuil, la longue nuit commence ;
« Je reste enseveli dans un affreux silence.
« Enfin, quand le soleil eut brillé dans la tour,
« Quand le sort de mes fils, éclairé par le jour,
« M'eut offert de mon sort l'épouvantable image,
« Je me mordis les bras de douleur et de rage.
« Il crurent que la faim m'acharnait contre moi,
« Ils se levèrent tous : *Tes enfants sont à toi,*
« *Dirent-ils, ah! reprends leur vie infortunée ;*
« *Reprends-la, tu le peux, toi qui nous l'as donnée ;*
« *Nous voici, ne meurs pas !* Pour calmer leur terreur,
« Moi-même j'appaisai mon aveugle fureur ;
« La nuit, le lendemain, dans l'horrible retraite
« Régna le désespoir et la douleur muette.

« La quatrième aurore à peine reparut,
« Gadde à mes pieds tomba, Gadde à mes pieds mourut.
« En expirant, hélas ! il s'écriait : mon père!...
« Dieu, que ne m'ouvrais-tu les gouffres de la terre !
« Lorsqu'une fois encore eut succédé le jour,
« Les autres près de moi tombèrent tour à tour ;
« Et mes yeux qui déjà se couvraient de ténèbres,
« Les cherchaient au hasard sous ces voûtes funèbres ;
« Trois jours après leur mort je leur tendais les bras ;
« J'appelais mes enfants, qui ne m'entendaient pas.
« Mais bientôt je connus la vérité cruelle...
« Et la faim éteignit la douleur paternelle.
« Eh bien ! suis-je coupable?... Ah ! je dois me venger ! »

Il dit, et maudissant le criminel Roger,
Reprend son met sauvage, et de sa dent sanglante
Ronge le crâne affreux dont l'aspect le tourmente.

DANTE.

O Pise, ô déshonneur de nos brillants climats,
Quoi! tes faibles voisins ne t'exterminent pas!
Puisse au moins, refoulé par les mers d'Étrurie,
L'Arno couvrir tes murs qu'épargne ma patrie!
Ugolin mérita sa funeste prison,
Et Florence, dis-tu, connaît sa trahison;
Mais ses fils innocents, barbare, où sont leurs crimes?
Venge-toi, si tu veux, mais choisis tes victimes *.

L'Enfer, ch. XXI et XXII, *trad. par* J. V. Le Clerc.

* Ducis, qui a réuni dans une même composition l'*OEdipe à Colone* de Sophocle, et l'*Alceste* d'Euripide, a par un procédé semblable introduit dans sa tragédie de *Roméo et Juliette*, empruntée à Shakspeare, l'épisode d'*Ugolin*. Il doit au Dante une scène d'une admirable énergie, nous en citerons quelques traits.

. . . .
Je restai seul vivant, mais indigné de vivre.
Ma vue en s'égarant s'éteignit à la fin,
Et ne pouvant mourir de douleur ni de faim,
Je cherchai mes enfants avec des cris funèbres,
Pleurant, rampant, hurlant, embrassant les ténèbres;
Et les retrouvant tous dans ce cercueil affreux,
Immobile et muet je m'étendis sur eux.
(Act. IV, sc. 5.)

On peut voir t. VII, p. 7 de notre *Répertoire* l'éloge que Marmontel fait de cette scène.　　　　　　　　　　　　　　　　H. P.

NOTE A. (Page 73.)

Le Cid *de P. Corneille, comparé aux originaux espagnols qui en ont fourni le sujet et les situations principales.*

Deux traits principaux, que le temps n'a point encore effacés, ont toujours distingué la nation espagnole entre toutes les autres: l'élévation des idées et l'énergie des sentiments. Dès lors elle a dû exceller à faire parler l'amour et l'honneur. C'est aussi ces deux puissants mobiles de l'intérêt dramatique que l'on retrouve avec toute leur force dans *le Cid*, que Corneille a puisé chez Guilain de Castro, mais bien plus encore chez Diamante. Il est inutile de rappeler ici le reproche que lui faisait Scudery d'avoir pris chez eux le sujet et le plan de sa pièce; il l'avouait lui-même, et il faut convenir qu'il lui aurait été difficile de le nier. L'action, les personnages, très souvent le dialogue, des scènes même entières du *Cid* français, se retrouvent mot pour mot dans l'original espagnol. Mais s'il en a peu coûté à l'imagination de Corneille pour produire ce héros sur une autre scène, on ne peut aussi s'empêcher de reconnaître que nul autre n'était capable de le soutenir à la hauteur où nous l'y voyons, que celui qui devait un jour y montrer *Cinna* et *les Horaces ;* et l'on peut dire que le génie de Corneille s'est senti à celui de Diamante.

Chez celui-ci, la première entrevue de Chimène et de Rodrigue a lieu avant que le jeune guerrier ait tué le père de sa maîtresse. Cette disposition de la scène permet aux deux amants de laisser éclater en liberté une passion que leurs parents approuvent. L'amour doit avoir ici un autre langage que dans l'auteur français. Il ne fait point entendre les accents du désespoir, mais ceux d'un sentiment qui n'est gêné que par les bienséances, et n'éprouve d'autres peines, que celles ordinaires aux cœurs bien épris, toujours ingénieux à se tourmenter eux-mêmes.

Rodrigue paraît tout-à-coup aux yeux de Chimène, chez laquelle il s'est secrètement introduit.

CHIMÈNE.

Quoi ! Rodrigue ici, à cette heure ? Quelle témérité !

RODRIGUE.

Belle Chimène, daigne m'entendre. C'est la maladresse de mon écuyer qui m'amène, et j'en bénis le sort. Il n'a pas su te remettre une lettre oubliée par mon père, dans laquelle le tien lui demande un entretien particulier à l'issue du conseil, pour une affaire importante qui les regarde tous deux. Nul doute que ce ne soit de notre union qu'il s'agisse. On ne saurait le dire plus clairement.

CHIMÈNE.

Hélas ! ce qui te remplit de joie me fait trembler de crainte.

RODRIGUE.

Je le vois trop : rien de ce que je dis ne saurait te rassurer. Ah ! ma Chimène ! eh bien ! oui : ce qui m'attire auprès de toi, c'est le bonheur d'adorer le ciel dans tes yeux, doux charmes des miens; vois maintenant combien tes soupçons sont injustes, et si tu as raison de me traiter de téméraire...

CHIMÈNE.

Vois plutôt toi-même le rang où je suis née, la réserve qu'il m'impose. As-tu donc oublié que l'envie se plaît à juger sur de simples apparences; qu'au dedans, au dehors de ce palais, mille argus aux yeux de Lynx, épient sans cesse tout ce qui se passe, pour courir ensuite le répandre dans leurs récits mensongers?

RODRIGUE.

Eh! que faut-il donc que je devienne, si je ne puis ni te voir, ni te parler; si tu redoutes ma présence au point de ne pouvoir la supporter; si mes peines te touchent si peu, que toi-même viennes les augmenter encore! Par pitié, ma Chimène, ne m'ôte point la seule espérance qui soutienne ma vie dans les maux que j'éprouve, si toutefois c'est exister encore que de les endurer. Hélas! sans me permettre de vivre, ils ne peuvent me donner la mort. O toi qui les causes, si tu veux te venger, fais donc qu'ils m'ôtent le jour, ou fais-les cesser, si tu prends pitié de moi. Méconnais-tu ta beauté? Crois-tu qu'il me soit possible de ne pas l'adorer? Elle seule fait mon excuse auprès de toi. Adorable Chimène, tu ne saurais la rejeter, sans offenser tes charmes. Mais que dis-je? A quoi me sert de te parler; si tu repousses mes raisons?

CHIMÈNE, *à part.*

Hélas! je ne les sens que trop!

RODRIGUE.

Que dis-tu?

CHIMÈNE, *à part.*

Contraignons-nous.

RODRIGUE.

Oserai-je implorer de toi une nouvelle faveur?

CHIMÈNE.

Eh! n'en est-ce pas une assez grande que celle de t'entendre?

RODRIGUE.

Je t'en conjure.

NOTE. 483

CHIMÈNE.

Eh bien! parle, quelle est-elle?

RODRIGUE.

Ton portrait! Du moins, quand je l'aurai, je pourrai t'adorer, sans te mettre en courroux. Que dis-je? Ah! si la ressemblance est parfaite, l'amour et le respect me rendront de même tremblant devant elle.

CHIMÈNE.

Que me demandes-tu? Il n'appartient qu'aux reines, ou à ces femmes trop vaines de leur beauté, de donner leur portrait. Mais c'en est assez. Retire-toi.

RODRIGUE.

Si j'osais te revoir encore, t'en offenserais-tu?

CHIMÈNE.

N'en doute point.

RODRIGUE.

Quel espoir emporterai-je donc avec moi?

CHIMÈNE.

Celui d'être assuré que si mon cœur nourrit quelque chagrin, c'est celui de notre amour. Rodrigue, adieu; je passe chez l'infante. (*A part.*) O trop sévère devoir qui sépare deux cœurs si bien unis! Cher amant, ma rigueur te désespère. Devrais-je en avoir pour lui, si près d'être son épouse! (*A Rodrigue.*) Ah! Rodrigue!

RODRIGUE.

Peut-être loin de moi tu vas m'oublier.

CHIMÈNE.

Hélas! c'est moi plutôt qui dois trembler de ton absence.

RODRIGUE.

Grand Dieu! Qu'as-tu dit? Ces paroles cruelles ont

jeté dans mon sein un serpent qui le dévore. Moi, t'oublier ! Périsse plutôt tout l'honneur de ma race, et mon nom et moi-même ! T'oublier ! ah ! puissé-je auparavant tomber sous les coups des Maures ; et la première fois que j'irai les combattre, leurs glaives acérés percer mille fois mon sein !

CHIMÈNE.

Le Ciel t'en préserve, et veille sur tes jours !

RODRIGUE.

O ! combien je dois de graces à l'amour qui me fait entendre de si douces paroles de la bouche de ma Chimène ! Enfin, je renais à l'espérance, et la fortune me sourit.

Quand on voit ces deux jeunes amants montrer des sentiments si vifs, si purs, et que l'on vient ensuite à penser à l'épouvantable revers que la fortune leur prépare, au point que l'un se verra forcé de demander la mort de l'autre, je ne sais quoi de triste s'empare alors de l'âme, et s'y joint au plaisir que la peinture de leur bonheur fait éprouver. C'est ce mélange de peine et de plaisir; ce tendre intérêt que l'on prend au sort de deux êtres aussi malheureux qu'innocents, qui fait le grand mérite de la pièce. Cette scène a d'ailleurs le double avantage de bien exposer le sujet, et de faire naître l'intérêt pour les deux principaux personnages. Et c'est encore avec l'autorité de la raison, que Voltaire s'élevait contre les comédiens, qui suppriment à la représentation la scène entre Elvire et Chimène, par laquelle Corneille avait jugé à propos de remplacer ce premier entretien des deux amants. « Comment, en effet, dit-il, peut-on s'intéresser
« à la querelle du comte et de don Diégue, si l'on n'est
« pas instruit de l'amour de leurs enfants ? L'affront que
« Gormas fait à don Diègue est un coup de théâtre, quand

« on espère qu'ils vont conclure le mariage de Chimène et
« de Rodrigue. Ce n'est point jouer *le Cid ;* c'est insulter
« son auteur, que de le tronquer ainsi. »

Ajoutons encore à cet arrêt d'un grand maître, que l'Académie, dans son examen du *Cid*, avait déjà devancé, qu'il était pour le moins aussi naturel que Rodrigue entraîné par son amour, osât pénétrer chez sa maîtresse pour la voir et l'entendre, qu'il l'est qu'après avoir tué son père, il vienne, poussé par son désespoir, lui apporter sa tête, et veuille mourir de sa main.

La demande du portrait n'est point faite sans grace, et l'on y a remarqué ce trait : « Ah! si la ressemblance « est parfaite, le respect et l'amour me rendront encore « tremblant devant elle. »

Ce portrait a fourni à l'auteur espagnol un beau mouvement dans les stances qui terminent le premier acte. Après avoir dit l'offensé est mon père et l'offenseur père de Chimène, Rodrigue tire de son sein l'image chérie, et s'adressant à elle :

« Cause de tous mes maux, lui dit-il, guidez-moi dans
« ce cruel embarras... Je vous entends, beaux yeux, qui
« me demandez de ne pas troubler votre sérénité, de ne
« pas vous condamner à des pleurs éternels!... Eh! bien,
« vous serez obéis; je mourrai plutôt que de vous coûter
« des larmes....

« Que dis-je? et quel langage osé-je tenir à la vue de
« cette épée que m'a donnée mon père? Il l'a remise à mes
« mains pour venger mon honneur et le sang dont je
« sors ; et je mourrais sans laver mon affront! Non, il
« n'en sera rien. J'accomplirai ma triste destinée. Perdons
« Chimène, mais vengeons mon père. Cachons à nos re-
« gards ces traits enchanteurs dont la vue affaiblit mon
« courage. (*Il remet le portrait dans son sein.*) En les voyant

« plus long-temps, peut-être j'oublierais mon devoir * et
« changerais de langage. Triomphe mon honneur, le comte
« mourra ou je mourrai de sa main ; aussi bien dans les
« deux cas Chimène est également perdue pour moi. »

Il me semble que ce retour à l'honneur, cette crainte
de ne plus entendre sa voix, à la vue d'un objet chéri,
peignent heureusement les combats de l'amour aux prises
avec le devoir. Cet ordre si rigoureux de don Diègue à
son fils, et qui n'est pourtant que le cri de l'honneur offensé, dont le ressentiment étouffe alors la nature,

Meurs ou tue **....

et cette même nature qui reprend si bien tous ses droits,
alors que l'affront est vengé, et qui éclate dans ce mouvement sublime :

Appui de ma vieillesse et comble de mon heur,
Touche ces cheveux blancs à qui tu rends l'honneur ;
Viens baiser cette joue, et reconnais la place
Où fut empreint l'affront que ton courage efface ***.

Tout cela se retrouve dans l'auteur espagnol. Le beau
monologue de don Diègue :

O rage! ô désespoir! ô vieillesse ennemie!

en est également traduit mot pour mot. Enfin ces vers
où la force de l'expression ajoute encore à celle des sentiments :

Sire, ainsi ces cheveux blanchis sous le harnois,

---

* No juzgara yo asi, viendo el retrato. Mot à mot: Je ne jugerais pas
ainsi la chose, en voyant le portrait.

** Muere ò mata.

*** Toca las blancas canas que me honraste,
    Y llega la tierna boca à la mejilla
    Donde la mancha de mi honor quitaste.

Ce sang, pour vous servir, répandu tant de fois,
Ce bras, jadis l'effroi d'une armée ennemie,
Descendaient au tombeau tout chargés d'infamie,
Si je n'eusse produit un fils digne de moi,
Digne de son pays, et digne de son roi.
. . . .
Immolez donc ce chef que les ans vont ravir,
Et conservez pour vous le bras qui peut servir.

Toutes ces idées si nobles, si élevées, n'appartiennent point au poète français, mais à Diamante.

En me voyant ainsi enlever à Corneille les plus beaux endroits de sa pièce, pour les rendre à l'auteur auquel il en est redevable, on sera tenté sans doute de me demander ce qui doit lui rester d'une tragédie qui fut son premier titre à la gloire; qui fut applaudie de la ville ainsi que de la cour, et qui mérita que le premier corps littéraire de la France en fît le sujet d'un examen approfondi. Ce qui lui restera? D'abord le mérite d'avoir su tirer d'un drame informe la première pièce raisonnable qui ait paru sur la scène française; ensuite celui d'avoir rendu en beaux vers de belles pensées. Voyez combien l'élévation des sentiments en prête à son tour aux mots employés pour les rendre. *Baiser une joue, reconnaître une place, conserver un bras*, sont des expressions qui ne sortent point du domaine de la conversation familière; et cependant elles sont ici tellement à leur place, qu'on ne pourrait leur en substituer d'autres, sans affaiblir l'effet de ces vers; et c'est ce qu'il ne faut jamais oublier, que, quand le sentiment est vrai, l'expression qu'il inspire, quelque simple qu'elle soit en effet, est la seule bonne, la seule qu'il faille employer. Toute autre l'exagère ou le détruit; et Corneille, accusé avec raison d'être trop souvent faible ou outré, dans ses beaux morceaux, n'est ni l'un ni l'autre; il est simple, noble, vrai.

NOTE.

Corneille que nous avons vu, dans tout le cours de sa pièce, traduire Guilain de Castro et Diamante, arrivé au cinquième acte, ne trouva plus rien chez eux dont il pût faire usage. Tous deux, ne suivant d'autre guide que leur imagination bien plus hardie que sage, dénouent leur drame, l'un aux dépens de toutes les règles dramatiques : l'autre, de toutes les bienséances morales ; et c'est en quoi Corneille se garda bien de les imiter. Si ce qu'il crut pouvoir mettre à la place de ce qu'il rejetait n'est pas toujours avoué par le goût, les convenances du moins n'y trouvent rien à reprendre, et c'était déjà beaucoup ; c'était tout, même dans un temps où elles se trouvaient si étrangement violées dans les pièces de Mairet, de Jodelle, de Garnier ; et ces pièces étaient applaudies.

B. DE C.

FIN DU NEUVIÈME VOLUME.

Contraste insuffisant

NF Z 43-120-14

www.ingramcontent.com/pod-product-compliance
Lightning Source LLC
Chambersburg PA
CBHW060232230426
43664CB00011B/1619